는 2018년 대한민국 교육부와 한국연구재단의 지원을 받아 수행된 연구임
018S1A6A3A01042723)

스 인문학총서 007

횡단과 메타모포시스: 시간 · 장소 · 매체

발행   2020년 12월 30일

장경남 외
윤관백
출판 선인

제5-77호(1998.11.4)
서울시 마포구 마포대로 4다길 4 곳마루 B/D 1층
02) 718-6252 / 6257
02) 718-6253
sunin72@chol.com

0원

1-6068-337-0   93300

은 바꿔 드립니다.

이 저
(NRF-2

문화의 횡단과 메타모포시스

메타모포시

문화의 횡

초판 1쇄

저　자 ｜
펴낸이 ｜
펴낸곳 ｜

등　록 ｜
주　소 ｜
전　화 ｜
팩　스 ｜
E-mail ｜

정가　45,0

ISBN　979-1

메타모포시스 인문학총서 007

문화의 횡단과 메타모포시스
: 시간·장소·매체

장경남 외

 도서출판 선인

숭실대학교 한국기독교문화연구원은 1967년 설립된 한국기독교문화연구소를 모태로 하고 1986년 설립된 〈기독교사회연구소〉와 통합하여 확대 개편함으로써 명실공히 숭실대학교를 대표하는 인문학 연구원으로 발전하여 오늘에 이르렀다. 반세기가 넘는 역사 동안 다양한 학술 행사 개최, 학술지 『기독문화연구』와 '불휘총서' 발간, 한국기독교박물관 소장 자료의 연구에 주력하면서, 인문학 연구원으로서의 내실을 다져왔다. 2018년 한국연구재단의 인문한국플러스(HK+) 사업 수행기관으로 선정되며 또 다른 도약의 발판을 마련하였다.

본 HK+사업단은 "근대전환공간의 인문학 – 문화의 메타모포시스"라는 아젠다로 문·사·철을 아우르는 다양한 연구자들이 학제간 연구를 진행하고 있다. 개항 이래 식민화와 분단이라는 역사적 격변 속에서 한국의 근대(성)가 형성되어온 과정을 문화의 층위에서 살펴보는 것이 본 사업단의 목표다. '문화의 메타모포시스'란 한국의 근대(성)가 외래문화의 일방적 수용으로도, 순수한 고유문화의 내재적 발현으로도 환원되지 않는, 이문화들의 접촉과 충돌, 융합과 절합, 굴절과 변용의 역동적 상호작용을 통해 형성되었음을 강조하려는 연구 시각이다.

본 HK+사업단은 아젠다 연구 성과를 집적하고 대외적 확산과 소통을 도모하기 위해 총 네 분야의 기획 총서를 발간하고 있다. 〈메타모포시스 인문학총서〉는 아젠다와 관련된 연구 성과를 종합한 저서나 단독 저서로 이뤄진다. 〈메타모포시스 번역총서〉는 아젠다와 관련하여 자료적 가치를 지닌 외국어 문헌이나 이론서들을 번역하여 소개한다. 〈메타모포시스 자료총서〉는 숭실대 한국기독교박물관에 소장된 한국 근대 관련 귀중 자료들을 영인하고, 해제나 현대어 번역을 덧붙여 출간한다. 〈메타모포시스 대중총서〉는 아젠다 연구 성과의 대중적 확산을 위해 기획한 것으로 대중 독자들을 위한 인문학 교양서이다.

동양과 서양, 전통과 근대, 아카데미즘 안팎의 장벽을 횡단하는 다채로운 자료와 연구 성과들을 집약한 메타모포시스 총서가 인문학의 지평을 넓히고 사유의 폭을 확장하는 데 기여할 수 있기를 바란다.

2020년 11월

숭실대학교 한국기독교문화연구원 HK+사업단장

장경남

문화 연구자가 겪는 가장 큰 당혹스러움은 문화라는 대상을 명확히 한정하기 어렵다는 점이다. 문화는 어디에나 있고 너무나 다층적이며 복합적이기에 인류의 삶과 관련된 어떤 현상도 문화라는 대상에 포함될 수 있는 것 같다. 그러나 '모든 것'으로서의 문화란 어떤 정의(定義)도 비켜나간다는 점에서 결국 그 무엇도 아닌 셈이다. 더욱이 문화란 언제나 흘러 다니며 변화하는 유동성을 특징으로 한다. 그렇기에 오늘날 문화 연구자들 사이에서는 경계도 모호하고 항상 변화 중인 문화 현상을 인위적으로 분절하여 특정한 정체성으로 분석하는 연구 방법에 대한 근본적 회의도 일어나고 있다. 살아 움직이는 문화의 역동성을 포착하기 위해서는, 한정된 정태적 대상을 분석하는 데 맞춰진 근대 학문의 방법과 개념적 도구들부터 바꿔야 한다는 것이다.

『문화의 횡단과 메타모포시스: 시간, 장소, 매체』는 이러한 문제에 대한 한 가지 응답으로 기획되었다. '횡단'이 경계를 가로지르는 문화의 이동과 역동성을 의미한다면, '메타모포시스(metamorphosis)'란 문화를 본질의 발현이 아닌 변화의 과정으로, 정체성의 표현이 아닌 수행적 구성으로 파악하려는 관점을 응축하고 있다. 필자들의 연구 분야는 주로 한국·근대·문학의 언저리에 있지만, 이곳에 실린 논문들은 시공간적으로나 학제적으로나 한국근대문학 연구의 전형성에서 벗어나 있다.

각각의 논문들은 문화 현상을 특정한 시공간에 고착된 정체성의 발현이 아니라, 경계들을 횡단하고 변형되고 언제나 새롭게 구성되는 역동적 과정으로 파악한다. 옛이야기들이 시간의 축을 가로질러 전승되며 늘 새롭게 재구성되는 과정은 그 자체로 '끝없는 이야기(never ending story)'를 이룬다. 번역이라는 '언어횡단적' 실천을 통해 서로 다른 장소성을 지닌 문화들이 조우하고 충돌하며 새로운 무엇을 산출하는데, 각각의 장소성을 지닌 문화들조차 이미 언제나 그런 혼종의 산물이었다. 문화는 시공간만이 아니라 매체들을 이동하며 변신하기도 하는 바, 새로운 미디어들이 더 빠른 속도로 명멸하는 근대에는 매체 이동을 통한 문화의 변형도 훨씬 다채롭게 나타난다.

〈1부: 옛이야기의 전승과 근대적 변용〉에서는 **시간**의 축을 횡단하는 이야기의 전승과 근대적 변용에 관한 논문들을 수록하였다. 이야기는 자연과 문화를 매개하는 가장 원초적인 형식으로서 인류 자신의 역사와 늘 함께 해왔다. 태고의 신화부터 수다한 전설과 민담들, 로망스와 고소설에서 근대소설에 이르기까지, 서사의 갈래(양식)들이 분기하고 융합하고 변형되었던 양상은 문화 연구의 심오하고 방대한 주제가 될 만하다. 한편 과거의 이야기가 특정한 방식으로 선별되고 개작되거나 여러 세대에 걸쳐 전승되고 변이되는 양상은, 편찬자의 사상에서 각 시대의 정치적 무의식까지 폭넓게 조명해볼 수 있는 흥미로운 연구 대상이다. 이런 맥락에서 1부는 전근대 조선의 신화와 설화, 영웅담과 고소설들이 식민지 시대의 편찬, 번역, 개작을 통해 근대적으로 변용되는 양상을 다룬 논문들을 모아보았다.

장경남의 「일본어 조선설화집 〈전설의 조선〉(傳說の朝鮮) 수록 설화의 변용」은 미와 다마키(三輪環)의 『전설의 조선』(傳說の朝鮮, 1919)에 수록된 임진왜란 관련 설화를 중점적으로 분석한다. 일제 식민지기에는 일본어로 간행된 조선 설화집이 50여 종에 이를 만큼 조선 설화에 대한 관심이 높았다. 대개 문헌이나 구비전승의 수집과 채록이었지만, 여기에도 편찬자의 정치적 의도나 이데올로기가 투영되기 마련이다. 이 논문은 『전설의 조선』의 임진왜란 설화가 선조의 무능함을 부각시키고 조선 명장을 희화화하는 등 은연중 조선인에 대한 부정적 시각을 드러내고 있음을 예리하게 분석한다.

김영주·이시준이 함께 쓴 「일제강점기 '연오세오신화'의 전개양상에 대한 고찰 - 나카무라 료헤이 〈조선동화집〉 수록화를 중심으로」 역시 식민지기 일본인의 조선 설화 편찬이 지닌 정치성에 주목했다. 고대 한일 교류의 흔적을 담고 있는 '연오세오신화'는 조선에서 건너간 연오와 세오가 일본의 왕이 된다는 내용 때문에 일본에서는 제한적으로만 수용되었다. 그러나 나카무라 료헤이의 『조선동화집』에 실린 「영일만의 연오와 세오」는 제2기 『보통학교국어독본』(1923-1924)을 참조하는 한편, 〈아메노이와토신화〉 등 일본 신화와 유사한 내용으로 개작됨으로써, 일선동조론을 뒷받침하는 근거로 동원되었다.

식민지기에는 신화나 전설 뿐 아니라 고소설들도 일본인의 손을 거쳐 편찬되거나 개작되었다. 김강은의 「〈홍길동전〉 번역의 계보와 고소설 변용의 정치성 - 이와야 사자나미(嚴谷小波)의 〈구렁이의 꿈〉(大蛇の夢)을 중심으로」는 조선 후기 경판본, 영역본, 독역본과의 꼼꼼한 비교를 통해 이와야 사자나미의 홍길동전 번역이 지닌 고유한 정치성을 규명한다. 경판본 소설들이 서자 신분에 대한 홍길동의 고뇌와 저항에 초점을 맞추면서도 길동과 가족(부형) 간의 애정과 연대감을 그려내고 있다면, 알렌(H. N. Allen)과 아르노우스(H. G. Arnous)의 영역본과 독역본은 가족서사를 삭제하고 적서 차별이라는 구조적 모순을 한층 강조했다. 이와야 사자나미가 '오토기바나시(お伽話)'의 하나로 각색한 「구렁이의 꿈」은 홍길동을 일본 설화의 모모타로처럼 순진무구하고 용맹한 인물로 그려냄으로써 조선의 어린이를 제국의 아동으로 육성하기 위한 자원으로 삼고자 했다.

옛이야기들의 전승과 변용에 특정한 정치성이 개입하는 양상은 역사 이야기가 근대소설의 소재로 채택될 때도 마찬가지로 나타난다. 이경재의 「이순신 서사에 나타난 明(人) 인식 - 신채호의 〈이순신전〉과 이광수의 〈이순신〉을 중심으로」는 제목처럼 신채호와 이광수의 이순신 서사들을 분석하지만, 일본-조선의 관계가 아닌 명(중국) 표상에 초점을 맞춘다. 조선후기 『난중일기』나 『이충무공행록』은 (소)중화의식에 따라 명을 긍정적으로 그려내고 있으며, 항일에 초점을 맞춘 신채호는 명에 대해서 특별히 부정적인 인식을 내비치지 않았다. 반면 이광수의 『이순신』은 일본보다 오히려 명에 대한 비판이 두드러지는데, 필자는 이로부터 만보산사건과 만주국 건립 시기 이광수의 정치의식을 읽어낸다. 이런 분석은 민족 형성 과정에서 발생하는 배제와 결속의 메커니즘이 제국-식민지의 양자관계가 아니라 동아시아의 다자적 관계 속에서 복합적으로 작동했음을 잘 보여준다.

1부가 시간의 축을 가로지르는 옛이야기들의 전승과 근대적 변용에 초점을 맞추었다면, 〈2부: 동아시아 근대의 번역과 번역된 근대 문화〉에서는 동아시아라는 **장소**를 가로지르는 문화의 번역 양상들에 초점을 맞추었다. 번역은 최근 10여 년 간 한국 근대(성) 연구의 가장 핵심적 주제이자 방법이었던 만큼, 개념과 담론, 텍스트와 제도의 번역에 이르기까지 연구의 영역들도 광대하다. 본서에서는 동아시아 근대라는 시공간과 번역된 근대 문화라는 대상으로 번역 연구의 초점을 좁혀보았다. '문화'라는 개념은 그 자체로 광대하고 모호하지만, 특정한 개념, 담론, 텍스트의 번역만으로 포괄되지 않는 다양한 '사이' 영역들을 탐사하는 데 유용하다. 2부에 실린 논문들은 문화의 층위로 확대된 번역 연구의 흥미롭고도 구체적인 사례들이다.

우찬제의 「서양 문명과 풍경의 메타모포시스 -『서유견문』의 수사적 상황과 저자 변수」는 개념사 연구에서 많이 활용되었던 『서유견문』이 문화 번역이라는 시각에서 새롭게 조명될 수 있음을 잘 보여준다. 『서유견문』은 서양 문명에 대한 '견문(見聞)'을 표방했으나 실제로는 유길준이 도서관에서 읽은 일본이나 서양 서적들의 '전문(傳聞)'에 가까웠으며, 그 결과 텍스트의 풍경 묘사는 추상화, 간접활 될 수밖에 없었다. '견문'과 '전문'의 거리는 번역과 중역, 편찬을 통해서 재구성한 서양 문명과 풍경을 통해 조선의 개화를 촉구하고자 했던 유길준의 욕망을 반영하는 것이자, 한국 근대 문화 형성의 어떤 특이성을 시사한다.

손성준의 「대한제국기 '문예' 개념의 형성과 착종 -『태극학보』〈문예〉란을 중심으로」 역시 '문예' 개념을 조명하지만, 일반적인 개념사와는 달리 『태극학보』라는 매체에서 '문예'란이 출현하게 된 사건성에 주목한다. 대한제국기 '문예' 개념에는 메이지 일본의 '문학'·'문예' 개념 번역과 '문(文)'과 '예(藝)'에 축적된 전통적 의미망들이 결합되어 있었다. 그러나 헤이그 사건이 촉발한 정치적 열기와 맞물려 『태극학보』 12호 (1907.7)에 등장한 〈문예〉란은 통감부 치하에서 금지된 정치적 발화를 우회적으로 분출하는 통로가 되었다. 『태극학보』 〈문예〉란은 근대문학 장르로 수렴되지 않는 다양한 글쓰기를 통해 억눌린 정치적 욕망을 표출하는 한편, 예술성과 정치성이 결합된 근대문학을 향한 모색도 담고 있다는 점에서, 대한제국 말기 문화공간의 역동성을 생생하게 드러낸다.

박진영의 「팜 파탈의 탄생, 동아시아적 기억과 혼혈의 상상력」은 동서고금을 가로지르는 팜 파탈 이야기들의 번역이 혼종적('혼혈의') 상상력을 통해 각각의 시공간에 고유한 시대적, 계급적, 젠더적 문제들과 어떻게 맞서고 있는지를 흥미롭게 분석한다. 『인형의 집』을 번역(1921)했던 양건식은 이후 왕소군, 양귀비 등을 혁명적으로 재해석한 궈모러(郭沫若)의 역사극과 만나면서 남성중심적 팜 파탈 서사를 갱신한다. 조명희의 「파사」(1923)는 오스카 와일드의 『살로메』로 이어지는 유미주의의 흔적도 보이지만, 달기 이야기의 다시쓰기를 통해 민중적, 아나키즘적 상상력을 펼쳐낸다. 반면 서태후 이야기는 서구와 일본에서 주조된 오리엔탈리즘적 프레임에 얽매여 있었고, 펄벅의 *Imperial Woman*조차 끝내 이 틀을 벗어나지 못했다. 이러한 사례들은 번역 연구가 원본에 대한 충실성이라는 시각을 탈피하여 얼마나 다채로운 문화사적 연구로 확장될 수 있는지를 잘 보여준다.

구인모의 「한시의 번역, 고전으로의 피란」은 『동심초』(1943), 『꽃다발』(1944) 등 일제 말기 김억의 한시 번역이 지닌 문제적 의의를 다각도로 살피고 있다. 김억에게 중국 여성작가들의 한시 번역은 시인이자 가요 작사가로서의 답보상태를 타개하려는 대체 창작이자 제국의 문화정치에서 비켜설 수 있는 피란처이기도 했다. 그는 한시 중 일부를 시조 형식으로 번역함으로써 중세 보편어 문학인 한시를 언어와 율격 면에서 조선어 시가 문학의 자장 안으로 옮겨놓았다. 그러나 필자는 김억과 사토 하루오의 한시 번역을 나란히 비교하면서, 김억의 한시 번역이 지닌 의의를 익숙한 민족주의 서사로 해석하는 데 저항한다. 두 시인 모두 한시 번역에 침잠하며 현실 정치로부터의 망명을 꾀했으나 결국 고전적 동양주의를 통해 제국 정치의 미학화에 일조했다는 혐의에서 자유롭지 못하기 때문이다.

번역과 번역연구는 기점과 종착점 어디에도 정주하지 않는, 언제나 그 '사이'를 횡단 중인 실천이다. 이 횡단 속에서 기점과 종착점에 영토화된 자기동일적 정체성의 신화는 해체되지만, 여전히 번역적 실천의 주체(성)와 정치성의 문제가 남는다. 윤영실의 「한국근대문학사와 '정치소설'의 번역(불)가능성」은 '정치소설'이라는 장르의 번역을 세계문학론 및 한국문학사 서술과 연결하여 분석하면서 번역과 정치의 문제에 천착한다. 정치소설(political novel)이 '네이션' 창출이라는 정치적 실천과 맞물린 세계사적 현상이라면, 근대계몽기 한국 문학(사)에서 정치소설의 비가시성은 네이션 기획이 사산되고 '정치'가 금지되었던 식민지적 조건과 무관하지 않다. 임화의 『개설신문학사』는 과도기의 신문학에서 정치소설을 새삼 부각시킴으로써, 자주독립을 추구했던 근대계몽기의 정치적 순간들을 상기시키는 동시에 일제말의 정치를 재가동시키고자 했다. 민족문화의 복고적 순수주의에 빠지지 않으면서도 식민지 민족의 정치적, 문화적 주체성을 정립하려 했던 임화의 모색에는 서구 중심적 세계문학론의 비판적 극복을 위한 귀중한 통찰이 담겨 있다.

3부 〈매체 이동을 통한 근대 문화공간의 창출〉에서는 악극이나 연극, 음반과 라디오, 잡지 등의 근대 **매체**에 의해 새롭게 창출된 문화공간과 경험에 주목한 논문들을 함께 모았다. 한국문학 연구가 '문학에서 문화로' 시야를 확장함에 따라 잡지, 가요, 영화 등 다양한 매체 연구들도 활발하게 이뤄져 왔다. 그러나 이 책에서는 특정한 매체 자체보다는 매체 이동을 통한 문화의 변용에 더 주목하고자 했다. 판소리, 창가, 민요 등 과거의 문화적 산물이 근대의 공연 형식으로 연행될 때, 혹은 음반, 라디오 등의 문화 산업을 통해 재생될 때 어떤 변화를 겪게 되는가. 이러한 변용에는 (식민지 근대) 국가의 문화정치적 이데올로기나 근대적 테크놀로지, 문화산업을 주도하는 자본의 이해관계 등이 어떻게 복합적으로 작동하고 있는가. 3부의 논문들은 각기 다른 소재를 통해 이런 질문들에 답하고 있다.

김호연의 「레코드사 소속 악극단의 활동 양상」은 식민지기에 '악극'이라는 새로운 장르가 형성되기까지의 과정을 역사적으로 조망한다. 악극은 창가와 신파극, 대중가요, 막간극과 희가극을 거쳐 레코드사 소속 악극단이 성립하기까지 다채로운 매체 이동을 거쳤다. 악극 형성 과정이 잘 보여주듯 근대 이전의 다양한 문화적 자원은 근대 이후 소멸되는 것이 아니라 매체 이동을 통해 근대적 예술이나 대중문화 양식으로 변형된다. 1920년대 중반 이래 거대 문화자본인 레코드사가 판소리, 대중가요, 잡가, 민요를 아우르는 다양한 장르의 음반을 발매하고, 직속 악극단을 운영하면서 대중들의 문화 소비 양상도 일변하였다. 〈라미라가극단〉, 〈반도가극단〉 등 악극단들의 주요 레퍼토리가 〈춘향전〉, 〈심청〉 같은 전통 서사들이었다는 점은 또 하나의 연구 소재가 될 만하다.

매체의 전환으로 새로운 장르가 성립되는 것만큼이나, 하나의 텍스트가 매체 이동을 통해 변신하는 양상도 흥미롭다. 김선우의 논문 「식민지시기 유성기와 라디오의 메타모포시스 - 대중가요 〈아리랑〉을 중심으로」는 〈아리랑〉이라는 구체적인 텍스트가 유성기(음반)와 라디오(방송)라는 매체 이동 속에서 변용되는 양상에 주목한다. 민요 〈아리랑〉

은 근대에 문자(잡가집, 악보), 소리(음반, 라디오 방송), 영상(영화) 등 다양한 매체 형식을 통해 끊임없이 변주되면서 그 자체로 하나의 미디어로 자리 잡았다. 논문은 〈아리랑〉이 유성기 음반에서 라디오 방송으로 이동하면서 '원음'의 재현보다 라이브(실시간 방송)의 현장성을 더 부각시키거나, 음악 감상에 대한 대중의 취향을 변화시키는 양상을 섬세하게 포착한다.

문경연의 「일제 말기 종이연극의 실연과 제국의 이벤트 Ⅰ」는 문화적 텍스트의 매체 이동에서 한 걸음 나아가 '이동하는' 매체로서의 이동연극과 종이연극에 주목했다. 이동연극과 종이연극은 '전쟁하는 국민/신민' 만들기가 급선무였던 전시기의 총동원체제에서 일상의 문화정치를 작동시키기에 가장 효과적인 수단이었다. 벽촌 구석구석까지 이동하며 민중의 일상에 파고들었던 이동연극과 종이연극은 순회공연 보고와 르포르타주, 연극 시나리오의 현상모집 등 다양한 매체 이동을 통해서 프로파간다의 효력을 증대시킬 수 있었다. 그러나 논문은 프로파간다 예술이 민중과 조우할 때 발생하는 우연적 파열까지도 세심하게 분석하고 있다.

앞선 글들이 매체 이동을 통한 콘텐츠의 변형과 새로운 문화 경험에 초점을 맞추고 있다면, 전영주의 논문 「일제강점기 〈태평양잡지〉에 반영된 이민문학의 메타모포시스」는 '이민'이라는 사람들의 이동이 창출한 새로운 매체로서 『태평양잡지』를 조명한다. 한국 최초의 근대적 이민인 하와이 이주자들을 중심으로 발간된 『태평양잡지』는 1920-30년대에 걸쳐 시, 소설, 희곡 등 다양한 장르의 문학 작품을 싣고 있다. 논문은 이 작품들을 일일이 검토하고 소개하는 한편, 이민문학으로서의 성격을 부각시킨다. 이를 통해 개인적 서정성보다 이민 공동체의 집단적 정체성에, 창작보다는 번안에 주력하고, 식민지 출신의 민족의식과 기독교적 정체성이 어우러진 초기 이민문학의 구체적 양상이 드러난다.

한국·근대·문학 연구의 언저리에서 '문화의 횡단과 메타모포시스'를 다룬 13편의 논문들을 모아놓고 보니, 경계를 횡단하며 변신을 거듭하고 있는 것은 '한국근대문학연구' 자체가 아닌가라는 느낌이 들기도 한다. 인문학의 위기, 제도적 분과학문들의 위기는 어제오늘의 이야기가 아니지만, 변화의 속도는 더디고 전망은 모호하기만 하다는 우려의 목소리도 높다. 그러나 각개전투 속에서나마 암중모색하는 이들의 작은 발걸음들이 모여 또 새로운 길을 열어갈 것이다. 이 책 또한 그런 작은 발걸음 중 하나이길 기원하며, 소중한 논문들을 실어주신 모든 선생님들께 진심으로 감사를 전한다.

2020년 11월
필자들을 대표하여 윤영실 씀

제3부 매체 이동을 통한 근대 문화 공간의 창출

제1부
옛이야기의 전승과 근대적 변용

일본어 조선설화집
『전설의 조선(傳說の朝鮮)』 수록
설화의 변용

장경남

일본어 조선설화집 『전설의 조선(傳說の朝鮮)』 수록 설화의 변용

I. 일제 강점기 일본어 조선설화집의 간행

일제는 조선을 강제 병합한 이후 조선 지역에 전승되고 있는 설화를 채록하여 일본어로 옮긴 조선설화집을 간행하였다. 1908년 이후 간행된 일본어 조선설화집은 50여종 이상이 되는 것으로 보고되고 있다.[1] 대표적인 작품으로 우스다 잔운(薄田斬雲)의 『암흑의 조선(暗黒なる朝鮮)』 (1908), 다카하시 도루(高橋亨)의 『조선의 물어집 부 이언(朝鮮の物語集附俚諺)』(1910), 미와 다마키(三輪環)의 『전설의 조선(傳說の朝鮮)』(1919), 야마자키 겐타로(山崎日城)의 『조선의 기담과 전설(朝鮮の奇談と傳說)』(1920), 조선

---

1) 이시준·김광식, 「日帝强占期における日本語朝鮮説話集の刊行とその書誌」, 『일본언어문화』 21, 한국일본언어문화학회, 2012, 403~424쪽.

총독부(다나카 우메키치[田中梅吉])의 『조선동화집(朝鮮童話集)』(1924), 나카무라 료헤이[中村亮平]의 『조선동화집(朝鮮童話集)』(1926) 등을 거론할 수 있다. 이들 설화집에는 구비 전승되고 있는 설화는 물론 고전소설도 일본어로 번역하여 수록하고 있다. 일본어 설화집에 대한 연구는 이제 출발점에 있다. 개별 설화집의 수집 및 정리와 함께 개별 설화집의 구성 및 특성에 대한 초보적인 연구가 시작되었고,[2] 번역 작업도 진행중이다.

일제 강점기 일본어 설화집 가운데 이 글에서 주목하는 것은 미와 다마키의 『전설의 조선(傳說の朝鮮)』이다.[3] 이 책은 조선에 거주하는 일본인을 중심으로 간행되던 일본어 조선설화집이 제국 일본의 '내지(內地)'로까지 확대되는 계기가 된 설화집으로 평가받고 있다.[4] 조선의 설화가 조선의 일본인에게 국한된 향유 범위를 넘어서 일본 본토 내의 일본인에게 본격적으로 알려지면서 읽히기 시작한 점은 시사하는 바가 크다. 더군다나 이 책에는 다른 설화집과 달리 임진왜란 관련 설화를 수록하고 있어 더욱 더 관심을 끈다.

『전설의 조선』에 대한 논의는 최인학(崔仁鶴)이 시작하였다. 최인학은 이 책의 내용을 소개하면서, "이 책은 동화 편뿐만 아니라, 전편에 걸쳐 참고가 되는 민담자료가 많이 있음을 지적할 수 있다. 게다가 당시 편자의 직책이 평양고등보통학교 교사였다는 것으로 보아서 채집지를

---

2) 개별 설화집에 대한 연구 성과는 김광식·이시준의『식민지 시기 일본어 조선설화집 기초적 연구』(제이앤씨, 2014)에 수록되었으며, 개별 설화집의 영인 작업은 숭실대학교 동아시아언어문화연구소에서 『식민지 시기 일본어 조선설화집 자료총서』(제이앤씨)로 발간중이다.

3) 이하『전설의 조선』으로 표기하기로 한다.

4) 김광식·이시준, 위의 책, 2014, 218쪽.

표기하지 않지만, 북한의 자료를 많이 수록했음을 알 수 있다"5)며 구비문학적 특성에 주목했다. 박미경은 "이 책은 저자가 서문에서 밝히고 있듯이 채록 설화의 성격이 강한 설화집이다. 특히 이 설화집은 후대 설화집들에 반복해서 나타나는 주요 설화들을 망라하고 있는 점에서도 흥미롭다. 즉 이후에 출판된 설화집에 많은 영향을 준 설화집이라는 점에서 매우 주목할 만한 문헌이라고 할 수 있다"6)고 평가하였다. 두 사람의 연구는 설화집에 대한 소개 수준에 머물고 있다.

『전설의 조선』에 수록된 개별 작품에 대한 논의는 비교적 활발하게 이루어진 편이며,7) 설화집의 전반적인 소개 및 내용 연구는 이시준(李市俊)・김광식(金廣植)에 의해서 본격화되었다. 이들은 편찬자의 조선 체류 사항과 책의 구성 및 내용을 소개하면서 이 책의 의의를 처음으로 설화를 분류했다는 점에서 찾고 있다.8) 이어서 조은애・이시준은『전설의 조선』에 수록된 설화 가운데 일본 관련 설화를 추출하여 내용과 특징을 고찰하였는데, 편찬자의 설화 선정 의도에 따라 설화와 설화집이 갖는 의미는 달라진다는 점을 밝혔다.9)

기존 연구 성과를 토대로 이 글에서는『전설의 조선』에 수록된 설화

---

5) 최인학 편저, 「한국석화자료문헌」, 『조선석화백선』, 일본방송출판협회, 1974.

6) 박미경, 「일본인의 조선민담 연구 고찰」, 『일본학연구』 28, 단국대 일본학연구소, 2009, 73~93쪽.

7) 염희경, 「〈해와 달이 된 오누이〉에 나타난 호랑이상」, 『동화와 번역』 5, 동화와 번역연구소, 2003, 7~46쪽; 김환희, 「〈나무꾼과 선녀〉와 일본 〈날개옷〉설화의 비교 연구가 안고 있는 문제점과 가능성」, 『열상고전연구』 26, 열상고전연구회, 2007, 85~116쪽; 강상대, 「미와 다마끼(三輪環)의 녹족부인서사연구」, 『어문학』 118, 한국어문학회, 2012, 155~179쪽.

8) 이시준・김광식, 「미와 다마키(三輪環)와 조선설화집『전설의 조선』고」, 『일본언어문화』 22, 한국일본언어문화학회, 2012, 611~631쪽.

9) 조은애・이시준, 「미와 다마키『전설의 조선』의 일본 관련 설화에 대한 고찰」, 『외국문학연구』 57, 한국외대 외국문학연구소, 2015, 531~553쪽.

의 내용을 일별하면서 설화집의 특성을 살펴보고, 임진왜란 관련 설화
를 선별하여 소개하면서 개별 이야기로서의 내용 및 특성을 알아본 후
에 채록 및 수록 의미를 논의하기로 한다.

Ⅱ. 미와 다마키[三輪環]와 『전설의 조선』

『전설의 조선』 표지는 "朝鮮平壤高等普通學校 教諭 三輪環 著 傳說
の朝鮮 東京 博文館藏版"이라고 되어 있어 저자는 평양고등보통학교
교사인 '三輪環(미와 다마키)'임을 알 수 있다. 미와 다마키는 1915년 3월
13일 일본의 치바현립 나루토[千葉縣立成東] 중학교에서 조선의 평양고등
보통학교 교사로 부임하여 1919년 9월 10일까지 약 4년 5개월간 근무했
는데, 서예 및 작문지도에 능숙한 국어(일본어) 교사였다고 알려졌다.[10]
미와 다마키는 1919년 9월 10일자로 퇴직서를 내고 일본으로 돌아간
것으로 알려져 있는데, 『전설의 조선』 판권지에는 발행일이 1919년 9월
20일로 되어 있다. 미와 다마키가 일본으로 돌아가기 전부터 원고를 작
성해 미리 동경으로 보냈고, 동경에 돌아간 직후에 간행을 완성한 것으
로 보인다. 우스다 잔운과 다카하시 도루의 일본어 조선설화집이 이미
조선에서도 간행된 사례가 있는 점에 비추어 볼 때 조선설화집에 대한
일본인의 관심은 높았음을 알 수 있으며, 이러한 관심은 조선설화집을
일본에서도 간행하게 한 동기가 되었던 것으로 보인다. 실제로 『전설
의 조선』은 일본 내에서 많은 관심을 받은 것으로 알려졌다.[11]

---

10) 이시준 · 김광식, 앞의 논문, 613쪽.
11) 이시준 · 김광식, 앞의 논문, 615쪽.

미와 다마키가 『전설의 조선』을 간행한 이유를 서문을 통해 살펴보기로 한다. 서문의 전문을 소개하면 다음과 같다.

세계의 어느 나라, 어느 곳에도 전설이 없는 곳은 없다. 아마도, 인류가 살기 시작해서 어느 정도 세월이 흐르면 정사도 야사도 생겨나지만 한편으로는 구비전설이 그 안에서 발생되어, 입에서 귀로, 다시 입으로, 단편적으로, 흡사 꿈인양 바람인양 사람의 머리에 들어가 가슴속에 자리하는 법이다.

그리하여 전설에는 오늘날의 과학적 견지로는 불가사의 하며, 기괴하며, 불합리한 것으로 인정될 만한 것이 대부분이다. 그래서 사람들은 황당무계라는 네 자로 이를 평가하였으며, 나아가 거짓으로 치부하는 사람이 많다. 그러나 나는 그 황당무계 안에 일종의 흥미를 불러일으킬 만한 것이 있다고 생각한다.

만사에 그렇듯, 이해(利害)가 따르는 것은 어쩔 수 없다 하여도, 소위 정사正史라 할지라도, 다시금 살펴보아야 할 바가 있듯이, 전설에도 그 뒤에 숨어 있는 의미를 살펴보기에 합당한 것이 있다. 다만 안타깝게도 구비설화, 전설 등은 기억의 착오, 잘못들은 경우 및, 여기저기로 이야기가 이동전가(移動轉嫁)된 경우도 적지 않다.

이로 인해, 동일한 혹은 유사한 설화가 각지에 남아 있는 것이며, 그 근원을 밝히는 것이 난해한 경우가 허다하다. 다만 그러한 고증은 후에 미루기로 하고, 지금은 그저 이를 수집하여 조선에 있어서의 구비전설을 여기에 열기列記하는 것으로 그치고자 한다.

대정大正 8년(1919) 7월[12]

미와 다카미는 서문을 통해서 구비전설의 특성 및 성격, 그리고 효용에 대해 언급하였다. 즉, 구비전설의 특성으로 구전성을, 성격으로 '황당무계(荒唐無稽)'함을 거론하였다. 그럼에도 불구하고 전설은 흥미를 환

---

12) 이시준 · 조은애, 『전설의 조선』, 제이앤씨, 2016.

기시킬 수 있으며, 이면의 소식을 충분히 엿볼 수 있다고 하면서 전설의 효용성을 인정하고 있다. 선행연구에서 많은 논자가 지적한 바와 같이, 『전설의 조선』은 채집 경로를 구체적으로 기록하지는 않았지만, 서문을 통해서 볼 때 구비전설을 수집 채록한 설화집임을 알 수 있다.

『전설의 조선』은 제1편 산천(山川)(34화), 제2편 인물(人物)(38화), 제3편 동식물(動植物) 및 잡(雜)(42화), 제4편 동화(童話)(25화)로 구성되어 있으며, 이야기는 총139화이다.

제1편 '산천'에 수록된 설화는 산과 바위, 연못, 샘, 마을 등의 유래를 설명한 이야기이다. 가령 〈구룡석(九龍石)〉은 평안남도 영원군에 전승되는 이야기로, 아홉 마리의 용이 돌이 되어 구룡석이라는 이름이 생기게 된 유래를 설명한 것이다. 이른바 지명유래 설화인 셈이다. '산천' 편에 수록된 설화는 주로 이북 지역의 설화가 중심이다. 조희웅의 지적대로 평남(18화), 평북(6화), 황해(5화) 지역이 대부분을 차지하며, 경기(2화)와 경북(3화)이 그 일부를 구성하고 있다. 채록자인 미와 다마키가 근무했던 평양 지역을 중심으로 채록한 설화이기 때문이다.[13]

제2편 '인물'에 수록된 설화는 단군(檀君), 박혁거세(朴赫居世) 등 신화적 인물과 최치원(崔致遠), 김응서(金應瑞) 등 영웅적 인물, 그리고 손순(孫順)과 같은 평범한 인물에 대한 이야기이다. 단군에서 시작하여 조선시대에 이르기까지 시대 순으로 배열하고 있는데, 신라 신대의 인물이 압도적으로 많은 점이 특징이다. 인물 편의 설화는 구비 전승된 설화라기보다는 문헌에 전하는 설화를 수록한 것으로 볼 수 있다. 가령, 〈아이를 묻다(子を埋む)〉는 『삼국유사(三國遺事)』에 수록된 〈손순매아(孫順埋兒)〉

---

13) 조희웅, 「일본어로 쓰여진 한국설화/한국설화론 (1)」, 『어문학논총』 24, 국민대 어문학연구소, 2005, 21쪽.

와 같은 이야기임을 미루어 이 같은 추정이 가능하다. 그런데 『삼국유사』에 수록된 이야기를 그대로 번역해서 수록한 설화가 있는가 하면 일부는 변형을 가하기도 하였다. 〈단군(檀君)〉을 예로 들어 본다.

〈단군(檀君)〉

평안북도 영변 동쪽 10리에 태백산이라는 산이 있다. 그곳의 가장 높은 봉우리는 향로봉이라고 하여 1,371m된다고 한다. 이 산에는 향목(香木)이 많고, 또한 선인(仙人)이나 불타(佛陀)의 유적이 있다고 하여 묘향산이라고 도 부른다.

조선의 시조인 단군이 있었다고 하는 단군굴은 지금의 보현사에서 동쪽 으로 약 3리쯤 떨어진 남쪽 기슭에 높이 4장, 남북의 길이 5장, 동서의 길이 3장이 되는 커다란 바위에 갈라진 틈이 하나의 동굴을 이루고 있다. 이것이 그 흔적이다.

〈단군〉은 이와 같이 시작하고 있다. 이어서 환인의 아들 환웅이 인간 세상에 내려와 웅녀와의 사이에서 단군을 낳았다는 이야기가 이어진다. 즉『삼국유사』에 수록된 것과 같은 내용이다. 단군을 신화로 보기보다는 '단군굴'과 관련된 지명설화 정도로 보려고 했기에 본격적인 이야기를 시작하기에 앞서 이 같은 도입부를 설정한 것이다.

제3편 '동식물 및 잡'에 수록된 설화는 소분류 제목 그대로 동식물과 관련된 설화이다. 동식물의 유래를 설명하는 설화는 일부에 지나지 않고 주로 동식물과 관련된 우화이다. 대부분 호랑이, 까마귀, 여우, 멧돼지, 뱀 등 다양한 동물을 등장시켜 인간 세상의 일을 설명하고 있다.

제4편 '동화'는 이른바 '민담'으로 분류되는 이야기이다. 효나 우애 등을 주제로 한 이야기와 동물우화, 소화가 주요 내용을 이루고 있으며,

간혹 동물유래담도 수록되어 있다. 〈불효자식(不孝息子)〉은 '고려장(高麗葬)' 설화 유형이다. 〈두형제(二人の兄弟)〉는 부모님과 형을 위하는 마음을 가진 동생이 도깨비를 만나 복을 받은 반면에 욕심 많은 형이 동생의 행동을 따라 하다가 벌을 받아 죽었다는 이야기이다. 〈다리가 부러진 제비(足折燕)〉는 흥부와 놀부 형제 이야기로 우리 고전소설 〈흥부전〉과 같은 내용이다. 〈떡보(餠食ひ)〉는 떡보가 중국 사신과의 내기에서 이긴 이야기로 소화에 해당된다. 〈광어의 눈과 고등어 머리(鮭の目と鯰の頭)〉는 광어의 눈이 한쪽으로 몰리고 고등어의 머리가 평평하게 된 유래를 설명한 이야기이다.

이처럼 『전설의 조선』은 다양한 유형의 설화를 수록하고 있으며, '산천' 편에는 주로 지금의 북한 지역에 전승되는 설화를 채록 수록한 점이, '인물' 편에는 신라시대의 인물 설화를 주로 수록한 점이 특징이다. '동식물' 편은 동식물 유래담과 우화를, '동화' 편에는 주로 교훈적 이야기를 수록하고 있다.

Ⅲ. 『전설의 조선』 수록 임진왜란 설화

『전설의 조선』에는 다양한 유형의 설화가 유형별로 분류되어 수록되어 있는 특징을 보이고 있다. 이 외에도 수록된 설화 가운데 임진왜란과 관련된 설화를 수록하고 있는 점도 다른 설화집과 차이를 보이는 특징 가운데 하나이다. 임진왜란 관련 설화는 임진왜란을 배경으로 하거나 소재로 활용된 설화, 그리고 임진왜란 때 활약한 인물과 관련된 설화를 지칭하는데, 총 8편으로 그리 많은 편수는 아니다. 이들을 다음의 세 유형으로 분류해 살펴보기로 한다.

1) 선조(宣祖) 관련 이야기 : 〈천도래(千度來)〉, 〈되루목되어(魚)〉
2) 명장(名將) 관련 이야기 : 〈김응서(金應瑞)〉, 〈주술 겨루기(術競べ)〉,
   〈질경이(車剪子草)〉
3) 명나라 원군(援軍) 관련 이야기 : 〈원숭이기병(猿の騎兵)〉, 〈땅에 뜸뜨
   기(地に灸)〉, 〈서묘(西廟)〉

1. 선조 관련 이야기

선조와 관련된 이야기는 선조가 도성을 버리고 의주로 피란하는 과
정에서 있었던 일을 소재로 하고 있다. 〈천도래(千度來)〉와 〈되루목되어
(魚)〉가 그것이다. 이야기의 전문을 들면 다음과 같다.

〈천도래(千度來)〉

강서에 천도래라는 이상한 지명이 있다.

임진왜란 당시, 선조는 한양을 떠나, 평양을 거쳐 의주로 피신할 때에, 이
곳에 머무른 적이 있다. 그 때에는 이미 곡물은 바닥나서 햅쌀도 아직 영글
지 않은 시점이라 임금님께 드릴 쌀이 없었다. 이곳 사람들은 모두 어쩔 줄
몰라 했다.

어느 농부가,

"임금님께서 배를 곯으시게 할 수는 없다"

라고 말하며,

"어서 벼를 익게 하여야 한다. 거의 익은 것 같다"

라며, 하루에도 천 번씩 논을 왕래하여서, 논가에 풀까지 모두 밟혀 죽어
버렸다.

이러한 정성이 어찌 하늘에 닿지 않을 것인가. 하룻밤 사이에 벼가 익어

서, 그 다음날 농부가 논에 도착했을 때에는 이미 황금색 물결이 일렁이고 있었다. 농부는 매우 기뻐하며 쌀밥을 지어 임금님께 바쳤다.

전쟁도 끝나고, 임금님은 환궁하였으나, 어느 날 이를 기억하고는 그 농부를 불러서는,

"지난 날, 너의 정성을 잊지 않고 있다. 너에게 상을 내리고자 하니, 원하는 것을 말하여라."

라고 말씀하셨다.

"신은 농민이기에, 바라는 바는 논밭 외에는 없습니다만, 이미 선조로 부터 물려받은 논밭을 통해, 살아가는 데에는 아무런 부족함이 없는 바, 더 이상 원하는 것은 없습니다."

농부가 황공해 하며, 그렇게 답하자, 임금님은 그 우직함에 감탄하여, 많은 논밭을 그에게 하사하고, 그 땅을 천도래로 이름 짓고 오랫동안 기리게 하였다.

〈되루목되어(魚)〉

선조 임금이 난을 피해 궁궐을 떠나 며칠 동안 식사도 못하시고 의주까지 피난길이 이어졌다. 때는 음력 4월 초순으로, 곡식이 없어 의주 사람들은 모두 곤궁해있었다.

그곳의 어느 과부가 밤잠을 자지 않고 걱정하여 무엇이든 임금께 올리려고 궁리한 끝에, 유숙기에도 들지 않은 자기 밭의 보리로 밥을 짓고 목되를 구워 공손하게 올렸다. 임금님은 며칠이나 먹지 못한 참에, 이른바 '시장이 반찬'이라 참으로 천하의 진미라고 생각하셨다.

"이렇게 맛있는 것은 처음이다. 도대체 이 생선은 무엇이라 하느냐."

라고 말씀하셨다. 여인은,

"목되라고 하옵니다."

임금님은 그 이름이 나쁜 것에 놀라서,

"오늘부터 은어라 불러라."

라고 명하셨다.

그러는 사이 난도 평정되어 임금님은 경성으로 환궁하셨다. 어느 날, 그 목되를 떠올리시고는 의주의 그 여인을 불러 요리를 만들게 하셨으나, 그렇게 맛있었던 것이 지금은 전혀 입에 맞지 않으신다.

"이것은 은어가 아니다. 역시 목되라고 불러라."

그 이후 이 생선을 되루목되라고 한다. 되루란 다시라는 의미이다.

두 편의 설화는 임진왜란 당시 선조가 의주로 피란하면서 겪은 일을 소재로 하고 있다. 이 가운데 〈천도래〉는 평안남도의 '천도래' 라는 지명과 관련된 이야기인데, 임진왜란 당시 선조가 의주로 피란하는 과정에서 잠시 이 지역에 머물렀을 때의 일을 소재로 하고 있다. 피란하는 임금님께 음식을 바쳐야 했으나 곡식은 떨어졌는데 햇곡식은 아직 여물지 않아 곤란한 지경에 처한 농부가 임금님께 바칠 벼가 익었는지를 확인하고자 하루에 천 번씩 논을 살피러 갔으며, 그 정성이 하늘에 닿아 하룻밤 사이에 벼가 익어 임금님께 쌀밥을 바칠 수 있었는데, 전쟁이 끝나고 이 농부의 충직함을 가상히 여겨 상으로 땅을 하사하였기에 이름을 '천도래'로 하였다는 이야기이다. 이 설화는 임금에게 충직한 농부의 행동과 그에 대한 하늘의 보답, 그리고 전쟁이 끝난 후에 이를 기억한 임금이 보답한 이야기로 볼 수 있다.

〈되루목되어〉도 선조의 피란과 관련된 설화인데, 〈천도래〉와 달리 선조에 대한 부정적 시각이 강하다. 선조가 의주로 피란을 했는데, 의주의 백성들은 곡식이 없어 곤궁한 처지에 있었다. 그럼에도 불구하고 어느 과부는 임금을 위해 보리밥을 지어 목되 구이를 올렸다. 선조는 이 생선을 맛있게 먹고는 '은어(銀魚)'란 이름을 하사했다. 전쟁이 끝난 후에 그 생선의 맛이 떠올라 의주의 그 여인에게 요청하였으나 지난날의 맛이 아니어서 은어를 다시 '목되'라 부르게 했다는 것이다. 지금도 잘 알려진 도루묵이라는 생선의 명칭 유래담이다. 설화 전반부의 임금을 향한 여인의 충심어린 마음은 묻혀 버리고 선조의 변덕으로 '되루목되(도루묵)'로 바뀌는 생선의 명칭 유래담으로 끝나 버리고 말았다. 단순한 명칭유래담으로 볼 수 있으나, 이야기의 초점은 오히려 후반부의 선조의 변덕스런 행위에 있다고 할 수 있다.

2. 명장 관련 이야기

명장과 관련된 이야기는 임진왜란 때 활약한 장수를 소재로 한 것이다. 김응서 장군과 관련된 〈김응서(金應瑞)〉, 의병장으로 활약한 사명당(四溟堂) 관련 이야기인 〈주술 겨루기(術競べ)〉, 일본군 장수 가토 기요마사(加藤淸正)과 관련된 〈질경이(車前子草)〉 등이다. 내용을 소개하면 다음과 같다.

〈김응서(金應瑞)〉[14]
김응서는 임진왜란 때 공을 세웠기에 사후에 용강현에 충렬사를 세워 제사를 엄숙하게 지내고 있다.

김응서가 두 살 때 어머니가 밭일을 하려고 김응서를 밭 둑에 눕혀놓자 개미가 모여들어 주위를 둘러싸서 아이를 보호했다.

또 어느 날은 돌을 베개 삼아 눕혀 놓았는데 가등청정과 소서행장이 승려로 변장해 조선을 정탐하러 왔다가 이 장면을 목격하고 가등청정이 돌베개를 쳐내버리자 머리가 땅에 닿지 않았다. 가등청정이 보통아이가 아닌 줄 알고 죽이려고 하나 소서행장이 말리자 산신령에게 빌어서 죽이려고 하였

---

14) 〈김응서〉는 6면에 이르는 비교적 긴 이야기로 지면 관계상 줄거리만 제시하기로 한다.

다. 산신령은 뱀으로, 호랑이로 변하여 아이를 헤치려 했으나 어머니의 너그러움으로 실패하고, 다시 콩과 죽을 먹여 헤치려 했으나 어머니의 사랑을 확인하고는 가등청정의 청을 거절하였다.

응서가 평양의 서당에 다니면서 공부하게 되었는데 지략과 힘이 뛰어났으며, 후에 무예를 배워 깊은 산속에 들어가 살았다.

가등청정이 중국 정벌을 위해 쳐들어오자 선조는 의주로 피신을 가서 중국 구원병을 청하였으나 답신이 오지 않자 항아리에 들어가 울은 일을 계기로 이여송·이여백 두 장군이 대군을 이끌고 도와주러 왔다.

이때 소서행장은 기생 계월향과 함께 평양에 머물러 있었는데, 김응서가 의주로 가서 임금을 뵙고 적을 토벌하겠다고 하고는 평양으로 돌아가 소서행장을 죽이고자 계월향과 짜고 계월향의 지혜를 빌려 소서행장의 목을 베었다. 소서행장의 몸이 칼을 빼어 응서에게 던져 응서의 새끼발가락이 잘렸다.

김응서는 소서행장을 죽인 후에 계월향을 업고 나와 들판으로 피했으나 계월향이 소서행장의 아이를 임신한 사실을 알고, 또 여자의 도움을 받아 적장을 죽였다고 수군대면 체면이 서지 않는다고 생각하고는 계월향의 배를 찌르니 배에서는 커다란 핏덩어리가 나와 아버지의 원수를 치려했다며 소리쳤다고 한다.

〈주술 겨루기(術競べ)〉

지금부터 약 200년 전에 금강산에는 서산대사가 있었고 묘향산에는 사명당이 있었다. 두 사람 모두 불도는 물론이거니와 유술에도 정통하여 조정으로부터 상당한 예우를 받은지라 만민의 존경은 어디 비할 데가 없었다. 임진왜란 때의 작전계획도 구화조약도 모두 두 사람의 생각에서 나왔다고 하는 이야기다.

사명당과 서산대사가 이러한 인물이었기에 그 두 사람이 처음 만났을 때의 재미있는 이야기가 있다.

사명당은 '신술로는 내가 조선 제일이다.'라며 항상 으시댔다. 어느 날 금강산에 서산대사라고 하는 호걸이 있다는 소리를 듣고는 그를 제자 삼고자 하여 금강산으로 찾아갔다.

서산대사는 즉시 이 이야기를 듣고 제자를 불러

"오늘 묘향산에서 손님이 오신다. 네가 도중까지 마중 가거라."

라고 하였다. 제자는 당황해하며 물었다.

"한 번도 만난 적이 없는 사람을 어떻게 알아 볼 수 있습니까?"

대사는

"그 사람은 강물을 거슬러 타고 올 것이니 금새 알 것이다."

라고 일러주었다. 제자는 도중에서 사명당을 만났다.

"마중하러 나왔습니다."

사명당은 조금 놀랐지만 아무렇지 않은 체 하고는

"수고를 끼쳐서 미안하군."

하며 인사하고 따라갔다.

금강산에 도착한 사명당은 먼저 날아가는 참새를 한 마리 자기 손으로 잡아다가 서산대사에게 주며,

"이 참새가 살았겠는가? 죽었겠는가?"

라고 물었다. 그때 대사는 사명당을 맞이하기 위해 문턱에 한발을 내딛은 상태였다.

"나는 지금 나가려는 거겠소? 들어오려는 거겠소?"

라며 반문했다. 사명당은 웃으면서 초면의 인사를 나누었다. 그런 다음 자리에 앉자 서산대사는 그릇에 물을 담아 와서 그 속에서 커다란 물고기를 몇 마리나 꺼내고서 사명당 앞에 늘어놓고서는 이윽고

"우리들은 승려이므로 생물을 먹을 수가 없소. 그러나 먹은 후에 다시 원 상태대로 되돌려 놓는다면 아무런 문제가 되지 않을 것이오."

라고 한마디하고는 그것을 먹기 시작했다. 사명당도

"그렇다면 소승도 먹겠소이다."

라고 말하고 먹는다. 조금 지나서 대사는 그 물고기를 토해내어 다시 물속에 놓아주었다. 사명당도 지지 않으려고 토해봤지만, 그것은 움직이지 않았다. 다음에 달걀 쌓기를 하게 되었다. 사명당은 지면에서부터 쌓아서 실

로 잘 쌓을 수 있었다. 대사는 어떤지 보니, 공중에서 점점 아래로 쌓아 내려갔다.

　정오가 되어서,

　"정말 변변찮은 면이긴 하지만, 드십시오."

　라고 해서 보니, 면이 아니라 침을 대접에 담은 것이다. 대사는 태연히 맛있는 듯 먹어보는데, 사명당은 젓가락을 들 수 없었다.

　그래서 그 대단한 사명당도, 고집을 꺾고 서산대사의 제자가 되었다.

〈질경이(車剪子草)〉

　가토 기요마사가 조선 정벌을 하기 전에 조선을 이곳 저곳 두루 돌아다니며 상황을 살피며 걷고 있었다. 그 때 자신이 지나간 곳을 알리기 위해 원래 조선에 없었던 질경이 씨앗을 뿌리며 갔다고 한다. 지금도 그 풀을 보면 그 다닌 행로를 알 수 있다고 한다.

〈김응서〉는 임진왜란 때 공을 세운 김응서의 공적을 기리기 위해 세워진 충렬사 소개와 그곳에서 매년 행해지는 엄숙한 제사, 그 자손들에 대한 이야기로 시작하고 있다. 본격적인 이야기는 어린 시절에 비범한 면모를 보였다는 것에서 시작한다. 즉 밭에 눕혀 놓은 아이 김응서를 개미가 보호해 주고, 조선에 정탐을 온 가등청정이 산신령에게 빌어서 죽이려 했으나 어머니의 사랑이 대단함을 알고 산신령도 포기했다는 일화를 통해서 김응서의 신이하고 비범한 면모를 드러내고 있다.

　이어지는 이야기는 우리에게 잘 알려진, 김응서가 계월향의 도움을 받아 적장 소서행장을 죽였다는 이야기이다. 이 이야기는 『평양지(平壤志)』, 〈임진록〉 등에 수록되어 있고, 임석재가 1936년에 채록한 설화집[15]에도 수록되어 있다.

그런데 계월향의 도움을 받아 적장을 죽인 후의 행동이 『평양지』나 〈임진록〉에 수록된 이야기와는 다른 양상을 보이고 있다. 해당 부분을 인용하면 다음과 같다.

> 그러나 그 몸은 손가락으로 육갑(六甲)을 세고는 자신의 칼을 빼어서 응서에게 던졌다. 응서는 금세 매로 변하여 월향을 옆에 끼고 그 방의 대들보에 있다가 이것을 미처 피하지 못하고 새끼발가락을 잘렸다.
> 응서는 목적을 이루고 월향을 업고서 다시 들판으로 피했다가 도중에 생각했다.
> '월향은 소서행장의 아이를 가졌음에 틀림없다. 뿐만 아니라 세상 사람들이 응서가 여인의 힘을 빌려 적장을 죽였다고 수군댄다면 체면이 서지 않는다. 불쌍하기는 하지만 이참에 월향이도 죽는 것이 나을 것이다.' 라고 하여 결국 월향의 배를 찔렀다. 배에서는 커다란 피 덩어리가 나와서 큰소리로
> "이제 세 달째로 아버지의 원수를 치려했는데"
> 라고 했다고 한다.

죽은 소서행장의 몸이 칼을 던져 김응서의 새끼발가락을 자른다는 내용, 계월향을 죽인 이유로 소서행장의 아이를 임신한 것과 체면 때문이라는 내용, 그리고 계월향의 배에서 핏덩어리가 나와 원수를 갚으려 했다는 내용은 아주 새로운 이야기이다.

『평양지』의 해당 부분은 "응서가 칼을 빼어 왜장을 베니 머리는 벌써 땅에 떨어졌는데도 칼을 던져 하나는 벽에 꽂히고 하나는 기둥에 꽂혀 칼날이 반이나 들어갔다. 응서가 왜장의 머리를 가지고 문을 뛰쳐나오니 계월향이 뒤를 따랐다. 응서가 둘 다 목숨을 보전하기 어려

---

15) 임석재, 『임석재전집 3 한국구전설화』, 평민사, 1988, 174~176쪽.

울 것을 짐작하고 칼을 휘둘러 베고 한 몸으로 성을 넘어왔다."[16] 고 서술하고 있다.

〈임진록〉의 해당 부분은 이본에 따라 다양하다. 기생의 이름도 다르며, 왜장을 죽인 후에 성을 나오는 장면도 다르다. 경판본에는 김응서가 기생을 업고 나오던 중에 기생을 담장 위에 올려놓자 왜장이 달려들어 기생을 베는 것으로, 국립도서관 한글본에는 김응서가 기생 월선의 목을 베는 것으로, 한글필사본인 권영철본에는 기생 월선이 자결하는 것으로 나온다. 〈김응서〉와 사뭇 다른 양상이다.

임석재가 채록한 설화 〈김응서 장군〉은 1936년 평양의 김병연이라는 사람이 구술한 자료인데, 김응서가 소서행장을 죽이는 과정은 비슷하나 계월향이 죽는 장면이 상이하다. 즉 죽은 소서행장이 김응서를 죽이려고 용천검을 던졌으나 오히려 계월향의 배에 맞아 계월향의 배에서 핏덩이가 나와 분해하다가 죽었다는 이야기로 결미를 삼고 있다.

『평양지』, 〈임진록〉, 〈김응서장군〉과 비교해 볼 때, 〈김응서〉에서 보여준 김응서의 행위는 의도적 변개로 볼 수 있다. 특히 "여인의 힘을 빌려 적장을 죽였다고 수군댄다면 체면이 서지 않는다."고 생각하고 계월향을 죽인 것으로 처리함으로써 김응서를 치졸한 인물로 만들었다. 김응서의 영웅성을 폄하하고자 하는 의도인 것이다. 죽은 소서행장의 칼을 피하지 못해 새끼 발가락이 잘렸다고 서술한 것도 같은 맥락이다.

〈김응서〉에서 또 특이한 점은 가등청정의 등장이다. 가등청정이 김응서의 영웅성을 알아보고 살해를 시도했으나 실패한 것으로 전개되고는 있지만, 이를 통해 오히려 가등청정의 예지력을 드러내려는 의도

---

16) 이긍익, 『연려실기술』 15권, 선조조고사본말(민족문화추진회 옮김, 『연려실기술』, 1986).

는 아닐까 싶다. 가등청정이 직접 나서서 김응서를 죽이려 하지 않고 산신령에게 의존한 점도 또한 가등청정의 영웅적 면모를 훼손하고 싶지 않은 데서 비롯된 것이라 하겠다. 가등청정에 대한 근대 일본인의 인식이 상당히 긍정적이었던 점을 미루어 보면 이러한 추론이 가능하다.

가등청정을 주인공으로 한 이야기인 〈질경이〉도 이와 같은 관점에서 이해할 수 있다. 〈질경이〉는 가등청정이 조선을 정찰하러 왔을 때 표식으로 길가에 차전자초(질경이) 씨를 뿌렸는데 지금도 그 길에는 질경이가 난다는 이야기이다. 이 설화의 주인공이 가등청정인 것은 〈김응서〉에서처럼 가등청정이 밀정으로 조선에 왔다고 하는 내용이 전제가 되고 있다. 질경이라는 식물의 유래담에 임진왜란을 배경으로 하고 그 주인공으로 가등청정을 설정한 것은 가등청정에 대한 일본인의 시각을 보여주는 것이다. 일본의 근세 시대에 가등청정에 대한 군기(軍記)가 다수 간행되고 영웅화되는 모습은 어렵지 않게 확인할 수 있다.[17] 이는 근세 이후 임진왜란과 관련된 설화에서 가등청정이 대표적인 무장으로 정착하였다는 것을 방증하는 것이다.

〈주술 겨루기〉는 사명당과 서산대사를 주인공으로 한 이야기이다. 임진왜란 당시 사명당은 의승을 이끈 승군장으로서 큰 활약을 했던 인물이다. 특히 〈임진록〉의 거의 모든 이본에는 사명당이 일본으로 건너가 왜왕의 항복을 받아온 이야기로 결말을 삼고 있을 정도로 사명당 이야기는 유명하다.[18] 그런데 이 설화에서는 "임진왜란 때의 작전계획도 구화조약도 모두 두 사람의 생각에서 나왔다"라고만 간략하게 서술

[17] 박창기, 「임진왜란 관련 가등청정 군기 연구」, 『일어일문학연구』 35, 일어일문학회, 1999, 137~157쪽.
[18] 졸고, 「임진록군의 결말 양상과 의미」, 『숭실어문』 15, 숭실어문학회, 1999, 196~198쪽.

할 뿐, 임진왜란 당시의 활약상은 드러내지 않고 있다. 오히려 사명당과 서산대사의 주술 경쟁을 중심으로 이야기를 전개하고 있다. 사명당이 갖고 있는 명장의 모습은 서술하지 않고 오히려 사명당과 서산대사의 도술 경쟁담을 중심 내용으로 삼은 것이다. 사명당과 서산대사 이야기를 단지 "재미있는 이야기" 관점에서 서술한 것이라 하겠다.

3. 명나라 원군 관련 이야기

명나라 원군과 관련된 이야기는 경리(經理)로 활약했던 양호(楊鎬)가 거느린 군사의 이야기인 〈원숭이기병(猿の騎兵)〉, 경상북도 선산에 인재가 많은 것을 알고 병사가 맥을 끊게 했다는 〈땅에 뜸뜨기(地に灸)〉, 평양에 있던 관우의 묘와 관련된 이야기인 〈서묘(西廟)〉 등이다.

〈원숭이기병(猿の騎兵)〉

선묘 때 일본병사가 전주에서 공주로 파죽지세로 진격해왔다. 그 때 중국의 원병인 형개(荊芥)는 총독으로 요동에 있고, 양호(楊鎬)는 경리로 십만의 병사를 통솔하고 있어 평양에 있었다.

어느 날 양호가 연광정에서 저녁을 먹고 있자 척후가

"왜병은 점점 북쪽으로 향해오고 있습니다."

라고 보고했다. 호는 크게 기뻐하며 젓가락을 던지고 일어나 대포를 한 발 쏘게 하고 자신은 말에 채찍을 가하며 남쪽을 향하여 달리기 시작했다.

기병이 우선 뒤를 쫓아가니 보병도 곧바로 이어진다. 평양에서 한양까지는 700리나 되는데 호의 일군은 하루에 두 밤으로 도착했다. 그래서 곧 해생(解生), 파귀(擺貴), 새귀(塞貴), 양등산(楊登山) 4명을 대장으로 해서 기병 4천명에게 원숭이 수백 마리를 섞어 나아가게 했다. 이 때 원숭이는 모두 말을 타고 채찍을 들고 말 엉덩이를 때리면서 일본군의 진중으로 돌격했다.

놀란 것은 일본군이다. 도대체 일본에는 원숭이가 없다. 지금 처음으로 원숭이를 보았으니 아무래도 사람 같지만 사람이 아닌 듯한 모양, 모두 수상히 여겨 발을 멈추고 멍하니 보고 있는 사이에 원숭이는 나아가 말에서 내려서 종횡무진으로 돌며 달렸다. 일본병은 이를 포로로 잡으려고 생각했지만 원숭이는 신출귀몰, 용이하게 잡히지 않았다. 그 진영이 조금 헝클어진 틈을 타 해생은 급히 기병을 나아가게 했다. 일본군은 화살하나 총알 하나 쏘지도 못하고 대패하여 남쪽으로 쫓겨났다. 죽은 일본군은 눈뜨고 볼 수 없을 정도였다.

⟨땅에 뜸뜨기(地に灸)⟩

경상북도 상주(尙州)의 서쪽에 화령이 있는데, 화령의 서쪽은 충서(忠西), 보은(報恩) 등이고, 동쪽은 인동(仁洞), 남쪽은 선산(善山)이다. 선산은 좋은 곳으로 상주에 비하면 당연 청명하고 빼어나다. 때문에 조선의 속담에 '조선의 인재 반이 영남에 있고 영남의 인재 반이 일선(一善)에 있다'고 할 정도였다. 그러나 임진난에 병사가 이곳을 지날 때, 책사가 외국에 인재가 많은 것을 꺼려 병졸에게 명하여 읍 뒤의 맥을 끊게 하고, 숯불을 잔뜩 피워 뜸을 뜨고 또 큰 쇠못을 박아 그 기운을 눌렀다. 이로써 인재가 쇠했다고 한다.

⟨서묘(西廟)⟩

평양의 서묘는 관우를 모신 곳이다. 이른바 관공묘이다.

옛날 이 사당을 건축할 때 여모(呂某)라는 자가 기와를 지고 지붕에 올라갔으나 불의에 떨어져 죽고 말았다. 이는 관공이 여몽(呂蒙)에게 죽임을 당했으므로 그 원한으로 여씨 성을 가진 자를 죽인 것이라 한다. 그 후에는 여씨(呂氏)는 서묘에 들어갈 수 없게 되었다.

⟨원숭이기병⟩은 임진왜란 때 참전했던 명나라 장수 양호(楊鎬)의 군대와 관련된 이야기로, 양호의 기병에 원숭이 수백 마리를 섞어 일본군

의 진중으로 돌격하자 일본군은 남쪽으로 패퇴했다는 이야기이다. 『선조수정실록』에는 "경리 양호가 부총병·해생 등을 시켜 적병을 직산에서 크게 격파했다"[19]는 기록이 있다. 이로 미루어 설화에서 서술한 양호의 활약상은 사실에 가깝다. 그런데 "기병 4천명에게 원숭이 수백 마리를 섞어 나아가게 했다"는 서술은 실상과 다르다. 원숭이 기병은 임진왜란을 계기로 종래의 군사 훈련 수단에서 독자적인 무예로 발돋움한 '마상재(馬上才)'를 일컫는 것으로 보는 것이 설득력이 있다.[20] 마상재라는 특별한 무예를 갖고 있는 명 기병의 행동을 원숭이 기병으로 묘사한 것이다.

마상재를 하는 기병에 놀라 "총알 하나 쏘지도 못하고 대패하여 남쪽으로 쫓겨났다. 죽은 일본군은 눈뜨고 볼 수 없을 정도였다."고 서술할 정도로 일본군이 명의 기병에게 피해를 보았음에도 불구하고 이 설화를 수록한 이유는 명군의 우월함을 드러내려는 의도이다.

이와는 달리 〈땅에 뜸뜨기〉는 명나라 군사를 부정적으로 서술한 설화이다. 선산(善山)은 풍수가 좋아 인재가 많이 나는 곳이었으나 임진왜란 때 명나라 장군이 조선에서 인재가 나는 것을 막기 위해 뜸을 놓고 쇠못을 박아서 기운을 눌렀다는 이야기이다.

조선의 지세가 인물이 많이 날 형세이므로 지맥을 끊었다는 이야기는 〈임진록〉에서도 쉽게 볼 수 있는 삽화이다. 〈임진록〉에서는 주로 이여송(李如松)이 지맥을 끊고 다니다가 산신령에게 쫓겨나는 것으로 서술하고 있다. 명나라 구원군이 조선에 와서 보여 주었던 폐단 때문에 명나라 군사를 부정적으로 서술한 것인데, 〈땅에 뜸뜨기〉 또한 같은

---

19) 『선조수정실록』 30년 9월 1일.
20) 조은애·이시준, 앞의 논문, 545~546쪽.

맥락이다.

〈서묘〉는 임진왜란 때 들어온 관우신앙(關羽信仰)과 관련된 설화이므로 임진왜란 관련 설화로 볼 수 있다. 관우신앙은 임진왜란 때 명나라 군대와 함께 유입되었는데, 명나라 장수 진인(陳寅)이 1598년 남대문 밖 남산기슭에 관우묘(關羽廟)를 건립하면서 뿌리를 내리게 된다. 그 후 전국에 대략 27곳 이상에서 관우묘가 건립된 것으로 추정되며 현존하는 곳은 14곳으로 확인된다. 관우묘는 주로 왜군과의 격전지 위주로 건립되었으며 건립의 주체는 크게 명나라와 조선왕실 및 민간이다. 관우묘의 명칭 또한 초기에는 주로 관왕묘(關王墓)로 부르다가 후대로 오면서 관제묘(關帝廟) 및 관성묘(關聖廟)로 격상되었다.[21] 관왕묘가 건립된 이후에 관우와 관련된 전설도 만들어지기 시작한다. 가장 일반적인 관우 관련 전설은 관우가 명 황제나 선조, 이여송 등의 꿈에 나타나 왜적을 물리치게 하거나 직접 현신하여 왜적을 격퇴시킨다는 이야기이다.[22]

이와 달리 〈서묘〉는 독특한 내용을 담고 있다. 주로 왜적을 물리치는 데 공을 세워 신격으로 숭앙받는 관우의 신적인 행동이 중심이 되는 것이 아니다. 사당을 건축할 때 관우가 자신을 죽인 여몽(呂蒙)의 후예인 여씨(呂氏)에게 원한을 갚기 위해 죽였다는 이야기는 관우의 신격화와 거리가 멀다. 관우에 대한 조선 민중의 존숭의식과는 상반되는 관우의 복수를 소재로 이야기함으로써 관우신앙을 하찮게 보려는 의도라 하겠다.

---

[21] 민관동·배우정, 「국내 관우묘의 현황과 수용에 대한 연구」, 『중국소설논총』 45, 한국중국소설학회, 2015, 111쪽.
[22] 민관동·배우정, 위의 논문, 107~110쪽.

Ⅳ. 임진왜란 설화의 변용

『전설의 조선』에 수록된 임진왜란 관련 설화를 통해 편찬자 미와 다마키의 조선설화집 편찬 의도와 변용을 알 수 있다.

임진왜란 당시 선조는 아무런 대책도 없이 의주로 치란하는 사태를 겪었다. 이러한 선조의 행위와 관련된 두 편의 설화에서 반복되는 것은 임금을 향해 충직한 마음을 베푼 백성의 이야기이다. 그러나 〈되루목되어〉에서처럼 백성의 처지를 살피지 못하는 부족한 군주의 모습 또한 읽어낼 수가 있다. 선조에 대한 부정적인 시각을 보여주고 있는 것이다. 선조에 대한 부정적 태도는 다른 설화에서도 쉽게 찾아볼 수 있다. 〈김응서〉가 그것이다. 이 설화에 삽입되어 있는 다음의 이야기를 보면 선조를 바라보는 편찬자의 시각이 예사롭지 않음을 알 수 있다.

그 해에 가등청정(加藤清正)은 중국 정벌을 위해 팔 조 팔 억의 군사를 이끌고 쳐들어왔기에 조선의 팔도는 바람에 풀들이 쓰러지듯이 왕은 의주로 피신 가서 통군정에 머물러 계시면서 계속해서 중국으로 구원병을 청하였다. 그런데 중국으로부터는 아무런 답신이 오지 않았다. 왕이 매우 낙심해 있었을 때에 한 신하가

"임금님이 항아리에 들어가 우신다면 구원병은 반드시 올 것입니다."

라고 아뢰었다. 임금님은 스스로 지금의 통군정에 있는 항아리 속에서 울었다. 중국에서는 그 소리를 듣고

"이 얼마나 놀라운 소리인가. 이는 도와주지 않으면 안 되겠구나."

황제의 분부로 이여송과 이여백이란 두 장군이 구름같이 대군을 이끌고 도와주러 왔다.

김응서와 직접적인 관련이 없는 이야기가 이 설화의 삽화로 들어간

것은 다분히 편찬자의 의도로 여길 수밖에 없다. 왜군을 물리칠 힘이 없어 중국의 구원병에 의존하는 선조의 모습을 통해서 나약한 군주의 이미지를 드러내려고 변용한 것이다.

더욱 가관인 것은 항아리에 들어가 우는 모습이다. 항아리에 들어가 울어서 왕의 면모를 증명하고 나서야 구원병이 왔다는 이야기는 고소설 〈임진록〉에서 흔히 볼 수 있는 장면이다. 명나라의 사신 또는 이여송이 선조를 대면하고는 군왕의 상이 아니라고 하자 조선의 신하가 선조에게 항아리에 들어가 울게 함으로써 왕의 목소리임을 증명시키고, 이로 인해 명나라 구원병이 출전했다는 이야기로 나온다. 선조의 무능력한 모습을 보이고, 한편으로는 신하의 지략을 드러내는 의도로 들어간 삽화이다. 그런데 〈김응서〉에서는 자세한 상황 설명이 없이 낙심한 선조의 모습과 항아리에 들어가 우는 사건만 부각시키고 있다. 이렇게 의도적인 설정으로 선조에 대한 부정적인 태도를 드러낸 것이다. 더군다나 미와 다마키보다 16년 쯤 뒤에 같은 평양에서 임석재가 채록한 〈김응서장군〉 설화에는 이 장면이 아예 등장하지 않는 점을 미루어 본다면, 편찬자의 의도는 분명하다고 하겠다.

김응서에 대한 서술 태도 또한 선조를 바라보는 시각과 다르지 않다. 〈김응서〉는 이야기의 서두에서 김응서의 활약상을 그리고 있지만, 그 이면에서는 오히려 왜장의 용력을 높이고 있다. 김응서의 비범함을 알아차린 가등청정의 행위 서술이 그 한 예이다. 그리고 죽은 소서행장의 몸이 김응서에게 칼을 던져 상해를 입히는 장면은 소서행장의 용력을 높이려는 의도로 밖에 볼 수 없다. 이로 인해 김응서의 행위는 용렬한 모습을 보인다. 비록 적장의 아이이지만 아이를 가진 여인을 죽였다는 설정과 여인의 힘을 빌려 적장을 죽였다는 비난에 체면이 서지 않는다고 생각하는 장면이 그것이다. 〈김응서장군〉의 해당 장면과 비교해 보기로 한다.

그래서 소서행장은 죽었넌데 그래두 죽은 소서행장은 농천검을 집어서 장군한테루 던데서 장군을 죽일라구 했습니다. 그런데 그 농천검은 장군한테 맞디 않구 계월향의 배에 맞아 배가 찢어뎄습니다. 그러느꺼니 계월향으 배에서 핏덩이레 튀여나와서 팔딱팔딱 뛰여 돌아다니멘 아이 분해 아이 분해 석달 만 더 있었더라면 난 우리 아바지 원수를 갚갔넌데 …. 하다가 쓰러데서 죽었다구 합니다.[23]

계월향은 소서행장이 던진 용천검에 맞아서 죽는 것으로 되어 있다. 미와 다마키가 수록한 이야기에서 계월향이 김응서에 의해 죽는 것과 다르다. 〈김응서장군〉에서 계월향이 적장의 칼에 죽었다는 설정은 다분히 김응서를 옹호하고, 적장의 잔인한 면모를 부각시키기 위한 것이다. 이와 달리 〈김응서〉에서는 김응서가 자신의 체면을 위해 계월향을 죽인 것으로 처리함으로써 김응서의 용렬함을 드러내고 있다. 이 또한 김응서를 낮잡아 보려는 편찬자의 의도로 변용인 것이다.

한편, 소서행장과 함께 등장하는 가등청정은 긍정적인 인물로 서술된 점도 주목되는 부분이다. 이 이야기에서 가등청정은 김응서의 비범함을 예지하고 죽이려 하였으나 소서행장의 반대와 산신령의 도움을 받지 못해 실패하는 것으로 서술했다. 가등청정과 소서행장은 임진왜란 당시 경쟁 관계에 있던 인물로 알려져 있다. 이 둘의 갈등 구도는 근세부터 근대에 이르는 일본의 임진왜란 문헌에서 빠짐없이 강조되

---

23) 임석재, 앞의 책, 176쪽.

고 있는 보편적인 설정이다.[24] 물론 가등청정을 우위에 놓고 있다. 가등청정을 영웅적 인물로 추앙하고 있는 것이다. 〈김응서〉에서도 주요 인물은 소서행장이라고 할 수 있으나 김응서의 비범함을 간파하지 못한 소서행장이 죽음을 당했다는 사건 설정은, 다른 관점에서 보면 가등청정의 선견지명과 대조를 이루는 것이며, 이로써 가등청정의 영웅적인 모습을 부각시키고 있다고 하겠다.[25]

결국 〈김응서〉 설화는 서두에서는 김응서의 영웅적인 면모를 드러내려는 듯이 보이나 이야기가 전개되면서 부정적으로 변하고 있음을 알 수 있다. 김응서를 용렬한 인물로 전락시키며 한편으로는 소서행장과 대립하고 있는 인물인 가등청정을 높이고 있는 점은 본 설화에 대한 편찬자의 의도를 보여주는 것이다. 일본의 근세 시대에 가등청정에 대한 군기(軍記)가 다수 간행되고 영웅화되는 모습을 어렵지 않게 확인할 수 있다.[26] 이는 근세 이후 임진왜란과 관련된 설화에서 가등청정이 대표적인 무장으로 정착하였다는 것을 방증하는 것이다. 미와 다마키의 인식 또한 이와 다르지 않다는 점을 알 수 있다.

조선 명장에 대한 폄하는 사명당과 서산대사 이야기에서 극명하게 드러나고 있다. 설화의 제목을 〈주술겨루기〉로 한 것도 다분히 의도적이다. 이야기의 처음 부분에 사명당과 서산대사를 소개하면서 "두 사람 모두 불도(佛道)는 물론이거니와 유술(儒術)에도 정통하여 조정으로부터 상당한 예우를 받은지라 만민의 존경은 어디 비할 데가 없었다."라고 추켜세우고 있으나, 주된 이야기는 둘 간에 벌어진 주술 경쟁담이다.

24) 김시덕, 「근대 한국어 소설 『임진병란 청정실기』에 대하여-근세 일본 임진왜란 문헌과의 비교 연구 시론」, 『동방문학비교연구』 1, 동방문학비교연구회, 2013, 220쪽.
25) 조은애·이시준, 앞의 논문, 543쪽.
26) 박창기, 앞의 논문, 137~157쪽.

그런데 주술 경쟁도 끝 부분에서 사명당이 서산대사의 제자가 된 이유를 침을 먹는 대결에서 패배한 황당한 사건으로 처리함으로써 오히려 두 인물을 희화화하고 있다.

비록 임진왜란에 한정한 인물이지만 조선인을 바라보는 편찬자의 태도는 분명하다고 본다. 분명 임진왜란을 극복한 인물이지만 이들의 활약상은 도외시하고 오히려 무능력한 군주, 자신의 영달만 생각하는 비열한 장군, 희화화된 승려로 부각시킴으로써 조선인의 능력을 낮잡아 보고자 하는 편찬자의 의도는 드러나고 있다.

조선인이 숭앙했던 관우와 관련된 설화를 〈서묘〉를 통해 보여준 것도 이와 같은 맥락이다. 〈서묘〉에서 보여주고자 했던 관우신앙에 대한 일본인의 시각은 다카하시 도루의 『조선물어집(朝鮮物語集)』(1910)을 통해서 확인할 수 있다. 이 책에서는 "이 나라의 우민(愚民)이 믿는 주된 귀신을 열거해보니 그 수가 대단히 많다."라고 하면서 옥황상제, 산신, 관제, 오방신, 용신, 성황당, 부군당, 성주, 칠성당 등에 대한 설명을 하고 있다. 관제는 관우신앙을 말하는 것으로 다음과 같이 설명하고 있다.

> ○ 관제 : 관우를 일컫는다. 관우는 옛날 도요토미 태합(豊太閤)의 임진역(壬辰役) 때, 그 영을 경성의 성문에 드러내어 일본병사를 물리쳤다고 해서, 이후 한제(韓帝)의 신앙이 실로 대단했으며, 무격(巫覡)도 또한 이를 수용하여 귀신의 하나로 신앙하였다. 황신(荒神)으로서 효험이 무척 현저하다고 한다.[27]

관우신앙이 대단했음을 말하면서 어리석은 백성이 믿고 있는 귀신

---

27) 高橋亨, 이시준 · 장경남 · 김광식 편, 『朝鮮の物語集附俚諺』, 제이앤씨, 2012, 125쪽.

의 하나로 거론하고 있음을 볼 수 있다. 〈서묘〉의 수록은 조선인이 귀신을 모시고 숭앙하는 태도에 대한 일면을 보여주는 것이다. 다카하시 도루나 미와 다마키나 같은 입장을 보이고 있다고 하겠다.

미와 다마키의『전설의 조선』에 수록된 임진왜란 관련 설화를 살펴본 결과, 편찬자의 설화 변용의 의도는 다분히 조선, 또는 조선인에 대한 부정적인 시각에 의한 것임을 확인할 수 있다.

일제 강점기 〈연오세오신화〉의 전개 양상에 대한 고찰
- 나카무라 료헤이 『조선동화집』 수록화를 중심으로

이시준 · 김영주

일제강점기 〈연오세오신화〉의 전개 양상에 대한 고찰
― 나카무라 료헤이 『조선동화집』 수록화를 중심으로

Ⅰ. 들어가며

〈연오세오 신화〉는 통일신라 후기 성립으로 추정되는 『신라수이전
(新羅殊異傳)』[1]을 비롯해 일연의 『삼국유사(三國遺事)』, 조선시대 지리지
『동국여지승람(東国輿地勝覽)』 등에 전해지는 이야기로, 문헌으로 기록
된 한국 유일의 일월신화이며 고대 한일교류의 내용이 담긴 귀중한 자
료이다. 일제강점기 일본어로 간행된 다수의 조선설화집에 채록되며
재조명된 점도 중요한 특징으로 지적할 수 있다. 지금까지 〈연오세오
신화〉 연구는 민족이동에 따른 지리 및 역사적 측면,[2] 일식현상과 관

---

[1] 『신라수이전』은 현전(現傳)하지 않지만 수록화의 일부가 일문(逸文)으로 남아있으
며, 〈연오세오 신화〉는 서거정의 『필원잡기(筆苑雜記)』에 전해지고 있다.

련된 제의적 성격,[3] 다시 말해 고대를 배경으로 신화의 기원을 밝히는 데 초점이 맞춰져왔다. 일제강점기 〈연오세오 신화〉에 대해서는 '연오가 일본으로 건너가 그곳의 왕이 되었다'는 내용을 중심으로 '일선동조론(日鮮同祖論)'과의 연관성을 지적하는 논고가 대부분으로,[4] 이야기의 전개양상 즉 내용의 변용과 그 원인에 대한 구체적인 분석은 거의 이루어지지 않았다.

일제강점기는 조선설화집의 간행이 활발하게 이루어진 시기였다. 1908년 출간된 우스다 잔운(薄田斬雲)의 『암흑의 조선(暗黒なる朝鮮)』을 시작으로 50편에 달하는 조선설화집이 일본어로 간행되어 신화에서 해학적 민담까지 폭넓은 장르의 이야기가 소개되었다. 이들 조선설화집의 상당수는 일본 본토에서 일본인 아동과 일반인을 대상으로 발간되고 유통되었다.[5] 조선설화집은 본토의 일본인에게 조선을 알리는 주요 매체로 기능했으며, 당시의 조선상(朝鮮像) 형성에도 큰 영향을 미쳤을 것으로 추정된다. 김광식의 조사에 따르면 〈연오세오 신화〉는 석탈해(18회), 박혁거세(12회), 김유신(12회)에 이어 일본어 조선설화집에 가장 많이 채록된 이야기였다. 1919년 간행된 미와 다마키(三輪環)의 『전설

2) 김창균, 「延烏郎·細烏女 伝説의 由來」, 『説話·小説의 연구』, 정음사, 1984; 정창조, 「延烏郎 細烏女 說話 考察」, 『東大海文化研究』 3, 東大海文化研究所, 1997 등.

3) 강수진, 「〈연오랑·세오녀 설화〉의 제의적 성격 연구」, 창원대학교 교육대학원 석사논문, 2006; 강현모, 「延烏郎·細烏女 說話一考」, 『한양어문연구』 4, 한양대학교 한양어문연구회, 1986; 소재영, 「延烏細烏説話致」, 『국어국문학』 36, 국어국문학회, 1967; 이관일, 「延烏郎·細烏女 說話의 한 研究」, 『국어국문학』 55-57, 국어국문학회, 1972 등.

4) 김광식, 「근대 일본의 신라 담론과 일본어 조선설화집에 실린 경주 신화·전설 고찰」, 『淵民學志』 16, 연민학회, 2011, 181~183쪽; 노성환, 「일선동조론에 이용된 한일신화」, 『일본신화와 고대한국』, 민속원, 2010, 234~235쪽 등.

5) 金広植, 「近代における朝鮮説話集の刊行とその研究－田中梅吉の研究を手がかりにして－」, 『植民地朝鮮と帝国日本』, 勉誠出版, 2010.12, 168~182쪽.

의 조선(伝説の朝鮮)』을 포함한 총 9개의 조선설화집에 수록되었다.[6]

일제강점기 〈연오세오 신화〉가 이처럼 주목을 받았던 이유는 무엇일까? 조선총독부가 실시한 고적조사 사업을 통해 경주의 재발견이 이루어지면서 신라와 주변 지역에 대한 관심이 커진 것도 원인으로 꼽을 수 있겠지만,[7] 가장 큰 원인은 역시 '일선동조론'의 대두일 것이다. 메이지 유신 이후, 일본은 신화를 정치에 적극적으로 이용하며 자국의 제국주의를 합리화했다. 조선과 일본은 조상이 같다고 주장하는 일선동조론은 동경제국대학(현재 동경대학)의 역사학자들에 의해 등장했다.[8] 대륙침략을 위해 조선의 물적·인적자원이 필요했던 일본은 일선동조론을 이용해 조선과 일본은 하나라는 '내선일체(內鮮一體)' 정책을 내세우며 조선인에게도 일본인과 동일한 충성을 요구했다. 고대한일교류 내용이 담긴 한일양국의 신화는 내선일체를 뒷받침하는 일선동조론의 근거로 적극 활용되었다. 〈연오세오 신화〉는 이러한 시대적 배경 속에서 〈석탈해 신화〉와 〈스사노오 신화〉 등과 함께 주목을 받았다. 그러나 활발한 연구가 이루어진 일제강점기 〈석탈해 신화〉와 〈스사노오 신화〉에 비해서,[9] 〈연오세오 신화〉는 비교적 관심의 대상에서 벗어나 있었다.

이글에서는 1926년 간행된 나카무라 료헤이의 『조선동화집』[10]에 수

---

6) 김광식, 앞의 논문, 176~177쪽.

7) 金広植, 「植民地期朝鮮における伝説の発見 - 大阪金太郎(大阪六村)の新羅·慶州の伝説を中心に」, 『学芸社会』 26, 2010, 1~14쪽.

8) 하타타 다카시, 이기동 옮김, 「日本에 있어서의 韓國史 研究의 傳統」, 『한국사 시민강좌』 1, 일조각, 1987, 75~76쪽.

9) 노성환, 「한국의 단군과 일본의 스사노오 - 일선동조론에 이용된 한일신화」, 『동북아문화연구』 26, 동북아시아문화학회, 2011, 43~63쪽; 保坂祐二, 「日帝의 同化政策에 利用された神話」, 『日語日文学研究』 35, 1999, 373~398쪽 등.

10) 이하, 『조선동화집』으로 약칭. 1924년 조선총독부가 출간한 같은 제목의 『조선동화집』은 『조선동화집』(1924)으로 구분하여 표기.

록된「영일만의 연오와 세오(迎日湾の延烏と細烏)」를 중심으로 일제강점기 일본어 조선설화집에 나타난〈연오세오 신화〉의 전개양상을 고찰함으로써 특징과 의의에 대해 생각해보고자 한다. 『조선동화집』은 수록화 본문에서 특징적인 내용의 변용이 확인될 뿐 아니라 당시 일본 본토에서 큰 인기를 얻으며 널리 읽힌 서적이었다.[11] 수록화의 내용은 물론 사회적 영향력에도 일제강점기〈연오세오 신화〉를 생각할 때 반드시 살펴볼 필요가 있는 자료라 할 수 있다.

Ⅱ.〈연오세오 신화〉의 전개

1. 일제강점기 이전

〈연오세오 신화〉를 기록한 최고(最古)의 문헌은 『신라수이전』으로 알려졌지만, 이 책은 산실되어 현재는 전하지 않는다. 현존하는 가장 오래된 문헌자료는 일연의 『삼국유사』로 가장 풍부한 내용을 전하는 자료이기도 하다. 그 밖에도 서거정(徐居正)의 『필원잡기(筆苑雑記)』(1487), 국가편찬서인 『삼국사절요(三国史節要)』(1476), 『동국여지승람(東国輿地勝覧)』(1481), 『동국통감(東国通鑑)』(1485), 『동경잡기(東京雑記)』(1845)에〈연오세오 신화〉가 실려 있다. 이들 문헌에 기록된 내용은 거의 동일하여〈연오세오 신화〉가 고대부터 19세기까지 고정된 형태로 전승되었음을

---

11) 『조선동화집』의 「영일만의 연오와 세오」는 나카무라가 1929년에 출판한 『중국·조선·대만 신화와 전설(支那朝鮮台湾神話と伝説)』에도 한자를 히라가나로 바꿔 쓰는 등의 차이를 제외하고 거의 같은 내용으로 다시 수록되었다. 『중국 조선 대만 신화와 전설』 또한 중쇄를 거듭했기 때문에 『조선동화집』 수록화는 당시 큰 인지도를 가졌을 것으로 추정된다.

알 수 있다. 신화의 줄거리를 간단히 줄여 정리하면 아래와 같다.

　① 신라 아달라왕(阿達羅王) 때, 동해 해변에 살던 연오와 세오가 바다를
건너 ② 일본으로 건너가 그곳의 ③ 왕과 왕비가 되었다. 해와 달의 정(精)
이었던 연오와 세오가 떠나자 해와 달이 빛을 잃었기 때문에, ④ 왕은 사신
을 보내 다시 돌아오기를 청했다. 그러나 연오와 세오는 돌아오지 않고 대
신 세오가 짠 비단을 보냈다. 이 비단으로 하늘에 제사를 지내자 해와 달이
전과 같아졌다. ⑤ 하늘에 제사를 지낸 곳을 영일현(迎日縣)이라 불렀다.[12]

　밑줄을 친 부분은 앞에서 소개한 일제강점기 이전의 문헌에서 공통
적으로 확인되며, 이는 일제강점기에 발간된 대부분의 〈연오세오 신
화〉도 마찬가지이다. 한편 『조선동화집』은 이와는 다른 내용을 담고
있어 과거 및 동시대 문헌과의 차별성을 가진다. 물론 『조선동화집』이
전에도 이전(異轉)은 존재했다. 〈표 1〉은 일제강점기 이전의 〈연오세오
신화〉를 정리한 표이다.

　먼저 연오와 세오의 이름표기의 변동을 꼽을 수 있다. 『삼국유사』의
표기 '延烏郞'은 고려왕의 이름자를 피해 쓰는 피휘(避諱)의 결과로 추정
되며[13] 이야기 내용과의 직접적 관련은 적다고 할 수 있다. 내용상의
차이는 도일(渡日)과 관련된 부분에서 나타난다. 『삼국유사』와 『동경잡
기』는 '(바위가) 일본으로 돌아갔다…(연오가) 왕이 되었다(負帰日本
…乃立爲王)'고 설명한 반면,[14] 『신라수이전』을 비롯한 나머지 문헌

---

12) 『삼국유사』 수록화에 의함. 밑줄 친 부분은 본 논문에서 주요 분석대상으로 삼는
　　내용이며, 번호는 〈표 2〉와 대응함.
13) 고려 제21대 희종(熙宗)의 휘가 영(韺)이었기 때문에, 영(迎)을 연(延)으로 수정한
　　것으로 보인다.
14) 단, 일연은 "『일본제기(日本帝記)』를 보면, 그 앞이나 뒤에 신라 사람으로 (일본)왕

〈표 1〉 일제강점기 이전의 〈연오세오 신화〉의 비교

	등장인물	도일(渡日)관련표현	지명유래
신라수이전 (필원잡기 수록)	迎烏 細烏	忽漂至日本国小島為主	迎日県
삼국유사 (1281)	延烏郎 細烏女	忽有一巖(一云一魚) 負帰日本…乃立為王	貴妃庫 迎日県(都祈野)
삼국사절요 (1476)	迎烏 細烏	忽漂至日本国小島為主	迎日県
동국여지승람 (1481)	迎烏郎 細烏女	忽漂至日本国小島為王	日月池 迎日県
동국통감 (1485)	迎烏 細烏	忽漂至日本国小島為王	迎日県
동경잡기 (1845)	迎烏郎 細烏女	忽有一巖(一云一魚) 負帰日本…乃立為王	貴妃庫 迎日県

은 '일본 어느 작은 섬에 이르러 지도자가 되었다(至日本国小島為主)'고 서술하고 있다. 바다를 건너 일본에 도착한 경위도 '표류하다(漂)'와 '돌아갔다(帰)'는 두 가지 표현이 존재한다. 일월(日月)의 상실과 회복에 얽힌 지명 유래담이라는 전체적 전개는 같지만, 부분적 내용에서는 이전(異轉)이 존재했음을 확인할 수 있다. 일제강점기에는 이러한 이전이 일본인 학자의 주목을 받았으며, 또한 출판물에 수록된 새로운 이전이 등장했다.

2. 일제강점기 일본어 문헌

일제강점기, 일본인 학자는 연오가 '일본의 왕'이 되었다는 내용을 부정했다. 식민지지배를 정당화하기 위하여 일본민족의 우월함을 강

이 된 자가 없으니, 이것은 변두리 고을의 작은 왕으로 참왕(真王)은 아니다"라고 이견(異見)을 제시하고 있다(한국정신문화연구원 편, 『역주 삼국유사』 1, 이회문화사, 2002, 261~262쪽).

조하던 시대적 상황과 부합하지 않았기 때문이다. 예를 들어 시이카와 가메고로(椎川龜五郞)는 『삼국유사』에 보이는 "바위가 연오를 태우고 일본으로 돌아갔다"는 표현에 주목하여, 연오는 본래 일본의 귀족이며 조선 문헌에 보이는 기록은 고전의 진정한 뜻을 이해하지 못하고 경솔하게 고쳐 기록한 것이라고 주장했다.[15] 고대 한일교류에 관한 이야기 〈연오세오 신화〉는 일선동조론에 이용할 수 있는 절호의 자료였지만, 정치적 이유로 의미가 축소되고 부정되었다.

그러나 이러한 학계 분위기 속에서도 〈연오세오 신화〉는 조선설화집을 비롯한 일본어 문헌에 적극적으로 소개되었다. 일제강점기 발간된 일본어 문헌 가운데 지금까지 〈연오세오 신화〉가 확인된 예는 9점에 이른다. 이렇게 일본어 문헌에 소개된 〈연오세오 신화〉는 기존 전승에 비해 다양한 변용이 나타나는 것이 특징이다. 〈표 2〉는 일제강점기 〈연오세오 신화〉의 여러 이전(異傳)을 『조선동화집』을 중심으로 추려 적은 것이다.[16]

일제강점기 일본어 문헌은 연오가 도착한 곳이 일본이었다는 내용을 삭제함으로써 일본의 왕이 되었다는 직접적인 기술을 피하거나,[17] 연오가 왕이 되는 내용을 수정하였다.[18] 『전설의 조선』은 연오와 세오

---

15) 椎川龜五郞, 「迎日湾ノ史的関係, 及ヒ延烏細烏ノ神話ノ本源」, 『日韓上古史ノ裏面』 中巻, 東京偕行社, 1910, 187~189쪽.

16) 김광식이 정리한 표(김광식, 앞의 논문, 181쪽)를 참고로, 『조선동화집』의 주요 출전으로 추정되는 제2기 『보통학교국어독본』과 사신을 파견하게 된 경위(④)를 추가하여 작성했다.

17) 1943년 일본의 도쿄에서 발간된 신내현의 『조선의 신화와 전설(朝鮮の神話と伝説)』은 "이국의 섬(異国の島)"에 도착하여 왕이 되었다고 서술하여 '일본'을 언급하지 않았다. 그러나 본문에는 일본을 연상시키는 "동쪽 나라(東の国)"라는 표현이 여러 번 등장한다.

18) 철심평은 연오가 영주, 즉 지방의 유력자가 되었다고 적었다(『돌종(石の鐘)』, 1942,

〈표 2〉 일제강점기 〈연오세오 신화〉 비교

	① 배경	② 도착지	③ 도착후 전개	④ 사신을 파견한 주체	⑤ 지명유래담
미와 다마키 (1919) 『전설의 조선』	신라 동해 해변	일본	없음	신라왕	영일현
야마자키 겐타로 (1920) 『조선의 기담과 전설』	신라 동해 해변	일본	왕과 왕비가 됨	신라왕	영일현
조선총독부 (1923-24) 제2기 『보통학교국어독본』	없음 어느 해변	어느 해안	존경받음	없음	없음
나카무라 료헤이 『조선동화집』(1926) 『중국조선대만신화와 전설』 (1929)	없음 조선의 남쪽 지방 (영일만주변)	어느 해안	존경받음	사람들	없음
오사카 로쿠손 (1927) 『경주의 전설』	신라 동해 해변	일본	왕과 왕비가 됨	신라왕	영일현

에 대한 호칭(朕와 妃)을 통해 그들이 왕과 왕비가 되었음을 추측할 수 있지만, 구체적인 서술은 보이지 않는다. 직접적 묘사를 의도적으로 피한 것으로 보인다. 한편 야마자키 겐타로(山崎源太郎)는 『조선의 기담과 전설(朝鮮の奇談と伝説)』에서 『삼국유사』 본문을 소개하면서도 이야기 끝부분에 연오는 본래 일본인이라는 시이카와 가메고로의 해석을 함께 기술하고 있다. 이렇듯 일제강점기에는 일본 중심의 제국주의적 사상, 문화 우월주의가 반영된 개작(改作)이 적극적으로 이루어졌다. 그중에서도 제2기 『보통학교국어독본(普通學校國語讀本)』과 『조선동화집』 수록화는 다른 문헌에 비해 많은 개작이 이루어졌다.

일제강점기 〈연오세오 신화〉를 소개한 9점 일본어 문헌 가운데 7점

도쿄).

이 일본 현지에서 간행되었다는 사실 또한 간과할 수 없다.[19] 〈연오세오 신화〉가 주로 일본인 독자를 대상으로 소개되었다는 것을 의미하기 때문이다.

Ⅲ. 『조선동화집』 수록 〈연오세오 신화〉

1. 제2기 『보통학교국어독본』과의 비교

『조선동화집』에는 총 63편의 이야기가 삽화와 함께 수록되어 있다. 선행연구에 따르면 저자 나카무라 료헤이는 다카하시 도오루(高橋亨)의 『조선 이야기집과 속담(朝鮮の物語集附俚諺)』(1910), 미와 다마키의 『전설의 조선』(1919), 야마자키 겐타로의 『조선의 기담과 전설』(1920), 조선총독부가 출간한 『조선동화집』(1924), 제2기 『보통학교국어독본』(1923-24)[20] 등을 참고하여 『조선동화집』을 완성했다.[21] 나카무라는 1923년부터 1926까지 교사 신분으로 조선에서 미술과 국어(일본어) 수업을 담당했다. 『조선동화집』에 조선에서 출간된 『조선동화집』(1924)과 교과서 제2기 『국어독본』에 수록된 조선설화 전편을 수록한 것은 조선 체류의 영향으로 보인다.[22]

앞의 〈표 2〉에서 알 수 있듯이 『조선동화집』에 수록된 「영일만의 연

---

19) 박관수, 『신라고도 경주의 사적과 전설』, 1937은 도쿄와 대구에서 발간되었다.
20) 이하, 제2기 『국어독본』으로 약칭.
21) 박미경, 「일본인의 조선민담 연구고찰 - 일제 강점기 일본어로 쓰여진 설화집에 나타난 兄弟像을 중심으로」, 『일본학연구』 28, 단국대학교 일본학연구소, 2009, 86쪽; 김광식·이시준, 「나카무라 료헤이(中村亮平)와 『조선동화집』 고찰 - 선행 설화집의 영향을 중심으로」, 『일본어문학』 57, 한국일본어문학회, 2013, 247쪽 등.
22) 김광식·이시준, 위의 논문, 252쪽.

오와 세오」에는 제2기 『국어독본』과의 유사성이 현저하게 나타난다. 뒤에서 더 자세히 살펴보겠지만, 다른 문헌에서는 보이지 않는 내용을 공유하고 있다는 점을 고려하면 『조선동화집』이 제2기 『국어독본』을 바탕으로 쓰여졌을 가능성은 대단히 크다.[23] 제2기 『국어독본』은 조선 아동 교육에 사용하기 위해 조선총독부가 편찬한 교재라는 점에서 〈연오세오 신화〉에 대한 당시 일본정부의 인식을 엿볼 수 있는 중요한 자료이기도 하다. 이러한 이유에서 『조선동화집』 수록화에 앞서 제2기 『국어독본』의 〈연오세오 신화〉를 살펴보기로 하겠다.

〈연오세오 신화〉는 제2기 『국어독본』 제8권 14과에 「해의 신과 달의 신(日の神と月の神)」이라는 제목으로 수록되었다. 제2기 『국어독본』의 가장 큰 특징은 이야기 속에 시간적 지리적 배경이 전혀 드러나지 않는다는 점이다. 식민지 조선의 조상에 해당하는 신라 사람이 일본의 왕이 되는 내용은 일본의 식민지지배에 적합하지 않았다. 그런 이유에서 식민지시대의 문헌 중에는 연오가 도착한 장소를 불특정 장소로 바꾸거나, 연오가 왕이 되는 내용을 수정한 경우가 있었다. 그러나 시대적 배경을 삭제한 경우는 제2기 『국어독본』과 『조선동화집』이 유일하다. 두 문헌의 직접적인 영향 관계를 시사하는 부분으로 지적할 수 있다.

제2기 『국어독본』은 연오와 세오를 "옛날 어느 해변(〈표 2〉 ①)"에 살던 어부 부부로 소개할 뿐, 이야기의 시간적 지리적 배경을 구체적으로 밝히지 않는다. 또한 연오와 세오를 찾아 사신을 파견하는 인물(신라의 왕〈표 2〉 ④)에 대한 설명도 보이지 않는다. 세오가 짠 비단을 가

---

[23] 『조선동화집』에 수록된 〈삼성혈신화〉도 그 문장표현에서 제2기 『국어독본』의 직접적인 영향을 확인할 수 있다(김영주·이시준, 「나카무라 료헤이(中村亮平) 『조선동화집』의 신화전승에 대한 고찰」, 『일본연구』 60, 한국외국어대학교 일본연구소, 2014, 87~89쪽).

지고 돌아와 제사를 지냄으로써 빛을 되찾는 내용을 소개하면서도, 영일현의 지명유래담 부분을 삭제한 이유 역시 신라와 관련된 요소를 제거하기 위한 수정으로 추정된다.

신라적 요소를 제거하려는 노력은 해당 이야기에 삽입된 삽화에서도 확인할 수 있다. 〈그림 1〉[24]은 제2기 『국어독본』에 실린 삽화로 연오가 바위에 올라서서 바다를 건너고 있는 장면이다. 연오의 모습을 살펴보면 머리는 좌우로 갈라 귓가에서 고리처럼 맨 미즈라(美豆良)형태이고, 옷은 폭이 넓은 바지를 입고 무릎아래를 끈으로 묶은 아유이(足結)차림이다. 미즈라와 아유이는 모두 일본 고대 귀족남성의 대표적인 복식으로, 연오는 고대 일본인의 모습으로 묘사하고 있음을 알 수 있다.

제2기 『국어독본』에는 6권 5과에 「석탈해(昔脫解)」라는 제목으로 〈석탈해 신화〉가 수록되어 있다. 〈석탈해 신화〉 역시 신라시대가 배경이지만 수록삽화(〈그림 2〉[25])는 석탈해를 발견한 여인을 조선시대 전통의상(치마저고리)을 입은 인물로 묘사하고 있다. 〈그림 1〉과 〈그림 2〉를 비교하면 연오를 일본풍으로 표현한 것이 더 확실해진다.

'신라'와 '일본'이라는 〈연오세오 신화〉의 배경은 고대한일교류를 보여주는 핵심 요소이다. 내선일체와 일선동조론을 교육하는 데 필요한 내용임에도 불구하고 제2기 『국어독본』은 어째서 이들 요소를 제거했을까? 「해의 신과 달의 신」의 바로 앞에 수록된 이야기가 그 단서가 될 수 있다.

「해의 신과 달의 신」의 앞, 제2기 『국어독본』 8권 13과에는 「구조선

---

24) 朝鮮總督府編, 『普通學校國語讀本』 8, 朝鮮書籍印刷株式會社, 1924, 56쪽, より掲載.
25) 朝鮮總督府編, 前掲書, 6卷, 1924, 14쪽 より掲載.

〈그림 1〉 바다를 건너는 연오　　　〈그림 2〉 신라에 도착한 석탈해

(助け舟)」이라는 이야기가 실려 있다. 줄거리를 요약하면 다음과 같다.

　　태풍이 치는 해변에서 가라앉기 직전인 배를 발견한 아들은 도우러 가겠다고 어머니에게 말하고 구조선을 타고 떠났다. 그로부터 얼마 후, 아들은 걱정하며 기다리던 어머니 앞에 무사히 돌아와 기쁜 소식을 전했다. 얼마 전 태풍으로 행방불명된 아버지가 살아 돌아왔다는 소식이었다. 아들이 도와준 배는 아버지를 태풍에서 구해준 상선이었고, 장사를 마친 그 배는 아버지를 태우고 다시 돌아온 것이었다.

　　바다에 나가 돌아오지 않는 남편을 기다리는 부인과 부부의 재회를 둘러싼 내용은 〈연오세오 신화〉와 유사점이 많으며, 신비로운 힘으로 부부가 재회하는 전개도 같다.
　　제2기 『국어독본』 뿐 아니라 조선총독부에서 편찬한 교재는 관련된

이야기를 앞뒤로 배치하거나 시간순으로 배열함으로써 학습효과를 높이려 한 의도가 엿보인다. 「해의 신과 달의 신」이 수록된 8권에는 「9 농산품평회(農産品評会)」, 「10 조선인삼(朝鮮人参)」, 「11 시장(市)」, 「12 히노와 개성(日野と開城)²⁶」처럼 관련 있는 이야기가 연이어 실려 있다. 신화의 경우는 제4기 『국어독본』 5권에 「2 아메노이와야(天の岩屋)」, 「5 야마타노오로치(八岐のおろち)」, 「13 스쿠나히코나노미코토(少彦名のみこと)」, 「21 천손(天孫)」이 시대순으로 배열되어 있다. 이러한 편성 의도를 고려하면 「해의 신과 달의 신」도 선행하는 이야기 「구조선」과의 연관성, 즉 바다를 배경으로 전개되는 부부의 이별과 재회라는 공통점 때문에 수록했을 가능성이 크다. 고대한일교류에 관한 이야기가 아닌 바다와 부부에 얽힌 신비로운 이야기로서 '신라'와 '일본'이라는 배경을 삭제하여 수록한 것이다.

신라의 평민이 일본의 왕이 되는 〈연오세오 신화〉는 당시 일본정부 특히 조선총독부의 입장에서는 알리고 싶지 않은 자료였을 것이다. 일제강점기 『국어독본』은 4차례에 걸쳐 개정판이 발행되었다. 일본과 관련된 인물이 고대 조선의 지도자가 되는 〈삼성혈 신화〉와 〈석탈해 신화〉가 회를 거듭하며 수록된 데 반해,²⁷ 〈연오세오 신화〉는 제2기에만 수록된 사실에서도 조선총독부가 〈연오세오 신화〉를 이용하기보다 배제하고자 했음을 알 수 있다.

한편 제2기 『국어독본』의 직접적인 영향을 받았다고 추정되는 『조선동화집』은 제2기 『국어독본』 내용을 대부분 그대로 수용하면서도(〈표

---

26) 전국을 무대로 활약하는 히노(日野)와 개성(開城) 상인에 관한 글.
27) 〈삼성혈 신화〉는 2기(1923-24)·3기(1930-35)·4기(1939-41)에, 〈석탈해〉는 2기와 3기에 수록되었다.

2) 참조), "옛날 조선의 남쪽 영일만 근처에 연오와 세오라는 고기잡이 부부가 살고 있었습니다."[28]라고 글의 앞부분에서 시대와 지역 배경을 밝히면서 〈연오세오 신화〉를 조선의 신화로 복원시켰다.

나카무라는 식민주의사관을 가지고 있었지만,[29] 조선에 대한 애정을 바탕으로 일본인에게 조선을 소개한 인물이다. 조선에 전해지는 이야기를 객관적으로 기술했으며, 독립되어 전해지던 조선의 신화를 모아 체계적으로 정리한 최초의 인물이기도 하다.[30] 『조선동화집』에 나타난 개작에는 나카무라의 이러한 사상적 배경과 의도가 반영되어 있을 것이다.

2. 개작양상의 특징 : 일본신화와의 연관성

나카무라는 원전(原典)을 큰 폭으로 수정해 『조선동화집』에 수록하고 있지만,[31] 이러한 개작은 주로 줄거리에 크게 영향을 주지 않는 범위에서 이루어졌다. 그 대부분은 이야기의 배경이 되는 자연환경과 등장인물의 감정에 대한 묘사, 일본인에게 생소한 조선의 풍속에 대한 설명의 추가였다.[32] 『조선동화집』은 「영일만의 연오와 세오」를 비롯해 총 9편

---

28) 나카무라 료헤이, 김영주·이시준 옮김, 『완역 나카무라 료헤이의 조선동화집』, 박문사, 2016, 377쪽.

29) 조선을 "새로운 동포(新しい同胞)"로 부르는 등, 저서에서 '일선동조론'의 영향을 확인할 수 있다.

30) 일제강점기 당시 신화로 분류되지 않던 〈삼성혈 신화〉와 〈백제 건국 신화〉를 신화로 분류하여 『조선동화집』에 수록했으며, 뒤이어 발간된 『중국·조선·대만 신화와 전설』에서는 「건국전설」 항목에 『조선동화집』에 수록하지 않은 가야, 고려, 조선의 건국 및 시조 신화를 추가해 수록하였다(김영주·이시준, 앞의 논문, 81~97쪽).

31) 염희경, 「〈해와 달이 된 오누이〉에 나타난 호랑이상」, 『동화와 번역』 5, 건국대학교 동화번역연구소, 2003, 12쪽; 김광식·이시준, 앞의 논문, 257쪽 등.

32) 김영주·이시준, 앞의 논문, 92쪽.

의 신화 전승을 책의 3부(전설) 앞부분에 모아 수록하고 있다. 「조선 시조 단군의 이야기(朝鮮の始祖檀君の話)」는 『삼국유사』, 「고구려 시조 주몽의 이야기(高句麗の始祖朱蒙の話)」는 『삼국사기』 내용을 충실히 반영하고 있다. 이처럼 전반적으로 조선의 문헌자료를 객관적으로 전달하려는 자세를 보인다.[33] 그런 면에서 「영일만의 연오와 세오」는 예외적이라 할 수 있다. 『삼국유사』를 비롯한 기존 자료에는 보이지 않는 내용이 글 곳곳에서 발견되기 때문이다. 일본신화와의 표현의 유사성을 단서로 이러한 『조선동화집』 수록화의 특징적 개작 양상에 대해 살펴보도록 하겠다.

◆ 아메노이와토 신화

일광(日光)의 소실과 회복에 얽힌 이야기 〈연오세오 신화〉는 태양신 아마테라스가 동굴 아메노이와토(天岩戶)로 몸을 숨기자 세상에서 빛이 사라지는 일본의 〈아메노이와토 신화〉를 연상시킨다. 김창균이 1929년부터 발표한 일련의 논문에서 두 신화의 공통점, 다시 말해 태양신의 부재와 암흑의 도래를 지적하고 있듯이,[34] 두 신화의 유사성은 일찍부터 언급되었다. 그러나 일광의 소실과 회복이라는 유사성 이외에 표현상의 직접적 연관성은 확인할 수 없었는데, 『조선동화집』의 본문에서 〈아메노이와토 신화〉와 유사한 내용을 발견할 수 있다. 〈자료 1〉은 연오와 세오가 일본으로 건너간 이후, 빛이 사라지고 세상이 어두워진 신라의 상황에 관한 서술이다.

---

[33] 권태효, 「개화기에서 일제강점기까지의 문헌신화 자료 수집 및 정리 현황과 문제점」, 『한국민속학』 44, 한국민속학회, 2006, 22~23쪽.

[34] 김창균, 「연오랑 세오녀 전설의 유래」, 『신흥』 제1호, 1929(최철·설성경 편, 『설화소설의 연구』, 정음사, 1984, 40~41쪽 재인용).

〈자료 1〉『조선동화집』「영일만의 연오와 세오」

ⓐ 그러자 나라 사람들은 다 함께 상의하며 어떻게든 해님이 빛날 수 있게 여러모로 궁리를 해 보았지만, 도저히 좋은 방법을 찾을 수가 없었습니다. 그런데 모여있던 사람들 중에 ⓑ 많은 것을 알고 있는 사람이 한 사람 있었습니다. 그 사람이 말하기를 "지금까지 이 해변에서 우리들과 함께 살고 있던 연오와 세오는, 실은 그 사람들은 해의 신과 달의 신이었다. 그 두 사람을 다시 불러오지 않는다면 예전처럼 밝아질 수 없다." 그래서 연어와 세오를 찾아 다니다 겨우 멀리 바다 건너 해변에 살고 있다는 것을 알아내서, 멀리까지 전령을 보내서 돌아오도록 부탁했습니다.[35]

일제강점기 이전의 한국문헌 그리고 일제강점기 대다수의 일본문헌은 신라왕과 역관(日官)이 일광소실의 원인과 해결책을 찾는 주체로 등장하여 사신을 파견한다. 그러나『조선동화집』에는 왕과 역관이 등장하지 않는다. 대신 나라 사람들이 함께 모여 해결책을 찾고(〈자료 1〉 ⓐ), 많은 것을 알고 있는 박식한 사람(〈자료 1〉 ⓑ)이 나타나 해결책을 제시한다.[36] 이러한 내용은 〈아메노이와토 신화〉에서도 확인할 수 있다.

〈자료 2〉『일본서기(日本書紀)』스사노오의 횡포와 추방의 단

ⓐ 그때 수 많은 신이 아마노야스노카와 강변에서 회합을 열고 기원을 올릴 방법을 협의하였다. 그러자 ⓑ 오모이카네노카미(思兼神)가 신중히 두루 생각하여 결국 도코요노나가나키도리(常世の長鳴鳥)를 모아 다같이 길게 울게 시켰다.... (이하 생략)[37]

---

35) 나카무라 료헤이, 앞의 책, 2016, 379~380쪽(이하 인용문의 밑줄은 인용자에 의함).

36) '박식한 사람(物知り)'이라는 표현은 제2기『국어독본』에도 보인다. 그러나 제2기『국어독본』에는 사람들이 함께 모여 해결책을 모색하는 내용은 보이지 않는다.

37) 「ⓐ 時に, 八十万神, 天安河辺に会合ひて, 其の祷るべき方を計る. 故, ⓑ 思兼神, 深く謀り遠く慮ひ, 遂に常世の長鳴鳥を聚めて, 互長鳴せしめ…(以下省略)」小島憲之ほか校注訳,『日本書紀 (1)』, 小学館, 1994, 77쪽(이하 인용문의 한국어 번역은

아마테라스가 동굴 속으로 몸을 숨기자 칠흑 같은 어둠이 찾아온다. 천상계의 많은 신이 모여 해결방안을 의논 할 때(〈자료 2〉 ⓐ), 해결책을 제시한 신이 바로 오모이카네노카미(〈자료 2〉 ⓑ)이다. 오모이카네는 많은 지혜라는 뜻으로 오모이카네노카미는 지혜의 신을 의미한다. 『조선동화집』에 등장하는 박식한 사람(〈자료 1〉 ⓑ)과 같은 성격의 인물이다.

〈아메노이와토 신화〉와 유사한 표현은 세오가 짠 비단으로 제사를 지내고 빛을 되찾은 이후의 전개에서도 발견된다. 아래 인용문 〈자료 3〉은 빛을 되찾은 장면이다.

〈자료 3〉『조선동화집』「영일만의 연오와 세오」
그렇게 하자 신기하게도 다시 원래대로 해님도 달님도 빛나기 시작하고 아침이 밝은 것처럼 환해졌습니다. ⓒ 풀과 나무는 일제히 두 손을 들고 환희의 함성을 지르는 것처럼 이전보다 더욱 더 푸르게 푸르게 자랐습니다. 작은 새들도 떠들썩하게 아침의 찬가를 부르고, 사람들은 모두 다시 살아난 것처럼 건강해져서 ⓓ 밝게 빛나는 얼굴로 서로를 축복해주었습니다.[38]

다시 세상이 환해지자 풀과 나무가 일제히 두 팔을 벌리고 환희의 소리를 지르는 것 같고(〈자료 3〉 ⓒ), 사람들은 환하게 빛나는 얼굴로 함께 기쁨을 나누었다고 적고 있다(〈자료 3〉 ⓓ). 이처럼 빛을 되찾은 이후에 대한 내용은 제2기 『국어독본』에도 보이지 않는 『조선동화집』만의 특징이다.

『고사기』와 『일본서기』에는 수록되어 있지 않지만, 807년 인베노 히

필자에 의함).
[38] 나카무라 료헤이, 앞의 책, 2016, 380~381쪽.

로나리(斉部広成)가 지은 『고어습유(古語拾遺)』를 비롯해 남북조시대에 쓰여진 것으로 추정되는 신도설화집 『신도집(神道集)』 등 중세시대 문헌에 전해지는 〈아메노이와토 신화〉가 있다. '오모시로이(面白い)'라는 단어의 유래에 얽힌 이야기이다. 아마테라스가 숨어 있던 동굴의 문을 열자, 안에서 빛이 쏟아져나와서 모여있던 신들의 얼굴을 환하게 비추었고, 이에 신들은 서로 얼굴을 보면서 '얼굴(오모 面)이 환하다(시로이 白い)' 즉 '오모시로이(面白い)'라고 말했다는 이야기이다.

〈자료 4〉『고어습유』
이때 천상계가 비로소 밝아졌다. ⓓ <u>모두 서로를 바라보니 얼굴이 모두 환했다.</u> ⓒ <u>손을 뻗어 노래하며 춤을 추었다.</u> 서로에게 말하기를 … (중략) … ⓒ 오케(나무의 이름이다. 그 잎을 흔드는 가락이다)[39]

환하게 빛나는 얼굴(〈자료 4〉 ⓓ)에 대한 표현과 함께 손을 뻗고 나뭇가지를 들고 흔들며 축하하는 묘사(〈자료 4〉 ⓒ)[40]도 유사하다. 이러한 표현은 사람들의 기쁨을 강조하기 위해 덧붙인 나카무라의 순수창작일 가능성도 있지만, '단어 오모시로이 유래담'은 〈아메노이와토 신화〉의 일부로 전승되었기에 〈자료 1〉 부분과 함께 〈아메노이와토 신

---

39) 「此の時に当たりて、上天初めて晴れ、ⓓ <u>衆倶に相見て、面皆明白し。</u> ⓒ <u>手を伸して歌ひ舞ふ。</u>相与に称日く、「阿波礼 (言ふこころは天晴れなり). 阿那於茂志呂 (古語に、事の甚だ切なる、皆阿那と称ふ. 言ふこころは衆の面白きなり). 阿那多能志 (言ふこころは手を伸して舞ふなり. 今楽しき事を指して多能志と謂ふは、此の意なり). 阿那佐夜憩 (竹葉の声なり). ⓒ <u>飫憩 (木の名なり. 其の葉を振る調なり)。</u>」西宮一民 校注、岩波文庫『古語拾遺』岩波書店、2013、22~23쪽.
40) 오케(飫憩)는 본래 나무이름이 아니지만, 본 전승은 전통공연 가구라(神楽)의 도구로 사용하던 나무이름으로 사용하던 당대 지식이 반영되어 있다(주29 앞의 책 주석 참조, 75쪽, 77쪽).

화)에서 영향을 받았을 가능성이 크다. 이처럼 『조선동화집』 「영일만의 연오와 세오」에서는 일월의 부재와 회복이라는 큰 흐름뿐 아니라 구체적인 내용에서도 〈아메노이와토 신화〉와 유사함을 확인할 수 있다.

◆ 구니비키 신화

한국문헌 가운데 가장 풍부한 내용을 싣고 있는 『삼국유사』는 물론이고 한국에 전해지는 〈연오세오 신화〉는 바다 위를 떠가는 바위에 대해서만 적고 있을 뿐, 도착한 이후 바위가 어떻게 되었는지 설명하지 않는다. 그런데 제2기 『국어독본』과 『조선동화집』은 아래의 〈자료 5〉 〈자료 6〉 ⓔ처럼 연오와 세오가 타고 온 바위가 일본 해안에 탈싹 달라붙었다고 적고 있다.

〈자료 5〉 제2기 『국어독본』 「해의 신과 달의 신」
바위는 흔들흔들 흘러갔다. 잠시 뒤 이름 모를 해안에 도착한 순간 그곳에 탈싹 붙어버렸다.[41]

〈자료 6〉 『조선동화집』 「영일만의 연오와 세오」
바닷물에 흔들리고 있는 사이에 해안이 보이기 시작했습니다. 그러자 그 바위는 해안이 가까워졌다는 것을 알고 있는 것처럼 더 속력을 내서 도착했습니다. 드디어 이름 모를 해안에 도착한 순간 ⓔ 그곳에 탈싹 붙어버렸습니다.[42]

---

[41] 「岩はゆらりゆらりと流れて行ったが, しばらくして或海岸に着いたと思ふと, ⓔ <u>其所へびったりとくっついてしまった.</u>」 朝鮮總督府編, 前揭書, 6卷, 1924, 56~57쪽.

[42] 나카무라 료헤이, 앞의 책, 2016, 378쪽. 일본어 원문은 「ゆらりゆらりとゆられながら, しばらくする間に, 海岸が見えて来ました. するとその岩はもう海岸に近づいたといふことを知ってでもいるかのやうに, ぐんぐん速さを増して流れつきました. やがて或海岸に流れ着いたと思ふと, ⓔ <u>そこへピッタリとくっ着いてしま</u>

일본신화 가운데 신라의 땅덩어리가 바다를 건너와 일본열도에 붙는 이야기가 있다. 현재 시마네현(島根県)에 해당하는 이즈모 지방에 전하는 이야기를 모아 엮은『이즈모 풍토기(出雲国風土記)』「오오군(意宇郡)」 항목에 수록된 〈구니비키(国引き=국토끌기) 신화〉가 그것이다.

〈자료 7〉『이즈모 풍토기』「오오군」

오오라는 곳은 국토끌기를 한 야쓰카미즈오미즈가 "여덟겹의 구름이 피어오르는 이즈모는 폭이 좁은 천과 같구나. 처음 나라가 작게 만들어졌다. 이어붙여야겠다"고 말씀하셨다. "국토가 남는가 ⓕ 신라의 갑을 보았더니 남는 땅이 있다"고 말씀하시며, 폭이 넓은 가래를 사용해 큰 생선의 살을 가르듯이, 억새 이삭을 떨구듯이, 굵은 밧줄로 얽어매 서리를 맞아 시든 칡을 당기듯이, 강의 배를 당기듯이, "국토여 오라, 국토여 오라"하며 ⓔ 끌어와 원래 국토에 이어붙였다. 이렇게 생긴 토지는 이와미와 이즈모 경계에 자리한 사히메산이다.[43]

〈구니비키 신화〉의 주인공은 이즈모 지방의 창조신인 야쓰카미즈오미즈(八束水臣津野命)이다. 야쓰카미즈오미즈는 이즈모의 좁은 국토를 안타깝게 여기고 국토를 넓히기 위해 이곳저곳에서 남는 땅덩어리를 끌어다 붙인다. 그때 가장 먼저 끌어온 땅이 신라의 갑(岬)이었다(〈자료 7〉

ひました.」 中村亮平, 『朝鮮童話集』, 富山房, 1926, 504쪽.

[43] 「意宇と号くる所以は, 国引きましし八束水臣津野命, のりたまひしく, 「八雲立つ出雲の国は, 狭布の稚国なるかも. 初国小さく作らせり. 故, 作り縫はな」と詔りたまひて, 「栲衾, ⓕ 志羅紀の三埼を, 国の余ありやと見れば, 国の余あり」と詔りたまひて, 童女の胸鋤取らして, 大魚のきだ衝き別けて, はたすすき穂振り別けて, 三身の綱うち掛けて, 霜黒葛くるやくるやに, 河船のもそろもそろに, 国来々々と ⓔ 引き来縫へる国は, 去豆の折絶より, 八穂爾支豆支の御埼なり. 此くて, 堅め立てし加志は, 石見の国と出雲の国との堺なる, 名は佐比売山, 是なり.」 秋本吉郎 校注, 日本古典文學大系 『風土記』 岩波書店, 1958, 99~100쪽.

ⓕ). 신화는 가래로 신라의 갑을 생선살처럼 잘라내어 그물로 걸어서 이즈모로 끌어와 이어붙였고, 이곳이 바로 시마네현의 시마네반도 서쪽에 위치한 기즈키(支豆支) 갑이라고 설명한다(〈자료 7〉ⓔ).

Ⅳ. 나가며

지금까지 고대부터 일제강점기까지 〈연오세오 신화〉를 통시적으로 검토하고, 나카무라 료헤이의 『조선동화집』에 수록된 「영일만의 연오와 세오」를 중심으로 일제강점기 〈연오세오 신화〉의 전개양상에 대해 살펴보았다.

오랜 시간 고정된 형태로 전래된 〈연오세오 신화〉가 일제강점기라는 특수한 시대적 상황 속에서 '일선동조론' 등의 제국주의적 사상의 영향을 받으며 다양한 변용이 이루어졌음을 확인했다. 일제강점기 〈연오세오 신화〉에 나타난 이러한 변용은 제국주의적 사상에 반(反)하는 내용, 즉 식민지 조선의 조상이 일본의 왕이 되었다는 신화의 내용을 수정하여 소개하는 과정에서 일어난 현상으로 정리할 수 있을 것이다.

『조선동화집』「영일만의 연오와 세오」의 내용상의 특징을 살피면서 일본신화 〈아메노이와토 신화〉와 〈구니비키 신화〉와의 유사성을 발견하고 구체적인 본문 비교를 통해 이를 검증했다. 일본신화를 연상시키는 표현을 추가한 이유로 일본 본토의 일본인에게 관심과 흥미를 유도하고, 조선과 일본의 연관성을 암시하기 위한 저자의 의도를 생각해볼 수 있다. 1935년에 증판 출간한 『중국 · 조선 · 대만 신화와 전설』에는 나카무라가 쓴 「조선신화전설개관(朝鮮神話傳說概觀)」이 실려 있다. 나카무라는 이 글에서 조선신화와 일본신화의 연관성을 여러 차례 강조하며 "일본인들에게 조선의 신화전승은 다른 어느 나라의 신화보다도 의미 있다. 새로운 동포를 이해할 수 있는 계기이기 때문이다.[44]"라고 적고 있다. 〈연오세오 신화〉는 고대부터 조선과 일본 사이에 교류가 있었음을 보여주는 이야기로 높게 평가하기도 했다.[45] 제2기 『국어독본』에서는 무국적이었던 〈연오세오 신화〉를 조선의 신화로 복원시킨 것도 같은 의도에서 이루어졌다고 추정된다.

일제강점기에는 〈석탈해 신화〉와 스사노오의 신라방문에 얽힌 〈스사노오 신화〉 등 한일교류를 담은 신화가 일선동조론에 이용되며 일본의 식민지지배 정당화에 악용되었고, 〈연오세오 신화〉 역시 일선동조론을 뒷받침하는 자료로 이용되었다. 〈연오세오 신화〉는 식민지 조선보다 일본 본토에서 적극적으로 활용된 특수한 경우로, 『조선동화집』「영일만의 연오와 세오」는 그러한 성격을 잘 보여주는 대표적인 예라고 할 수 있다.

---

[44] 松村武雄・中村亮平編, 『支那朝鮮台湾神話と伝説』, 大京堂, 1935, 12쪽.
[45] 松村武雄・中村亮平編, 前掲書, 1935, 15쪽.

「홍길동전」 번역의 계보와 고소설 변용의 정치성

– 이와야 사자나미(嚴谷小波)의 「구렁이의 꿈(大蛇の夢)」을 중심으로

김강은

「홍길동전」 번역의 계보와 고소설 변용의 정치성
– 이와야 사자나미(嚴谷小波)의 「구렁이의 꿈(大蛇の夢)」을 중심으로

I. 근대 고소설 번역의 중심, 「홍길동전」

「춘향전」, 「심청전」과 함께 한국 고소설의 대표 작품으로 꼽히는 「홍길동전」은 근대를 맞아 다양한 방식으로 변화를 꾀하였다. 일부는 활자본 고소설로 제작되어 인기를 끌기도 하고, 연극이나 영화로 개작되기도 하였으며, 아동 문학이 부각되며 동화로 탈바꿈하는 움직임도 일어났다. 이런 「홍길동전」의 변화는 고소설과 근대가 합치될 때 일어나는 현상, 그 변화의 일면을 드러낸다고 볼 수 있을 것이다.

그런데 「홍길동전」의 변화 중 빼놓을 수 없는 것이 바로 '번역'이다. 한국 고소설 작품들 중 근대에 이르러 적극적으로 번역된 사례를 꼽자면 「홍길동전」이 단연 독보적이다. 호레이스 알렌(H. N. Allen)이나 제임스 게일(J. S. Gale) 등 한국에 거주한 외국인들이 빼놓지 않고 번역한 작품이 바로 「홍길동전」이며, 이는 이후 호소이 하지메(細井肇), 시라이시 시게루(白石重)의 번역으로도 이어졌다. 외국인의 시선으로도 「홍길동전」은 조선을 대표하는 작품으로 인식된 것이다.

흥미로운 건 이와 같은 「홍길동전」의 번역본들이 각각 개별적이면서도 서로 연결되어 있다는 사실이다. 모두가 조선의 고소설 「홍길동전」을 보고 각기 번역을 한 것이 아니라, 한 번역본이 여러 번의 중역(重譯)을 거치면서 「홍길동전」의 번역본이라는 이름으로 존재하는 것이다. 이 글에서 주로 살펴볼 이와야 사자나미의 「구렁이의 꿈(大蛇の夢)」 또한 경판본 「홍길동전」이 영역과 독역을 거쳐 일역본으로 자리잡게 된 사례다.

일본 아동문학의 선구자로 꼽히는 이와야 사자나미(巖谷小波, 1870~1933)는 오토기바나시(お伽噺)[1]라는 동화관을 확립하고, 동화 창작과 세계 동화 수집에 몰두했다. 그는 『일본 옛이야기(日本昔噺)』·『세계 오토기바나시(世界お伽噺)』·『세계 오토기문고(世界お伽文庫)』 등의 동화 전집을 발간하였는데, 그 중 「구렁이의 꿈」은 『세계 오토기문고』의 27편에 실려 있다.[2] 이 작품은 「홍길동전」을 일역한 것으로, 세계의 여러 이야기들

---

[1] '오토기바나시(お伽噺)'란 옛날이야기·전설·세계명작 등을 재화(再話)한 아동용 서적을 총칭하는 용어로, 오토기조시(お伽草子)라는 고전 문학의 장르 이름에 '아이들을 위한 이야기'라는 의미를 새로이 부여하여 '오토기바나시(お伽噺)'라는 용어가 탄생했다. 『유년잡지(幼年雜誌)』 1894년 1월호에 신설된 '오토기바나시란(お伽噺欄)'에 이와야 사자나미가 작품을 게재하기 시작하면서 메이지 시대의 동화를 의미하게 되었으며, 「아카이 토리(赤い鳥)」(1918)를 통해 '동화'라는 용어가 보편화될 때까지, 메이지 시대에는 아동을 대상으로 하는 문예 작품을 일컫는 용어로 '오토기바나시'가 주로 사용되었다. 진은경, 「최남선과 이와야 사자나미의 '소년상' 비교연구」, 『우리어문연구』 62, 우리어문학회, 2018, 75쪽 참조.

[2] 『세계 오토기문고』 전집은 1908년부터 1915년까지 간행되었으며, 『일본 옛이야기(日本昔噺)』·『세계 오토기바나시(世界お伽噺)』 전집은 그보다 앞서 발간된 것이다. 『일본 옛이야기』 전집은 일본의 이야기를 묶은 것이고, 다른 두 전집은 세계

을 모으겠다는 의도 하에 이와야 사자나미가 번역·수집한 것이다. 특이한 것은 이와야 사자나미가 조선의 「홍길동전」을 보고 일역한 것이 아니라 독일인 아르노우스(H. G. Arnous)가 번역한 독역본 「홍길동전」을 보고 이를 일역하여 동화로 각색했다는 점이다. 이와야 사자나미가 저본으로 삼은 독역본은 『조선의 설화와 전설(Koreanische Märchen und Legenden)』에 실린 「홍길동, 자신이 차별받는다고 생각한 소년의 이야기(Hong Kil Tong oder die Geschichte des Knaben, welcher sich zurückgesetzt glaubte)」인데, 부산 세관에서 근무한 독일인 아르노우스가 한국의 민간 풍습과 설화 등을 소개하는 용도로 1893년 라이프치히(Leipzig)에서 간행한 것이다. 이와야 사자나미는 1900년부터 2년간 독일 베를린대학 부속 동양어학교 강사로 초빙되었는데, 이때 이 책을 접한 것으로 보인다.

재밌는 건 사실 아르노우스의 독역본도 조선의 「홍길동전」을 직접 번역한 건 아니라는 점이다. 제일 처음 번역된 「홍길동전」은 미국인 외교관 알렌(H. N. Allen)이 영역한 「홍길동 혹은 학대받은 소년의 모험(Hong Kil Tong: Or, the Adventures of an Abused Boy)」이었다. 이 이야기가 수록된 『Korean Tales』(1889)가 아르노우스의 손에서 독일어로 번역되고, 그것을 이와야 사자나미가 입수하여 「구렁이의 꿈」이라는 이름의 동화로 탈바꿈한 것이다. 요컨대 「홍길동전」은 영어와 독일어, 일본어라는 번역의 횡단을 거친 사례로서 근대 고소설 번역의 중심에 서 있는 셈이다.

따라서 이 글에서는 이와야 사자나미의 「구렁이의 꿈」에 초점을 맞

여러 나라의 이야기를 이와야 사자나미가 나름대로 편집하여 수록한 것이다. 조선의 이야기는 두 전집에 나누어 실려 있는데, 『세계 오토기바나시』 전집에는 「돌의 행방(石の行方)」, 「토끼의 활안(兎の活眼)」, 「용궁의 사자(龍宮の使者)」가, 『세계 오토기문고(世界お伽文庫)』 전집에는 「구렁이의 꿈(大蛇の夢)」과 「별의 인연(星の緣)」이 실려 있다.

추어, 경판본[3]-영역본-독역본-일역본으로 이어지는 「홍길동전」 번역의 계보를 검토하고 고소설 번역이 지닌 정치적 함의를 살펴보려 한다. 경판본 「홍길동전」은 영역→독역→일역 순으로 번역되었지만, 영역본과 독역본은 전반적인 내용과 흐름이 비슷한 반면 일역본에서는 큰 변화가 일어난다. 영역본과 독역본은 각각의 제목에서 드러나듯 홍길동이 가족으로부터 받은 '차별'과 '학대'에 초점을 맞추고 있으며, 길동이 겪는 번민과 고뇌가 전면적으로 드러난다. 그런데 「구렁이의 꿈」에서는 '차별'과 관련된 내용이 지워지고, 홍길동의 인물형 또한 새롭게 변개된다. 여러모로 이와야 사자나미의 의도가 개입되었음을 추론할 수 있는 것이다. 그리고 이는 이와야 사자나미의 아동관인 '모모타로주의'의 반영이자 식민지 조선에 대한 인식과도 무관하지 않을 것이다.

Ⅱ. 「홍길동전」 번역의 계보와 「구렁이의 꿈」

1. 가족 서사의 단절로 이어지는 「구렁이의 꿈」

일반적으로 '홍길동'이라 하면 우리는 적서차별에 한을 품은 길동의 형상을 먼저 떠올리지만, 사실 경판본 「홍길동전」의 길동은 신분 질서

---

3) 알렌의 영역본이 경판 30장본을 모본으로 삼은 것이라는 기록은 모리스 쿠랑(Maurice Courant)의 『한국서지』에서 찾아볼 수 있다. 그러나 알렌의 영역본을 한국어로 재번역한 『외국어 번역 고소설 선집: 영웅소설』의 해제를 보면 이 작품이 홍길동이 조선을 떠나는 대목부터 경판 24장본을 전체적으로 따르고 있으며, 24장본보다 더 축약된 형태를 보인다고 서술하였다. 경판 30장본과 경판 24장본은 홍길동이 조선을 떠나기 전까지는 내용상 큰 차이가 없으나, 그 이후부터 경판 24장본은 30장본이 크게 축약되었다는 점에서 차이가 있다. 따라서 본고에서는 경판 24장본과 30장본 모두를 고려하여 비교 대상의 모본으로 삼고자 한다. 이진숙 외 역주, 『외국어 번역 고소설 선집: 영웅소설』, 박문사, 2017, 118쪽 참조.

의 모순을 겪는 것을 제외하면 가족 관계는 상당히 우호적인 편이다. 우선 아버지 홍판서는 길동이 서자로 태어난 것을 아쉬워하면서도 아들이 총명하다며 기특하게 여기고, 정실인 유씨 부인과 적자 홍인형도 길동에 대해 딱히 부정적인 입장을 취하지 않기 때문이다. 오직 길동에게 적의를 품고 해치려 하는 인물은 홍판서의 첩 초란 뿐이며, 길동 살해 계획도 초란의 주도 하에 이루어진다.

이는 길동의 입장에서 보아도 마찬가지다. 그가 아버지 홍판서에게 토로하는 내용은 자신의 신분의 한계로 인한 속상함과 괴로움에 집중되어 있을 뿐, 신분 때문에 가족 간의 갈등이 유발되는 것은 아니다. 오히려 길동은 호부호형 문제가 해결되자 아버지와 형에게 애틋한 태도마저 보인다.[4] 즉 경판본 「홍길동전」에서 길동과 가족들은 나름대로 긍정적인 관계를 형성하고 있는 것이다. 따라서 길동은 가출 후에도 형 홍인형에게 일부러 사로잡히기도 하고, 아버지 홍판서의 사망 소식에 성대한 장례를 치르기도 한다.

그런데 「구렁이의 꿈」으로 오면 길동과 나머지 가족 사이에서 이러한 애틋한 관계가 드러나지 않는다. 이들의 가족 관계는 오히려 단절에 가까운데, 이는 길동의 출생에 대한 가족들의 반응에서부터 단적으로 드러난다. 해당 부분을 찾아보면 다음과 같다.

---

[4] 선행연구에서는 이를 두고 적서차별 제도와 길동 사이의 갈등이 초란과 길동의 갈등이라는 '대리적 갈등'으로 대치되며, 호부호형의 허락이라는 부차적 성과물을 통해 잠정적으로 해소된다고 언급한다. 길동의 수평적 공간 이동의 계기를 마련하기 위해 갈등이 설정되었다는 것이다(박일용, 「『홍길동전』의 문학적 의미 재론」, 『영웅소설의 소설사적 변주』, 월인, 2003, 159쪽). 한편 김일렬과 김은정은 이와 같은 갈등을 '간접적 갈등 형식'이라 명명하기도 하였다. 김일렬, 「홍길동전의 구조와 의미」, 『국어국문학』 99, 국어국문학회, 1988; 김은정, 「홍길동전의 구조적 특성 연구」, 이화여대 석사학위논문, 1989 참조.

그러자 마님에게는 특별한 변화가 없었지만, 별장에 있던 사람에게서 아들 하나가 생겼습니다. (홍판서는) 이 아이도 다른 두 아이와 동일하게 귀여움을 받으며 자라게 하고 싶다고 생각하여 집 안에 두었습니다만, 점점 성인이 되어 갈수록 마님은 자칫하면 방해가 될 수 있기에 싫어했으며, 두 명의 형도 하인들도 모두 이 아이를 하찮게 여겼습니다.[5]

우리가 아는 「홍길동전」과는 사뭇 다른 느낌이다. 경판본 「홍길동전」에서는 홍판서가 길동의 기골이 비범하다고 기뻐하면서도 서자인 것을 안타까워하는데, 「구렁이의 꿈」에서는 적서 차별에 대한 내용이 거의 나타나지 않는다. 길동이 서자라는 점이 드러나기는 하지만 홍판서가 '다른 두 명의 아들과 똑같이 키우고 싶어서' 집 안에 두며, 첩의 아들이라 해서 다른 제한을 두지도 않는다. 다만 특이한 것은 다른 가족들이 '아무 이유 없이' 길동을 싫어한다는 점이다. 마님(정실부인)이 길동을 싫어하는 이유는 '자칫하면 방해가 될 수 있기 때문'이고, 다른 형들과 하인들도 특별한 이유 없이 길동을 하찮게 여긴다. 어떤 동기도, 이유도 없이 무조건 길동을 싫어하는 것이다. 이런 '이유 없음'은 뒷이야기에서도 마찬가지다. 마님은 그저 길동이 싫다는 이유로 살해 계획을 꾸미고, 홍판서는 시종일관 길동에 대해 무관심한 모습을 보인다. 길동이 장차 가문을 망하게 할 것이라는 관상녀의 점괘를 믿고, 하인들에게 길동을 죽이라 명령할 뿐이다. 가족 관계에 대한 서사가 상당히 삭제되어 있는 것이다.

---

5) すると, 奥方にわ別に變りもありませんでしたが, 別莊の方に居たお側の者に, 一人男の子が出来ましたので, 何うかしてこの子も, 公然奥方の子にして, 他の二人と同じ樣に可愛がつて育てたいと思い, やがて邸に引取りましたが, 段々成人するにつれて, 奥方が此子を嫌つて, 兎角邪魔にするものですから, 二人の兄も, 家来達も, 皆此子を馬鹿にしました. 巖谷小波, 앞의 책. 밑줄은 인용자.

이런 특이한 가족 관계는 길동이 집을 떠난 이후 더욱 극대화된다. 경판본에서는 길동이 집을 떠난 후에도 가족과 대면하는 장면이 여러 번 등장하면서 이들 가족의 다정함이 강조되지만, 「구렁이의 꿈」에서는 길동이 집을 떠난 이후 가족과 다시 대면하지 않는다. 예컨대 길동이 의금부로 잡혀온 후 경판본에서는 아버지와 아들 간의 애틋함이 드러난다면, 「구렁이의 꿈」에서는 가족의 역할을 다른 인물이 대신함으로써 더 이상 이들의 관계가 구체적으로 그려지지 않는다.

국왕도 이 상황은 문제가 있다고 하여 포장(포도대장)을 불러들여 그 진위를 구별하도록 하니, 포장은 이를 듣고, "아니, 그놈과 섣불리 만나지 않겠다. 또 무슨 일을 당할지 모르니… 아들아! 나는 아프다고 하고 네가 대신 다녀오거라! 여하튼 길동은 어깨에 혹이 있다고 들었으니 이를 증거로 구별하시라 해라!"라며 아들을 대리로 보냈습니다.[6]

이 장면은 원래 여덟 명의 길동이 잡혀오자 누가 진짜 길동인지를 구분하기 위해 임금이 홍판서와 홍인형을 부르는 부분이다. 경판본에서는 임금의 명에 따라 홍인형이 길동에게 자수하라고 호소하는 방을 붙이자 길동이 스스로 홍인형을 찾아오기도 하고, 의금부에서 홍판서가 길동을 꾸짖다 기절하자 여덟 명의 길동이 일시에 눈물을 흘리며 환약을 내어 구하기도 한다. 비록 추국장에 끌려온 신세지만 기본적인

---

[6] 國王の前え連れて来ましたから, 國王もこれにわ持て餘し, 兎に角ポハングを呼び出して, その眞僞の見別をさせようとしますと, ポハングわ聞いた計りで, 『イヤ, 彼奴にわうつかり會えん. また何樣な目に會うかも知れんから, 忰や! 私わ病氣だと云つて, お前代りに行つてくれ! 何でもあのキル・トングわ, 肩に瘤があると云う事だから, それを證據に見わけるがいゝ.』と, 息子を代理に出しました. 嚴谷小波, 앞의 책.

정(情)과 애틋함을 지닌 가족이라는 점을 알 수 있다. 그런데「구렁이의 꿈」에서는 엉뚱하게도 이 역할을 포장(포도대장)의 아들이 대신 맡으면서, 길동과 가족의 재회도 불가능할 뿐 아니라 이들을 잇는 이야기상의 연결고리도 사라진다. 물론 줄거리상 바로 앞 상황에서 길동이 포장을 직접 만나는 모습이 나오긴 하지만, 작중에서 포장의 아들이 하는 대사는 "진짜 길동에게는 어깨에 혹이 있다 합니다."라는 한 마디밖에 없다. 새로운 인물을 등장시키고 일회적으로 활용함으로써, 길동과 가족이 계속 연결되는 것을 막는 것이다. 심지어 이러한 장면을 만들기 위해, 「구렁이의 꿈」에서는 다소 작위적인 설정도 마다하지 않는다. 길동과의 대결에서 패배한 포장이 너무 창피한 나머지 방에 틀어박혀 아무도 만나지 않았다는 것이다.

이러한 번역 기조는 길동이 조선을 떠난 이후에도 계속 유지된다. 경판본에서는 길동이 홍판서의 장례를 성대하게 치르고 친모와 정실 부인을 율도국으로 데려오는 장면이 등장하지만,「구렁이의 꿈」에서는 이런 후일담이 전부 삭제된다. 백용의 딸을 구해서 결혼하고 자손 대대로 번영했다는 결말만 등장할 뿐이다.[7) 가족과의 접점이 완전히 사라지는 것이다. 그렇다면「구렁이의 꿈」에서 이렇듯 가족 서사가 단절된 배경은 무엇일까?

그 중간 단계로 살펴보아야 할 것이 바로「구렁이의 꿈」의 번역 저본이라 할 수 있는 독역본과 영역본이다. 두 번역본에서 길동은 태어나면서부터 첩의 아들이라는 이유로 정실의 미움을 받고, 성장 과정에

---

7) やがてこの娘を連れて，自分の島え歸りましたが，其後わ別に事も無く，此島の王に成つて，子孫代々榮えたと云います. [이윽고 이 딸을 데려가 자신의 섬으로 돌아가니, 그 후에는 별 일 없이 이 섬의 왕이 되어 자손 대대로 번영했다고 합니다.] 嚴谷小波, 앞의 책.

서 적실의 아들들이 그를 비웃고 조롱한다.[8] 가족들이 길동을 싫어한
다는 설정은 여기에서부터 유래된 것임을 알 수 있다. 그러나 「구렁이
의 꿈」에서 마님을 비롯한 다른 가족들이 '이유 없이' 길동을 천대하는
것과 달리, 영역본과 독역본에서는 그가 '첩의 아들'이라며 가족들의 미
움을 받는 구체적인 이유가 제시된다. 집안사람들이 길동을 하찮게 여
긴다는 점은 같지만, 「구렁이의 꿈」과 달리 영역본과 독역본에서는 이
것이 직접적으로 적서차별과 연계되는 것이다. 따라서 홍판서가 길동
에게 호부호형을 허락하는 장면도 생략될 뿐더러, 의금부에서 홍인형
은 길동에 대해 '아버지의 노비가 낳은 자식일 뿐 완전히 구제불능이며
아주 어렸을 때 집에서 달아났다'[9]고 진술한다. 또 '왜 이런 자식을 낳
아 길렀느냐'는 임금의 호통에 홍판서가 놀라 기절하는 장면이 추가되
기도 한다.[10]

사실 영역본과 독역본의 이러한 기획은 '적서차별'이라는 조선의 문
화에 집중한 결과로 보인다. 두 판본 모두 「홍길동전」에 부제를 달아

---

[8] 경판본에서는 비복 등이 길동을 천대하는 것으로 나오지만, 영역본과 독역본에서
는 'The other children'과 'Die anderen Söhne'로 그 주체가 바뀐다.

[9] The son, however, acted as spokesman, and informed the King that Kil Tong was but
the son of his father's slave, that he was utterly incorrigible, and had fled from home
when a mere boy. [그러나 적자는 아버지의 대리인임을 자처하며 길동은 아버지의
노비가 낳은 자식일 뿐 완전 구제불능이며 아주 어렸을 때 집에서 달아났다고 왕
에게 아뢰었다.] 이진숙 외, 앞의 책, 149~150쪽; Er hatte seinen ältesten Sohn
mitgebracht und dieser erklärte, dass Kil Tong nur der Sohn einer Sklavin seines Vaters
sei, von Jugend auf unverbesserlich und längst seiner Zuchtrute entlaufen wäre. [그는
큰아들과 함께 대궐에 들어왔는데, 그 아들이 말하기를 길동은 종년의 출생으로
어려서부터 개선의 여지가 없는 버린 자식이라고 하였다.] H. G. Arnous, 위의 책,
274쪽.

[10] 이와 관련하여, 선행연구에서는 알렌이 길동과 나머지 가족을 선악구도 속에 배치
하였다고 언급한 바 있다. 이상현, 「'학대 아동(Abused Boy)'과 '폭도' - 홍길동의 두
가지 형상과 「홍길동전」 번역의 계보」, 『철학·사상·문화』 30, 동국대 동서사상연
구소, 2019.

놓았는데, 여기서 나타난 길동의 형상은 '학대당하는 소년(Abused boy)' 혹은 '자신이 차별받는다고 생각하는 소년(Welcher sich zurückgesetzt glaube)' 이기 때문이다. 각 판본의 번역자인 알렌과 아르노우스 모두 길동이 겪는 적서차별이 작품의 주제와 직결된다고 본 것이다.[11] 그리고 길동의 가출을 한층 더 자연스럽게 연결하기 위해, 그 원인으로 적서차별과 가족의 대립 구도를 적절히 활용하였다. 예컨대 경판본에서 '길동이 왕후의 기상을 지녔으므로 멸문지화를 당할 수 있다'는 관상녀의 점괘가, 영역본과 독역본에서는 '어린 시절의 차별(학대)에 대한 복수로 가족을 죽일 것'이라고 변형되는 것이다.[12] 그러나 「구렁이의 꿈」에서는 적서차별이 처음부터 거의 등장하지 않으며, 가출 이후의 가족 서사도 모두 삭제된다. 이는 「구렁이의 꿈」에서 가족과 조선이 '떠나온 곳' 그 이상

---

11) 이는 길동이 조선을 떠난 이후 개별 삽화의 변화에서도 찾아볼 수 있다. 영역본과 독역본은 율도국 정벌 삽화나 인형이 율도국에 사신으로 오는 삽화 등 길동이 조선을 떠나온 이후 대목의 상당 부분을 삭제하였으며, 경판본에서 길동이 백씨와 조씨 두 부인을 얻는 부분도 변개하여 길동이 백씨 한 명과 혼인하는 것으로 마무리했다. 이는 적서차별과 무관한 삽화를 삭제한 것이자, 적서차별의 부당함을 강조하던 길동이 두 부인을 얻는다는 설정이 부자연스럽다고 판단해서 변개한 것으로 보인다. 이와 관련해서는 이진숙·이상현, 「『게일 유고』 소재 한국고전번역물 (3) - 게일의 미간행 육필 「홍길동전」 영역본에 대하여」, 『열상고전연구』 51, 열상고전연구회, 2016, 320·326쪽 참조.

12) 공주의 상을 보온즉 흉흉의 죠홰 무궁ᄒ고 미간의 산천 졍긔 영농ᄒ오니 진짓 왕후의 긔상이라 장셩ᄒ면 장춧 멸문지화를 당ᄒ오리니 상공은 살피쇼셔. 경판 24장본 「홍길동전」, 8쪽; "This will be a very-great man; if not a king, he will be greater than the king, and will avenge his early wrongs by killing all his family."(아이는 매우 위대한 사람이 될 것입니다. 왕이 되지 않는다면 왕보다 더 위대한 사람이 되어 가족들을 모두 죽이고 어린 시절의 학대에 복수할 것입니다.") 이진숙 외, 앞의 책, 126쪽; "Dieser Knabe wird ein grosser Mann werden. Wenn nicht selbest König, wird er noch grösser wie ein König sein und einst seine Familie töten, eingedenk der Ungerechtigkeiten, die er in seiner Jugend erdulden musste." [그 아이는 큰 인물이 될 것이오. 임금은 되지 못하더라도 임금처럼 될 것이고, 어린 시절 차별받던 기억을 떠올려 식구들을 죽일 것이오." 하였다.] Arnous, H. G, 앞의 책, 264쪽.

의 기능을 하지 못하며, 길동이 이들과 재회해서는 안 된다는 의도가 깔려 있는 것으로 보인다. 가족 서사를 단절시켜 길동의 회귀를 막는 것이다.

2. 천진난만한 소년 영웅, 홍길동의 등장

그렇다면 이런 가족 구도의 변화 속에서 길동은 어떠한 사고방식을 갖게 되었을까? 앞서 언급했던 것처럼 경판본 「홍길동전」에서 길동은 적서차별에 대해 한을 품은 인물로 나타나며, 가족과 대립하지는 않지만 자신의 신분적 한계를 체감하고 저항하는 모습을 보인다. 따라서 그는 호부호형을 허락해달라며 부친 홍판서에게 호소하기도 하고, 서얼은 받을 수 없는 관직인 병조판서를 제수해달라고 임금에게 청하기도 한다. 최소한 신분적 한계에 대해 고민하고 대항하는 인물로 등장하는 것이다.

그런데 「구렁이의 꿈」에서의 길동은 이러한 고민에서 벗어난 밝고 천진난만한 이미지로 등장한다. 이는 위에서 살펴보았듯 '적서차별'이라는 신분 구속이 사라진 결과라 할 수 있는데, 길동의 출생과 이후 성장과정에 대한 부분을 살펴보면 다음과 같다.

이 아이는 길동이라 하는데, 태어날 때부터 영리한 아이여서 사람들에게 업신여겨져도 조금도 신경 쓰지 않고 스승을 따르며 공부에 전념하였기에 독서와 셈도 매우 잘하는 분이 되었습니다. 더욱이 무예에도 기력을 다해서, 매일 밤 사람들이 모두 잠들어 고요해지면 홀로 뒷마당에 나가 나무를 상대로 검술을 하거나 활을 쏘거나 하였기에 실력이 점점 좋아졌습니다.[13]

13) この子わキル・トングと云いましたが、生まれ付いて怜悧な子でしたから、人にわ

경판본에서 이 부분은 길동이 서얼 신분의 한계를 가장 먼저 체감하는 부분이다. 글공부를 하던 어느 날 길동은 서안을 밀쳐버리고 '대장부가 세상에 나서 공맹을 본받지 못하면 병법이라도 배워야 한다'며 호부호형하지 못하는 자신의 신세를 한탄한다. 서얼 신분으로 인한 한계가 아니었다면 길동은 무예를 배우지 않았을 것이다. 하지만 「구렁이의 꿈」에서의 길동은 다소 낙관적이다. 정실부인과 적자인 형들을 비롯해 집안의 하인들까지 자신을 업신여기는데도 조금도 신경 쓰지 않고, 무예를 배우는 이유도 다재다능함의 일종으로 설명된다. 또 경판본에서는 밤중에 무예를 연마하던 길동이 아버지 홍판서를 만나 자신의 처지를 한탄하지만, 「구렁이의 꿈」에서는 길동과 홍판서가 대화가 아예 삭제되어 있다. 홍판서는 길동이 적서차별의 부당함과 자신의 고통을 유일하게 호소할 수 있는 인물인데, 「구렁이의 꿈」에서는 이 장면을 삭제함으로써 길동의 문제의식도 함께 삭제해버린다. 크게 문제의식을 지니지 않은 인물로 형상화한 것이다.

이러한 모습은 경판본은 물론이고, 영역본이나 독역본에 나타난 길동의 모습과도 정반대라 할 수 있다. 영역본과 독역본에서는 가족 내 대립과 적서차별이 연계되어 문면에 직접적으로 제시되므로, 길동이 차별로 인해 괴로워하고 혼란스러워하는 모습이 구체적으로 드러난다. 영역본에서는 길동이 '부모에 대한 자식의 도리에 대해 더 공부하기를 거부했다'고 하고, 독역본에서는 길동이 홍판서에게 '자리에 누워 잠을

馬鹿にされましても, 自分わ少しも氣にかけず, 師匠について敎わる事を, 一心に勉強しましたので, 讀書や算盤も, 大層よく出来る樣になりましたが, 尙武藝にも精を出して, 毎晩人が寝しずまると, たつた一人で裏庭え出て, 立木を相手に劍術を使つたり, 槍の稽古をしたりしますので, 腕わます々々上達するばかりです. 嚴谷小波, 앞의 책.

청하면 낮에 겪었던 차별과 멸시 등 모든 불유쾌한 일이 머릿속에 떠오르며 눈물이 솟아오른다'고 호소하기도 한다.14) 또 독방에 갇혔을 때에는 '불합리한 인간의 법'에 대해 곰곰이 생각하며, '밖으로 나가는 즉시 아는 사람이 없는 먼 곳으로 떠나가겠다'고 결심하기도 한다.15) 이러한 서술은 경판본에 없는 것으로, 영역본과 독역본에서는 길동이 겪는 혼란과 분노, 고뇌가 복합적이면서도 구체적으로 형상화되어 있다. 그러나 「구렁이의 꿈」에 이르면 이런 모습들이 완전히 삭제되고, 길동은 '조금도 신경 쓰지 않았다'고만 언급된다. 길동은 자신의 처지나 주위 상황에 대해 신경 쓰지 않고 뛰어난 재주만 자랑한다. 천진난만하고 재기발랄한 모습만 강조되는 것이다.

이를 확인할 수 있는 또 다른 장면이 바로 가출 직후의 상황이다. 영역본과 독역본에서는 길동이 적서차별의 문제에서 더 나아가 가족과 사회에 대해 회의감을 품는 것으로 나온다. 집을 나온 후 길동은 인간과 혐오스러운 법에서 피하게 되었다며 기뻐하기도 하고, 자유인으로서 자신이 어느 누구와도 동등하다고 느끼기도 한다.16) 그런데 「구렁

14) The other children laughed and jeered at him, and made life very miserable. He refused longer to study of the duties of children to their parent. [그를 비웃고 조롱하는 다른 자녀들 때문에 그의 삶은 더욱 비참해졌다. 그는 부모에 대한 자식의 도리에 대해 더 공부하기를 거부했다.] 이진숙 외, 앞의 책, 121~122쪽; Kil antwortete ihm, dass, wenn er sich auch zum Schlafen niederlege, ihm alle Ungerechtigkeiten, die ihm tagsüber widerfahren wären, in den Sinn kämen und er so lange darüber nachdächte, bis ihn die Thränen den Schlaf verscheuchten und er wider aufstände. [길동이 계속 말을 잇기를, '자리에 누워 잠을 청하면 낮에 겪었던 차별과 멸시 등 모든 불유쾌한 일이 머릿속에 떠오르며 눈물이 솟아올라 잠이 달아나 다시 일어나곤 합니다.] H. G. Arnous, 앞의 책, 263쪽.

15) He made up his mind, however, that as soon as he could get out he would go to some far off country, where he was not known, and make his true power felt. [길동은 밖으로 나가는 즉시 그를 아는 사람이 없는 먼 곳으로 떠나가서 그곳에서 그의 진정한 힘을 느끼게 해주겠다고 결심했다.] 이진숙 외, 앞의 책, 126~127쪽.

이의 꿈」에서는 갑자기 호랑이와 힘겨루기를 하는 에피소드로 변개된
다. 해당 부분을 독역본과 비교하면 다음과 같다.

[독역본] 길동이 성문 밖을 벗어나 남쪽으로 향했다. 가다가 험준한 높은
산들을 만나 (그 곳으로) 오르기 시작했다. 산 속에는 많은 호랑이가 살고
있어서 길동은 몇 마리 잡으려고 하였다. 그러나 호랑이들이 그를 두려워하
여 피해가니, 길동은 무사히 산 정상까지 올라가서 휴식을 취하였다. 그는 사
람들과 불평 부당한 체제에서 멀리 벗어나 있는 것이 무한히 기뻤고, 한편으
로는 자신이 범인(凡人)에게는 없는 힘을 지닌 것에 매우 마음이 벅찼다.[17]
[구렁이의 꿈] 당나귀에서 내려 잠시 쉬고 있는데, 옆의 우거진 가운데에
서 소리가 나며 호랑이 대여섯 마리가 동시에 나타났습니다. 길동은 놀라서
그 호랑이들과 서로 쏘아보고 있었는데, 이 순간부터 자신에게 인간 이상의
힘이 내려졌다고 생각하고 크게 두려워하지 않았습니다. 그러니 이 호랑이
들은 모두 꼬리를 내리고 뒷걸음질을 쳐서, 우거진 숲으로 도망쳐버렸습니
다. "하, 겉보기보다 약한 놈들이었군."[18]

16) After many days, he found himself high up on a barren peak enveloped by the clouds,
and enjoyed the remoteness of the place, and the absence of men and obnoxious laws.
He now felt himself a free man, and the equal of any, while he knew that heaven
was smiling upon him and giving him powers not accorded to other men. [여러 날이
지난 후 그는 구름에 둘러싸인 높고 황량한 산 정상에 서서 그 장소가 주는 고립감
과, 인간과 혐오스러운 법이 없는 것을 만끽했다. 그는 이제 자유인으로 어느 누구
와도 동등하다고 느꼈다. 그러면서도 그는 하늘이 어여삐 여겨 남들에게는 없는
힘을 그에게 주었다는 것을 알고 있었다.] 이진숙 외, 앞의 책, 131~132쪽.

17) Nachdem Kil Tong die Thore seiner Vaterstadt hinter sich hatte, schlug er seinen Weg
in der Richtung nach Süden ein und begann die dortigen hohen Gebirge zu
erklimmen. Dort hausten viele Tiger, von denen er einige erlegen wollte, doch diese
schienen sich vor ihm zu fürchten, und ihm aus dem Wege zu gehen, so dass er
ungefährdet bis zur höchsten Spitze vordrang und hier Rast machte. Er freute sich
darüber, dass er fern von den Menschen und ihren ungerechten Gesetzen, dafür aber
mit Kräften ausgerüstet war, welche andern Sterblichen fehlten. H. G. Arnous, 앞의
책, 266쪽.

18) そこでまず驢馬を下りて, 暫時休んで居りますと, 傍の茂みの中から, ゴソ々々と

물론 길동이 호랑이를 잡으려 하는 내용이 영역본과 독역본에 없는 것은 아니다. 그러나 영역본에서는 이 장면이 비교적 간략하게 제시되고, 독역본에서는 '(길동은) 사람들과 부당한 체제에서 멀리 벗어나 있는 것이 무한히 기뻤다'는 것으로 마무리된다. 여기서 호랑이를 잡는 것은 집 밖에 나와 자유롭게 자신의 힘을 시험해 보는 계기인데, 「구렁이의 꿈」에서는 장면을 삽입한 의도가 삭제되고 '호랑이와의 힘겨루기'라는 이야깃거리만 남게 되는 것이다.

또 길동이 도적을 처음 만나는 부분도 변개되는데, 영역본과 독역본에서 길동은 세상에 대한 자신의 회의감을 이야기하며 도적들도 같은 처지인지를 묻지만, 「구렁이의 꿈」에서는 길동이 자신의 능력을 자랑하기 바쁘다. 흥미로운 것은 앞의 호랑이 삽화나 이 삽화에서 길동이 상당히 호기롭고 천진난만한 이미지로 등장한다는 점이다. 경판본을 비롯한 영역본과 독역본에서는 길동이 도적에게 자신의 안타까운 사정과 세상에 대한 회의감을 이야기하는 반면, 「구렁이의 꿈」에서 길동은 도적 소굴에 들어가자마자 다른 도적을 때려눕히고 다짜고짜 두목을 불러오라고 명령한다. 또 경판본과 두 번역본에서는 길동이 도적 무리에 들어가기 위한(혹은 수장을 정하기 위한) 시험으로 무거운 바위를 드는 장면이 나오지만, 「구렁이의 꿈」에서는 이 장면이 이미 길동이 도적 무리에 들어간 후 자신의 힘을 자랑하기 위한 요소로 등장한다. 진지하게 고뇌하기보다는 재기 넘치는 어린아이의 모습으로 자신

云う音を立てゝ, 虎が五六匹一時に出て來ました. キル・トングわ驚いて, その虎共と睨み合つて居ましたが, 何となく此間から, 自分にわ人間以上の力が, 授かつてある樣に思われるので, 此時も大して恐いとわ思わず. (中略) すると, この虎共わ, 皆尾を股の間にはさんで, 小さくなつて尻込をして, 元の茂みえ逃げ込んでしまいましたから, 『ハ, 見掛によらん弱い奴等だ.』嚴谷小波, 앞의 책.

의 능력과 힘을 자랑하는 인물이 된 것이다. 이는 독역본이나 영역본과 달리 사회에 대한 문제의식을 잃은 길동에게 새로운 동기를 부여해 주기 위한「구렁이의 꿈」에서의 변화로도 볼 수 있다.[19)]

주목할 점은「구렁이의 꿈」에서 길동의 주위 인물들은 이러한 길동을 보고 경탄을 금치 못한다는 것이다. 길동이 300관짜리 바위를 드는 것을 보고 도적들은 '마치 신화와 전설에 등장하는 마력을 가진 분'이라며 신처럼 떠받들고, 임금은 길동의 도술을 보고 두려워하여 궁 깊숙한 곳에 숨는다. 길동은 '나에게는 신이 함께 하신다'며 보통 사람은 자신에게 범접할 수 없다는 점을 공공연하게 이야기한다. 철없는 어린아이의 모습이면서도, 범상치 않은 능력을 지니고 있음을 계속해서 증명해 보이는 것이다. 이는 길동의 인물형을 한층 '어린아이 영웅'에 가깝게 만들기 위한 것처럼 보이며, 길동의 태몽이었던 구렁이의 꿈이 작품 제목에 전면적으로 배치된 것과도 연계된다. 이는 진지한 문제의식을 지닌 인물로 길동을 형상화한 영역본·독역본과는 전혀 다른 모습이라 할 수 있다. 분명 이와야 사자나미는 독역본을 일역하여「구렁이의 꿈」을 만든 것인데, 왜 이렇게 정반대로 그렸을까?

[19)] 선행연구에서는 이러한 길동의 성격 변화와 관련하여, 그 이유가 길동이 내적인 심리 갈등을 보이지 않기 때문이라고 분석한 바 있다. 독역본에서는 길동의 내적 갈등으로 인해 가출 이후의 서사가 전개될 수 있는 것인데,「구렁이의 꿈」에서는 그 행동 원인이 제거되면서 길동이 자신의 집을 나와 산적을 만나고 여러 일을 도모하는 이유가 타당하지 않게 된다는 것이다. 한유림, 앞의 논문, 54쪽.

Ⅲ. 이와야 사자나미의 「구렁이의 꿈」 번역 의도

지금까지 「구렁이의 꿈」을 중심으로 「홍길동전」 번역의 변개 양상을 살펴보았다. 알렌과 아르노우스가 각각 영역·독역한 「홍길동전」은 조선의 문화를 소개하는 책에 수록되어 있다는 점에서 작품의 변개 의도를 어느 정도 유추할 수 있지만, 이와야 사자나미의 「구렁이의 꿈」은 단편으로 출간되었고 또 '아동'이라는 특정 독자를 상정하였으므로 그 번역 의도에 대해서는 다각도로 조명할 필요가 있다. 단순히 동화라서 작품을 축약했다고 보기엔, 삭제된 부분이 독역본에서 핵심으로 삼던 적서차별 부분이고 길동의 인물형도 변화되어 있기 때문이다. 또 아동을 위해 작품의 갈등적 요소를 삭제하는 동화의 장르적 특성을 고려하더라도, 번역 저본에서 제목으로 내세우던 '차별'이라는 주제를 완전히 지워버린 것은 다분히 의도적이라 할 수 있다. 차별이라는 주제 또한 아동에게 충분히 교훈적인 요소가 될 수 있는 사안임에도, 이와야 사자나미는 굳이 이 주제를 제거하고 다른 주제를 내세우기 때문이다. 이는 아동에게 교훈이 될 만한 요소가 무엇인가에 대한 이와야 사자나미의 기준이 달랐음을 의미하며, 개작의 의도가 충분히 반영되었다고 볼 수 있다. 그렇다면 우선 이와야 사자나미는 조선의 이야기를 번역하는 데 대해 어떤 생각을 갖고 있었을까. 「구렁이의 꿈」의 해제에 이를 엿볼 수 있는 단서가 있다.

조선의 오토기바나시입니다만, 그 지역의 책에서 가져온 것이 아니라, 아르노우스 씨가 모은 오토기바나시집 중에 『홍길동』이라 하는 것이 이 이야기의 원문입니다. 따라서 인명 같은 것도 원문을 찾아볼 수는 없기에 가나로

표현하였습니다. 하기야 오토기바나시에는 이러는 편이 적합하겠지요.[20]

이 문구는 이와야 사자나미가 기록한 「구렁이의 꿈」의 해제로, 그가 이 이야기를 어디서 가져왔는지 그 출처를 밝힌 내용이다. 특이한 점은 이와야 사자나미가 이 이야기의 원문을 확인할 수 없었으므로 작품에 등장한 모든 고유명사를 음차하여 가나로 표기했다는 것이다. 그러나 원문을 보면 이름 같은 고유명사 외에도 직책 등 일반명사를 표기하는 데 있어 여러 번의 실수가 발견된다. '홍판서'는 '혼판자(ホン・パンザ)'로, '무당'이 '모운탄구(モウンタング)'로 표기되어 있으며, 심지어 포도대장을 줄인 '포장'은 '포한구(ポハング)'로 표기되어 있다. 이는 각각 독역본에서의 'Hong Pansa'와 'Mootang', 'Pochang'을 독일어의 일본식 발음대로 표기한 것으로, 이와야 사자나미가 굳이 원전을 더 확인하고 수정할 필요를 느끼지 못했음을 알 수 있는 부분이다.[21] 심지어 이와야 사자나미는 이러한 표기 방식에 대해 '오토기바나시(お伽話)라면 이러는 편이 적합할 것'이라고 한다. 그의 세계 이야기 수집은 곧 일본의 이동

[20] 朝鮮のお伽噺でわありますが, 其地の本から取ったのではなく, アルノウス氏の集めたお伽噺集の中の, 『ホン・キルトング』と言ふのが, この話の原文であります. 遵てその人名の知きも, 原字を調べる術がありませんので, 假名の儘にしておきます. 尤もお伽噺にわ却って此の方が適って居ましょう. 巖谷小波, 앞의 책, 해제.

[21] 이는 이와야 사자나미가 조선에 대해 잘 알지 못했기 때문에 벌어진 일이기보다는, 「홍길동전」 원문을 찾거나 조선의 고유명사·일반명사 표기를 수정할 필요를 느끼지 못했기 생긴 현상으로 보인다. 이와야 사자나미는 이전에도 조선의 '오토기바나시'를 소개한 적이 있었으며, 그 중 『세계오토기바나시(世界お伽噺)』전집 64편에서는 이인직(李人稙)이 일역한 「토끼전」을 이와야 사자나미가 「용궁의 사자(龍宮の使者)」라는 이름으로 실은 바 있다. 이와야 사자나미의 입장에서, 조선어 명사의 표기를 알아보거나 부연 설명을 덧붙이는 것 정도는 충분히 가능했으리라 추정할 수 있다. 그리고 이러한 표기에 대한 반성 때문인지, 한 달 후(1912년 10월)에 출간된 「별의 인연(星の緣)」에서 이와야 사자나미는 조선의 '과거(quaga)'를 음차하는 대신 '秀才の試驗'라는 단어로 대체하며 고유명사를 설명하려는 모습을 보인다.

을 위한 오토기바나시의 글감을 마련하는 데 있었으며,「홍길동전」또
한 그 작업의 일환이었음을 유추할 수 있는 부분이다.

그렇다면 이와야 사자나미는 어떠한 의식과 목적을 갖고「구렁이의
꿈」을 만들게 되었을까. 우선 이와야 사자나미의 아동관 및 동화에 대
한 그의 사고방식을 대략적으로 검토해볼 필요가 있다.

아동은 가능한 한 활발하게 놀도록 하는 것이 좋은데, 위험해서 안 된다,
다치니까 멈추라는 등, 시종일관 집안에만 있게 하면 매우 약한 수줍은 여
자아이 같은 인간으로 되어버려 조금도 훌륭한 인간은 되지 않습니다. 조금
은 옷을 더럽혀도 찢어져도 그런 것에 조바심치며 꾸짖지 말고, 거침없이
놀게 하는 것이 바람직합니다. (중략) 아동에게 오락이라는 것은 거의 생명
과도 같고 오락이 없다면 아동은 도저히 살아있을 수 없습니다. (중략) 오토
기바나시는 아동에게 오락을 공급하면서 자연스럽게 선량한 방향으로 이끌
어가려는 취지를 지니고 있어서, 교사라고 하기 보다는 아동의 친구가 되려
고 하는 것입니다.[22]

이 글에서 이와야 사자나미는 올바른 아동의 모습으로 활발해야 한
다는 점을 든다. 시종일관 집 안에 있게 하면 얌전한 아이만 될 뿐 홀

[22] 児童には，成るべく盛んに遊ばせるのが良いのでやれ危ないから可けないの，怪我
をするから止しなさいのと言って，始終内にばかり置いておくと，誠にかよわい
女々しい人間になってしまって，兎ても立派な人間にはなれないのです．少々ぐら
い衣を汚したって，破ったって，そんな事はコセコセ云わずに，どしどし遊ばせる
のが可いのです．(…) 児童の娯楽というものは，殆んど其の生命とも云うべきもの
で，娯楽がなかったならば，児童は迚も生きていられません．(…) お伽嘶は，児童
に娯楽を与えるかたわら，自然に善良な方へ導いて行くというのが其の主意で，教
師というよりは，児童の友達たらんとするもいです．巌谷小波，「家庭と児童」(明治
32年 3月) (横谷輝，「童話の成立とその展開過程-日本の童話文学の歩み」，『日本児
童文学史の展開(講座日本児童文学4)』，明治書院，1973，128~129쪽); 번역은 이재우,
「이와야 사자나미(巌谷小波) 연구-방정환과의 관계를 중심으로」, 충남대 박사학위
논문, 2009, 38쪽 참조.

룡한 인간은 되지 못하므로, 거침없는 개구쟁이가 되어야 한다는 것이
다. 그러면서 그는 아이들이 활발하게 지낼 수 있는 오락으로 오토기
바나시를 제시한다. 아동은 오토기바나시를 통해 오락도 즐기고 교훈
도 얻으면서, 본래의 천진난만한 모습도 유지하고 자연스럽게 선량한
방향으로 자라날 수 있으리라 생각한 것이다. 이러한 아동관은 동화가
보편화된 현대의 시각에선 매우 당연한 것이지만, 근대에 막 접어든 당
시 일본으로서는 상당히 급진적인 사고방식이었다. 당시 일본에는 아
동의 개념도 생소할뿐더러 아동에게 어른의 격식을 요구하는 것 또한
일반적이었는데, 이와야 사자나미는 이것이 아동 본래의 천진난만함을
잃는 원인이라 생각한 것이다. 오히려 그는 아동에게 '소년의 두뇌에
여유를 주고 포부를 크게 키우는 수단으로 메르헨(Märchen)을 읽혀야 한
다'고 주장한다.23) 즉 이와야 사자나미는 '신과 가장 가까운 존재'인 아
이들이 본래 모습을 잃지 않도록 해야 하며, 그 과정으로 오토기바나시
를 읽혀야 한다고 생각한 것이다.

이러한 그의 아동관이 진면적으로 드러나는 작품이 바로 『일본 옛이
야기(日本昔噺)』 전집 제1편에 실려 있는 「모모타로(桃太郎)」(1894)이다.
「모모타로」는 복숭아에서 태어난 소년 모모타로가 개와 꿩, 원숭이와
동료를 맺은 후 도깨비섬을 정벌하여 보물을 가져오고, 자신을 키워 준

---

23) 此故に小生は, 出来得る丈少年の頭脳に余裕を与へ, その胸宇を豁大ならしめん手
段として, メルヘンを読ましめ候心得の御座候. 一言以て申さば, 父兄がおとなし
くさせんとする小供を, 小生はわんぱくにさせ, 学校で利巧にする少年を, 此方は
馬鹿にするやうなものに御座候. [이 때문에 소생은 가능하면 소년의 두뇌에 여유
를 주고 포부를 크게 키우는 수단으로 메르헨을 읽혀야 한다고 이해하고 있습니
다. 한마디로 말하자면, 학부형이 얌전하게 만드는 아이를 소생은 개구쟁이로 만
들고, 학교에서 영리하게 만드는 소년을 저는 바보로 만드는 것과 같이 하겠습니
다.] 巖谷小波, 『桃太郎主義の教育』, 東亜堂書房, 1915, 162쪽; 번역은 이재우, 위의
논문, 79쪽 참조.

노부부와 행복하게 산다는 짧은 이야기이다. 이 이야기는 에도(江戸) 시대부터 전해져 내려오는 옛날이야기를 이와야 사자나미가 각색하여 동화로 남긴 것인데, 이와야 사자나미는 자신이 생각하는 아동관이 이 작품에 모두 담겨 있다고 생각하여 『모모타로주의 교육(桃太郎主義の教育)』(1915)이라는 책을 집필하기도 했다.

그가 생각한 모모타로의 성격은 '개구쟁이지만 난폭하지 않고, 뭐든지 느끼는 대로 행동하는 순수한 외아들. 대담하면서 섬세하고 용사이면서도 자비가 있는 공평하고 관대한 명장'이었다.[24] 이는 일본의 아동들이 적극적이고 씩씩하면서도 장난이 심한 말썽쟁이여야 한다는 '개구쟁이 주의(腕白主意)'와도 일맥상통한다. 잘 다듬어 놓은 분재 같은 아동보다는 태생 그대로 다듬어지지 않는 자연스러운 아동을 추구한 것이다. 이렇듯 이와야 사자나미는 일본의 아동들이 모모타로와 같은 인물이 되어야 한다고 주장한다. 모모타로야말로 이와야 사자나미가 강조하는 '순수한 아동'에 부합하며, 모모타로의 모험심이야말로 세계로 뻗어 나가기 위해 일본의 소년들이 가져야 할 자세라 본 것이다.

그러나 이러한 '모모타로 소년'은 그저 새로운 아동관을 제시한 데서 그치지 않았으며, 출간 당시 청일전쟁이라는 시대적 상황과 연계되어 소년들에게 제국주의적 사상을 강조하는 방편으로 활용되었다. 이와야 사자나미는 「모모타로」에서 '황국(皇國)'과 '황화(皇化)'를 강조하는데, 이러한 관점은 모모타로가 도깨비섬을 정벌하러 떠나는 이유에서 특히 두드러진다.

---

[24] 腕白ながら, 乱暴ではなく, 直情径行にして無邪気な一人子. 大胆にして細心な, 勇士にしてしかも慈悲あり, 公平にして寛大な名将. 巖谷小波, 앞의 책, 106쪽; 번역은 이재우, 앞의 논문, 81쪽 참조.

원래 일본 동북쪽 바다 멀리 떨어진 곳에 도깨비가 사는 섬이 있습니다. 그 도깨비들이 사악한 마음을 먹고 우리 일본의 황신의 황화에 순종치 않고 오히려 일본 땅을 적으로 삼아 인민을 잡아먹고 보물을 빼앗는 놈이 있어 내가 지금 즉시 출진하여 (중략) 남김없이 빼앗아 돌아오려고 합니다.[25]

모모타로는 황국의 정의를 위해 도깨비섬을 정벌하며, 싸우면 반드시 이겨서 보물을 취할 수 있다는 주장을 서슴지 않는다. 이는 아무것도 모른 채 작품을 읽는 아동 독자들에게 전쟁을 미화하고, 전쟁에서 일본 제국이 반드시 승리할 것임을 암시하는 것이다. 도깨비섬을 정벌한 후 모모타로가 '일본으로 데려가서 법대로 목을 치고 기와로 된 지붕 위에 걸어놓겠다'고 엄포를 놓는 모습 또한 이 같은 사고에서 비롯된다.[26] 비슷한 시기에 이와야 사자나미가 아동용 잡지 『소년세계(少年世界)』를 통해 제국주의를 찬양하고 전쟁에 대한 관심을 고조시켰다는 사실을 고려하면, 이 같은 「모모타로」의 성격은 놀라운 일이 아니다.

주목할 만한 점은, 이와야 사자나미가 이렇듯 강조하는 천진난만한 모모타로의 모습이 「구멍이의 꿈」에 나타나는 길동의 모습과 상당히 흡사하다는 것이다. 주인공이 집을 나와 모험을 떠나는 서사는 동서양

---

25) 元来此日本の東北の方、海原遥かに隔てた処に、鬼の住む嶋が御座ります。其鬼心邪にして我皇神の皇化に従わず、却て此の芦原の国に寇を為し、蒼生を取り喰い、宝物を奪い取る、世にも憎くき奴に御座りますれば、私只今より出陣致し(中略)残らず奪取って立ち帰る所存。滑川道夫、『桃太郎像の変容』、東京書籍、1981, 65쪽; 번역은 이재우, 앞의 논문, 80쪽 참조.

26) 이와야 사자나미는 1908년 「모모타로」 개정판을 내면서 '천황'이라는 단어를 삭제하고 문장도 대폭 수정해서, 적극적이고 진취적이며 낙천적인 모모타로상을 탄생시켰다. 그러나 이는 후의 일이고, 그가 편집장으로 있던 잡지 『소년세계(少年世界)』의 성향 등 여러 정황으로 볼 때 최소한 초판본 「모모타로」에 제국주의적 의도가 담겨 있던 것은 부정할 수 없는 사실일 것이다. 김성연, 「이와야 사자나미의 하이가(俳画)-구연동화 활동 양상과 하이가의 역할에 대해서」, 『일본근대학연구』 54, 한국일본근대학회, 2016, 210쪽 참조.

을 막론한 모든 모험담의 공통점이라 하더라도, 아무런 고민 없이 도깨비섬을 정벌하러 가는 모모타로의 모습과, 가족들의 미움이나 차별 따위는 전혀 신경 쓰지 않고 새로운 모험을 떠나는 홍길동의 모습은 일견 비슷해 보인다. 특히 이와야 사자나미의 시선에서 모모타로는 '그저 도깨비섬을 퇴치하여 보물을 빼앗아오려는 것 외에는 아무런 이유가 없는 순수함의 극치'[27]인 인물인데, 인간 세상에 대한 문제의식이 없는 길동이 도적이 되어 도술을 부리는 것도 이와 별반 다르지 않다. 모모타로와 홍길동 모두 재기발랄하고 천진난만한 인물로 그려지며, 새로운 모험을 하는 원동력 또한 이 성격에서 비롯된 것으로 나타난다. 「구렁이의 꿈」을 기준으로 보자면, 이와야 사자나미가 강조하는 '개구쟁이 아동'이 길동으로 환생한 것으로 보인다. 또 주인공이 스스로를 하늘의 존재로 설명하고, 주위 사람들이 이를 수긍하고 순순히 따르는 것 또한 유사하다. 모모타로는 복숭아에서 나오자마자 할아버지와 할머니에게 '하늘에 있는 황신의 명령을 받아 내려온 자'라고 자신을 밝히며, 신의 엄명으로 노부부의 자녀가 된 것이라고 말한다. 「구렁이의 꿈」에서 길동이 도적들과 국왕에게 '나에게는 신이 함께 하시므로 절대 나를 이길 수 없다'고 말한 것과 매우 비슷하다. 즉 「모모타로」에 나타난 소년 영웅의 형상을, 이와야 사자나미는 홍길동이란 인물을 통해 반복 재현해 낸 것이다.

---

[27] 이와야 사자나미는 모모타로의 도깨비섬 정벌에 대해 '군자의 눈으로 보면 매우 바람직하지 않은 일이나, 우리의 모모타로는 그런 것에는 신경 쓰지 않고 그저 도깨비섬을 퇴치하여 보물을 빼앗아오려는 것 외에는 아무런 이유, 목적도 없는 점이 또한 순수함의 극치'라고 해석하고 있다. 桑原三郎 編, 『日本兒童文學大系1 巖谷小波』, ほるぷ出版, 1977, 24쪽; 번역은 이재우, 「메이지 초기 옛날이야기(昔話)의 위상 - 『니혼 무카시바나시(日本昔噺)』 총서 제1편 모모타로(桃太郞)』의 변용」, 『일본문화』 13, 부산대 일본문제연구소, 259쪽 참조.

끝으로 종래 조선의 소국민이라고 불리던 조선의 소년 제군에 대해 말하고 싶다. 제군은 이미 일본인이다. 잠깐 동안은 그 풍속과 습관이 옛날의 것을 면치 못하겠지만, 우리들의 눈에는 평등하게 일본의 소년제군 등과 조금도 차이를 두지 않을 것이다. 우리들은 언제까지나 제군들과 함께 새로운 공기를 호흡하고 새로운 지식을 배워 새로운 일본의 미래를 위하여 복리증진을 꾀할 것이다. 그러기 위하여 첫째 상호의사의 소통을 필요로 하고 있다. 의사의 소통을 꾀하기 위해서는 언어와 문학의 획일을 필요로 한다. 하루라도 빨리 일본어를 배우면 그만큼 많은 지식을 얻게 된다.[28]

한일합병 당시 이와야 사자나미는 「조선의 합병과 소년의 각오」(1910)라는 글을 자신이 편집장으로 있던 잡지 『소년세계(少年世界)』 16호에 게재했다. 이 글에서 그는 '조선의 소년제군'이 이미 일본인이라는 점을 강조하면서, '일본의 소년제군 등과 조금도 차이를 두지 않겠다'고 약속한다. 그는 이 글이 조선 소년들에게 보내는 것이라고 명명했지만, 『소년세계』의 실제 독자를 고려해보면 기실 일본의 소년들을 대상으로 선전한 셈이다. 이어서 그는 새로운 일본의 미래를 위해 '상호의사의 소통'이 필요하다고 하며, '언어와 문학의 획일'이 필요하다고 재차 강조한다. 이와야 사자나미는 우선 조선의 소년들이 일본어를 배워야

---

[28] 終に臨んて, 従来韓国 の少国民と呼はれた, 朝鮮の少年諸君に云い度い. 諸君わもはや日本人てある. よし, 其風俗習慣わ, 暫く在来の型を免かれ得ずとも, 僕等の眼にわ平等に, 内地の少年諸君と, 毫も隔を置かぬのてある. 僕等わ飽くまても諸君と共に, 新空気を吸い, 新知識を蓄え, 新日本の未来 を為めんひ, ますます福利を謀ろうと思う. それにわ第一に, 相互の意志の 疎通を要する. 意志の疎通を謀る為めに, 言語と文学の画一を要する. 一日もはやく日本語を覚えれば, それ丈はやく新空気を吸われる. 一字も多く日本字を知れば, それ丈多く新智識が得られる. 巖谷小波, 「朝鮮の併合と少年の覺悟」, 『少年世界』 16권 13호, 1910년 9월, 20~23쪽. 번역은 이재철, 「한일 아동문학의 비교연구(1)」, 『국어학논집』 14, 단국대 국어국문학과, 1994, 335쪽 참고.

한다고 언급하지만, 이는 가장 기초일 뿐이며 그 너머에는 '문학'의 획일 또한 자리 잡고 있었다. 이러한 점들을 고려한다면, 조선의 「홍길동전」이 「구렁이의 꿈」으로 변화한 데에는 획일적인 문학을 창조하기 위한 이와야 사자나미의 의도가 개입되어 있다고 할 수 있을 것이다. 다른 번역본들처럼 조선의 신분제도를 설명하고 가족에 구속되는 길동을 만들어내기보다, 미련 없이 집을 떠나 새로운 세계를 찾아가는 모모타로의 모습으로 길동을 변용한 것이다. 구렁이가 등장하는 길동의 태몽 때문에 「구렁이의 꿈」이라는 제목을 지은 것 또한, 출생 과정에서 복숭아가 등장하는 「모모타로」와 같은 작명 방식이라 할 수 있을 것이다.

즉 「구렁이의 꿈」은 일본 아동에게 모모타로주의를 전파하고 조선과 일본의 '획일적 문학'을 강조하던 이와야 사자나미의 기획이며, 일본 동화가 아닌 조선의 「홍길동전」을 통해 그 효과를 극대화한 것으로 이해할 수 있을 것이다. 제국주의의 분위기에 맞추어 일본 아동의 세계관을 확장시켜야 한다는 이와야 사자나미의 신념으로 볼 때, 「홍길동전」은 일본의 「모모타로」가 조선에도 있다는 증거가 될 수 있기 때문이다. 이는 「모모타로」가 조선에 어울리는 이야기[29]라던 이와야 사자나미의 언급과도 무관하지 않을 것이다.

Ⅳ. 「구렁이의 꿈」과 고소설 변용의 정치성

문학과 번역, 정치 간의 연관성은 부정할 수 없는 사실이다. 특히 조선의 사상과 문화가 문면에 그대로 나타나는 고소설은, 타 언어로의 번

---

29) 巖谷小波, 앞의 책, 44쪽.

역 과정을 거치면서 역자의 의도가 전적으로 개입될 수밖에 없는 상황에 놓여 있었다. 조선을 소개하는 목적이든 그 외의 목적이든, 역자가 보는 '조선'의 이미지에 따라 번역본에 변화가 일어날 수밖에 없었던 것이다. 심지어 근대의 고소설은 어휘나 어구, 문장을 구성하는 단계에서부터 플롯의 변형까지 다양한 범주에서 변용되었다. 따라서 알렌과 아르노우스는 조선의 '적서차별'에 주목하여 「홍길동전」을 '차별'의 서사로 보아 학대당하는 홍길동의 형상을 만들고, 이와야 사자나미는 홍길동을 모모타로와 같은 소년 영웅의 형상으로 만듦으로써 이야기의 획일화를 도모한 것이다. 특히 이와야 사자나미는 자신이 평소 강조한 '순수한 아동상'에 홍길동이 부합하리라 보고, 신분 차별에 대해 진지한 문제의식을 갖고 있던 홍길동을 천진난만한 어린아이의 형상으로 변개하였다. 이와야 사자나미의 행적과 「모모타로」에 대한 그의 입장으로 볼 때, 이는 단순히 이야기의 흥미를 높이기 위한 개작의 차원을 넘어 정치적 목적을 띤 변용이라 할 수 있을 것이다.

물론 '동화'라는 장르적 특성에 비추어볼 때, 「구렁이의 꿈」의 변화는 그저 현지 동화와의 유사성을 강조함으로써 아동에게 작품을 친숙하게 만들기 위한 장치라고 해석할 수도 있을 것이다. 그러나 「구렁이의 꿈」이 『세계오토기문고(世界お伽文庫)』라는 전집의 기획으로 출간된 것이고, 조선의 이야기임이 전면에 드러난다는 점을 고려한다면 이를 단순히 친숙함 때문인 것으로 볼 수만은 없다. 일본 아동에게 세계의 오토기바나시를 읽혀 포부를 넓히겠다는 이와야 사자나미의 기획은 곧 제국주의의 확장으로 해석될 여지가 있으며, 무엇보다 동화라는 장르의 특성상 아동을 대상으로 한 교육을 염두에 두고 있기 때문이다. 이런 정황을 고려했을 때, 조선의 옛 이야기를 일본의 대표적인 동화와 유사하게 만드는 것은 상당한 정치적 함의를 내포하고 있는 것이라 할 수 있을 것이다. 특히 이러한 기조는 「구렁이의 꿈」의 출간 다음 달에 나온 「별의 인연(星の緣)」에서도 마찬가지여서, 이와야 사자나미는 조선의 「백학선전」을 번역한 이 작품을 두고 '일본의 그림 소설(草双紙) 중에 이 정도의 이야기는 흔하다'는 평을 남긴다. 최소한 조선의 오토기바나시를 소개하는 데 있어, 이와야 사자나미는 '세계의 다양한 이야기'를 수집하는 것보다는 '얼마나 일본의 것과 일치하는가'에 관심을 두었던 것이다.

이렇듯 고소설의 번역 및 동화화는 문화 간의 차이를 넘어, 때로는 정치적인 목적이 개입되며 현지화되기도 한다. 알렌과 아르노우스의 번역이 조선의 문화를 이해한 방식을 그대로 드러내고 있다면, 이와야 사자나미의 번역은 「모모타로」와의 유사성을 통해 자신의 아동관을 강화하고, 조선과 일본 간 문학의 획일을 이끌어내려 한 의도가 개입되어 있었다. 이는 근대의 고소설 번역이 단순히 텍스트를 옮기는 차원에 머무는 것이 아니라, 정치적 함의를 내재한 단계로까지 이어질 수 있음을 보여주는 사례라 할 수 있을 것이다.

이순신 서사에 나타난
明(人) 인식

- 신채호의 『이순신전』과 이광수의
『이순신』을 중심으로

이경재

이순신 서사에 나타난 明(人) 인식
- 신채호의 『이순신전』과 이광수의 『이순신』을 중심으로

I. 근대전환기에 나타나는 배제와 결속의 메커니즘

주지하다시피 서구에서 발생한 자본주의와 민족국가를 통해 근대는
시작되었다. 이중 민족국가가 성립하기 위해서는 두 가지 작용이 동시
에 일어나야 한다. 첫 번째는 이전의 제국으로부터 이탈하는 것이다.
절대왕권을 타도한 시민혁명 후에 탄생한 민족국가(주권국가)는 그것을
넘어서는 것, 즉 상위에 있는 제국을 부정하는 곳에서만 성립할 수 있
었다. 다음으로 제국으로부터 이탈한 성원들에게 또 다른 공동체(민족)
라는 정체성을 부여해야만 한다. 제인 버뱅크와 프레더릭 쿠퍼가 주장
하듯이 "민족국가의 뿌리를 '종족적'이라고 여기든 '시민적'이라고 여기
든, 아니면 이 두 가지가 어느 정도 결합된 것이라고 여기든, 민족국가

는 공통성에 기반하여 공동체를 만들어내"야만 하며, "민족에 포함되는 사람들과 배제되는 사람들을 확고하게 구별하고 대개 이 구별을 엄격하게 단속"[1]해야 하는 것이다.[2]

우리의 근대전환기 역시 중국 중심의 중화질서에서 벗어나 민족국가를 형성하는 것을 제일의 과제로 삼은 시기였다고 보아도 무방하다. 제국으로부터 이탈해 새로운 민족공동체가 되는 과정에서는 기억과 망각의 정치가 작동하기도 하며, 이러한 정치의 가장 대표적인 방법 중의 하나가 민족영웅의 발굴과 현창(顯彰)이라고 할 수 있다. 이러한 작업은 문학장에서도 활발하게 일어난다. 개화기에 수많은 역사·전기물이 창작되고 유통된 것도 이러한 맥락에서 이해할 수 있다. 이러한 근대전환기 새로운 공동체의 창출과 관련해, 가장 대표적으로 떠올릴 수 있는 민족영웅이 바로 이순신이다. 이것은 근대 전환기에 가장 많이 작품화 된 역사 인물이 이순신이라는 것을 통해서도 확인할 수 있다. 이 글에서는 그 중에서도 신채호의 『이순신전』과 이광수의 『이순신』을 통해 근대전환기의 특징적 양상을 살펴보고자 한다. 두 개의 텍스트는 근대 전환기 이순신을 다룬 대표적인 서사물로서 가장 많은 논의의 대상이 되었을 뿐만 아니라 각각의 작품이 창작된 당시의 상황이나 시대정신과도 밀접한 양상을 보여주기 때문이다.

이전에도 두 작품을 나란히 두고 이순신 표상에 담긴 의미를 살펴본 연구들은 적지 않게 발표되었다. 이들 연구는 공통적으로 반일/친일,

---

[1] Jane Burbank and Frederick Cooper, 이재만 옮김, 『세계제국사』, 책과함께, 2016, 28쪽.
[2] 이 엄격한 이분법 속에는 반드시 배제와 갈등의 폭력이 존재할 수밖에 없다. 주권국가의 관념이 유럽을 넘어서 일반화된 것은 그것의 우월성 때문이 아니라 유럽이 비서양국가를 침략할 때 제국을 붕괴시키기 위해 주권국가의 원리를 내세웠기 때문이다.

민족주의/식민주의라는 이분법에 바탕하여 논의를 진행하였다. 공임순은 "신채호는 이순신을 조선 역사의 예외적인 영웅으로 만들"었으며, 이광수는 이순신을 성인으로 추앙하는 소설적 장치를 통해 "조선 오백 년의 역사를 부정과 오욕의 역사로 단죄하는 강박적인 식민 주체를 낳는다."[3]고 보았다. 최영호는 "신채호의 경우가 반외세 국권회복이란 당대의 핵심적인 과제를 작품의 주제로 삼았는데 반해, 이광수의 경우는 모든 것을 이순신에게만 맞춘 관념적 계몽주의 차원에서 작품화"[4]했다고 보았다. 이민웅은 "신채호가 애국적인 관점에서 국가를 위기에서 건질 영웅의 등장을 기대하며 『이순신전』을 썼다면, 이광수는 민족개조론의 연장선상에서 이순신을 제외한 모든 조선 사람들은 열등했고 이로 인해 나라가 망할 수밖에 없었음을 부각하려는 듯한 서술을 한 것이 큰 차이점이다."[5]라고 지적하였다. 비교적 최근의 논의에서도 김성진은 신채호의 「수군제일위인 이순신전」은 "부국강병을 통해 약소국에서 벗어나 제국주의 국가가 되고 싶은 욕망을 표현"했다면, 이광수의 『이순신』은 "조선이 식민지로 전락한 원인을 조선인의 도덕적 결함에서 찾았던 「민족개조론」의 주장을 이 작품에서 되풀이"[6]했다며 전형적인 이분법을 반복하고 있다.[7]

---

3) 공임순, 「역사소설의 양식과 이순신의 형성 문법」, 『한국근대문학연구』 4:1, 한국근대문학회, 2003, 210쪽.

4) 최영호, 「역사적 사실과 문학적 상상력 - 한국 문학 속에 나타난 이순신」, 『이순신연구논총』 창간호, 순천향대학교 이순신연구소, 2003, 103쪽.

5) 이민웅, 「역사 소설에 그려진 이순신」, 『한국사 시민강좌』 41, 2007, 82~83쪽.

6) 김성진, 「이순신 역사 소설에 투영된 작가와 시대의 욕망」, 『문학치료연구』 45, 한국문학치료학회, 2017, 149쪽.

7) 예외적으로 김경연의 논의는 이러한 이분법에서 벗어나 있다. 신채호의 『이순신전』에서도 조정이 부패하고 분열되었으며 이순신 혼자 민족을 살렸다는 진단을 빈번히 찾을 수 있다며, "이는 이광수의 『이순신』과 정도의 차이는 있을지언정 근

반일/ 친일, 민족주의/ 식민주의의 이분법도 기본적으로는 민족국가의 성립이라는 근대전환기의 근본의제에서 비롯된 것이다. 이전의 제국으로부터 이탈하여 새로운 민족공동체를 구상하는 과정에서는 필연적으로 배제와 결속의 메커니즘이 발생하기 마련이다. 신채호의『이순신전』과 이광수의『이순신』을 해석하는데 있어서는 그러한 배제와 결속이 주로 일본(인)과 조선(인)의 관계를 통해 고찰되었다. 공임순이 "일본군은 뛰어난 재략과 전술을 겸비한 군대로 그려"지는데 반해, "조선군은 오합지졸에 불과하다."[8]라고 말하거나 이민웅이 "우리 민족은 비하하면서 일본인들은 훌륭하게 서술한 것"[9]을 이광수가 창작한『이순신』의 주요한 특징으로 들고 있는 것을 대표적으로 들 수 있다.

그런데 두 작품은 모두 임진왜란을 배경으로 하고 있으며, 임진왜란은 동아시아의 한중일이 모두 관련된 국제전이었다. 특히 중국 중심의 중화질서에서 벗어나는 것을 의미하는 조선의 근대전환기라는 맥락에서, 明(人)에 대한 인식은 일본(인)에 대한 인식만큼 중요한 측면이 있다. 그럼에도 기존의 논의에서는 이들 작품에 나타난 명(인)에는 별다른 주목을 하지 않았다. 이것은 민족국가가 형성되던 과정에서 발생하는 배제와 결속의 메커니즘이 조선(인)과 일본(인) 사이에서만 발생한 것이 아니고, 조선(인)과 중국(인) 사이에서도 드러난다는 것을 고려할 때, 안타까운 지점이다. 이 작품에서는 그동안 거의 주목받지 않았던 명(인)에

본적으로는 같은 논리이며 따라서 식민지 시기 이광수의『이순신』이 친일적 역사관을 부각시켰다는 평가는 1908년 신채호의 서사와의 비교 속에서 면밀히 재고할 필요가 있다."(김성연, 「거북선이라는 외피와『난중일기』라는 내면 - 1931년 여름,『동아일보』와 이광수를 중심으로」,『일본학연구』 40, 단국대학교 일본연구소, 2013, 52쪽)고 주장한다.

8) 공임순, 앞의 논문, 200쪽.
9) 이민웅. 앞의 논문, 72쪽.

초점을 맞추어 근대전환기 이순신 서사를 살펴보고자 한다. 이들 서사를 정확하게 이해하기 위해 조선 시대에 창작된 이순신 서사도 적극적으로 검토할 것이다. 마지막으로는 신채호와 이순신의 명(인)에 대한 인식에 있어 차이를 가져온 원인을 당대의 시대적 상황과 연결지어 논의하고자 한다.[10] 모든 역사가 당대 문제의식의 반영인 것과 마찬가지로 역사소설도 언제나 당대의 인식과 욕망에 의해 새롭게 조형되기 때문이다.

Ⅱ. 조선 시대 이순신 서사에 나타난 明(人) 인식

1. 임진왜란 무렵의 明(人) 인식
　　– 『난중일기』와 『이충무공행록』을 중심으로

임진왜란 당시와 직후에 이순신을 형상화한 기본 바탕이 되는 문헌은 『난중일기』와 『이충무공행록』이라고 할 수 있다.[11] 2장에서는 이두 문헌에서 명(인)이 형상화되는 방식을 살펴보고자 한다.

『난중일기』에서 명나라에 대한 이야기는 그렇게 많이 등장하지 않는다. "'명나라 군사들이 바로 송도를 치고, 이달 6일에는 서울에 있는

---

10) 대부분의 기존 논의는 신채호의 『이순신전』과 이광수의 『이순신』에 나타난 차이를 작가가 지닌 사상이나 이념, 일테면 이광수의 민족주의 우파의 문화주의적 실력양성론과 같은 것에 초점을 맞추어 논의를 해왔다. 필자는 기존 논의에 동의하면서, 새로운 논의의 가능성을 열고자 작가의 사상이나 이념보다는 시대적 배경과 상황에 주목하고자 하였다.

11) 『이충무공행록』보다 『난중일기』는 임진왜란 당시의 이순신을 형상화한 대표적인 문헌들이다. 장경남은 「이순신의 소설적 형상화에 대한 통시적 연구」(『민족문학사연구』 35호, 2007)에서 이순신의 형상화 초기에는 『이충무공행록』이 주로 활용되었고, 현대로 올수록 『이충무공행록』보다 『난중일기』가 동시에 활용되고 있음을 밝히고 있다.

왜적을 함락시켰다.'는 소식을 들었다."(계사년 2월 16일)[12]와 같이 중요한 사실(史實)을 언급하는 경우가 대부분이다. 직접적으로 명군과 접촉하는 이야기는 계사년 5월 24일 일기에 처음 등장한다. 그것은 명나라 관원 양보가 진문에 이르자, 우별도장 이설을 마중 보내어 배까지 인도해 오게 한다는 내용이다. 양보가 "우리 전함의 위용이 성대하다고 매우 칭찬했다."(112)고 기록되어 있다. 30일의 일기에는 원균을 비난하며 "명나라의 배신(陪臣)이 보낸 화공 무기인 화전 천오백서른 개를 나누어 보내지 않고 혼자서 모두 쓰려고 하니 그 잔꾀는 심히 다 말로할 수가 없다."(115)고 하여, 명나라의 실질적인 지원이 언급된다.

명나라 군인들이 진중에 와서 조선군과 함께 수군의 형세를 살피는 등의 일(계사년 6월 13일 일기 등)도 여러 차례 나온다. 갑오년 7월 18일에는 "우리 수군과 함께 합세하여 힘을 크게 펼쳐서 추악한 적의 무리들을 모두 무찌르자고 간절하게 이야기"(191)하는 장면이, 갑오년 7월 20일 일기에는 이순신이 장홍유와 진한 석별의 정을 나누는 장면이 나온다. 임진왜란이 소강상태에 접어들면서 명나라에 대한 이야기는 거의 등장하지 않다가, 병신년 7월 13일에 황신과 권황이 명나라 사신을 따라 일본에 건너갈 때, 그들이 타고 갈 배 세 척을 정비하여 보내는 이야기가 언급된다.

정유재란이 발발한 이후인 무술년에 들어서면 명나라 수군 제독 진린과 관련된 이야기가 본격적으로 등장한다. 무술년 9월 15일부터 30일까지 일기 중에서 명나라 군대의 이야기가 나오지 않는 것은 5일에 불과하며, 나머지에는 "명나라 도독 진린과 함께 일시에 군대를 움

---

12) 이순신, 노승석 옮김, 『난중일기』, 민음사, 2010, 81쪽.

직여 나로도에 가서 잤다."(무술년 9월 15일, 443면)나 "명나라 군사 열한 명이 탄환에 맞아 죽었다."(무술년 9월 22일, 444면)와 같이 명나라와 함께 싸움에 임하는 모습이 드러나 있다. 무술년 10월의 일기도 9월과 상황은 비슷하며, 10월 3일의 일기에는 전쟁에 최선을 다하는 진린과 명나라 군대의 모습이 생생하게 묘사되어 있다.

11월 8일의 일기에는 "도독이 보자고 청하기에 바로 갔더니, 도독이 말하기를, '순천의 왜교(倭橋)의 적들이 10일 사이에 철수하여 도망한다는 기별이 육지로부터 왔으니, 급히 진군하여 돌아가는 길을 끊어 막자.'고 하였다."(448)라고 하여 널리 알려진 진린의 일본 내통설과는 다른 주장이 분명하게 진술된다. 그러나 14일, 15일, 16일의 일기에는 연속으로 진린과 일본의 내통을 암시하는 내용이 나온다.

이순신의 조카인 이분이 쓴 『이충무공행록』(1610?)[13]에서는 진린과 관련하여 명(인)의 부정적인 모습이 본격적으로 등장한다. 그러나 이순신의 지략과 인품으로 이는 곧 극복된다. 1958년 7월 16일 명나라 수군 도독 진린이 수군 5천 명을 거느리고 이순신의 진이 있는 고금도로 온다. 이 때 이순신은 진린이 "본시 사람됨이 거칠고 오만"[14]한 것을 알고, 융숭하게 대접하여 자신을 칭송하게 한다. 또한 진린의 군사들은 "약탈을 일삼았기 때문에"(118), 우리 군사와 백성들이 고통스러워하는 것으로 그려진다. 이에 맞서 이순신은 거짓으로 진영을 떠나는 척 하

---

13) 『이충무공행록』의 정확한 집필 연도는 알 수 없지만 이분이 1619년에 사망한 것으로 미루어, 대략 1610년 경에 쓰여진 것으로 유추하고 있다.

14) 이분, 김해경 옮김, 『이충무공행록-작은아버지 이순신』, 가갸날, 2019, 118쪽. 『징비록』에서는 "진린은 성격이 포악하고 남과 어울리지 못하는 사람이어서 모두 그를 꺼려했다."는 설명이 나온다. 심지어 "진린의 군사가 고을 수령을 함부로 때리고 욕하며, 찰방 이상규의 목을 새끼줄로 매어 끌고 다니며 피투성이를 만드는 모습을 본 나는 통역관에 그를 풀어주도록 했다."(211)는 일화도 등장한다.

며, 진린으로부터 명나라 군사들을 처벌할 수 있는 권한을 얻어 낸다. 이를 통해 명군의 약탈과 횡포를 막아낼 뿐만 아니라 명군은 진린보다도 이순신을 더 두려워하게 된다. 이후에는 진린이 공을 탐하며 행패를 부리자, 조선군이 베어 온 수급을 모두 진린에게 주어 해결한다. 이런 과정을 거치며 진린은, "전쟁이 있을 때마다 우리 판옥선을 타고 이순신의 지휘를 받기"(123)를 원하고, "모든 호령과 지휘를 양보하였고, 반드시 이순신을 '이야(李爺)'라고 높여"(124) 부르게 된다.

결국 이순신과 진린은 일본에 맞서 함께 싸우는 믿음직한 전우가 된 것이다. 그러나 일본으로 돌아가기를 간절히 원하는 고니시 유키나가의 뇌물 공세에 진린이 흔들리는 이야기가 이어진다.15) 진린은 적의 뇌물을 많이 받고 그들이 빠져나갈 길을 터주려 하고, 이순신이 이를 거절하자 둘은 한참을 다투는 것으로 그려지는 것이다. 그러나 이순신이 숨을 거둔 노량해전에서 진린은 최선을 다해 일본군과 맞서 싸운다. 전투 중에 이순신이 순국하자, 진린과 명나라 군사들은 진심으로 슬퍼하며 통곡한다.

임진왜란의 당대 기록이라고 할 수 있는 『난중일기』와 『이충무공행록』에서 명(인)은 부정적이라기보다는 긍정적인 모습에 가깝다. 『난중일기』에서는 계사년 7월 20일의 일기에 등장하는 허위 보고와 진린과 왜적과의 내통 가능성만이 부정적인 모습에 가까우며, 나머지는 우호적이고 믿을만한 전쟁의 동반자로 그려지는 것이다. 『이충무공행록』에도 진린의 탐욕스러움과 명군의 행패, 그리고 배신 등이 덧보태지지만 그것들은 모두 이순신의 인품과 지혜로 쉽게 해결된다. 『이충무공

---

15) 유성룡의 『징비록』에는 진린이 왜군과 내통한 이야기가 아예 등장하지 않는다.

행록』에는『난중일기』보다 명(인)의 부정적인 모습이 더욱 많이 등장하지만, 동맹으로서의 기본적인 모습에는 변함이 없다.

2. 병자호란 이후에 나타난 명(인) 인식

임진왜란 직후에 이루어진 공신 녹훈작업(선조 34년 3월-선조 37년 10월)에서 당시 집권층은 전쟁극복의 주된 요인을 명나라 원병에서 찾고 호성공신만을 우대하고자 하였다. 이런 분위기에서 이순신은 원균과 함께 선무공신에 책봉된다.16) 그러나 병자호란 이후 이순신에 대한 평가는 이전과 달리 높아진다. 이것은 병자호란 이후 명나라와의 관계를 "어떠한 상황 속에서도 절대 변경할 수 없는 의리의 차원에서 인식"17)한 것과 관련된다.

숙종 초반 삼번의 난이 진압되면서 명나라가 부흥할 수 있는 가능성이 사라지자, 존명대의론(尊明大義論)에 입각하여 이루어지던 북벌운동은 현실화되기 어려워진다. 이에 따라 현실적 차원이 아닌 사상적·문화적 차원에서 북벌을 이루고자 하는 방향으로 전환한다. 이제 조선이 곧 중화라는 이른바 조선중화주의를 표방하게 된 것이다. 이러한 상황에서 이순신에 대한 현창이 이전에는 임진왜란 중의 전공을 우대한다

---

16) 노영구, 「역사 속의 이순신 인식」, 『역사비평』 69, 역사문제연구소, 2004, 341쪽. 호성공신을 우대하고 명나라 군의 참전을 강조하는 선조의 입장은 본질적으로 조정의 전쟁준비 부족으로 전쟁 초기에 국토가 대부분 일본군에 유린되고 조정의 권위가 실추된 것을 만회하려는 정치적 의도를 가진 것이었다(한명기, 『임진왜란과 한중관계』, 역사비평사, 1999, 80~81쪽).

17) 허태구, 『병자호란과 예, 그리고 중화』, 소명출판, 2019, 357쪽. 당대 조선사회에서 척화나 대명의리는 '폐모(廢母)'만큼이나 정치인을 평가하는 보편적인 기준이었으므로, 한 개인의 정치적 행적을 공격하고 평가하는 수단이 되기도 하였다(허태구, 357쪽).

는 의미였다면, 이제는 조선과 명나라의 긴밀한 관계를 증명한다는 새로운 의미를 지니게 된다. 이순신은 임진왜란 기간 동안 조선 국왕에 대한 충성스러운 신하라는 측면과 더불어 명나라 군과 함께 중화문화를 수호했던 조선중화주의의 상징적 인물로서 중요한 현창의 대상이 된 것이다.[18]

조선중화주의의 대두 속에서 이순신은 조선의 수호자를 넘어 중화문명을 지킨 영웅으로 재평가된다. 효종 8년에 『선조실록』을 수정하는 과정에서 이순신을 이전보다 높게 평가하였으며,[19] 효종 10년에는 남해군 노량에 충무공 이순신의 비를 세우기도 하였다. 현종 4년에는 이순신의 사당 충렬사에 편액을 내리면서 이순신을 위한 제문을 지었는데 거기에서는 "이순신을 중국 남송대의 충신이요 장수였던 악비(岳飛)에 비교하면서 그의 충성과 용맹을 칭송"[20]하였다. 이처럼 중화질서의 맥락에서 이순신은 새롭게 위치지어졌던 것이다.

임진왜란 직후부터 시작된 이순신 인식과 추모사업이 꽃을 피운 것은 정조대에 이르러서였다. 정조의 명으로 『이충무공전서』가 편찬되었으며, 정조는 신종의 제삿날 이순신을 영의정으로 추중한다는 교서를 내리면서, "신종 황제가 우리나라를 구원하여 다시 살게 만든 은혜는 하늘처럼 다함이 없다."거나 "(조선처럼) 작은 나라의 한 신하로서 명나라의 은총을 입어 천하의 명장이 된 사람이 바로 이 충무공이다."[21]라

---

18) 노영구, 앞의 논문, 343~348쪽.

19) 임진왜란 직후의 논공행상 과정에서는 선조가 자신의 책임을 모면하기 위하여 이순신을 원균과 같은 등급인 선무공신(宣武功臣) 정도로만 평가하고자 했다(정두희, 「이순신에 대한 기억의 역사와 역사화」, 정두희·이경순 편, 『임진왜란, 동아시아 삼국전쟁』, 휴머니스트, 2007, 195쪽).

20) 최지혜, 「충무공 이순신에 대한 인식의 시대별 변화」, 『이순신연구논총』 21, 순천향대학교 이순신연구소, 2014, 6쪽.

고 말한다. 나아가 이순신이 빼어난 것은 명나라의 신종 황제로부터 도독(都督)의 인(印)을 받아 명장으로 추앙받았기 때문이라는 점을 특별히 강조한다.[22] 이후에도 조선 후기 선비들은 "이순신을 왕에게 충절을 바친 인물로 인식하였으며, 그들은 이순신을 통하여 명에 대한 사대사상을 고취"[23]시키고자 했다. 이러한 상황에서 명나라 군대가 부정적으로 인식된다는 것은 최소한 공식적인 담론의 차원에서는 불가능했다.[24] 임진왜란 시기에 조선에 온 대표적인 인물 이여송이나 진린은

---

[21] 정두희, 앞의 책, 200쪽.

[22] 정두희, 위의 책, 200~203쪽.

[23] 최지혜, 앞의 논문, 2쪽.

[24] 조선시대 일반인들의 시각을 살펴보기 위한 문헌으로는 고전 소설 『임진록』을 살펴보는 것이 적당하다. 100여 종의 이본이 전하는 고전소설 『임진록』을 모두 검토한다는 것은 필자의 능력을 벗어나는 일이다. 이를 해결하기 위해 고전소설 『임진록』 연구의 권위자들이 그동안 펼친 논의를 참고하고자 한다. 『임진록』은 표기문자에 따라 한글본과 한문본으로 나뉜다. 장경남은 『임진록』의 여러 이본 중에서 한글 경판본을 바탕으로 하고 한남대학교 소장본(구 숭전대본)을 참고로 하여 쓴 『임진록』(휴머니스트, 2014)에 나타난 명나라 장수 이여송의 형상화와 관련하여 다음과 같은 주장을 하고 있다. 소설 속에 드러난 선조와 이여송의 대결이 명나라에 대한 조선인들의 부정적 인식을 드러내고 있지만, 더욱 다양하고 풍부하게 "『임진록』은 여전히 이여송 개인의 비범한 면모를 그려 내어 영웅화"(「국가의 위기를 극복한 영웅들의 파노라마」, 213쪽)한다는 것이다. "임진왜란 이전부터 조선 사회에는 대국인 명나라를 섬겨야 한다는 의식이 강하게 있었"으며, "더구나 임진왜란 후에는 '명나라는 은혜의 나라'라는 생각이 널리 퍼져 있었"던 결과로 보고 있다. 결국 "사대주의적 시각이 명나라를 부정할 수 없게 하고 여전히 이여송을 '영웅'으로 만들고 있"(213쪽)다는 것이다. 장경남은 국립중앙도서관 소장 한문필사본 『임진록』을 주석하고 번역한 『역주 임진록』의 서문에서 역사계열 한문본 『임진록』의 형성시기 확정과 관련해, 17세기 초에 형성되었다는 주장은 "중화사상이 두드러진 점"(장경남, 「서문」, 장경남·이민호·장우석 공역, 『역주 임진록』, 보고사, 2019, 8쪽) 등을 근거로 들고 있으며, 17세기 중후반에 성립되었다는 주장은 "작품 내용이 전반적으로 명나라의 '재조지은'을 강조하는 숭명의식이 강하고 선조에서 인조로 이어지는 정통성이 강조된"(8쪽)다는 것을 근거로 제시한다고 파악하였다. 결국 한문본 『임진록』은 기본적으로 '숭명의식'에 바탕하고 있음을 알 수 있다. 이런 선행 논의를 통해 『임진록』에 나타난 명(인)에 대한 인식은 지배층의 공식담론과는 달리 중층적이지만, 기본적으로는 명(인)을 긍정적으로 평가하는 지배층의 담론에 부응한다고 할 수 있다.

비판의 대상이라기보다는 숭앙의 대상이 된다.

Ⅲ. 근대전환기 이순신 서사에 나타난 明(人) 인식

1. 신채호의 『이순신전』에 나타난 명(인) 인식

신채호의 『이순신전』은 본래 『水軍 第一偉人 李舜臣』이라는 이름으로 『大韓每日申報』(1908.5.2.-8.18.)에 국한문으로 처음 발표되었고 이후 『대한매일신보』 국문판에 패셔싱의 번역으로 「슈군의 데일 거룩흔 인물 리슌신젼」이라는 이름으로 1908년 6월 11일부터 같은 해 10월 24일까지 연재되었다. 임진왜란과 이순신이 근대에 들어 민족주의적 계기로 활용되는 것을 가장 선명하게 보여준다는 평가가 있을 정도로,[25] 이 작품에는 선명한 민족주의가 나타난다. 이러한 민족주의는 "嗚呼라, 嶋國殊種이 代代 韓國의 血敵이 되야 一葦 相望에 視線이 毒注ᄒ고"[26]라는 문장으로 시작되는 것에서도 알 수 있듯이, 반일의식과 연결되어 있다.[27]

이순신의 민족사적 위상은 오랫동안 왜구와 맞서 싸워온 거룩한 조상의 계보 속에 놓인다. 그 위인에는 고구려 광개토 대왕, 태종 무열왕, 고려 김방경과 정지, 그리고 마지막에 이순신이 포함된다. 이러한 저항

---

[25] 한국인들에게 임진왜란과 제국주의 일본의 침략은 동일시되었으며, 일본과 일본인은 한국인의 적이요 원수로서 선명하게 기억되었다. 이 적개심이 한국인의 민족주의적 각성을 촉구한 중요한 요소가 될 수 있었던 것이다(정두희, 앞의 책, 189쪽).

[26] 신채호, 김주현 주해, 『이순신』, 경북대 출판부, 2018, 241쪽.

[27] 조선 시대에 이순신에 대한 추모는 국왕에 대한 충성심을 고양하는 기제로서 해석될 수 있었으나, 조선을 침략한 왜적 혹은 일본에 대한 적개심을 북돋우기 위한 수단으로 이용된 적은 한 번도 없었다(정두희, 앞의 책, 206쪽).

적 민족주의는 신채호에게는 절대적인 성질의 것이어서, 그것은 손쉽게 공격적 민족주의의 외양을 취하기도 한다. 이순신에게 알맞은 지위를 맡겨서 그 재주와 능력을 발휘하게 하였다면 옛 고구려 땅인 길림과 봉천을 회복하거나 일본 오사카와 규슈 지역의 모든 섬을 토벌할 수 있었으리라는 발언을 하기도 한다. 이순신이 정유년에 무고를 당해 옥에 갇히게 되었을 때에도, 이순신이 소인배들 때문에 어려움을 당하지 않았다면 일본으로 쳐들어가 쓰시마와 규슈를 치고 도요토미 히데요시가 있는 오사카로 가서 왜적의 심장을 무찔렀을 것이라고 단언한다.[28]

이 작품에서는 일본군을 시종일관 '왜적'으로 지칭하며, 그들의 만행을 여러 차례 언급한다. 이신동이라는 백성은 왜적들이 포구에 와서 사람들을 마구 죽이고 재물을 약탈해서 배에 실어 놓고 저녁이 되어 배 위에서 소를 잡고 술을 먹으며 새벽이 되도록 노랫 소리와 피리 소리가 그치지 아니하였다는 증언을 한다. 이순신은 왜적이 물에서 패하면 육지로 달아나 백성을 죽이고 약탈을 하기 때문에 싸움을 잠시 멈추기도 한다. 『이순신전』에서는 명량해전에서 대패한 일본군이 이순신에게 복수를 하기 위해 이순신의 아들과 백성들을 무자비하게 학살하는 장면이 상세하게 묘사된다.

신채호의 『이순신전』은 동시기 일본인들의 이순신 서사에 대해서도

---

28) 「수군제일위인 이순신전」을 집필하던 시기 신채호는 자강론을 바탕으로 영웅 중심 역사관을 강조했다(신일철, 『신채호의 역사사상 연구』, 고려대출판부, 1981). 김성진은 신채호가 제국주의와 민족주의를 동전의 양면과도 같은 것으로 보았으며, "우월한 민족이 승리하고 열등한 민족은 패배한다는 사회진화론을 받아들인 민족주의는 '스스로 강해지고 스스로 커져서' 다른 민족에 맞서고 다른 민족을 제압하는 방향으로 나아가는 것이 이상하지 않다."(김성진, 앞의 논문, 136쪽)고 주장한 것으로 파악했다.

민감하게 반응한 텍스트이다. 작품의 마지막 부분에는 특이하게도 이순신과 넬슨을 비교하는 대목이 나온다. 이것은 당시 일본인들에 의해서 이순신과 넬슨이 비교된 것에 영향을 받은 것으로 보인다. 세키코세이(惜香生)가 1892년에 쓴 『朝鮮 李舜臣傳』[29]은 나폴레옹으로부터 영국을 구한 넬슨과 이순신을 비교하고 있다. "영국을 지켜 나폴레옹의 발굽 아래 들지 않게 한 것은 영국의 이순신, 넬슨의 공이요, 조선을 지켜 국운의 쇠락을 만회한 것은 실로 조선의 넬슨, 이순신의 웅대한 지략"[30]이라는 것이다. 이외에도 둘의 유사점으로 최후의 싸움에서 자신의 죽음을 알리지 않은 것 등을 들고 있다. 신채호는 세키코세이의 의견을 알고 있었으며, 이순신과 넬슨을 비슷한 위치에 둔 세키코세이와 달리 이순신의 우월함을 밝히기 위해 작품의 마지막에 넬슨을 언급한 것으로 보인다.

일본의 침략이라는 당대적 문제의식 아래서 쓰여졌기에 신채호의 『이순신전』에서는 명나라에 대한 부정적 인식이 크게 부각되지는 않는다. 명나라에 대한 인식은 앞에서 살펴본 『난중일기』, 『이충무공행록』과 크게 다르지 않다. 진린의 성품이 조급하고 거칠지만 이순신이 이를 잘 다스리는 것, 명나라 군사가 조선인들을 괴롭히자 이순신이 지혜롭게 바로잡는 것, 진린이 물욕에 눈이 멀어 소서행장과 내통하는 것, 그러나 자신의 잘못을 뉘우치고 마지막 전투에서 열심히 싸우는 것

---

[29] 이 저서는 이순신의 생애에 대한 설명을 대부분 유성룡의 『징비록』에서 가져오고 있다. 일본인들은 1695년에 일본판 『징비록』인 『朝鮮懲毖錄』이 교토에서 출간되면서부터 이순신을 정확하게 알게 되었다고 한다(이종각, 『일본인과 이순신』, 이상, 2018, 46~48쪽).

[30] 사토 데쓰타로(佐藤 鐵太郎)·세키코세이(惜香生)·오가사와라 나가나리(小笠原長生), 김해경 옮김, 『이순신 홀로 조선을 구하다』, 가갸날, 2019, 99쪽.

등이 모두 그러하다. 오히려 임금과 조정은 "幸者 內地兵民의 血과 恩隣援助의 力으로 舊都에 還"(272)한 것이라거나 "外國 援兵이 來ㅎ야 軍威를 增壯ㅎ니, 此는 虎腋에 翼을 附흠이라"(294)라는 표현에서 알 수 있듯이, 명(인)을 은인으로서 인식한다.

그러나 신채호의 『이순신전』에서 명(인)에 대한 부정적 인식이 부재하는 것은 아니다. 다만, 부정적 인식은 다음과 같은 문장 정도에 그칠 뿐이다.

> 蓋當時 支那援將 等이 其面에는 忠憤의 色을 帶ㅎ며 其口로는 慷慨의 言을 發ㅎ나, 然이나 彼輩는 黃金 幾片만 見ㅎ면 其 忠憤 其 慷慨가 天外로 飛去ㅎ고 全身이 彼 黃金에 向ㅎ야 恭敬下拜하는 者니 如此 豎子 等과 何事를 能成하리오. 故로 彼輩의 內援이 李舜臣에게 尺害는 有ㅎ나 寸利는 無ㅎ도다. (294)

신채호가 『이순신전』 외에도 수나라에 저항한 을지문덕에 대한 서사인 『을지문덕』(1908)을 쓴 것에서도 알 수 있듯이,[31] 그는 중국의 부당한 힘으로부터도 독립한 자주적이고 당당한 민족을 추구했다. 그러나 일제의 침략이 시급한 과제로 부각한 시대적 상황에서, 신채호는 이순신을 대상으로 한 서사에서는 반일에 초점을 맞추어 『이순신전』을

[31] 신채호는 을지문덕에 대해 알게 되었을 때의 체험이 일종의 영적인 현현(epiphany)과 비슷했다고 고백하였다. 신채호는 자신이 을지문덕의 행적을 듣기 전에는 한국사는 오직 끊임없는 외세의 침입으로 점철되어 있을 뿐이라고 생각했다고 한다. 중국이 한마디만 해도 조선의 위축된 왕실은 꼼짝 없이 그 명령을 받아들여야 했던 것이다. 조선의 역사는 조선인의 심성 자체가 본재 '열등하고 나약한' 것으로 서술되었다는 것이다. 그러나 을지문덕을 알고 나서 신채호는 "이렇게 강하고 용감한 것이 바로 우리 민족의 본성이다!"라는 것을 깨닫게 된다. 그리고 이러한 깨달음을 전파하고자 쓴 것이 바로 『을지문덕』(1908)이다(Andre Schmid, 정여울 옮김, 『제국 그 사이의 한국 1895-1919』, 휴머니스트, 2007, 176~178쪽).

쓴 것으로 이해할 수 있다.

2. 이광수의 『이순신』에 나타난 명(인) 인식

이광수의 『이순신』(『동아일보』, 1931.6.26.-1932.4.3.)[32]에서 신채호의 『이순신전』에서와 같은 민족의식에 바탕한 반일의식은 찾아보기 어렵다. 일본군이 조선인에게 민폐를 끼치는 것은 거의 언급되지 않으며, 서사의 진행상 꼭 필요한 경우에는 지극히 간소하게 요점만 전달한다. 평양에서 패한 소서행장이 서울에 들어와 일으킨 조선인 대학살은, "이날에 서울에 잇던 조선 사람은 특히 일본군에 붙은 상류계급을 내어놓고는 하나 아니 남고 다 살륙을 당하엿다고 한다. 또 촌락도 많이 불을 놓아 서울 장안이 하룻 동안에 초토가 되고 무인지경이 되엇다고 한다."[33]와 같이 제3자적인 태도로 간략하게 언급하고 있다.

이와 달리 명나라 군사가 조선인에게 폐를 끼치는 모습은 매우 상세하고 자극적으로 그려진다. 대표적인 사례 몇 가지만 뽑아서 인용하면 다음과 같다.

평양에 입성한 뒤에 명군이 조선 군사와 인민에게 대한 폭행은 여간이 아니엇다. 말이 통치 못하야 조금만 제 뜻대로 아니 되면 곧 칼 등으로 조선 군사를 따리고, 조선 군사가 얻은 수급이나 노획품이나 다 빼앗아서 제 것으로 맨들엇다. 그리고 실수한 것은 모든 조선군의 책임으로 돌렷다. (1931.12.13)

---

32) 춘원은 1910년 3월 『소년』지에 「우리영웅 충무공 이순신」을 발표하였다. 『이순신』 연재를 시작하기 1년 전에는 「충무공 유적 순례」(『동아일보』, 1930.5.21.-6.8.)를, 『이순신』 연재 중이던 1931년 7월과 8월에는 『이충무공행록』을 『동광』에 번역하여 발표한 바 있다.

33) 『동아일보』, 1931.12.15. 앞으로의 인용시 발표된 날짜만 본문 중에 기록하기로 한다.

여송의 군사가 개성에 들매 군률이 해이하야 장졸들은 맘대로 여염에 출몰하여 민가의 재물을 약탈하고 부녀를 겁간하야 백성들은 다시 이사하기를 시작하엿다. (중략) 청병을 해 온다는 것이 원수를 몰아온 것을 조선 사람들은 후회하엿다. (1931.12.17)

경상남도 각지에 류정(劉綎) 등이 거느린 명군이 주둔하고 잇엇으나 그들은 전혀 싸울 뜻이 없고 오직 민간의 양식을 먹고 부녀를 겁탈하고 행패를 할 뿐이엇다. 전라도 곡식을 날아다가 명병을 먹이노라고 전라, 경상, 양도 백성은 부역에 죽을 지경이엇다. (1932.1.7)

이러하건마는 명병만은 배곯븐 줄을 모르고 날마다 술과 고기에 묻여 지내엇다. 조선 백성들은 산에 올아 풀잎사귀, 풀뿌리, 송기, 느릅나무 껍질과 뿌리를 벗겨 먹어 산이 뻙앟게 동탁하엿다.
명나라 군사가 술에 취하야 길바닥에 토하야 놓은 것을 백성들이 다토아 핥아먹고 힘이 약하야서 못 얻어 먹은 이는 곁에 서서 울엇다. (1932.1.8)

리종성은 개구리를 좋아하야 전라도 남원에 나려와 앉어서는 백성들로 하여곰 개구리를 잡아들이게 하며 날로 소를 잡고 새 술을 명하고 새 계집을 들이라 하야 그 폐단이 여간이 아니엇다. 천사라고 하니 그의 위엄은 무서웟다. 그를 따르는 장졸뿐 아니라 조선 지경에 잇는 명나라 장졸들은 거의 다 한,둘의 조선 녀자를 처첩으로 삼앗다. (1932.1.9)

일본군 선봉대가 온 것을 보고 명장 양원(楊元)과 그 부하 명병들은 모도 무서운 생각이 낫다. 그들은 남원에 들어온 후도 전라도 각지에서 소와 도야지를 가저다가 날마다 배껏 먹고 취하고 또 양가 여자들을 붙들어다가 진중에 두고 희롱하얏다. 아모리 미미한 졸병이라도 조선 여자를 한,둘씩 희롱하지 아니한 자는 없었다. 남원 부내에 사는 조선 백성들은 다 그 처가족을 산으로 피난 보내고 늙은 부녀들만 남아 잇엇다. 술취한 명병은 주야를 불문하고 문을 차고 민가에 들어와서는 손으로 음란한 시늉을 하면서 여자를 내어놓으라고 주인을 때렷다. 어린 아이, 젊은 남자까지도 옷을 벗기고 음란한 짓을 하엿다. 그래도 백성들은 감히 반항을 못 하얏다.

이렇게 행악을 하고 향락에만 빠젓던 명병들은 일본군이 온다는 말을 듣고 다들 겁을 집어먹엇다. (1932.2.21)

또 명병에 대해서는 당시 명병을 친히 본 지방에서는 다 지긋지긋하게 생각하엿다. 명병이라면 소졸까지도 오만무례하고 행악이 막심하야 적군이나 다름이 없는 데다가 일본과 싸워서 이겨 본 것은 평양 싸움 하나뿐이오, 평양 싸움에서도 앞장을 서서 큰 공을 일운 것은 조선 군사엿다. 리여송(李如松)은 벽제관 한 싸움에 꽁문이를 빼어 달아낫고, 류정(劉綎) 같은 자는 싸움은커녕 도로혀 적에게 매수되어서 리순신의 행동을 방해나 놓을 뿐이엇다. (1932.2.23)

음식이나 의복이나 조선병과 명병과는 큰 차별이 잇엇다. 명병은 좋은 옷에 좋은 음식에 술과 고기를 막 먹어도 조선 군사는 명병이 내어버리는 것을 얻어먹고, 조선 병정 중에 아모리 지위가 높은 이라도 명병 중에 가장 지위가 낮은 이보다도 낮앗다. 그래서 걸핏하면 욕을 얻어먹고 매를 얻어맞고 심지어는 까닭없이 모둠매를 맞아 죽는 이도 잇엇다. 이러한 고초를 겪어도 조정에서나 대관들이나 다들 명나라 장졸에게 아첨하고 시종들기에 그들은 돌아봄을 받지도 못하엿다. (1932.3.20)

명군은 일본군의 무력에 겁을 집어 먹고 어떻게든 전쟁을 회피하려고 하는 모습으로만 그려진다. "원래 명군은 일본군을 무서워함이 여간이 아니었다."(1932.3.18)는 말에 부합하는 존재들로서, 벽제관 전투를 비롯한 거의 모든 전투에서 겁을 잔뜩 집어먹고 싸움을 피한다. 명군의 최고 지도자인 이여송은 말에서 떨어진 것이 불쾌하여 이후에는 적의 형세를 염탐해 보지도 않는 장수로 그려질 정도이다.

이상에 등장하는 명군의 모습, 즉 온갖 민폐를 끼치면서 일본군과의 전투를 회피하는 모습을 완전한 날조라고 말하기는 힘들다. 임진왜란에 대한 권위 있는 기록으로 인정받는 유성룡의『西厓集』에도 부정적인 명군의 모습이 언급되어 있기 때문이다.

그럼에도 이광수의『이순신』은 명나라군에 대하여 이전의 텍스트에서는 찾아볼 수 없는 과장과 왜곡을 하고 있다. 그 몇 가지 사례를 들면 다음과 같다. 이광수의『이순신』에서 일본과의 협상을 도맡았던 심유경은 처음부터 조선의 왕과 대신들을 자기의 수하처럼 여기는 "안하무인"의 "일개 부랑자"(1931.12.9)로 규정된다. 그러나『징비록』에서는 심유경을 "절강성 사람"[34]으로만 소개하고 있으며, 주위의 만류를 무릅쓰고 서너 명의 부하만 대동하고 평양성에 들어가 왜장과 담판을 짓는 용감한 모습으로 묘사한다.

이광수의『이순신』에서 이여송은 명군의 군량 거행을 등한히 하였다는 이유로, 유성룡을 끌어와 군법 시행을 하려 한다. 이 때 명군은 혁편을 들어 유성룡이 탄 말을 때리는 듯 유성룡의 어깨로부터 등을 후려갈기고, 둘째 혁편으로는 유성룡의 얼굴을 때린다. 이여송의 진문 앞에서는 "류성룡을 말에서 끌어나려 군노가 죄인을 잡아들이듯이 성룡의 목덜미를 짚고 무릎으로 궁둥이를 차서 여송의 장하에 꿀"린다.(1931.12.18) 이런 일을 겪으며 유성룡은 "명나라에게 멸시받는 내 나라 사람의 처지를 우는, 가슴이 터지는 눈물"(1931.12.18)을 흘린다.

---

34) 유성룡, 앞의 책, 133쪽.

결국 유성룡을 비롯한 호조판서와 경기감사가 분과 설움이 터져서 통곡을 한 후에야, 이여송은 유성룡을 풀어준다. 그러나『징비록』에서는 군량이 바닥 나자 이여송이 화를 내며 유성룡과 호조판서 이성중, 경기좌감사 이정형을 꿇어앉히고는 큰소리로 문책하는 정도로만 이야기된다. 이에 유성룡은 우선 사죄하면서 제독을 진정시키고, "나라의 모습이 어쩌다 이 지경에 이르렀는가 하는 생각"(164)에 눈물을 흘릴 뿐이다.

정유재란 당시 남원성을 지키던 명 총병 양원은 적군을 맞아 싸울 용기는 없고 오직 적군이 숨어서 싸울 자리를 없애려는 목적으로 민가를 온통 불살라 원성만 산다. 왜적이 풀을 베어 성을 공략할 준비를 하는 동안에도 "명병은 중추라 하야 술과 떡을 먹고 질탕"(1932.2.23)하게 논다. 적군이 성으로 기어오르자 "명 총병 양원(楊元) 이하 장졸은 성중에 잇던 재물을 약탈하야 몸에 지니고 말을 타고 북문으로 달아"(1932.2.23)난다. 달아나지만 곧 일본군에 붙잡혀서 "말에서 나려서 찻던 칼과 부절(符節)과 몸에 지녓던 은금을 넣은 전대를 끌어 두 손으로 받들고"(1932.2.24) 목숨을 구걸한다. 이런 명나라 군사들을 보고 조선인 김경로가 하는 "오랑캐놈들"(1932.2.24)이라는 표현은, 이광수가『이순신』을 통해 조선 시대의 중화질서를 완전히 부정하고 있음을 압축적으로 보여준다. 근대 이전의 동아시아 질서 속 위계가 이 작품에서는 전도되고 있는 것이다.

그러나『징비록』에서는 양원이 "요동에서 활동하던 장수라 오랑캐와 싸울 줄은 알았지만 왜적과의 싸움에는 미숙했기 때문에 패한 것"(208)이라고 하여, 능력에는 문제가 있을지언정 결코 술이나 재물을 탐하는 부도덕한 인물이라고는 말하지 않는다. 오히려 왜적이 온다는 소식에 백성들은 도망치기에 바쁠 때, 양원이 이끌고 온 요동마군 3,000명만이 남아 성을 지키고, 처음에는 오지 않으려 하던 전라 병사 이복남 등을 불러들여 왜적과 맞서 싸우는 것으로 이야기된다.

이광수의 『이순신』에서 명군은 조선군보다도 못한 존재로 그려진다. 정유재란을 일으키며 가등청정 이하 일본 장졸은 입버릇처럼 "명나라는 두렵지 않지만 리순신이 큰일이다!"(1932.1.19)라고 말한다. 노량해전에서 명나라 수군 도독 진린은 통사를 시켜, "대명수군제독 진린(大明水軍提督陳璘)이 황상의 명을 받고 여긔 잇으니 너희는 뒤로 물러가라!"(1932.4.1)고 호령하지만, 일본군은 "우리는 조선 수군과 싸우랴는 것이오, 대명과 싸우랴는 것이 아니니 비켜서라."(1932.4.1)며 무시한다.

오히려 명군은 조선군에게 폐만 끼치는 존재이다. "명군은 남원의 패전이나 벽제관의 패전이나 다 조선군이, 혹은 겁이 나서 먼저 달아나고 혹은 적과 통하야 군긔를 누설한 책임으로 돌"(1932.3.19)리려 한다. 진린이 거느린 명군이 온다는 소식을 듣고 이순신은 "조선군과 명군이 도저히 같이 하기 어려울 것과 또 명군이 싸움에 방해는 될지언정 도움이 되지 못할 것"(1932.3.17)을 염려한다. 그러나 명나라 군의 참전이 임진왜란의 전세에 결정적인 영향을 주었다는 것은 결코 부정할 수 없는 사실이다.[35]

『징비록』에는 임진년 12월에 이여송을 대장으로 하여 파견된 명나라 대군을 보고, 유성룡이 "역시 대군답게 진의 모습이 질서 정연하고 군율도 잘 지켜지고 있었다."[36]고 감탄하는 대목이 나온다. 또한 유성룡이 평양성을 수복한 이후 동파에 머물 때, 명나라 장수 사대수 총병이

35) Kenneth M. Swope, 「순망치한-명나라가 참전할 수밖에 없었던 이유」, 정두희 · 이경순 엮음, 『임진왜란 동아시아 삼국전쟁』, 휴머니스트, 2007, 317~354쪽.
36) 유성룡, 앞의 책, 154쪽.

"만약 적이 들이닥친다 해도 나는 죽고 살기를 체찰사와 함께 하겠소."(169)라며, 최선을 다해 유성룡을 지키는 모습이 언급된다. 사대수 총병은 길가에서 죽은 어미의 젖을 빠는 아기를 데려다 기르기도 하고, 굶주린 백성들을 위해 명나라 장수들이 자신들의 군량 30석을 내놓아 백성들에게 나눠주기도 한다.

가장 문제적인 지점은 이순신의 죽음이 진린 때문에 일어난 것으로 묘사하고 있다는 점이다. 이순신 혼자서도 넉넉히 적을 소탕할 수 있을 때에 내려온 진린은 "이름은 청병이나 기실은 순신의 행동을 방해하야 적을 놓아 보내고 마츰내는 순신을 죽게 하는 결과를 낳게 만들엇다."(1932.3.23)고 명시된다. 그믐날과 1일, 2일에 이순신은 진린에게 총공격을 청하였으나 이를 듣지 않고, 3일에는 이순신이 극력으로 재촉하여 총공격을 감행하지만 이미 때는 늦었다. 명나라 군이 큰 피해를 입자, 진린은 "마치 모든 것이 순신의 책임이나 되는 듯이 분해하고 화를"(1932.3.27) 낸다. 이순신은 "명장 진린(陳璘)의 방해"(1932.3.30)로 왜적을 토벌하지 못하고 고금도의 본영으로 돌아간다. 이 와중에 명나라 장수 유정은 일본 여자까지 포함된 뇌물을 소서행장에게 받은 후에는 싸우지 않으며, 진린도 무수한 뇌물을 소서행장으로부터 받는다. 11월 18일의 노량해전에서도 진린은 시기심이나 자만심으로 이순신을 방해만 하고, 결정적으로 이순신은 진린이 위태로워진 것을 보고 친히 배를 끌고 진린을 구하러 갔다가 일본군의 집중 사격을 받고 전사하는 것으로 그려진다. "린을 위험에서 구해내인 순신은 마츰내 적의 탄환에 가슴을 맞"(1932.4.3.)은 것이다.

주목할 것은 이광수가 이처럼 무능하고 비도덕적이며 잔인한 명나라의 편에 위정자들을 연결시키고 있다는 점이다. 왕은 일찌감치 "명나라에 들어가 붙는 것은 원래 내 뜻이라."(1931.7.29)라고 하여, 명나라로 도망갈 생각만 한다. 평양성을 떠날 때도 백성을 속이는 것이 옳지 않다는 말에는 까딱도 하지 않지만, "명나라의 의심"(1931.10.16)을 산다는 말에는 두려움을 느낀다. 조정에서는 "명나라 구원병을 기다리는 것과 동인 서인의 당파 싸움"(1931.11.21) 밖에는 아무 관심도 없는 것으로 그려진다. 소설 속에서는 유성룡이 혁편에 맞고, 조정 대신들이 이 모습을 보며 통곡을 하면서도 "명나라에 의지하는 사대심을 버리지 못하엿다."(1931.12.18)고 설명된다.

이처럼 명나라를 과도하게 부정적으로 형상화한 것은 당연히 작가 의식에서 비롯된 것이다. 그리고 이러한 이순신을 중화문명의 수호자이자 명나라와의 우호를 상징하는 존재로 받아들이던 조선 시대 지배층에 대한 통렬한 부정의식을 내포하고 있다. 이순신은 "명나라 수군도독으로 자처하거나 자칭"(1932.3.25)하는 일이 없으며, 자기의 관명을 쓸 필요가 있을 때에는 항상 조선 벼슬인 "삼도 수군통제사라는 직함"(1932.3.25)만 쓴다. 이를 두고 서술자는 "순신의 머리에 유명수군 도독이란 것을 모든 조선 직함보다도 먼저 쓴 것은 제 나라보다도 명나라를 존중하는 훗사람들(글 잘하고 지위 있는)이엇고 조선의 뭇백성들은 순신과 함께 통제사라고 불럿다."(1932.3.25.)라고 하여, 중화사상에 바탕해서 이순신을 위치 짓는 조선시대 사대부들(글 잘하고 지위 있는)의 생각이 하나의 허구에 지나지 않는다는 인식을 드러낸다.

중화적 질서에 대한 철저한 비판이 만들어낸 명나라에 대한 과도한 비하는, 그동안 이순신을 다룬 어떤 텍스트에서도 볼 수 없는 새로운 모습의 일본인상을 만들어낸다. 그것은 바로 대의와 전체를 위해 개인의 죽음을 가볍게 여기는 무사도(武士道)에 충실한 인간상이다.[37] 당포

해전에서 죽은 적장에 대해 그와 15일 간 부부생활의 정을 나눈 억대는 "죽을 때에 겁이 없이 태연하던 것을 자랑하는 듯"(1931.8.23)한 태도로 이순신에게 말한다. 죽음으로부터 초연한 이러한 모습은 무사도가 지향하는 이상적인 인간상에 해당한다.[38] 전체를 위해 죽음을 가볍게 여기는 모습이라 할 수 있으며, 이러한 모습에 조선의 장수 이순신은 술을 올리며 애도한다.

일본군은 이러한 무사도의 정신에 충실할 때에는 조선인에게도 예를 갖춘다. 적군의 대장 평의지는 동래성에서 끝까지 항거하다 장렬하

---

[37] 무사도의 고전으로 꼽히는 『하가쿠레(葉隱)』(1716년)에서 야마모토 쓰네토모(田代陳基)는 반복해서 무사란 항상 죽음을 생각하고 있어야 한다고 주장한다. 이 책은 "무사도의 근본이 무엇인가?"라는 질문에, "무사도란 '죽음'을 깨닫는 것이다. 생과 사 둘 중 하나를 선택해야 한다면 죽음을 선택하면 된다. 아무것도 생각할 것 없다. 각오를 굳게 하고 돌진하라."(야마모토 쓰네토모(田代陳基), 이강희 옮김, 『하가쿠레(葉隱)』, 사과나무, 2013, 13쪽)라고 대답하는 것으로 시작된다. 또 하나의 무사도에 대한 고전인 다이도지 유잔(大道寺友山)의 『부도쇼신슈(武道初心集)』(1720년)에서 "무사는 항상 죽음을 각오하고 생활해야 하는 것이 숙명이라고 강조"하였다. 나아가 「총론」에서 매일매일 일거수일투족 죽음을 잊지 말고 생활하라고 훈계"(구태훈, 『사무라이와 무사도』, 히스토리메이커, 2017, 232쪽에서 재인용)하였다. 일반적으로 "무사사회에서는 죽음에 대한 자세, 죽음을 각오하는 마음이 가장 근본적인 문제가 되었다. 무사도라는 것은 곧 죽는 것이라는 극단적인 표현도 무사사회의 이러한 토양에서 생성된 것"(구태훈, 위의 책, 308쪽)이다.

[38] 연구사 검토에서 살펴본 것처럼, 지금까지 거의 모든 논의는 이광수의 『이순신』이 「민족개조론」(1922)의 연장선상에서 자학적 민족관을 드러낸 작품으로 파악하였다. 이순신을 제외한 여타의 모든 민족구성원을 부정적으로 그렸다는 의견도 제시되었다. 이민웅은 "이광수는 민족개조론의 연장선상에서 이순신을 제외한 모든 조선 사람들은 열등했고 이로 인해 나라가 망할 수밖에 없었음을 부각하려는 듯한 서술"(이민웅, 앞의 글, 282~83쪽)을 했다고 보았고, 김성진도 "이순신과 대비되는 무능한 지배층, 그리고 지배층이 타락시킨 백성의 모습까지, 〈이순신〉은 「민족개조론」의 소설 관에 가깝다."(김성진, 앞의 논문, 142쪽)고 주장한 바 있다. 그러나 조정의 대신들이나 벼슬아치를 제외한 일반 백성들에 대한 부정적인 시선은 선명하게 드러나지 않는다. 용감하게 싸우는 평양 병정 임욱경의 사례가 그러하고, 거북선을 건조한 장면에서도 "이렇게 거북선을 칭찬하고 그것을 만들어 낸 사람을 칭찬하는 것은 순박한 백성들뿐이었다."(1931.6.30)고 하여 지배층과는 구별되는 백성들의 긍정적인 측면을 부각시키고 있다.

게 죽은 송상현의 시체를 수습하여 동문 밖에 장사지내게 하고 남편을 따라 죽은 송상현의 첩 김섬도 그 곁에 묻게 한다. 김제 군수 정담해와 해남 현감 변응정도 죽을 때까지 왜적에 맞서 싸우고 군사들도 정담해와 변응정의 의기에 감복하여 모두 다 싸우다 죽는다. 이에 왜장은 군사를 시켜 이편 장졸의 시체를 모아 큰 무덤 여럿을 만들고 그 위에 목패를 깎아, "弔朝鮮國忠義瞻"(1931.12.8)이라고 써 세운다.

아예 사무라이식 죽음이 직접적으로 등장하는 장면도 있다. 진과좌마윤은 이순신 부대에 패하자 자기만 목숨을 보전하여 도망한 것이 부끄러워 동을 향하여 자기의 임금과 조상의 영을 부르며 통곡하고 그 자리에서 "칼을 빼어 배를 갈라 죽"(1931.11.11)는다. 따르던 장졸 20여 명도 진과좌마윤처럼 배를 갈라 죽는다. 이튿날 조선 군사들이 진과좌마윤 이하 20여 명의 일본군이 배를 갈라 죽은 자리를 발견하여 이순신에게 보고하자, 이순신은 "땅을 파고 그 시체들을 묻고 술을 부어 적의 충혼을 위로"(1931.11.11)한다.

이광수의 『이순신』은 일본에 대한 적개심을 고취시키는 것과는 무관한 텍스트로서, 오히려 적개심의 중요한 계기들을 완화시키는 데 노력하고 있다. 대표적인 장면으로 명량해전의 보복으로 일본군이 이순신의 아들 면을 살해하는 장면을 들 수 있다. 일본군은 면을 만나자 항복을 권유하고, 면이 이를 거부하자 "갑옷과 투구를 벗"(1932.3.16)고 정정당당하게 일대일 대결을 자청한다. 심지어 조선인이 일본군을 적대시하기보다 우호적으로 바라보는 듯한 장면도 등장한다. 피난민은 일본군이 "다라날 때에 우리 사람을 맞나도 죽일 뜻은 없고 길에서도 통곡을 하며 다라낫소."(1931.8.23)라고 증언하기도 하며, 소서행장 일행이 명군에게 평양성을 잃고 떠날 때도, "그들은 촌려에 들어가 배를 가르치고 입을 가르쳐 밥을 빌어먹으나 조선 사람 중에는 그들을 해하려는 이는 하나도 없었다."(1931.12.13.)라고 진술하기도 하는 것이다.

대의를 위해 죽음을 가벼이 여기며, 정정당당하게 승부를 가르는 일본군의 모습은 이광수의 관념에 의해 새롭게 창조된 것이라고 보아야 한다. 1594년 3월 명나라 도사(都司) 담종인(譚宗仁)이 일본과의 강화를 위해 이순신에게 일본군과 싸우지 말라는 공문을 보내자 이순신은 답신을 보내는데, 거기에는 일본군에 대한 맹렬한 적의가 가득하다. 그 답신에 따르면, 이순신에게 일본군은 불구대천의 원수이자, 신의가 없으며 흉악하고 교활한 적도들에 불과하다.[39] 이에 비추어 볼 때, 장렬하게 전사한 왜군에게 술을 따르는 이순신의 모습은 이광수에 의해 새롭게 창조된 것이라고 볼 수밖에 없으며, 이러한 창조의 연장선상에서 이전의 서사에서는 발견할 수 없는 우호적인 모습의 일본인 형상도 이해할 수 있다.

Ⅳ. 명(인)에 대한 인식의 차이를 낳은 시대 상황

4장에서 살펴본 것처럼, 신채호의 『이순신전』과 이광수의 『이순신』에 나타난 명나라 인식은 판이하게 다르다. 신채호의 『이순신전』에서 명나라는 『난중일기』나 『이충무공행록』에 등장하는 명나라에 대한 인식의 범위를 벗어나지 않는다. 오히려 일본에 대한 적개심이 강하게 드러날 뿐, 명나라에 대해서는 이전보다 특별하게 변화된 인식을 보여주지 않는 것이다. 이에 반해 이광수의 『이순신』은 조금 과장하자면,

---

39) 『이충무공전서』, 권1, 잡저. 이종각, 2018, 244쪽에서 재인용.

임진왜란을 조선과 일본의 전쟁이 아닌 조선과 명나라의 전쟁으로 형상화했다고 할 만큼 명(인)에 대한 부정적인 인식이 강화되었다. 과연 이러한 차이를 낳은 이유는 무엇일까?

이 글에서는 그러한 이유 중의 하나를 작품이 창작되던 당시의 시대적 상황에서 찾고자 한다. 이러한 생각이 타당한 이유 중의 하나는 두 작품 모두 시대 상황에 민감하게 반응할 수밖에 없는 신문연재소설이기 때문이다. 먼저 신채호의 『이순신전』은 일제의 침탈이 극에 달한 을사조약 이후의 1908년에 창작되었다. 이 시기에는 일본으로 대표되는 외세의 침탈이야말로 민족의 가장 중요한 관심사 중 하나였다고 할 수 있다. 실제로 신채호는 『이순신전』에서 1866년 강화도에서 발생한 병인양요를 언급하며, 이런 상황에서 삼도수군통제사 충무공 이순신을 떠올린다고 밝힌다.

> 累累衆生이 空手來 空手去ᄒ야, 丙寅年 江華砲聲만 耳邊에 偶墮ᄒ면 各各 男負女戴ᄒ고 草根石窟을 爭尋ᄒ야 一命을 苟保ᄒ다가 畢竟에ᄂ 生無益ᄒ며 死無損ᄒ야 荒산枯骨이 草木과 同腐하ᄂ데(243)

병인양요는 신미양요, 운요호 사건으로 이어지는 근대 제국주의 세력의 조선 침탈을 알리는 서막과도 같은 사건이다. 병인양요가 발발하고 9년 후에 일본은 페리 제독에 의해 개항을 강요받은 것과 같은 방식으로 운요호 사건을 강화도에서 일으켜 조선에 개항을 요구하였다.[40] 그러나 실제로는 훨씬 더 잔인하고 폭력적인 방식으로 개항을 강요하였다. 1875년 일본 군함이 강화도를 침략하여 대포를 쏘고 조선 군인들

---

[40] 고모리 요이치(小森陽一), 송태욱 옮김, 『포스트콜로니얼』, 삼인, 2002, 86~93쪽.

을 죽였지만, 조선 정부는 정당한 대응이나 항의도 하지 못하고 결국에는 이듬해에 일본과 강화도 조약을 맺는다. 이 강화도 조약은 한일합방으로 이어지는 일제 침략의 시발점이었다고 할 수 있다. 신채호는 이러한 일제 침략이라는 역사의 다급한 위기 상황 속에서 "二十世紀의 太平洋을 莊嚴ᄒ고 第二. 李舜臣을 待"(314)하는 마음으로 『이순신전』을 집필한 것이다. 이처럼 신채호의 『이순신전』은 1866년 병인양요로 표상되는 시대적 상황과 연결시켜 이해해야만 한다.

그동안 이광수의 『이순신』을 시대적 상황과 관련시킨 논의는 주로 1930년대 초에 동아일보사에서 주도한 이순신 유적 보존 운동에 주목하였다. 『동아일보』는 1931년 5월 13일 이순신의 위토(位土)가 경매 위기에 처해 있다는 사실을 단독 보도했고, 5월 14일 사설에서도 이 사건을 "민족적 수치"로 규정했다. 이에 신문 독자들은 뜨거운 반응을 보였으며 5월 23일에는 '이충무공 유족 보존회'가 창립되기에 이른다. 김성연은 "『동아일보』의 이순신 유적 보전 운동의 가운데에는 1931년 당시 편집국장으로 활동하고 있었던 이광수가 있었다."[41]고 주장한다. 이광수는 초대편집국장 이상협과 사장 송진우로부터 재차 이순신 소설 집필을 권고 받고는 위토경매사건 기사가 보도된 직후 이를 계기로 이순신 소설 연재를 추진했다는 것이다.

필자는 명(인)에 대한 형상화에 나타난 이광수의 고유한 태도를 이해

---

41) 김성연, 앞의 논문, 47쪽. 김주현도 연재를 시작하기 1년 전에 이광수는 「충무공 유적 순례」(『동아일보』, 1930.5.21.-6.8.)를 발표하였는데, 이것은 당시 이충무공 묘소 땅이 경매에 부쳐질 위기에 처하자 전 국민의 관심을 제고하기 위해 동아일보사가 춘원에게 이충무공 유적 순례를 요청한 결과라고 보고 있다. 춘원은 동아일보 기자 김군과 함께 5월 19일부터 6월 1일까지 순례를 하였으며, 그 체험을 바탕으로 「충무공 유적 순례」를 집필하였다(김주현, 「이광수와 신채호의 만남, 그리고 영향」, 『한국현대문학연구』 48, 한국현대문학회, 2016, 158쪽).

하기 위해서는, 이순신 유적 보존 운동보다도 일제의 중국대륙침략이라는 맥락을 염두에 두어야 한다는 입장이다. 이광수의『이순신』이 연재되었던 1931년 6월 26일부터 1932년 4월 3일은 일본의 대륙 침략이 본격화된 시기이자, 중국과 직접적인 무력충돌을 벌이던 시기이다. 이 시기를 특징 짓는 핵심적인 사건으로는 만보산 사건(1931.7.2.), 만주사변(1931.9.18.-1932.3.1.),[42] 상하이사변(1932.1.28.-1932.5.5.)[43] 세 가지를 들 수 있다. 특히 우리 민족과 관련이 큰 만보산 사건이나 만주사변은 매우 중대하고 긴급한 문제로 부각되었다. 일본의 식민지였던 당시 상황을 고려할 때, 이광수의『이순신』은 전시에 쓰여진 일종의 전쟁소설이라고 볼 수 있다.『이순신』이 전쟁 기간에 발표된 신문연재소설이

[42] 만주사변의 개요를 정리하면 다음과 같다. 1931년 9월 18일 오후 10시 20분, 관동군은 류조호(柳條湖)의 만철선을 폭파한 후 북대영(北大營)과 봉천성을 공격하여 하루만에 남만주의 요충지인 심양 영구 장춘 등 18개 도시를 점령하였다(가토 요코(加藤陽子), 김영숙 옮김,『만주사변에서 중일전쟁으로』, 어문학사, 2012, 126쪽). 23일에는 멀리 있는 길림까지 점령했으며, 사건 후 5일만에 펑톈성, 지린성의 주요 지역이 일본군에 의해 점령되었다. 이후에도 10월 8일에는 진저우를 폭격했고, 북만주에도 병력을 진주시켜 11월 19일에는 치치하얼을 점령했다. 12월 22일 관동군은 '요서 일대의 토비 토벌' 성명을 발표하고 요서작전을 개시하고, 1932년 1월 3일에는 만주 지역에서 중국 측의 최후거점인 진저우를 점령했다. 불과 3개월 남짓의 군사행동을 통해 일본군은 동북 3성을 완전히 제압했다. 관동군이 1932년 3월 1일 괴뢰 만주국(滿州國)을 세워 실질적인 지배권을 행사하며 만주사변은 공식적으로 종료된다(일본역사학연구회, 아르고 인문사회연구소 편역,『태평양전쟁사 - 만주사변과 중일전쟁』, 채륜, 2017, 180~184쪽).

[43] 상하이 사변의 개요를 정리하면 다음과 같다. 만주점령이 신속하게 이루어지자 일제는 중국본토에 대한 침략의도를 노골적으로 드러내기 시작한다. 상하이에서 일본의 만주침략에 대한 반발이 거세지고, 32년 1월 18일 일본인 승려가 구타당하자, 이를 빌미로 일본군은 본격적으로 무력을 동원한 것이다. 1월 21일에는 거류민보호를 명목으로 순양함과 제15구축대를 증파하기로 결정하고, 이 함대는 23일 상하이에 도착해 특별육전대를 상륙시킨다. 1월 28일에는 제2차 육전대를 일본조계에 파견하고, 29일 오전 0시를 기해 육전대 경비구역을 일본조계 밖으로 확대한다. 그러나 전황은 만주의 경우와 반대로 흘러서 일본군은 고전을 면치 못했고, 결국 5월 5일 중일정전협정이 조인됨으로써 상하이에서 일본 육군이 철수하여 전투는 종결된다(일본역사학연구회, 위의 책, 190~191쪽).

라는 것을 감안할 때, 일본의 적인 중국과 연결되는 명(인)에 대한 과도한 부정적 형상화는 피할 수 없는 일이었는지도 모른다.

이광수가 『이순신』을 연재하던 기간 동안 『동아일보』 지면에는 만보산 사건이나 만주사변에 대한 기사나 논설 등이 집중적으로 발표된다. 만보산 사건에 대한 기사나 논설 등은 「開鑿工事는 繼續하나 同胞排斥熱益昂」(1931.7.1.)을 시작으로 「新義州戶數 昨年보다 減少」(1932.3.24.)에 이르기까지 150여건이나 실렸으며, 만주사변에 대해서는 1931년 9월 21일 호외(號外)를 발행한 것을 시작으로 1932년 4월 3일 「華校再開學」까지 440여건의 기사나 논설 등이 실렸을 정도이다. 이러한 상황에서 명나라, 그 중에서도 명군에 대한 형상화는 지나칠 정도로 부정적인 색채로 물들게 된 것이라고 할 수 있다.[44]

만보산 사건이나 만주사변이 『이순신』에 나타난 명(인)의 부정적 형상화에 영향을 주었다는 것은, 그러한 형상화가 나타나는 시기를 통계적으로 살펴보아도 일정 부분 확인할 수 있다. 실제로 3.2절에서 명(인)이 부정적으로 형상화된 것으로 직접 인용된 사례는 모두 20곳이 넘는데, 이것들은 모두 만보산 사건 이후에 발표된 것들이다. 이 중에서 본문과 분리하여 길게 인용한 여덟 번의 사례 중에서 한 번을 제외한 일곱 번의 사례는 모두 만주사변 기간에 발표된 것들이다. 또한 무사도에 충실한 일본군의 모습이나 일본에 대한 적개심을 약화시키는 내용으로 인용된 약 열 번의 사례도 모두 만보산 사건 이후에 발표된 것들

---

[44] 만보산 사건의 발생과 뒤이은 재만동포구제회 창립, 그리고 재만동포 위호 금품이 성금 지면의 자리를 차지하면서, 『동아일보』 지면에서 "표면적으로는 이순신 특집이 만주사변 호외에 밀리는 형국"(김성연, 앞의 논문, 51쪽)이었다는 지적이 있었다. 그러나 김성연은 만보산 사건이 이광수의 소설 『이순신』에 미친 영향에 대해서는 별다른 논의를 보여주지 않는다.

이며, 이 중에서 두 번을 뺀 나머지 사례는 모두 만주사변 기간에 발표된 것들임을 알 수 있다.

또한 이 시기는 만보산(萬寶山) 사건[45]으로 인하여 조선 내에서 배화열이 극에 이른 때이기도 하다. 중국측 자료에 따르면 만보산 사건으로 화교 중에서 142명이 사망하고, 546명 부상당했으며, 91명이 행방불명 되었다고 한다. 만보산 사건과 그에 따른 배화열은 일제 시기 내내긴장관계를 유지했던 조선인과 중국인의 갈등이 가장 극에 달한 비극이었다. 이러한 갈등은 오랜 기간 지속되어 온 역사문화적 이유(대표적으로 병자호란 당시 청으로부터 받은 조선의 극심한 피해 등을 들수 있다)와 더불어 "한국인 노동자와 중국인 노동자의 일자리 다툼"[46]과 같은 사회경제적인 이유에서 비롯되었다. 이광수의 『이순신』에 나타난 과도할 정도의 명나라에 대한 부정적 형상화는 만보산 사건, 만주사변, 상하이 사변이라는 시대적 분위기가 일정 부분 영향을 주었다고볼 수 있다.

---

45) 조선농민 300여 명은 창춘 서북방 50리 부근(만보산萬寶山과 이통하伊通河의 중간)에서 약 1,000정보 가량의 황무지를 수전으로 개간하기로 하고 중국인 지주와차지(借地) 계약을 맺고 수로공사에 들어갔다. 중국인의 민족 가정이 고조되면서1931년 5월 말 중국 관헌은 즉시 퇴거를 요구했고, 7월 1일에는 500명의 중국농민이 현지로 몰려와 소총, 권총을 쏘아댔고 제방과 수로를 파괴했다. 이것이 바로널리 알려진 만보산사건이다. 일본 측은 이 사건을 대대적으로 선전했고, 그 결과7월 2일 밤 인천을 시작으로 하여 조선 내 중국인에 대한 보복 폭행이 삽시간에전 조선으로 번져갔다(일본역사학연구회, 앞의 책, 162~163쪽).

46) 김태웅, 『이주노동자, 그들은 우리에게 어떻게 다가왔나』, 아카넷, 2017, 9쪽.

V. 민족영웅 서사를 통해 바라본 배제와 결속의 메커니즘

 이 글은 우리 민족의 대표적인 영웅인 이순신을 다룬 신채호의『이순신전』과 이광수의『이순신』에 나타난 明(人)에 대한 인식을 고찰하고자 한다. 이러한 작업은 민족국가가 형성되던 시기에 나타나는 민족영웅 서사를 통해 배제와 결속의 메커니즘을 살펴보는 일이기도 하다. 두 작품은 한중일이 모두 참여한 임진왜란을 배경으로 하고 있음에도, 기존 논의에서는 이들 작품에 나타난 明(人)에 대한 인식에는 별다른 주목을 하지 않았다. 두 작품에 형상화된 명(인)의 모습과 그 의미를 파악하기 위해서는 이순신 서사에 대한 통시적 고찰이 필수적으로 요구될 수밖에 없다. 임진왜란의 당대 기록이라고 할 수 있는『난중일기』와『이충무공행록』에서 명(인)은 부정적이라기보다는 긍정적인 모습에 가깝다. 병자호란 이후에는 조선중화주의가 대두하며, 임진왜란 당시 명(인)에 대한 인식은 더욱 긍정적인 것으로 변한다. 임진왜란 시기에 조선에 온 대표적인 인물 이여송이나 진린은 비판의 대상이라기보다는 숭앙의 대상이 된 것이다.

 그러나 근대전환기에 오면서 이러한 모습은 변모한다. 신채호의『이순신전』에는 강렬한 반일의식이 나타나지만, 명나라에 대한 부정적 인식이 크게 부각되지는 않는다. 명나라에 대한 인식은 앞에서 살펴본『난중일기』,『이충무공행록』과 크게 다르지 않다. 이에 반해 이광수의『이순신』은 조금 과장하자면, 임진왜란을 조선과 일본의 전쟁이 아닌 조선과 명나라의 전쟁으로 형상화했다고 할만큼 명(인)에 대한 부정적인 인식이 매우 강화된 작품이다. 명군은 일본군의 무력에 겁을 집어 먹고 어떻게든 전쟁을 회피하려고 하는 존재이자, 조선군보다도 못한 존재로 그려진다. 오히려 명군은 조선군에게 폐만 끼치는 존재이다. 가장 문제적인 지점은 이순신의 죽음이 진린 때문에 일어난 것으로 그려지고 있다는 점이다. 심지어 조선인의 입을 통해 명나라 사람은 "오랑캐"라 불리기까지 한다. 이 때의 '오랑캐'라는 말은 근대 이전의 동아시아 질서 속 위계가 이 작품에서 전도되고 있음을 증명한다. 중화적 질서에 대한 철저한 비판이 만들어낸 명나라에 대한 과도한 비하는, 그동안 이순신을 다룬 어떤 텍스트에서도 볼 수 없는 새로운 모습의 일본인상을 만들어내기도 한다. 그것은 바로 대의와 전체를 위해 개인의 죽음을 가볍게 여기는 무사도(武士道)에 충실한 인간상이다 이광수의 『이순신』은 일본에 대한 적개심을 고취시키는 것과는 무관한 텍스트로서, 오히려 적개심의 중요한 계기들을 완화시키는데 노력하고 있다.

과연 이러한 차이를 낳은 이유는 무엇일까? 이러한 차이는 작가들의 기본적인 세계관에서도 비롯되는 것이지만, 두 편의 신문연재소설이 창작되던 당대의 상황과도 밀접하게 연관된 것으로 보인다. 신채호의 『이순신전』은 작품 중에도 나오듯이 1866년 병인양요로 표상되는 제국주의 세력의 침탈이라는 시대적 상황과 연결시켜 이해해야만 한다. 이와 달리 이광수의 『이순신』은 만보산 사건으로 배화열(排華熱)이 극에 달하고, 만주사변과 상하이사변이 발발하던 시기에 쓰여진 작품이다. 이광수의 『이순신』이 작품이 연재되었던 1931년 6월 26일부터 1932년 4월 3일은 일본의 대륙 침략이 본격화된 시기이자, 중국과 직접적인 무력충돌을 벌이던 시기였던 것이다. 특히 우리 민족과 관련이 매우 큰 만보산 사건이나 만주사변은 매우 중대하고 긴급한 문제로 부각되었다. 일본의 식민지였던 당시 상황을 고려할 때, 이광수의 『이순신』은 전시에 쓰여진 일종의 전쟁소설이라고 볼 수도 있다. 더군다나 『이순신』이 신문연재소설이었다는 것을 생각한다면, 당시 일본의 적인 중국과 연결되는 명(인)에 대한 과도한 부정적 형상화는 피할 수 없는 일이었는지도 모른다.

근대전환기에 민족국가가 형성되던 과정에서 발생하는 배제와 결속의 메커니즘은 조선(인)과 일본(인) 사이에서만 발생한 것이 아니고, 조선(인)과 중국(인) 사이에서도 강력하게 드러났던 것이다. 신채호가 주로 일본(인)에 대한 적개심에 바탕해 공동체를 구성하고자 했다면, 이광수는 일본(인)보다도 중국(인)에 대한 멸시를 바탕으로 공동체를 구성하고자 했다고 볼 수 있다. 이광수의 『이순신』은 중국과 일본에 대한 형상화라는 측면에서, 이인직의 「혈의 누」(『만세전』, 1906)에 이어지는 작품이다. 「혈의 누」는 제1차 조선전쟁이라고도 불리는 청일전쟁을 배경으로 한 작품이다. 이인직의 과도한 근대지향성(일본지향성)은 「혈의 누」에서 만국공법을 매개로 하여 일본을 문명국으로 이상화하고 중국을 야만국으로 열등화하였다. 「혈의 누」로부터 약 1세대가 지난 후에, 이광수도 임진왜란이라는 또 다른 한·중·일의 국제전을 무대로 하여, 자신의 왜곡된 정치의식을 드러낸 것이라고 볼 수 있다.

제2부
동아시아 근대의 번역과
번역된 근대 문화

서양 문명과 풍경의
메타모포시스
- 『서유견문』의 수사적 상황과 저자 변수

우찬제

서양 문명과 풍경의 메타모포시스
- 『서유견문』의 수사적 상황과 저자 변수

Ⅰ. 견문(見聞)인가, 전문(傳聞)인가?

유길준(1856~1914)의 『서유견문』(1895)은 기행문인가? 표제만 보면 분명 서양을 여행하고 쓴 견문록, 그러니까 기행문의 일종으로 보인다. 그동안 미국과 유럽 여행 경험을 바탕으로 지은 최초의 서양 기행문으로 불렸던 것도 그 제목의 영향 때문일 가능성이 높다. 그러나 20편에 걸친 만만치 않은 분량을 일별하노라면 이 책이 결코 단순한 기행문이 아님을 알 수 있다. 물론 일부 기행문에 가까운 글도 있지만, 그보다는 서양 문명과 제도를 소개하는 많은 정보들이 망라되어 있기 때문이다. 그러니까 단순한 기행문이 아니라, 『서유견문』은 근대 초기 서양이라는 타자 수용의 현상과 의식의 한 단면을 알 수 있게 하는 정보 텍스트에 가깝다. 나아가 개화를 위한 포괄적 입문서라고 할 수 있다.[1] 직접 경험하고 관찰한 풍경이 생생하게 묘사되거나 전달되기보다 간접적으로 번역한 각종 정보가 넘쳐나는 까닭에, 이 글에서는 서양 문명 인식의 창으로 '도서관'을 주목하고, 유길준이 재현한 풍경이 간접화될 수밖에 없었던 사정을 당대의 수사적 상황과 관련하여 추론해 보고자 한다.

유길준이 1881년 5월 조사시찰단(朝士視察團 혹은 신사유람단)의 일원으로 일본을 방문한 것을 기회로 조선인으로서는 최초로 경응의숙(慶應義塾)에 유학한 경험, 그리고 1883년 7월 26일 보빙사(報聘使)의 일원으로 인천을 떠나 미국에 가서 사절단으로서 임무를 수행하고 40여 일간 미국의 문물을 탐사했던 경험과 1884년 12월까지 미국 유학의 경험, 그리고 갑신정변 직후 4개월여 유럽여행, 이집트, 싱가포르, 도쿄를 거쳐 1885년 12월 16일 인천으로 귀국하기까지의 서구 체험과 그 과정에서의 독서 이력이 『서유견문』에 포괄적으로 담겨 있다.[2] 전체 20편으로 구성되어 있는 『서유견문』은 그 중 18편에 걸쳐, 그러니까 거의 90% 정도를, 세

---

[1] 유길준 평전을 쓴 이광린은 유길준의 독창적인 개화사상을 주목하고, 개화와 국민 계몽을 위해 국한문혼용체로 기술되었다는 점, 책 출간 후 유길준이 당시 정부의 고관들이나 유력자들에게 기증했는데, 이는 당시 여전히 보수적인 견해에 빠져 있던 정부 고관을 먼저 계몽하기 위한 의도였을 것으로 추정한다.(이광린, 『유길준』, 동아일보사, 1992, 78~83쪽) 김현주는 『서유견문』을 해설하는 자리에서 "'개화사상과 제도 개혁 구상을 집약한 개화사상서', '근대화의 방법을 구체적으로 제시한 근대적 국정개혁서'"(김현주, 「『서유견문』과 계몽기 지(知)의 장(場)」; 유길준, 허경진 옮김, 『서유견문』, 서해문집, 2004, 590쪽)라고 정리한 바 있다. 이 논문에서 『서유견문』 기본 텍스트로 당시의 문장을 그대로 편집한 『유길준전서 Ⅰ』, 일조각, 1996과 이를 허경진이 현대어로 충실하게 풀어낸 『서유견문』, 서해문집, 2005를 참조하였다. 이 논문에서는 독자의 가독성을 위해 허경진의 현대어역본에서 인용하고 본문에서는 그 쪽수만을 적기로 한다.
[2] 이광린의 앞의 책 (『유길준』) 2장 '서양문명에 눈뜬 일본 유학 시절'(15~26쪽), 4장 '미국 유학에서 민주주의 체험', 5장 '유럽 여행하며 서양문물 관찰'(37~64쪽) 부분에 당시 유길준의 행적이 정리되어 있다.

계의 현황과 서양 문물과 제도를 소개하는데 집중하고 있다. 지구 세계의 개론부터 시작하여 세계의 바다와 강, 호수, 인종, 물산을 소개하고, 나라의 권리와 국민의 교육, 정부와 정치 제도, 세금과 납세의 의무, 교육과 군대, 화폐와 법률 및 경찰, 당파, 생계, 건강, 학문, 상인, 개화의 등급, 병원, 박물관, 도서관, 도시의 배치 등에 이르기까지 근대적 서구 문물을 소개한 다음, 19편과 20편에서는 미국 · 영국 · 프랑스 · 독일 · 네덜란드 · 포르투갈 · 스페인 · 벨기에 등 서양의 대도시들의 풍경을 전한다. 이런 구성은 물론 실제 기술된 서술 방식이나 스타일도 여행기 혹은 견문록이라고 하기에는 상당한 거리가 있는 것이 사실이다.[3] 여행기라기보다는 서양에 대한 전체적인 이해와 이를 바탕으로 조선인들을 계몽하고 조선의 근대화에 이바지하기 위한 백과사전적 저술로 기획된 것으로 거론되었다.[4] 그래서 기존 논자들은 주로 14편 '개화의 등급'까지를 중심으로 고찰하고 15~20편은 보론(補論)으로 논의했다. 그런데 이 기행문을 수사학적으로 분석해 보면 직접 관찰과 인식을 중심으로 한 재현의 담론보다 일본과 미국 유학 시절 도서관에서 책으로 공부한 담론들이 훨씬 많음을 알게 된다. 『서유견문』은 일본 유학 시절 스승이었던 후쿠자와 유키치Fukuzawa Yukichi(福澤諭吉, 1835~ 1901)의 『서양사정(Seiyojijo)』과 『문명론의 개략』, 『만국공법』과 헨리 휘턴(Henry Wheaton)의 『만국공법(Elements of International Law)』, 헨리 포셋(Henry Fawcett)의 『富國策(Manual of Political Economy)』, 아오키 츠네사부로(靑木恒三郞,

---

3) 이형대는 "시간의 흐름과 장소의 이동을 중심축으로 하여 耳聞目睹한 사실을 적어 가며, 때로는 이에 대한 자신의 내적 체험을 독백의 형식으로 곁들이는, 여행기의 서술 방식과는 완연히 다르다"(이형대, 「『서유견문』의 서구 여행 체험과 문명 표상」, 『비평문학』 34, 한국비평문학회, 2009.12, 235쪽)고 지적했다.
4) 이형대, 위의 논문, 237쪽.

1863~1926)가 편찬한『世界旅行 萬國名所圖繪(Illustrated Guide Book for Travelers Round the World)』등이 주요 참고문헌이었음이 그 동안 학계에 보고되었다.[5] 17편의 '도서관' 부분이 주목되는 것은,『서유견문』이 직접 경험을 바탕으로 한 기행문이라기보다는 도서관에서 책을 통해 간접 경험한 것을 번역하여 편찬한 것에 가깝기 때문이다.

그렇다면 왜 저자 유길준은 그런 기행문을 쓰게 되었을까? 왜 자신이 감당할 수 있는 것 이상을 썼을까? 닫힌 조선의 열린 지식인이고자 했기 그랬을 것이라는 점을 가정하고, 이 가정을 풀어내기 위해『서유견문』의 수사적 상황을 저자 변수를 중심으로 먼저 살피기로 한다. 이어서 그런 저자 변수로 인해 텍스트가 기행문의 일반적 수사적 관습과

---

5) 박지향,「유길준이 본 서양」,『진단학보』89집, 진단학회, 2000, 245쪽.『서유견문』과 그 저자 유길준에 대한 연구사는 최덕수,「해방 후 유길준 연구의 성과와 과제」,『근대 한국의 개혁 구상과 유길준』, 고려대학교출판문화원, 2015, 13~55쪽에 자세히 정리되어 있다. 일찍이 이광린은「유길준의 개화사상 -『서유견문』을 중심으로」(『한국개화사상연구』, 일조각, 1979)에서『서유견문』에 미친 후쿠자와 유키치의『서양사정』의 영향에 대해 두 책의 목차까지 비교하며 검토한 바 있다. 이후『서유견문』의 전거에 대한 구체적인 논의는 서명일,「『서유견문』19~20편의 전거와 유길준의 번역」,『한국사학보』68, 한국사학회, 2017.8, 94~110쪽을 참조할 수 있다. 특히 후쿠자와 유키치의『서양사정』을 번역한 정도와 비중에 대한 연구자들의 진단을 서명일은 이 논문에서 다음과 같이 정리했다. "연구 초기에는 목차 비교만을 통해『서유견문』의 70% 이상이『서양사정』의 '集成'이라거나 60% 정도가 '譯述'이라고 언급되었지만, …중략… 본문 내용을 비교한 연구들이 발표된 이후에는 번역문의 비중을 절반 이하로 파악하고 있다. 예컨대 이광린은 3편~18편의 절반 정도가『서양사정』을 '대본'으로 삼았다고 보았고 이한섭은 전체 20편 중 9편이『서양사정』의 번역이라고 언급하였으며, 임전혜의 경우『서유견문』전편을 항목별로 나누어 전체 71개 항목 가운데 26개 항목이 명백히『서양사정』에 의거한 것이라 보았다(이광린,「유길준의 개화사상」,『역사학보』75・76, 역사학회, 1977, 226~231쪽; 이한섭,「『서유견문』에 받아들여진 일본의 한자어에 대하여」,『일본학』6, 동국대학교 일본학연구소, 1987, 89쪽; 任展慧,『日本における朝鮮人の文學の歷史』, 法政大學出版局, 1994, 45쪽). 그리고 최근에는 원문과 취지가 다른 곳에『서양사정』을 부분적으로 인용한 경우를 구분함으로써 대략『서유견문』전체 분량의 1/3 정도를『서양사정』의 번역으로 보고 있다. 가령 쓰키아시는 全譯에 근접하거나 번역이 많이 포함된 부분을 6편 내외로 파악하고 있다."(95쪽)

는 다르게 기술되었음을 논의하겠다. 수사학자 하트(R. P. Hart)는 수사적 상황을 구성하는 요소로 화자, 청자, 메시지, 수사적 관습, 화제, 매체, 설득장(說得場), 배경, 문화적 경계 등을 거론하며 수사적 상황의 모형을 제시한 바 있다.[6] 그 모형을 통해 우리는 사회적 역장(力場) 속에 위치한 메시지를 이해할 수 있으며, 수사적 상황을 구성하는 요소들의 체계를 기술할 수 있다고 했다.[7] 그 중 화자 혹은 저자 변수에 대한 하트의 논점을 참조하자면 다음과 같다.

① 특정한 장소에서 특정한 화제에 대해 논의하는 것 이외에, 화자는 말하기를 통해 어떠한 종류의 사회적 진술을 만드는가?
② 청중은, 수사학적으로 다가갈 수 있는, 화자에 대한 직접적인 지식을 갖고 있는가?
③ 화자는 통상 "화자는 이러이러해야 한다"는 청자의 고정관념에 의해 추앙되거나 희생되는가?
④ 화자는 자신이 말하게 된 동기를 밝히고자 할 때, 자유롭게 넘나들어도 무방한가?
⑤ 화자는 말해질 수 있는 범위를 확장하거나 제한하는 특정 이데올로기 내지 교의에 동의하고 있는가?
⑥ 화자는 이러한 화제에 대해 말할 때, 어떤 특별한 자산과 부채를 지니고 있는가?
⑦ 문제의 메시지를 말할 때, 화자가 이러한 제 요인들을 고려한다고 볼 수 있는 텍스트상의 증거(textual evidence)는 있는가?[8](번호는 인용자가 붙인 것임)

---

[6] Roderick P. Hart, *Modern Rhetorical Criticism*, Boston: Allyn and Bacon, 1997, p.48.
[7] Ibid, pp.47~48.
[8] Ibid, pp.48~49 및 졸저, 『텍스트의 수사학』, 서강대학교출판부, 2005, 38~39쪽.

즉 화제의 성격과 그 수사적 효과로서의 사회적 담론 형성의 가능성
(①), 당대『서유견문』의 독자층들이 지녔던 저자 유길준에 대한 지식
이나 정보(②), 독자층의 수용 상황(③)과 그와 관련한 저자의 소통 의
지와 동기 혹은 이데올로기(④, ⑤), 당대 조선과 조선 상황에 지녔던
유길준의 특별한 자산과 부채(⑥), 그리고 그런 특징과 요인들을 추출
할 수 있는 관련한 텍스트상의 증거(⑦) 등을 종합적으로 고려하면서
『서유견문』의 수사적 상황에서 저자 변수를 고찰한다면, 평전이나 문
헌학적 고증을 바탕으로 한 논의와는 다른 수사학적 견해를 제출할 수
있을 것으로 기대한다. 견문록, 혹은 기행문의 수사학적 관습과 관련한
논의의 편의를 위해『서유견문』 중 기행문의 성격에 가장 근접한 19편
과 20편을 중심으로 텍스트를 분석하되 필요에 따라「서문」을 비롯한
다른 편들의 본문도 탄력적으로 활용할 것이다. 그 과정을 통해 유길
준에 의해 이루어진 서양 문명과 풍경의 메타모포시스는 어떤 수사적
특징이 있는지를 고찰하겠다.

Ⅱ. 『서유견문』의 수사적 상황과 저자 변수

1. 닫힌 조선의 열린 교사, 그 개화 욕망

『서유견문』의「서문」에서 유길준은 1881년 조사시찰단의 일원으로
일본에 갔을 때 그곳 사람들이 사는 모습이 생각했던 것과는 무척 달
랐다고 적었다. 개화된 일본인들과 대화하고 책을 읽으면서 서양 문명
을 적극적으로 수용한 결과라는 사실을 알게 되었다는 것이다.[9] 그때

부터 열심히 기록하고 자료를 수집했다고 했다. 더욱이 서양의 여러 나라들과 수교를 맺는 시점에 이르러 그들을 잘 모르는 것이 문제라고 생각하여 이 책을 펴내기로 했다는 것이다. 저자가 개화 일로에 있던 일본에서 상상했던 서양의 모습도 그랬겠지만, 직접 본 서양의 풍경은 선망의 대상이었던 것처럼 보인다. 미국 시카고를 비롯한 몇몇 도시에 대한 다음의 반응을 먼저 보기로 한다.

미국 시카고: "이 나라 사람들의 부지런함과 물자의 넉넉함은 역시 다른 나라 사람들에게 부러움을 살 만하다."(525쪽)

샌프란시스코: "높이 솟은 푸른 절벽과 넘실거리며 흐르는 물결 사이에 울긋불긋한 고층 건물이 즐비한 광경은 부유함을 서로 자랑하며 호사스러움을 서로 다투니, 참으로 일대 명승지며 웅대한 도시다."(529쪽)

영국 런던: "그 화려함과 광대함이 천하에 으뜸이다."(533쪽, 인용문의 진한 강조는 인용자에 의한 것임. 이하 같음.)

독일 베를린: "건물들의 웅장하고도 화려한 제도와 도로의 청결하고도 상쾌한 규모가 큰 나라의 서울이라고 불리기에 부끄럽지 않다. 국민들의 평화로운 기상과 산천의 맑은 경치가 즐거운 나라의 대도시라고 불리기에 알맞다. 관청의 엄숙한 위의와 상인들의 풍요로운 모습이 부강한 정부의 현상을 그려 내고 있다."(564~65쪽)

9) "일본 사람 가운데 견문이 많고 학식이 넓은 사람과 더불어 이야기를 주고받으면서 그들의 의견을 듣고 새로 나온 기이한 책들을 보며 거듭 생각하는 동안, 그 사정을 살펴보고 실제 모습을 들여다보며 진상을 파헤쳐 보니, 그들의 제도나 법규 가운데 서양泰西의 풍을 모방한 것이 십중팔구나 되는 것을 알게 되었다."(유길준, 앞의 책, 17쪽).

이런 부러움은 영락없이 결여의 소산이다. 서양에는 있고 닫힌 조선에는 없는 결여에 대한 생각이 서양의 문명과 풍경을 적극 수용하여 개화에 이바지했으면 좋겠다는 욕망을 낳는다. "듣는 것을 기록하고 보는 것을 베껴 두는 한편, 고금의 서적 가운데 참고되는 것을 옮겨 써서 한 권의 책을 만들었"(23쪽)음을 밝히면서,[10] 저자는 스스로 자기 한계를 드러내기도 했다.

나 자신이 서양 여러 나라에 가보지도 않고 남들이 이야기한 찌꺼기만을 주워 모아 이 기행문에 옮겨 쓴 것이 마치 꿈속에서 남의 꿈 이야기를 하는 것과 다를 바가 없다고 생각한다. …중략… 다만 내가 직접 목격한 참모습을 기록하지 못한 것을 스스로 아쉬워하고 있었다.(18쪽)

내 발로 이르러 직접 눈으로 본 것들은 그대로 괜찮겠지만, 그 나머지는 남들의 기행문을 살펴보며 그 찌꺼기를 주워 모아 모호한 글자로 꾸며 놓은 것이다. 어쩌다 사실과 다른 기록도 반드시 있을 것이며, 참모습을 온전히 잃어버린 것도 없지 않을 것이다. 비유하면 서투른 화공이 사연의 뛰어난 참모습을 마주하고도 삼매경에서 접신하는 의장(意匠)이 없고, 구태의연히 호리병박을 그리는 것 같아 안목 있는 이들에게 비웃음을 면치 못할 것이다.(511쪽)

이렇게 『서유견문』의 저자는 기행문의 저자로서는 충분한 기행 경

---

10) 「서문」다음의 「비고」에서 유길준은 더 구체적으로 참고문헌에 의존했음을 밝혔다. "이 책 가운데 각 나라의 정치·상업·군비·조세 등에 관계되는 기록들은 10여 년 전, 또는 5, 6년 전의 참고문헌에 따른 것이기 때문에, 앞과 뒤가 다른 경우도 없지 않을 것이다."; "이 책 가운데 산천이나 물산에 관한 내용은 오로지 다른 사람의 기록에 의존하였다."; "이 책은 내가 서양을 유람할 때에 학습하는 여가를 틈타서 듣고 본 것을 수집하고, 또 본국에 돌아온 뒤에 서적에 의거하여 지은 것이다." (유길준, 위의 책, 32~33쪽).

험과 정보를 갖지 못한 상황이었다. 충분치 않은 경험과는 달리 개화 계몽을 위한 수용과 전파 의지는 충분했다. 『서유견문』의 의미도 그런 면에서 스스로 부여한다.

그 나라들과 수교하면서 그들을 알지 못해서는 안 된다. 그러니 그들의 사실을 기록하고 그들의 풍속을 논하여 우리나라 사람들에게 읽을거리를 제공하는 것도 또한 터럭만큼의 도움이 없지는 않을 것이다.(18쪽)

누워 노는 자들에게 한 번 읽을거리로 제공하여 지척에서 만리 밖을 논 하는 데에 도움이 없지는 않을 것이다.(511~512쪽)

특히 "누워 노는 자들"이라는 대목이 주목된다. 미개한 조선인 일반 에 대한 비유가 아니었을까. 일본이나 서양과의 관계에서 그는 학생이 고자 했다. 그럴 수밖에 없다고 생각한 것 같다. 부러운 게 많고 배울 게 많은 선망의 대상이기 때문이다. 그러나 조선에서는 그런 "누워 노 는 자들"을 도와 교화하는 교사이기를 욕망한다. 부족하나마 부러운 풍 경을 전하여 일본처럼 조선도 얼른 개화했으면 좋겠다는 욕망이 불충 분한 기행문을 쓰도록 했던 것이다. 『서유견문』의 수사적 상황에서 저 자의 처지와 입장, 의식을 몇 가지로 정리해 보기로 하자.

첫째, 유길준은 조선인으로서는 최초로 일본과 미국에 유학한 인물 이었다. 그 과정에서 당대의 실세였던 민영익을 비롯한 조선 정부의 혜택을 입었고, 그것을 조선을 위하여 보답해야 한다고 생각했던 것으 로 보인다. 이광린에 따르면 "당시 나라에서 젊은이들을 외국에 유학시 킬 때에는 주로 기술습득을 목적으로" 하고 있었는데, "유길준과 유정

수·윤치호 등은 그들과는 달리 새로운 학문을 배우도록" 했는데, "이것은 매우 파격적인 조치"였다는 것이다. "학문이나 사상은 우리 것이 서양보다 더 훌륭하다고 믿고 있던 이른바 東道西器의 사상이 한국사회를 지배하고 있던 때에 취해진 조치였기 때문"이라고 했다. 어쨌든 유길준이 "새로운 학문과 사상"을 발견하고 익힐 수 있게 된 것은 본인을 위해 다행한 일이었을 뿐만 아니라 특히 『서유견문』 집필에 의미 있는 계기가 되었다는 것이 그의 견해다.[11] 「서문」에서 저자가 자신이 부족한 점이 많긴 하지만 "감히 사신으로서 명령을 받은 데다 외국에 유학하는 명예까지도 얻었으니" 그 영광이 매우 컸음에도 "조그만 성과도 이루지 못한다면, 첫째로는 나라에 부끄러움을 끼치게 될 것이고, 둘째로는 민 공의 정중한 부탁을 욕되게 할 것"(21쪽)이라면서, "우리나라 사람들이 살펴보게 하기 위하여 민 공이 나를 유학케 하고, 또 (이 책을) 기록하게 명하였으니, 나는 이 책을 완성함으로 말미암아 민 공의 부탁을 저버리지 않게 된 것을 매우 다행스럽게 생각한다."(26~27쪽)고 밝힌 것도 그 같은 저자의 처지와 상황을 잘 드러낸 사례라 하겠다. 즉 자신에게 유학의 기회를 제공한 민영익을 위시한 조선 정부에 부채 의식을 지니고 있었고, 그것을 갚기 위하여 한 작업이 『서유견문』의 집필이었다는 것이다.

둘째, 개화 지식인으로 인정받은 학생 의식을 주목할 수 있다. 일본 경성의숙 유학 시절 유길준은 스승인 후쿠자와 유키치로부터 "군의 학구열과 진취적 능력은 참으로 놀랍다. 더욱이 한학의 조예는 일본 한학 수준에 비하면 상당한 수준으로 꼽힐 것이다. 군은 앞으로 반드시

---

11) 이광린, 『한국개화사상연구』, 일조각, 1979, 74쪽. 김봉렬도 비슷한 입장을 보였다. 김봉렬, 『유길준 개화사상의 연구』, 경남대학교출판부, 1998, 36쪽.

한국의 개화를 이끌어 가는데 주역이 될 것이다."[12] 라는 칭찬을 받았다. 후쿠자와 유키치 또한 27세 때 미국 체험을 시작하여 미국과 유럽 등지에서 견문을 넓히고 그쪽의 저서를 참조하여 『서양사정』 등을 펴낸 일본 최고의 문명개화론자였다. 아시아연대론의 주창자이기도 했던 그가 유길준을 자기 집에서 사숙하게 하면서 아낀 다른 이유가 없지는 않았으나, 어쨌든 학생인 유길준 입장에서 스승의 칭찬과 인정은 매우 고무적인 사건이었을 터이다. 그리하여 서양을 통해 문명 진화를 추구하던 스승 후쿠자와 유키치의 길을 하나의 역할 모델로 삼았을 수도 있다. 9번 각주에 인용한 것처럼 유길준은 『서유견문』 서문에서 메이지유신 이후 일본이 발전하게 된 것은 그 십중팔구가 서양문명을 모방한 것임을 깨달았다고 했는데, 스승의 저서 『서양사정』 등도 서양을 모방하고 추수하는 유력한 통로였음을 확인하고, 자신도 그 길을 거듭 따라가면 조선의 문명개화에 선도적인 역할을 할 수 있을 것으로 생각한 것 같다.

셋째, 일본과 서양에 대해서는 충실한 학생 의식을 보였던 유길준은 '미개(未開)→반개(半開)→(문명)개화(開化)'라는 진화론적이고 진보적인 체계를 바탕으로 역사를 해석했다. 14편 '개화의 등급'에서 그런 입장을 뚜렷하게 드러냈다. "세대가 내려올수록 사람들이 개화하는 방법은 발전하고 있다"(400쪽)는 전제 아래 개화하기 위해서는 남의 장점을 "실용적으로" 수용하는 한편 "자신의 훌륭하고 아름다운 것"(399쪽)을 더욱 진보시켜 나갈 필요가 있다고 했다. 가령 고려청자나 충무공의 철갑선, 금속활자 등의 사례를 언급하며 "우리나라 사람들이 깊이 연구하

12) 유동준, 『유길준전』, 일조각, 1987, 59~60쪽.

고 또 연구하여 편리한 방법을 경영하였더라면, 이 시대에 이르러 천만 가지 사물에 관한 세계 만국의 명예가 우리나라로 돌아왔을 것"(402쪽)이라며 유감의 뜻을 표했다. 이런 유감스러운 상황에서 문명개화를 향한 진보를 위해 조선이 무엇을 어떻게 생각해야 할 것인가를 지시하고 널리 알리고 싶었던 욕망이 컸던 것으로 보인다. "이것이 산이다"라는 지정, "그것이 가리키는 근본"(25쪽)을 강조한 것도 그런 까닭이다. 또 한문체 중심의 수사학적 관습을 넘어서 국한문혼용체로 기술한 이유를 "온 나라 사람들-상하·귀천·부인·어린이를 가릴 것 없이 저들의 형편을 알지 못해서는 안 될 것"(26쪽)이라고 한 것도, 개화의 방향을 알리고 그 진보를 위한 책략을 효율적으로 교육하기 위한 교사의 사상이 아니었을까 싶다. 일본과 서양에서는 충실한 학생이었던 유길준은 귀국 후 『서유견문』을 집필하면서 닫힌 조선의 열린 교사이고자 했다.

2. 계몽을 위한 문화적 메타모포시스, 그 저술의 수행성

살핀 것처럼 유길준의 견문 혹은 기행문 저자로는 불충분했지만 개화를 위한 계몽 의지는 남달랐다. 그런 맥락에서 11편의 '교사'와 '저술가' 대목이 주목된다. 그는 교사를 "인간을 교훈하는 일을 맡았고, 나라의 근본을 길러내는 직책"이라면서 이렇게 서술한다. "자기가 이미 선각자가 되었으니 후학들을 깨우쳐 주는 것도 또한 인생의 큰 즐거움과 유쾌한 일이 될 것이다. 어찌 혼자만 알고 살다가 혼자만 아는 채로 죽어서, 세상에 그 이치를 전하지 않겠는가."(306쪽) 그러므로 "배우려고 하는 자들은 부지런히 가르쳐야"(306쪽) 한다고 했다. 이 부분을 바탕으로, 서양 문명을 열심히 배우려고 하여 먼저 터득하게 된 일종의 선각자로서 자신은 부지런히 조선인을 가르쳐야 한다는 각오나 의지를 읽어내는 것은 그리 무리한 일이 아니다. 『서유견문』의 11편에서 교사를 언급하기 전에 9편에서 이미 유길준은 교육제도를 다룬 바 있다. "나라의 큰 근본은 교육하는 방법에 달려 있"(253쪽)으며, 당대의 열강들이 대개 교육에 힘써 효과를 보았다는 전제로 시작하는 9편에서 그는 각급 학교에서 배우는 것을 소개한 다음 교육의 실제적이고 실용적인 효과를 각별하게 강조했다.[13] 그가 절실하게 여겼던 것은 오로지 실용적인 지식이고 실질적인 공부였다. 아직 미몽(迷夢) 상태인 조선의 관료나 국민이 『서유견문』을 통해 실용적인 지식을 배우게 되어 서구 열강처럼 조선도 발전할 수 있기를 바란 것 같다. 즉 미몽 상태인 조선인들을 계몽하여 조선의 변혁과 발전이라는 실질적인 효과를 거둘 수 있기를 기대한 것이다. 그러기에 그에게 저술은 곧 교육과 통하는 것이었고, 계몽과 탈바꿈의 도구였다.

『서유견문』의 저술가 부분이 주목되는 것도 그런 맥락에서다. 당시 조선에서는 "도학군자와 문장대가의 고명한 이론과 심원한 저술이 상자에 가득 차고 흘러넘쳐도, 저술한 주인이 살아 있을 때에는 거론하지 않는 법"(307쪽)이어서, 그 저자 사후에야 인쇄되거나 후손을 잘못 만나면 아예 사라지고 말았던 사정을 환기하고, 서양의 경우는 그렇지 않다고 보고한다. "자기가 지은 글을 자기가 살아 있을 때에 인쇄하여 세

---

13) "어려서 배우는 까닭은 장년에 실행하기 위해서다. 이제 천하 각국에서 배우는 자들의 본심을 살펴보면, 실제적인 효과가 있기를 구하고, 헛된 이름을 바라지는 않는다. 그러므로 공부를 독실히 하여 인간 세상의 편리와 안락을 도울 것이라고 기대할 수 있다. 가르치는 제도의 진실함은 이러한 점을 통해서 보는 것이 옳다. 옛사람의 찌꺼기를 주워 모으기만 하고 실용적인 효과가 없다면, 비록 공부했다고는 하지만, 실제로는 아니다. 도리어 인간에게 해를 끼칠 수 있기 때문에, 실용을 주로 하는 학문이 인생의 대도다."(유길준, 앞의 책, 257~258쪽).

상에 공포"(307쪽)하는 일이 가능하기에 저술을 생계로 삼을 수 있다고
했다.

> 학자가 어떤 사물을 보든지 그 이치를 궁구하여 극진한 지경에 이르러
> 훌륭한 이론을 세우거나, 도는 외국에 유람한 사람이 그 지방의 산천 풍토
> 와 인정, 물태, 정치 법률을 상세히 기록하여 저술하는 일로 그 생계를 삼기
> 도 한다.(308쪽)

가난한 나라에서는 이런 저술 행위로 생계를 유지할 수 없어 저술하
지 않으려 하는 경향이 많은데 그러면 그 국민이 우매함을 면하기 어
려우니 생각해 보아야 한다는 것이다. 저술가는 책으로 간접 소통하는
동시에 책의 내용을 근간으로 하는 연설이나 강연 등으로 국민과 직접
소통할 수도 있다. "외국의 사정이나 본국의 풍습에 대해서도 훌륭하고
아름다운 것은 칭찬하고 괴이한 것은 비판하여, 권면하는 뜻과 징계하
는 기미를 포함하기도"(308쪽) 하는 연설을 통해 사람의 견문을 넓히게
하고 교화에 힘쓴다는 이야기다. 또 파리 농공박물관을 소개하는 대목
에서, 각 방면의 전문가들이 일반 시민들을 상대로 강연하는 모습을 언
급하면서, 그런 지식 나눔의 결과 프랑스 사람들이 "개명된 지식과 진
보된 기술"(558쪽)로 나날이 진보하게 되었다고 설명한다. 그 자신이
미개한 조선의 관료이자 지식인으로서 『서유견문』을 비롯한 여러 저
술 작업을 한 것도 이 때문이라 할 것이다. 요컨대 계몽을 위한 문화적
메타모포시스를 수행하기 위한 구체적 실천태로서 유길준은 저술을
선택했고 그 결실의 일환이 바로 『서유견문』이라고 할 수 있겠다.

Ⅲ. 문명 인식의 창으로서의 도서관과 간접화된 풍경

1. 제한된 저자와 부족한 도서관

『서유견문』 제17편에서 유길준은 박물관을 소개하면서 "사람들의 견문과 지식을 넓히기 위하여 설치한 곳"(471쪽)으로 정의하고, 개화한 서구 여러 나라에서 박물관 등에 힘을 기울이는 까닭은 "국민들의 견문도 넓히려니와, 학자들의 공부를 크게 도와서 그들이 연구한 이치가 나라를 이롭게 하고 국민들에게 편리함을 주려고 하기 때문"(473쪽)이라고 했다. 또 시-공간의 압축적 재현 공간으로서 박물관을 주목한다. 예컨대 1851년 런던에서 열린 만국박람회 장소였던 수정궁 대목을 보기로 하자.

> 이 건물에 한번 들어가면 홀연히 아시아주로부터 유럽주에 이르며, 또 아프리카주를 거쳐 남·북아메리카주 및 오세아니아주까지 노닐게 되니, 지척의 땅에서 천만리 여행을 하는 셈이다. 또 공룡과 파충류의 아득한 옛날이 순식간에 변하여 현실 세계로 들어오게 되니, 천만 년 동안에 거쳐온 모습들이 한눈에 펼쳐져 장관이라고 할 만하다. 건물 한구석에는 술과 차 및 여러 가지 물건을 하는 가게를 만들어 놓아, 시내 한가운데를 걸어가는 것과 꼭 같다.(539쪽)

이런 박물관 수용 맥락에서 『서유견문』의 저술 의도를 다시 확인할 수 있다. 조선인들의 견문과 지식을 넓힐 수 있는 박물지를 구성하여, 국민들의 편리를 도모하고 국가를 이롭게 하겠다는 개화 계몽적 의지가 그것이다. 그런데 그런 박물지를 구성하기 위해서 미개화된 후진국

지식인으로서 유길준은 여러모로 부족함이 많았다. 처음 일본을 통해 서양을 간접적으로 경험하게 되었고, 미국 유학 기간이 있었지만, 그 과정에서도 미국의 본 모습을 견문하기에는 충분치 않았다. 귀국 길에 잠시 들른 유럽은 더 말할 나위도 없다.

서명일은 『서유견문』 19~20편의 여행기가 일본에서 출간된 『만국명소도회』의 발췌 번역임을 밝히면서, 여기에서조차 체험의 주체는 저자 유길준 자신이 아니라 "참고문헌 속 가상의 여행자"[14]였다고 주장한다. "서양을 여행하며 보고 들은 것"이라는 자신의 저서 제목에 가장 부합하는 내용과 형식이 19~20장이었는데, 그마저도 실제 "'견문' 없는 견문록"이었다는 것이다. 미국 유학을 통해 자신의 경험을 실감 있게 살릴 수 있는 기회가 있긴 했지만, 미국 유학 이후에도 귀국하여 여전히 예전 일본 유학 시절처럼 일본 서적을 참고하여 서양을 수용했다고 지적한다.[15]

닫힌 조선의 지식인이었던 유길준으로서 열린 서양을 수용하고 소개하는데 막막함을 느꼈을 것을 어렵지 않게 추론할 수 있다. 실제 경험할 수 있는 시간과 경비가 충분치 않았던 그로서는 부득이 참고문헌에 의지할 수밖에 없었고, 그것도 그에게 열린 서양에 대한 각인 효과를 주었던 일본의 서양 수용 관련 참고서적들이었다. 짐작 가능한 것처럼 당시 닫힌 조선 안에는 열린 서양에 대한 정보를 확인할 수 있는 참고문헌들이 거의 전무했을 것이다. 견문록을 집필하면서도 여전히 참고문헌에 의지해야 했던 사정이 그로 하여금 도서관에 관심을 갖게

14) 서명일, 「『서유견문』 19~20편의 전거와 유길준의 번역」, 『한국사학보』 68, 한국사학회, 2017.8, 107쪽.
15) 위의 논문, 118쪽.

했을 터이다.[16] 제17편에 '도서관' 항목 따로 설정한 것도 그 때문일 것이며, 19~20편에서 세계의 도시들을 소개하면서 기회 있을 때마다 도서관을 언급하는 것도 그 때문일 것으로 보인다.

유길준에게 도서관은 무지를 넘어서 개화에 이를 수 있는 핵심적 성찰 공간으로 수용된다. 그는 "경서와 역사책과 각종 학문의 서적과 고금의 명화 및 소설로부터 각국의 신문 종류에 이르기까지 갖춰지지 않은 것이 없"(473쪽)는 서양의 도서관을 소개하면서, 서양의 여러 나라에서 이와 같이 책을 수장하고 열람케 하는 까닭은 "세상에 무식한 사람을 없애려는 데 주된 뜻"(474쪽)이 있다고 했다. 같은 맥락에서 런던 켄싱턴 박람회관 부속서고에 있는 예술서적과 그림책을 소개하면서 "지식을 넓히고 예술을 권장하자는 뜻"(537쪽)을 강조한다. 맨체스터 감옥 도서관 소개 대목도 마찬가지다. "감옥 안에 넓고 아름다운 도서실을 마련하여 한가한 여가에 옛사람의 훌륭한 책을 읽어 자기의 허물을 스스로 깨닫고 잘못되었음을 스스로 뉘우치게 하는 계기를 만들게 하였다."(545쪽) 요컨대 실제 경험과 견문의 부족을 일본이나 서양 도

16) 이광린은 유길준이 취운정으로 옮긴 1887년 가을부터 1889년 늦봄까지 1년반 동안에 200자 원고지 1,800매 분량의 『서유견문』의 원고를 집필한 것은 놀라운 일이라면서, 그 이유로 유길준의 "대단한 능력", "오래 전부터 원고를 썼고 그 일부나마 갖고 있었다는 사실", "그가 갖고 온 궤짝 속에 참고서적이 있었다는 사실" 등을 들었다(이광린, 『유길준』, 74쪽). 안용환은 그 궤짝에 남아있던 참고서적들의 목록으로 "영국의 경제학자 포세(Henry Fawcett)의 『부국책』과 미국의 법학자 휘튼(Henry Wheaton)의 『국제법의 요소들(*Elements of International Law*)』 및 후쿠자와 유키치의 『서양사정』 등"(안용환, 『유길준, 개화사상과 민족주의』, 청미디어, 2010, 64쪽)을 들었다. 그 이전에 유영익도 유길준이 일본과 미국에서 모은 책의 목록들을 제시한 바 있다(유영익, 『한국근현대사론』, 일조각, 1992, 132쪽). 실제로 『서유견문』의 본문 여러 곳에서 지난날의 기록에 관한 서술이 나온다. 8편: "앞뒤로 빌려 쓴 국채가 4, 5년 전의 기록에 의하면…"; "각국의 국채를 4, 5년 전의 기록으로 살펴보자."(250쪽), 9편: "세계 여러 나라의 군사 수를 3, 4년 전의 기록에 의하여 살펴보자."(272쪽)

서관의 책(참고문헌)에서 보충해야 했던 유길준이, 그래서 더 관심을 가지고 소개한 서양의 도서관 풍경 부분은 도서관에 대한 근대적 인식을 갖게 했을 뿐만 아니라 "1906년 근대적 도서관의 성격을 지닌 경성의 대한도서관과 평양의 대동서관을 설립하는데 영향"[17])을 미쳤던 것으로 논의된다. 아울러 도서관에서 쓴『서유견문』이 그 자체로 종합적인 개화의 도서관이 될 수 있기를 소망한 것 같다. 비록 유길준 자신이 다 경험한 것도 아니고, 정확하면서도 최신 정보가 포함된 풍부한 참고자료가 비치된 도서관을 이용할 수 있는 상황도 아니었지만, 그래서 서명일 등의 기존논의에서 드러난 것처럼 제한적인 참고문헌에 의지해 쓸 수밖에 없는 상황, 그러니까 부족한 도서관을 이용할 수밖에 없었던 제한된 저자의 처지지만, 그럼에도 불구하고 유길준은 20편에 걸친 여러 항목들이 참고가 되어 조선 사람들의 견문과 지식을 넓혀 문명개화의 방향으로 나가는 큰 줄거리에 동참할 수 있도록 하기 위한 도서관 역할을 할 수 있는 그런 정보적 성격의 책으로『서유견문』을 저술한 것으로 보인다.

2. 전문(傳聞)의 글쓰기와 풍경의 간접화

도서관의 책을 통해 간접적인 견문론을 썼다는 것은, 여행기의 풍경 제시 순서에서도 확인 가능하다. 직접 여행을 하고 견문록을 쓴다면 당연히 현장의 실감을 살리기 위해 방문한 도시의 첫인상이나 인상적 풍경부터 소개할 것이다. 그런데 유길준은 해당 도시의 역사적인 개관

---

17) 강순애, 「유길준의『서유견문』에 나타난 문명 개화와 도서관 인식 및 영향」,『서지학연구』74, 한국서지학회, 2018.6, 159쪽.

과 외형적 정보를 먼저 제시하고 나중에 그 풍경에 대한 느낌을 덧붙이거나 생략하는 식으로 서술한다. 가령 런던의 세인트폴성당을 소개하는 대목을 보면 로마에 있는 성베드로 성당을 본뜬 것이라는 설명과 탑의 높이와 같은 외관 정보를 소개한 다음 "볼수록 웅장하고 거창한 느낌이 든다"(539쪽)는 견문 주체의 감상을 덧붙이는 식이다. 풍경에 대한 실감 있는 묘사를 제시하지 않는 경우가 대부분이다. 방문 당시의 계절 감각이 잘 드러나지 않는 중립적 풍경 제시인 경우가 많다. 가령 뉴욕의 중앙공원(Central Park)의 풍경을 제시한 부분을 보기로 하자.

① …산봉우리와 길이 돌아서는 곳에 널찍하게 전망이 트이면 한 이랑 맑은 호수가 거울처럼 잔잔히 펼쳐져, 물결과 연기가 아름답게 어우러진 곳에 작은 섬 한 점이 반달처럼 굽어 돈다. 산 위 정자에 오르면 아름다운 나무가 난간에 부딪치고 맑은 아지랑이가 옷 속으로 스며들어, 사람으로 하여금 강호에 살고픈 생각을 저절로 일어나게 한다.(517~518쪽)

② 이곳에서 미처 다하지 못한 흥을 간직하고 우연한 발걸음으로 산길을 따라 굽이굽이 북쪽으로 올라가면 골짜기가 더욱 깊어지고 풍경이 더욱 그윽해지지만, 산꼭대기에 올라 사방을 바라보면 시정의 사람 사는 모습들이 한 손가락 아래 펼쳐진다. 공원 안의 아름다운 모습을 일일이 다 설명할 수 없는 가운데도 사람의 기묘한 솜씨가 보는 자들의 감탄을 저절로 불러일으킨다.(518쪽)

19~20편 중에서도 현장 경험을 실감을 살리려 한 대목에서 가져온 것이다. 예외적으로 "산 위 정자에 오르면"이나 "이곳에서 미처 다하지 못한 흥을 간직하고 우연한 발걸음으로 산길을 따라 굽이굽이 북쪽으

로 올라가면" 같이 견문 주체의 동선이나 정감이 드러나 있기 때문이다. 그러나 풍경의 재현 양상은 매우 막연하기만 하다. 구체적인 감각과 자기 인식이 없다. 영국 글래스고 풍경의 경우 예외적으로 구체적 동선이 부분적으로 드러나긴 하지만, 그 또한 실감 있는 묘사에 이르지 못했다. 게다가 풍경 변화의 천태만상을 설명하기도 묘사하기도 어렵다고 고백하면서, 이내 전문(傳聞)을 고백한다. "여러 나라의 여행객들이 사철 모여든다고 한다."(546쪽). 영국 왕궁 소개 대목에서도 "있다고 한다"는 분명하게 드러난다. "진열해 놓은 물건들도 온갖 아름다움을 다하였으며, 또 먼 지방의 진귀한 보물과 고금에 이름난 그림들도 소장되어 있다고 한다."(534쪽). 이런 대목이 여러 곳에서 산견된다.

1940년에 간행된『문장강화』에서 이태준은 "여행처럼 신선하고 여행처럼 다정다감한 생활은 없다. 보고 듣는 모든 것이 새것들이다. 새것들이니 호기심이 일어나고 호기심이 있어 보니 무슨 감상이고 떠오른다. 이 객지에서 얻은 감상을 쓰는 것이"[18] 기행문이라며, 그 요건으로 1) 떠나는 즐거움이 있어야 한다, 2) 노정(路程)이 보여야 한다, 3) 객창감(客窓感)과 지방색이 나와야 한다, 4) 그림이나 노래를 넣어도 좋다, 5) 고증을 일삼지 말 것이다, 등 다섯 가지를 거론한 바 있다. 유길준이『서유견문』을 취운정에서 집필하기 시작한 것이 1887년이었으니,『문장강화』는 그로부터 반백 년 후의 책이지만,『서유견문』이전의「관서별곡」이나「관동별곡」같은 기행가사들의 수사학적 관습으로 보더라도 이태준의 언급은 일반적인 것이었다고 할 수 있다. 살펴본 것처럼 그런 기행문의 일반적 특성으로부터『서유견문』을 거리를 두고 있다.

18) 이태준,『문장강화』, 창작과비평사, 1988, 129쪽.

실제 경험을 바탕으로 한 생생한 견문(見聞)이 아닌 도서관에서의 간접 경험을 바탕으로 수행한 전문(傳聞)의 글쓰기의 한계로부터 자유롭지 못하다.

Ⅳ.『서유견문』의 수사적 전략

이 글에서 필자는 유길준의『서유견문』(1895)에서 서양 문명 인식의 창으로 '도서관'을 주목하고, 그가 재현한 풍경이 간접화될 수밖에 없었던 사정을 수사학적으로 추론해 보고자 했다.『서유견문』에서 다룬 화제의 성격과 그 수사적 효과로서의 사회적 담론 형성의 가능성, 당대 『서유견문』의 독자층들이 지녔던 저자 유길준에 대한 지식이나 정보, 독자층의 수용 상황과 그와 관련한 저자의 소통 의지와 동기 혹은 이데올로기, 당대 조선과 조선 상황에 지녔던 유길준의 특별한 자산과 부채, 그리고 그런 특징과 요인들을 추출할 수 있는 관련한 텍스트상의 증거 등을 종합적으로 고려하면서『서유견문』의 수사적 상황에서 저자 변수를 고찰하여 새로운 수사학적 견해를 제출할 수 있기를 바랐다. 그러면서 저자에 형상화한 서양 문명과 풍경의 메타모포시스의 수사적 특징을 살피고자 했다.

유길준의『서유견문』은, 그 표제가 시사하는 것과는 달리, 풍경의 현장에서 쓴 견문(見聞)이라기보다는 도서관에서 쓴 전문(傳聞)에 가깝다. 실제의 풍경은 그가 도서관에서 참조한 책들의 중개를 거쳐야 했으므로 시차(時差) 혹은 시차(視差) 문제가 발생하는 등으로 불가피하게 변용되는 경우가 많았다. 그럼에도 왜 저자 유길준은 그런 기행문을 쓰게 되었을까? 왜 자신이 감당할 수 있는 것 이상을 썼을까? 닫힌 조선의 열린 지식인이고자 했기 그랬을 것이라는 점을 가정하고, 이 가정을 풀어내기 위해『서유견문』의 수사적 상황을 저자 변수를 중심으로 살폈다. 이어서 그런 저자 변수로 인해 텍스트가 기행문의 일반적 수사적 관습과는 다르게 기술되었음을 논의했다. 그 결과 유길준에 의해 이루어진 서양 문명과 풍경의 메타모포시스는 어떤 특징이 있는지를 고찰했다.

유길준이 경험과 정보 양면에서 불충분했음에도 그가 견문록의 저자이기를 욕망한 것은, 서양 문명에 대한 선망과 결여된 조선의 현실에 대한 절박한 인식, 미개한 조선을 개화해야겠다는 계몽에의 의지 때문이었다. 자신을 일본과 미국으로 유학 보내준 민영익을 비롯한 조선 정부에 대한 부채감, 후쿠자와 유키치 등 유학지 스승의 인정과 학생으로서의 인정 욕망 내지 추수 욕망, 유학의 결과를 조선에서 문명개화와 진보를 위한 방향에서 제대로 사용해야 한다는 교화 욕망 등을 저자 변수에서 추론할 수 있다. 계몽 의지는 그런 수사적 상황에서 그와 같은 저자 변수에 의해 견인된 것으로 유추 가능하다. 이와 관련하여 유길준은『서유견문』이 조선 개화를 위한 도서관 역할을 할 수 있기를 바란 것으로 보인다. 그가 번역과 중역, 편찬을 통해 구성한 서양 문명과 간접화된 풍경의 목록들을 조선의 독자들이 널리 읽고 개화를 위한 실천적 노력에 합류하기를 소망했던 것이다. 그 결과 실제의 풍경은 개화 욕망 이면으로 희미해질 수밖에 없었다. 간접화된 풍경은 닫힌 조선의 열린 관료이자 지식인이었던 유길준의 한계이자 당시 조선의 한계였다. 그리하여 실제의 풍경이 생생하게 살아 있는 본격적인 '서유견문'은 유길준 이후로 미루어져야 했다.

실상이 그러함에도 유길준은 왜 굳이 책 제목을 '서유견문'이라고 했을까? 첫째, 당시 조선인으로서는 드물게 미국과 유럽을 다녀왔으니 그 견문의 기록을 남겨야 한다는 자연스러운 글쓰기 욕망을 먼저 생각해 볼 수 있다. 이는 서문에서 저자가 직접 밝힌 바이기도 하다. 그런데 저자의 의도나 지향 이데올로기가 단지 견문록에서 그치는 것이 아니었다. 그런 면에서 둘째, 스승 후쿠자와 유키치 따라잡기 전략을 생각해 볼 수 있다. 후쿠자와 유키치가 포세(Henry Fawcett)나 휘튼(Henry Wheaton) 같은 영·미학자들의 책을 도서관 삼아 『서양사정』 등을 집필하고, 그와 관련한 서양 따라하기를 통해 일본이 개화에 성공한 것으로 생각한 유길준이 『서양사정』의 방향 그대로 따라 가보고 싶은 욕망이 강했을 터이다. 후쿠자와 유키치가 그랬듯이 유길준도 사회 진보의 가능성과 방향을 '서쪽'에 두었던 것이다. 셋째, 독자 친화적인 소통 전략을 생각해 볼 수 있다. 가령 '서양 사정과 조선 개화의 방향'과 같은 제목이 상대적으로 더 책의 내용에 걸맞은 제목일 터인데, '서유견문'으로 제목을 삼은 이유는 조금 더 부드럽고 편하게 독자에게 다가가기 위함이 아니었을까. 기행문의 풍경을 통해 덜 부담스러운 마음으로 시무책을 받아들이게 하려 함이 아니었을까 짐작된다. 마치 문학당의정설이 환기하는 수사적 전략처럼 말이다. 즉 문명개화와 사회 진보의 방향으로 『서유견문』의 독자들을 안내하려 한 계몽 의지와 서구 중심 개화 이데올로기를 부드러운 스타일로 소통하려 했던 수사적 실천의 일환이었다는 것이다.

대한제국기 '문예' 개념의 형성과 착종
-『태극학보』〈문예〉란을 중심으로

손성준

대한제국기 '문예' 개념의 형성과 착종
- 『태극학보』〈문예〉란을 중심으로

I. 대한제국기 매체 연구에서 『태극학보』의 자리

『태극학보』는 일본에서 활동한 한인 유학생 단체인 태극학회의 기관지다. 을사늑약 이후 국권 회복을 기치로 한 거대한 계몽운동의 흐름이 형성되었던바, 이 시기에 신문·잡지·단행본을 불문하고 각종 출판물이 범람했던 것은 주지의 사실이다. 그중에서도 『태극학보』의 위치는 특별했다. 첫째, 이른 발행 시점을 꼽을 수 있다. 동시기에 쏟아져 나온 수십 종의 잡지 매체 중 1906년 8월에 창간된 『태극학보』보다 빠른 것은 『수리학잡지』(1905.12~1906.9), 『가정잡지』(1906.6~8/1907.7~1908.8), 『조양보』(1906.6~1907.1), 『대한자강회월보』(1906.7~1907.7) 정도가 있을 뿐이었다. 둘째, 발행 공간과 주체를 꼽을 수 있다. 『태극학보』는 전호(全號)가 도쿄에서 간행되었으며, 당연히도 재학 중인 유학생들이 주축이 된 잡지였다. 이는 첫 번째 항목, 즉 '이른 발행 시점'과 결합할 때 또 다른 의미를 획득한다. 『태극학보』이후로 여러 유학생 단체들의 기관지가 꾸준히 등장하게 되지만,[1] 그 이전의 유학생 잡지사는 통권 6호의 『친목회회보』(1896.2~1898.4) 이후 8년 이상 명맥이 끊어져 있었다. 그 사이 시대는 전변했고, 『태극학보』는 유학생 잡지의 새로운 기점을 의미하는 존재가 된다. 셋째, 발행 기간과 분량을 꼽을 수 있다. 『태극학보』는 1906년도 8월에 창간되어 1908년 11월까지 총 26개호가 간행되었다.[2] 10개호 이상 간행되는 것도 쉽지 않았던 대한제국기의 열악한 미디어 환경에서 이 수치는 단연 독보적이었다.[3]

이상은 『태극학보』를 예의주시해야 할 충분한 이유가 되었고, 연구자들은 『태극학보』와 관련하여 다양한 논의를 펼쳐왔다. 선행연구의 흐름은 크게 두 가지로 정리된다. 하나는 『태극학보』를 주요 재료로 삼아 당대의 특정한 담론을 탐구한 경우이다. 전술했듯 단일 잡지 중에서 『태극학보』만큼의 지속성과 그에 수반하는 텍스트 볼륨을 보여주는 경우는 거의 없었기에, 지식문화 탐사에 있어서 『태극학보』는 유용한 지표가 될 수 있었다.[4] 다른 하나는 『태극학보』라는 텍스트 자체를 하

---

1) 『공수학보』, 『낙동강친목회보』, 『대한유학생회보』, 『대한협회회보』, 『대한흥학보』 등을 들 수 있다.
2) 여러 선행연구 및 사전식 정보는 『태극학보』가 제27호까지 출판되었다는 것을 전제로 삼고 있지만, 실물이 확인되지 않아 신빙성이 떨어진다. 본 연구에서는 26호까지 간행된 것으로 간주하고자 한다.
3) 적어도 단일 표제의 잡지 중 26개호에 이르는 경우란 당시에 없었다.
4) 조희정, 「근대 계몽기 "어문"교과서 형성에 관한 시론 - 『태극학보』를 중심으로」, 한말연구학회 학회발표집, 2003; 정선태, 「근대계몽기 '국민'담론과 '문명국가'의 상상 - 〈태극학보〉를 중심으로」, 『어학논총』 28, 국민대학교 어문학연구소, 2009; 유정숙, 「근대계몽기 '여성' 담론의 형성과 계기들 - 학술지 〈태극학보〉를 중심으로」,

나의 연구 대상으로 삼는 경우이다. 이 부류에 속하는 연구는 대개『태극학보』의 구성과 체재, 혹은 개별 기사 하나 하나에 주목한다.[5] 특히 이 잡지의 다양한 서사물들은 근대문학사의 여명기를 효과적으로 증언해줄 수 있는 자료로 인식되어 누차 조명된 바 있다.[6]

요컨대『태극학보』는 대한제국기 연구에 있어서 핵심적인 자료로 활용되어 왔으며, 그 자체가 연구 대상이 되기도 하였다. 하지만『태극학보』라는 텍스트의 바다에는 여전히 제대로 간취되지 못한 영역이 많다. 기왕의 연구 중 주류를 이루는 것도 세부 키워드에 착안하거나 몇

『한국언어문화』40, 한국언어문화학회, 2009; 서은영「근대 계몽기 '국민'담론과 외교론의 전개 -『태극학보』를 중심으로」,『동북아문화연구』28, 동북아시아문화학회, 2011 등.

5) 김명옥,「韓末 太極學會에 關한 一考察」, 여화여자대학교 석사학위논문, 1982; 손성준,「도구로서의 제국 영웅 - 20세기 초 한국의 비스마르크 전기 번역」,『현대문학의 연구』47, 한국문학연구학회, 2012; 손성준,「근대 동아시아의 크롬웰 변주 - 영웅 담론·영국政體·프로테스탄티즘」,『대동문화연구』78, 성균관대학교 대동문화연구원, 2012; 전은경,「『태극학보』의 표제 기획과 소설 개념의 정립 과정」,『국어국문학』171, 국어국문학회, 2015; 전은경,「근대계몽기 독자와의 상호소통적 글쓰기와 '서사' 양식의 실험 -『태극학보』를 중심으로」,『대동문화연구』91, 성균관대학교 대동문화연구원, 2015; 임상석,「통감부 치하 문명담론의 한 사례 - 한치유(韓致愈)의「태극학회총설(太極學會總說)」과「고학회설(告學會說)」」,『어문연구』46:3, 한국어문교육연구회, 2018; 안남일,「『태극학보(太極學報)』소재 의료 관련 텍스트 연구」,『한국학연구』68, 고려대학교 세종캠퍼스 한국학연구소, 2019 등.

6) 최문길,「한말잡지에 나타난 개화기소설 연구 -『태극학보』등 동경유학생회 학보를 중심으로」, 고려대학교 석사학위논문, 1979; 김윤재,「백악춘사 장응진 연구」,『민족문학사연구』12, 민족문학사학회, 1998; 하태석,「백악춘사 장응진의 소설에 나타난 계몽사상의 성격」,『우리문학연구』14, 우리문학회, 2001; 최호석,「장응진 소설의 성경 모티프 연구」,『동북아문화연구』22, 동북아시아문화학회, 2010; 양문규,「1900년대 신문·잡지 미디어와 근대소설의 탄생」, 연세대 근대한국학연구소 기초학문연구팀,『한국 근대 서사양식의 발생 및 전개와 매체의 역할』, 연세대 근대한국학연구소, 2005; 문한별,「근대전환기 서사의 양식적 혼재와 변용 양상 -「자유재판(自由裁判)의 누문(漏聞) - 몽향필기(夢鄕筆記)」와「이조가명(以鳥假鳴)」을 중심으로」,『국제어문』52, 국제어문학회, 2011; 노춘기,「근대계몽기 유학생집단의 시가 장르와 표기체계에 관한 인식 연구 -『태극학보』를 중심으로」,『한민족문화연구』40, 한민족문화학회, 2012 등.

몇 기사에 관한 사례 연구일 따름이다. 환언하자면『태극학보』전체를 아우르는 연구는 거의 시도되지 못했다. 『태극학보』의 주요 특징인 방대한 분량 및 다양한 기사들은 여러 관심사의 탐구를 유발할 수 있는 요인이었으나, 한편으로는 통합적 매체 연구를 쉽지 않게 만드는 요인이기도 했다.

이러한 문제의식 하에 본고는『태극학보』의 〈문예〉란에 주목한다. 〈문예〉란은『태극학보』제12호(1907.7)에서 처음 출현하여 종간 시까지 지속된 지면으로서, 어떤 각도에서 바라보든 본 학보의 가장 문제적이고 핵심적인 구성 항목 중 하나였다. 게다가 〈문예〉란이 없었던 12호 이전에도『태극학보』의 '문예' 범주에 포섭되는 글들은 존재했다. 그러므로 〈문예〉란의 출현 이전과 이후, 해당 기사들을 둘러싼 배치와 편집의 의도를 관찰하면『태극학보』전체의 방향성을 포착할 수 있다고 판단한다. 관련 논의가 아예 없었던 것은 아니다. 전은경은『태극학보』의 지면을 〈문예〉를 포함하여 각 표제어를 통계적으로 정리하고 다시 문학 관련 기사들을 부분적으로 검토한 바 있다.[7] 이는 일종의 통합적 매체 연구에 해당하는 희소한 사례이다. 다만 표제, 기사 제목, 횟수 등 가시성의 영역을 정리하는 데 머물고 있으며, 〈문예〉란의 출현 배경과 지향점, '문예'의 개념이나 세부 기사들의 의미 등에 대해서는 다뤄지지 않거나 소략하게만 언급되어 있다.[8] 이에 따라 〈문예〉란의 전략적 존재 이유에 대한 고찰 역시 심도 깊게 이루어질 수 없었다. 해당 문제는

---

[7] 전은경, 「『태극학보』의 표제 기획과 소설 개념의 정립 과정」, 『국어국문학』171, 국어국문학회, 2015.

[8] 그 외에, 〈문예〉란에 해당하는 기사의 판단에 대해서도 이 글과는 견해를 달리하는 대목이 있다. 이는 곧 통계 수치의 차이로 나타나는바, 본론에서 다시 논의하도록 한다.

여전히 해소되지 못한 상태이다. 『태극학보』 소재 문학 텍스트에 대한 연구자들의 관심이 높았기에 정작 그 거처였던 〈문예〉란에 대한 총체적 연구가 부재한 것은 아이러니하다.

이에 이 연구는 『태극학보』 〈문예〉란의 종합적 분석을 통해 『태극학보』라는 매체의 특질을 재정위하는 것을 목표로 삼고자 한다.

Ⅱ. '문예' 개념의 검토

〈문예〉란의 출현은 『태극학보』 전체의 체재 정비와 맞물려 진행되었다. 〈문예〉란이 처음 등장한 『태극학보』 12호를 가운데 두고 전후 각 2개호의 체재 변화를 정리해보았다.

〈표 1〉 『태극학보』 제11호~제14호의 체재 변화

제10호	제11호	제12호	제13호	제14호
演說 評論 **講壇 學園** 雜報	論壇 **講壇 學園**[9) 藝園 雜纂 雜報	**講壇**[10) **學園** **文藝** 雜纂	**講壇 學園** **文藝** 雜錄	論壇 **講壇 學園** **文藝** 雜報

상기 표를 통해 쉽게 확인할 수 있듯, 이 시기의 체재는 줄곧 유동적

---

9) 본문의 간지에는 〈강단 학원〉이라 되어 있지만, 목차에는 〈강단〉만 표기되어 있다.
10) 본문의 간지에는 〈강단〉이, 목차에는 〈논단〉이 표기되어 있다. 해당 기사의 내용으로 미루어보면 〈논단〉이 보다 적합하다.

이다. 말하자면『태극학보』는 체제적 과도기를 통과하고 있었다. 눈여겨 볼 것은 진한 글씨로 처리한 '간지' 부분이다. 여타의 동시기 잡지와는 달리『태극학보』는 창간호부터 빠트리지 않고 '간지'를 삽입하여 지면과 지면 사이의 경계를 구분하고 있었다. 〈표 1〉에서 확인할 수 있듯이 한 개 호당 1장~3장 사이의 간지가 사용되었으며, 몇몇 항목들은 한 장에 통합되기도 했다.[11]

사실『태극학보』제12호 간행 이전에 이미 한 차례 '문예' 관련 기사들을 통합해보려는 시도가 있었다. 바로 제11호의 〈예원(藝園)〉이 그것이다. 기존 〈학원(學園)〉의 조어방식을 의식한 '園'자 돌림의 표제일 것이다. 〈학원〉이 분과학문으로 수렴 가능한 객관적 지식을 담당한다면 〈예원〉은 주관적 감상을 표현하는 지면으로서, 각각의 역할 분담을 염두에 둔 것으로 보인다. 하지만 〈예원〉은 바로 다음 호인 제12호에서 즉각 〈문예〉로 수정되었다. 이 변화는 당연히 '문예'라는 새로운 명명을 적극 활용하기로 한 편집진의 의중이 반영된 결과다. 중요한 것은

---

[11] 〈표 1〉에서 진한 글씨가 여러 줄에 걸쳐 있으면 각 줄당 한 장의 해당 간지가 있었다는 뜻이고, 가로로 연속되어 있으면(12호 제외 전호가 해당됨) 간지 한 장 안에 둘 혹은 셋의 표제가 통합되어 있었다는 뜻이다. 간지의 몇 가지 형태를 예거하면 다음과 같다. 〈강단〉이나 〈학원〉은 간행 초기에는 독립된 간지로 등장하기도 했지만 점차 하나의 간지 속에 통합된 반면, 제12호부터 등장한 〈문예〉만큼은 언제나 간지 한 면을 독점했다.

學園	學講論園壇壇	學講園壇	文藝

이후로 "문예" 두 글자가 종간 시까지 한 번도 누락 없이 간지로 들어갔다는 사실이다. 제14호의 기본 구성은 종간호인 제26호까지 기본적으로 변하지 않는다. 즉, 동시기『태극학보』한 개호에는 〈논단 강단 학원〉과 〈문예〉의 간지 두 장이 항상 포함되어 있었다. 비록 표면적 배치만을 염두에 둔 것이라 해도 이 3 대 1의 구성은 새로 등장한 〈문예〉란의 중추적 위치를 잘 대변해준다.

'문예'라는 어휘가 매체의 안정적인 고정 표제가 된 것은『태극학보』의 사례가 한국 최초에 가깝다. 가령『태극학보』보다 다소 일찍 등장한『조양보』의 경우, 문학 관련 콘텐츠에 붙인 명칭은 〈담총〉, 〈소설〉, 〈사조(詞藻)〉 등이었다.『대한자강회월보』는『태극학보』보다 두 달여 일찍 '문예'를 내세워 〈문예부(文藝部)〉를 운용한 바 있지만 단 3회(11호~13호)에 그쳤다. 여기 실린 총 19편의 글 중 17편은 순한문체였으며 대부분은 한시였다. 11호만 해도 따로 〈소설부〉가 존재한 것을 보면 〈문예부〉의 체계는 매우 유동적이었으며, 기본적으로는 기존의 〈문원〉이나 〈사조〉란을 통합한 느낌이 강했다.[12]

이런 상황에서『태극학보』에 〈문예〉란이 출현할 수 있었던 배경으로는 두 가지를 고려해볼 수 있다. 하나는 외부의 모델이다. 유학생들의 입장에서는 쉽게 입수 가능했던 일본 매체들이 있었다. 1895년도에 창간되어 10년 이상 꾸준한 위용을 과시하고 있던 일본의 대표적 문학지『文藝俱樂部』가 대변하듯,『태극학보』에 〈문예〉란이 등장한 시점의 일본에서 '문예'는 전혀 낯설지 않은 어휘였다.『태극학보』의 편집진이 참조했을 법한 보다 유력한 대상은『문예구락부』를 낸 박문관(博

---

12) 보다 구체적인 설명은 김수경,「『대한자강회월보』연구 - 근대 법, 역사 개념과 문예 개념의 관련을 중심으로」, 성균관대학교 석사학위논문, 2014, 103~108쪽 참조.

文舘)에서 간행한 또 다른 잡지『태양』이었다. 일본 미디어계의 중심에 있던 종합잡지『태양』은 1897년 6월부터 1900년 12월까지 〈시평〉 혹은 〈시사평론〉의 하부 항목에 '문예계'를 따로 분류하고 있었으며, 1901년 1월부터 1902년 6월까지는 '문예'를 표제어 일부로 삼은 〈문예시평〉란을 운용하기도 하였다. 그 후로도 〈문예세계〉, 〈문예잡조〉란 등을 내걸던『태양』은 1905년 1월호부터는 드디어 '문예' 두 자만을 사용한 〈문예〉란을 선보인다.[13]

물론 단일 미디어라고 해서 약 8년간 이런저런 모양으로 이어진 '문예'의 용례가 늘 같은 개념이었다고 볼 수는 없다. 스즈키 사다미(鈴木貞美)에 따르면, 근대기 일본에서 '문예'는 '문학'과 '미술'을 합친 용법이 한 갈래를 형성하고 있었으나 1905년경을 기점으로 '문학'과 '예술'의 결합이 주류를 이루게 되었다. '문예'는 '문학'과 더불어 '언어예술' 그 자체를 의미하는 개념으로 정착해갔으며, 전대에 그 개념을 담당하던 '순문학'의 자리를 서서히 장악하게 된다.[14] 결국『태양』의 〈문예〉란은 '문예'가 '순문학'의 자리를 대체한 시기와 맞물려 출현한 셈이었다.[15]

---

13) 『태양』의 세부 목차는 日本近代文學館編,『太陽總目次』(CD-ROM版 近代文學館 6, 『太陽』別冊), 八木書店, 1999을 통해 참조하였다.

14) 스즈키 사다미, 김채수 역,『일본의 문학개념 - 동서의 문학개념과 비교고찰』, 보고사, 2001, 345~347쪽.

15) 물론 1905년 이후의『태양』을 보더라도 '문예' 개념 내에 '미술'이 여전히 존재하는 경우를 확인할 수 있다. 다만 미술 이외에 비중은 대개 근대적 문예 관념에 조응했다는 것도 언급해둔다. 예컨대 1905년 2월 20일에 간행『태양』의 부록「메이지 37년사」는, 第一章 政治, 外交, 財政 / 第二章 海軍 / 第三章 陸軍史 / 第四章 教育 / 第五章 宗敎 / 第六章 文藝 / 第七章 社會 / 第八章 經濟 등의 8가지 항목으로 구성되어 있었고, 그중 하나가 '문예'(제7장)였다. 여기서의 '문예' 항목은 다시 "(其一) 創作界(其二) 美術界 (其三) 劇界 (其四) 評論界"로 구분되어 있었다. 현재의 '문예' 개념과는 분리된 '미술'의 영역이 당시만 해도 여전히 나타나고 있었던 것이다. 이러한 양상은 1907년도의 부록「메이지 39년사」의 같은 항목까지도 이어지고 있다. 한편, 현재의 '문예' 개념과 거의 흡사한 용례는 더 쉽게 발견된다. 가령 1905년

이는 1910년 12월까지 만 6년간 변함없이 유지되었다.[16]

『태극학보』 전체 호의 간행은 『태양』에서 '문예'의 현대적 의미를 수반한 〈문예〉란이 한창 유지되던 바로 그 시기에 이루어졌다. 정리하자면, 『태극학보』의 편집진이 『태양』을 잡지 제작에 참고한다는 전제라면 『태극학보』의 〈문예〉란 출현은 언제든지 도래할 수 있는 사건이었다. 실제로 『태양』은 1세대 유학생 단체인 친목회 시기부터 공식적으로 구람되던 잡지였으며,[17] 무엇보다 『태극학보』 내에서 잡지 『태양』의 특정 기사를 인용한 바 있었다.[18] 『태극학보』의 편집진이 『태양』의 영향을 받았을 개연성은 충분하다.

그렇다고 『태양』과 『태극학보』의 〈문예〉란이 동일한 속성을 가졌던 것은 아니다. 물론 잡지의 한 영역을 〈문예〉라는 용어로 묶어내는 『태양』의 체재나, 그들의 '문예' 개념을 부분적으로 참고했을 수는 있다. 하지만 『태극학보』의 〈문예〉란이 염두에 둔 내용 혹은 그들의 '문예' 용법에는 한국의 한문 지식인들이 지니고 있던 전통적 의미가 혼재되어 있었다. 예컨대 『논어』 등의 전통적 한서(漢書)에서 '예(藝)'는 주로 '재주가 많다'라는 의미를 지니며, 고대 중국의 교육과목인 '육예(六藝)'는 예(禮)·악(樂)·사(射)·어(御)·서(書)·수(數) 등 6종류의 기술을 지칭하는 것이었다. 그렇다면 '문예(文藝)'는 결국 '문장'과 '기술'의 결합, 결국 글

7월호 『태양』의 〈문예〉란에는 '海外文藝' 항목이 따로 배치된 바 있다. 당시 해당 기사는 「ウプトマン氏の新戯曲」(하우프트만의 신희곡), 「佛國文藝の革命的精神」(프랑스문예의 혁명적 정신)」등이었다. 이런 기사들은 지금의 관점에서도 거의 이물감이 들지 않는 '문예'의 세부 사례라 할 수 있다.

16) 1911년부터는 다시 〈문예시평〉, 〈문예평론〉 등의 항목이 등장하게 된다.
17) 김인택, 「『친목회회보』의 재독(Ⅰ) - '친목회'의 존재 조건을 중심으로」, 『사이』 5, 국제한국문학문화학회, 2008, 68~70쪽.
18) 「賀在米國共立協會」, 『태극학보』 1, 1906.8, 48쪽.

솜씨 내지 글재주를 의미하는 것이 된다. 실제로 '문예'에 대한『조선왕
조실록』이나『승정원일기』의 용례들은 거개가 '글재주'로 수렴 가능한
범주를 벗어나지 않는다.[19]『태극학보』의 한 기사는 이러한 '문예' 개
념의 구사를 직접적으로 예증한다.

> 그럼으로써 문명국 사람은 지덕만 있을 뿐만 아니라 체력을 겸비하여 평
> 시에는 건전한 신체로써 사회적 사업에 종사하면 전시에는 활약하는 신체
> 로써 국가의 의무에 헌신하여 자국을 발전하게 하니 이는 모두 체육의 공과
> 다 말하겠다. **우리 대한은 그렇지 않아서 백여 년 이래로 교육의 대 방침이**
> **문예(文藝)에 귀일하여 체육을 전혀 알지 못함으로써** 국민의 신체가 날로
> 잔약하고 활발한 정신과 건강한 기력이 나날이 점점 쇠약해져 다만 퇴보를
> 알고 진취를 알지 못하여 오늘날 이러한 지위를 당하였으니 나는 우리 대한
> 독립의 기초는 국민에게 체육을 장려하고 권고함에 있다고 말 하겠다.[20]

위 내용은 제5호의「체육 활동을 권함」의 일부이다. 여기서 '문예'는
체육 활동의 대립항으로 배치되어 있으며, 그 자체가 문장의 형식미에
집착해온 한국의 오랜 맹점을 비판하는 맥락이었다. 이때의 '문예'가
문학(literature)과 예술(art)의 복합어가 아닌 '글재주'의 개념이라는 것은
자명하다.[21]

---

19) 〈한국고전종합DB〉를 참조하면, 전자 170건, 후자 19건의 사례를 확인할 수 있다.
20) 최창열(崔昌烈),「체육을 권고함」,『태극학보』5, 1906.12, 47쪽. 이하 인용문의 강
   조 부분은 모두 인용자에 의한 것이다. 또한 인용문의 현대어 번역은 부산대학교
   점필재연구소 토대지원사업팀이 함께 노력한 결과물임을 알려둔다.
21) 이는『태극학보』보다 약간 늦게 창간된『서우』의 〈문예〉란 역시 마찬가지이다. 한
   국의 미디어에서 〈문예〉가 근대적 '문예' 개념 속에서 배치되는 사례는 일정한 시
   간이 경과하고 나서야 출현할 수 있었다. 가령 1920년대 잡지『동명』에서 1923년
   4월에 나온 번역소설 특집의 상위 표제가 다름 아닌 〈문예〉였다. 이때의 문예 개
   념은 당연히『태극학보』나『서우』의 그것과는 달랐다.

『태극학보』의 〈문예〉란이 처음에는 〈예원(藝園)〉으로 구상되었던 점도 이러한 관점에서 납득이 가능하다. 애당초 〈문예〉란 자체가 '藝'를 계승한 공간이었던 것이다. 그들에게 있어서 '藝'의 의미망은 '예술'이 아닌 '재주/기술'에 방점이 있었다. 〈학원〉이 학문의 장이었다면, 〈예원〉은 회원 및 독자가 재능을 뽐낼 수 있는 장으로서 기획되었다. 다음은 『태극학보』 제5호의 말미에 실린 〈투서 주의(投書注意)〉 부분이다. 이 내용은 제6호에서도 동일하게 등장한다.

　　一. 제반 학술과 및 문예(文藝)·사조(詞藻) 등에 관한 투고를 일체 환영함.
　　一. 직접 정치상에 관한 기사(記事)는 수납하지 아니함.
　　一. 투고는 반드시 원고지에 바르게 쓸 것을 요함.
　　一. 투고의 게재 여부는 편집인이 선정함.
　　一. 한번 투고한 것은 도로 돌려보내지 아니함.
　　一. 투고가 뽑히신 이에게는 본보(本報)의 당호(當號) 한 부를 무대가로 진정(進呈)함.
　　一. 투고는 완결하는 것을 요함.

투서의 내용과 관련한 사항은 첫 두 항목뿐이다. 그중 첫 번째는 독려의 측면이고, 두 번째는 경고의 측면이다. '문예'라는 용어는 투서를 기대하는 항목들을 나열한 첫 번째에 이미 포함되어 있었다. 〈문예〉란이 처음 등장하는 12호, 그리고 그 원래의 형태인 11호의 〈예원〉보다도 훨씬 앞선 시점이었다. 물론 여기서의 의미는 '순문학'을 보내라는 것이 아니라 투고하여 '글솜씨'를 뽐내 보라는 정도이다. 이렇듯 '문예'는 애초부터 독자에게 활짝 열린 공간이었다.

Ⅲ. 『태극학보』 <문예>란 출현의 정치적 배경

하지만 사실 『태극학보』의 '문예' 개념을 이해하는 것과 <문예>란의 출현을 설명하는 것은 별개의 문제이다. 전술했듯 1907년 5월 24일의 간행된 『태극학보』 제5호에는 이미 "제반 학술과 및 **문예(文藝)** · 사조(詞 藻) 등에 관한 투고를 일체 환영"한다는 글귀가 포함되어 있었다. 그러나 <문예>란은 그보다 7개월 후인 제12호에서야 처음 등장한다. 투고를 종용하던 차원에서 언급된 '문예'가 특정 시점에 이르러 매체의 전략적 정비 과정에서 재발견된 것이다. 그렇다면 왜 <문예>란은 1907년 7월 24일에 와서야 출현한 것일까? 기존의 논의에서는 이 지점에 큰 주의를 기울이지 않았다.

이는 『태극학보』가 지닌 '학보'로서의 정체성과 제약, 그리고 제12호의 간행을 스음한 정치적 환경의 변화를 감안하여 풀어내야 할 문제이다. 『태극학보』는 『대한자강회월보』 같은 사회운동단체의 기관지 내지 『조양보』 같은 종합잡지와는 태생적 거리가 있었다. 단적으로 말하자면 주체가 '학생들'이라는 점, 그러므로 간행의 명분도 교육 활동의 연장선에서 설정되었다는 점에서 근본적인 차이를 찾을 수 있다. 『태극학보』는 학문적 교류와 보급을 통한 국민 지식의 계발이라는 취지를 분명히 했으며,[22] 이 잡지에 쏟아진 대외적 관심 또한 첨단 학문을 배우는 이들이 손수 제작한 '고급적' 교육자료 차원에서 비롯된 바 컸

---

22) "때때로 연설과 강연과 혹은 토론 등으로 학식을 교류하고 연마하여 뒷날 웅비(雄飛)할 준비를 게을리 하지 않고 배우는 여가를 이용하여 각자 학습하는 바를 전문 또는 보편 수준으로 저술하거나 번역하여 우리 동포 국민의 지식을 계발하는 데 조금이라도 조력하고자 하는 작은 정성에서 나온 것이다." 「『태극학보』 발간 서(序)」, 『태극학보』 1, 1906.8.

다.[23] 전문화된 학문적 계몽운동의 성격이 보다 강화된다는 것은, 직접적 정치 발화의 기능이 그만큼 축소될 가능성을 암시한다. 『태극학보』는 이름 그대로 '學報'였고, 스스로도 '정치적 기사'를 싣지 않는다는 것을 전제로 하고 있었다. 『태극학보』 이전에 존재했던 한인 유학생들의 잡지는 오직 『친목회회보』뿐이었다. 두 잡지의 성격은 10년의 시간차만큼이나 다르다. 적어도 19세기 말의 1세대 유학생들이 편찬한 『친목회회보』의 경우, 정치 및 시사를 다루는 데 근본적 제약은 없었다. 그러나 1906년 현재의 유학생들은 보호국체제가 작동 중인 환경에 놓여 있었다.

앞서 인용했던 5호, 6호의 〈투서 주의(投書注意)〉 부분 중 강조한 두

---

[23] "우리의 익독ᄒᆞᄂᆞᆫ 태극보여 태극긔를 등에지고 국민의 ᄉᆞ상을 발달코져ᄒᆞᄂᆞᆫ쟈ᄂᆞᆫ 태극보가 아닌가 각종 학문의 말을 모도와 조국이 문명을 돕고져ᄒᆞᄂᆞᆫ쟈ㅣ 태극보가 아닌가 열성으 쓈어셔 청년의의긔를 흥고코져ᄒᆞᄂᆞᆫ쟈ㅣ 태극보가아닌가 일살과 혀를달녀셔 구학문샹에 완만ᄒᆞᆫ쓈을ᄉᆞᆯ멋ᄃᆞᆺ게ᄒᆞᄂᆞᆫ쟈ㅣ 태극보가아닌가" 본 기사는 이와 같은 『태극학보』의 수준에 비견되는 여타 잡지들의 열등한 학문적 수준을 다음과 같이 비판한다. "무릇 몃히ㅅ동안에 한국인이 발힝ᄒᆞᄂᆞᆫ 잡시가 모도 얼마나되ᄂᆞᆫ가 그 성질이 정치에 쇽ᄒᆞ거신지 교육에 쇽ᄒᆞ거신지 학술에 쇽ᄒᆞ거신지 물론ᄒᆞ며 그 발힝ᄒᆞᄂᆞᆫ곳이 닉국 혹 외국을 물혼ᄒᆞ며 그 임의 폐ᄒᆞ엿던지 지금ᄭᆞ지 잇던지 쏘ᄒᆞᆫ 물론ᄒᆞ고 다만 잡지라 칭명ᄒᆞ던것을 통계ᄒᆞ면 대강 열듭은가지에 지나지 못ᄒᆞ니 이거시 대한국민의 ᄒᆞᆫ가지 붓그러온 일인ᄃᆡ 아모잡지던지 그 젼부를 열람ᄒᆞ면 흔히 슈십쟝식이나 지면을 치울거시 업셔 되ᄂᆞᆫ듸로 아모것이나 거두어다가 치웟ᄂᆞᆫ듸 혹 청국이나 일본사름의 져슐ᄒᆞᆫ 론셜을 몰내 번역ᄒᆞ야 즈긔셩명으로 긔지ᄒᆞᆫ쟈도 잇스며 혹 본국젼ᄉᆞ사름의 부패ᄒᆞᆫ 말숨을 거두어다가 모ᄉᆞᆷ의 져슐이라 ᄒᆞ야 발간ᄒᆞᆫ쟈도 잇스며 혹 뎨일호에ᄂᆞᆫ 약간 주의ᄒᆞ야 조곰 문치가 잇는듯ᄒᆞ다가 이 삼호에 지나지 못ᄒᆞ야 열성이 찬 직와 ᄀᆞᆺ되여 보는 사름의 조으름을 돕게ᄒᆞᄂᆞᆫ쟈도잇스며 혹 경고동포ㅣ 라 대쉬 특셔ᄒᆞ고 지리ᄒᆞᆫ 한담셜화로 지면만 허비ᄒᆞᆫ쟈도 이스니 이ᄂᆞᆫ 한국안에 잇ᄂᆞᆫ 잡지계의 피츠를 물론ᄒᆞ고 다ㅅ치 병이된바ㅣ 라 이런고로 발힝ᄒᆞᆫ지 몃칠이못되여 인ᄒᆞ여 뎡간ᄒᆞᆫ쟈ㅣ 거반이오 혹 몃칠오릭 지팅ᄒᆞ여 잇ᄂᆞᆫ쟈도 국민의 완고ᄒᆞᆫ 쓈을 ᄭᆞ치게ᄒᆞᆯ 힘이 업셔셔 이쳔벌 이샹을 발힝ᄒᆞᄂᆞᆫ쟈ㅣ 업스니 공즈ㅣ 골ᄋᆞ샤딕 례라례라ᄒᆞᄂᆞᆫ거슨 폐빅으로 말ᄒᆞᆫ거시냐 풍류라 풍류라ᄒᆞᄂᆞᆫ거슨 종고로 말ᄒᆞᆷ이냐ᄒᆞ시니 대뎌 잡지라ᄒᆞᆷ도 엇지 쏘ᄒᆞᆫ 론셜이니 잡독이니ᄒᆞᄂᆞᆫ 부분만 잇스면 잡지라ᄒᆞ리오 우리ᄂᆞᆫ 이럼으로 부득불 태극보를 깁히 ᄇᆞ라며 부득불 태극보를 익독ᄒᆞ노라" 「태극학보를 축하함」, 『대한매일신보』, 1908.5.23, 1쪽.

번째 항목, "직접 정치상에 관한 기사(記事)는 수납하지 아니함"에 주목해보자. 이는 『조양보』의 매호 표지에 있던 투고 안내에, "뜻 있으신 모든 분께서 간혹 本社로 寄書나 詞藻나 時事의 논술 등의 종류를 부쳐보내시면"과 같이 '시사의 논술'을 명확히 포함했던 것과 상반되는 지점이다. 그런데 해당 내용은 제7호부터 제12호까지는 등장하지 않다가, 제13호부터 다시 보이기 시작하여 종간 시까지 한 차례의 누락도 없이 등장한다. 재등장 이후로는 잡지의 말미가 아닌 첫 부분에 재배치된 것으로 볼 때, 내용의 중요성을 보다 강조하려는 의도도 엿보인다. 새 〈투서 주의〉의 내용은 대체로 5호, 6호 때와 비슷하다. 눈여겨 볼 차이는 기존의 상기 두 번째 항목이 **"정치상에 관한 기사는 일절 수납하지 아니함."**으로 바뀐 점이다. 일단 '직접 정치상'에서 '직접'이 삭제되었고, '수납하지 아니함'에는 '일절'이 덧붙여졌다. 투서 불가능한 기사의 범위는 확대(직접뿐만 아니라 간접도 추가)되고, 편집진의 대처 의지도 확고해졌다.

요컨대 『태극학보』의 편집진은 정치에 관한 기사를 의도적으로 거부했거나, 혹은 원천적으로 받아들일 수 없는 입장이었다. 이 중 '할 수 있는데 하지 않았을 가능성'은 희박하다. 어차피 편집권이 있었으니(〈투서 주의〉 4번째 항목) 일단 모두 수신한 뒤 옥석을 가려도 충분할 터였다. 통합된 구태여 '일절 받아들이지 아니함'이라 강조한 것을 보면, 『태극학보』 자체가 정치 및 시사의 취급에 제약이 걸려 있던 공간이었을 가능성이 다분하다. 한시준 역시 이 2번째 항목을 두고 "이것은 아마도 일본 측에서 학보의 게재 내용을 제한하고 있었던 것으로 생각된다."라고 언급한 바 있다.[24] 또한 『태극학보』의 후신 격이 되는 『대한흥학보』의 경우, 〈휘보〉란의 특정 기사가 정치적으로 민감한 사안을 건드리자 다음 호부터 〈휘보〉란 전체가 삭제 처분된 상황이 펼쳐지기도 했다. 당시의 명령기관은 일본 경시청이었다.[25] 유학생 매체에 대한 일본 당국의 통제는 실제로 이루어지고 있었던 것이다.

이런 사실들을 염두에 두고 『태극학보』를 살펴보면, 전체를 통틀어 살펴보아도 정치적 현안 및 사회운동을 정면으로 다루는 기사가 매우 드물다는 것을 알 수 있다. 가령 조선의 각종 미디어가 떠들썩하게 보도하던 국채보상운동 관련 기사를 『태극학보』에서는 쉽게 찾아볼 수 없다.[26] 동시기 잡지인 『조양보』, 『대한자강회월보』, 『서우』 등에서 수시로 호명되던 조선총감 이토 히로부미의 이름도 26개호를 통틀어 단 3회가 노출될 뿐이다. 이마저도 타 잡지들처럼 이토의 행보나 언설 등을 인용하고 논평을 붙이는 방식과는 달리, 잡지 『태양』의 한 기사를 소개하다가 배경처럼 언급되거나, 메이지유신의 주역들을 나열하는 와중 이름만 스쳐지나가는 수준에 그친다. 즉 현역 정치인으로서의 이토 히로부미에 대해서는 그 어떤 정보도 제공된 바 없었다.

정치적 기사를 취급하지 않는 것이 『태극학보』 편집주체들의 자발적 의지일 리는 없었다. 아무리 '학보'를 천명한 잡지였다고는 해도 존

---

24) 한시준, 「국권회복운동기 일본유학생의 민족운동」, 『한국독립운동사연구』 2, 한국독립운동사연구소, 1988, 6쪽.

25) 이은선, 「1906년~1910년 재일본 유학생 잡지 연구 - 『대한흥학보』를 중심으로」, 『우리문학연구』 62, 우리문학회, 2019, 69쪽. 이러한 『대한흥학보』의 사례에 비추어 볼 때, 『태극학보』 13호에 강화된 〈투서 주의〉가 재등장한 데에는 제12호의 기사들이 결정적 구실을 제공했을 공산이 크다.

26) 「會事要錄」(『태극학보』 8, 1907.3)이나 양대경(梁大卿)의 「勃興時代에積極的」(『태극학보』 9, 1907.4)와 같이 특정 기사에서 부분적으로 언급되기는 했다. 다만 중대 사안을 간접적으로 다루었다는 것 자체가 이미 모종의 제약이 있었다는 방증일 것이다. 한편 '기서(寄書)'라는 단서가 붙긴 하나 기사의 제목과 내용이 모두 국채보상운동과 상응하는 거의 유일한 사례로 안현(安憲)의 「禁酒ᄒ라 報債ᄒ세(寄書)」(『태극학보』 9, 1907.4)가 있다는 것을 덧붙여 둔다.

재 이유는 국민 전체의 계몽에 있었고, 국민교육의 목적은 결국 대한제국의 자주독립이었다. 지식운동과 정치운동이 사실상 결합된 것일진대, 정치적 현안을 제대로 다루는 것 자체가 중차대한 교육적 실천이었고, 무엇보다 학문에의 의지를 다져 계몽운동을 가속화하는 첩경이 될 터였다.

그런 만큼 『태극학보』의 간행이 안정기에 접어들며 서서히 정치적 발화가 시도된 것은 필연적이었을 것이다. 예컨대 「와세다대학 사건의 전말」(9호), 「정신 교육의 필요」(11호), 「박람회 안 한국 부인의 사건」(11호)와 같은 문제적 기사들이 등장하기 시작하였다. 이들은 민감할 수밖에 없는 일본(인)과 한국(인) 간 갈등을 정면으로 다룬 시사 보도였다. 아예 11호부터는 〈논단(論壇)〉이라는 카테고리를 공식화하여 '논술' 격의 기사들을 엮어냈다. 물론 정치 및 시사 문제를 정면으로 다루지는 않았지만, 역사적 안목을 고취시키고 목적의식을 장착한 교훈적·윤리적 메시지를 주입한다는 점에서 간접적 정치성을 구현할 수 있는 지면이 출현한 셈이었다. 이렇게, 『태극학보』의 정치적 발화는 점증하고 있었다. 정점을 찍은 것은 다름 아닌 12호이다.

안타깝도다. 오늘날 우리 한국은 외교의 궤도에서 벗어나 있어 세계상 문제와 동양 문제는 물론이고 자국의 문제에 대하여서도 발언권이 없으니 어찌 통탄스럽지 않은가. 그러나 하늘은 스스로 돕는 자를 돕는다 하였으니 금후로 우리 동포가 자조 정신을 잃지 않으면 어찌 기회가 없으리오. 그러므로 나는 이번에 우리 한국민은 외교상 사상을 한층 더 양성하여 열국의 잦은 연합과 분열이 우리 한국에 어떠한 영향이 있는지를 연구할 의무가 있다 하려 한다.

아, 우리가 가장 경애하는 동양은 어떠한 시국을 당하였는가. 한 마디로 형용하면 열국 외교계의 목적물이 되었다. 살펴보라. 안남(安南) 등지는 프랑스의 세력 범위요, 양쯔강 일대는 일·영의 세력 범위요, 자오저우만(膠州灣)은 독일의 세력 범위요, 지나 동북부는 일·러의 세력 범위가 아닌가. 대개 열강의 제국주의 집합점은 항상 충돌이 많이 발생하여 저쪽도 범할 수 없고 이쪽도 범할 수 없어 조개와 도요새가 서로 물고 버티는 태도로 기다리더니, 근세는 열국 간에 이익 분할법이 발달하여 한 나라 안에서 여러 나라의 이익이 충돌하는 때에는 상호 협의하여 비례법으로 그 이익을 균할하고 그 나라의 주인공에게는 추호도 참여권[容喙權]을 불허한다. 이에 우리가 대단히 주의할 것은 자국 내에 한 강국의 압박력을 배척하기 위하여 다른 강국의 세력을 함부로 원용(援用)하면 도리어 다른 강국에게 이용을 당하여 멸망을 재촉하게 된다는 것이다.[27]

이 글은 최석하의 「천하대세를 논함」의 일부로서, 외교권이 박탈된 현하 한국의 상황을 정면으로 지적한다. 특히 작금의 국제정세가 어떻게 전개되고 있는지를 상세히 기술했다. 인용문 이후에 이어지는 내용에서는 일본이 동아시아에서의 지배력을 굳히기 위해 프랑스와 협약을 체결한 사실과, 이에 대한 러시아, 영국, 이탈리아, 독일, 미국의 각기 다른 반응을 전망하고 있다. 나아가 초패왕의 고사까지 인용하며 중국인이 뭉쳐 열강의 패권을 와해시킬 것을 기대하는 대목도 등장한다.[28] 요컨대 현재진행형인 일본과 열강의 외교적 폭력과 그에 대한

---

27) 우양 최석하, 「천하대세를 논함」, 『태극학보』 12, 1907.7, 14쪽.

28) "이상 열국의 관계를 간략히 고찰함에, 동아시아에서 활동하는 열강의 세력 확장 문제는 잠시간 현상을 유지하니 특별한 충돌은 없을 듯하나, 한 개 미지수는 지나인의 외교정책이다. 지나인이 지금같이 잠잠히 부동하면 열강이 협약적 수단으로 현 지위를 유지하려니와, 만일 신주만리(神州萬里)에 풍운아가 나타나 4억만 졸병을 지휘·활동하면 해하일전(垓下一戰: 진나라 말기에 한나라의 유방(劉邦)과 초

예측 및 개인적 기대까지 곁들인 정치 기사라 할 수 있다. 한국이 처한 억압적 상황을 세계정세의 흐름 속에서 객관적으로 진단하는 위 기사는 당연히 직접적으로 반일 감정을 고취시킬 가능성이 컸다. 일본을 착취자, 중국을 새로운 대안으로 설정하고 있는 점도 이채롭다.

『태극학보』12호에는 위와 같이 거시적 차원의 정치 환경을 통해 한국이 처한 문제를 환기하는 기사뿐 아니라, 조선 내에서 발생하는 현안 문제를 공론화하는 시도도 있었다. 이를테면 국채보상운동을 독려하는 내용이 12호에 등장한 바 있다. 여러 개의 작은 단상들을 엮은 「단편」이라는 기사 중 일부였다.

> 태뢰(太牢: 쇠고기, 역주)의 좋은 맛과, 용과 봉황(龍鳳)을 요리한 음식이라도 과도하게 포식하면 졸지에 질병을 빚어내니, 예락(醴酪)으로써 나라를 망하게 하는 자가 태어나리라고 난언한 하(夏)나라 우(禹)임금은 청식(青息)을 숙토(宿吐)하였지. 보시오. 오늘날 일본인의 부강함은 경제에서 이르렀소. 우리나라 사람의 하루 치 식비는 일본인의 사흘 치 식비가 넘겠으니 하루 치 음식의 삼분의 일만 저장하면 수만 톤의 군함이 1년 내에 몇 척이 될는지. 새 사건도 새 사건이거니와 이왕 시작한 국채보상들······.[29]

내용인즉, 식비를 아껴 나라 빚을 갚자는 국채보상운동의 전략을 그대로 옮기고 있을 뿐 아니라, 실제로도 "국채보상"이라는 표현을 사용했다. 흥미롭게도 이 단어에 뒤에는 말줄임 표기가 붙어 있었다. 초미의 관심 사안을 언급하고 싶은 필자의 욕구와, 상세히 발화할 수 없는

나라의 항우(項羽)가 벌인 결전이다. 8년간 승승장구하던 항우는 이 전투에서 사면초가에 몰려 자결하였다)으로 8년 초패왕(楚覇王)을 타도할 수 있을 것이다. 우리는 괄목상대해야겠다." 최석하, 위의 글, 15~16쪽.

[29] 우송 정인하, 「단편」, 『태극학보』 12, 1907.7, 49쪽.

영역에 대한 자기 검열이 서로 충돌한 결과라고 볼 수 있다. 이렇듯 『태극학보』의 편집진에게 상존했을 정치 발화에 대한 욕구는, 간혹 강력한 직접 화법으로 등장하기도 했지만 다른 양식의 외장을 빌리거나 살짝 치고 빠지는 수준에서 타협 지점을 찾기도 했다.

하필 『태극학보』 제12호에 이르러 정치적 파토스가 솟구친 이유는 무엇일까? 1907년 7월, 조선 전체를 요동시킨 사건이 발생했다. 헤이그 특사 사건과 직후의 고종 강제퇴위가 바로 그것이다. 다음은 『태극학보』 제12호에 실린 「이 무슨 괴이한 일[是何怪事]」의 전문이다.

이달 15일 일본 도쿄 각 신문에 크게 게재되었으되, '한국 유학생 개탄'이란 제목 하에 **이번 헤이그 한국 대표자 사건**에 대하여 도쿄에 머무는 한국 학생들이 대단히 우려·개탄하고 이 건에 대하여 곳곳에 집회하여 논의를 거듭한다 하였고 또 우리 한국 신민이 입을 감히 열지도 붓을 감히 들지도 못하다는 등 운운하였다. **이 신문기사에 대하여 유학생 등이 분개하고 절통해 하는 정황은 일일이 기재할 수도 없고 또 기재할 여지가 없거니와, 유학생들이 신하의 도리로 국민의 의무로 이를 십분 변명하지 않으면 안 될 필요가 있으므로 학생들이 이달 16일에 일제히 유학생 감독청에 집회하여** 상의 후에 저렇게 신문에 게재한 사실 등이 우리 유학생계에 전혀 없는 사유를 열거하여 우선 유학생 감독 신해영(申海永) 씨에게 청원하고 각 신문사에 교섭, 그 기사를 취소케 한다고 한다.

이 신문기사가 허망·무근한 것은 변명을 기다리지 않고도 우리 일반 동포가 인식하는 바이나 그 각 신문에 기재한 바가 일시에 동일한 필법으로 나온 듯하니, 이는 어떠한 패류(悖類)가 못된 장난삼아 투서함인지 신문기자들이 잘못 듣고 잘못 게재함인지 아니면 어떠한 일종의 깊은 의미가 있음인지 우리 동포는 각자 헤아리고 판단할지어다.[30]

30) 「是何怪事」, 『태극학보』 12, 1907.7, 52쪽.

고종-순종 간 양위식이 진행된 것은 7월 20일이었으니, 곧장 소식이 전파되었다 해도 발행일인 7월 24일 이전에 제12호에서 기사화될 여지는 희박했다. 다만 헤이그 특사 사건 자체는 7월 중순 시점에 이미 널리 알려져 있었다. 상기 인용문에 따르면, 재일 유학생들의 반응을 전하는 일본의 보도가 동시다발적으로 등장할 정도였다. 이는 『태극학보』 제12호에 그 사건의 영향이 어떤 식으로든 나타날 수도 있었다는 의미이다. 물론 정치·시사의 취급에 제약이 있는 『태극학보』에서 극도로 민감했을 헤이그 특사 사건을 정면으로 다룰 수는 없었다. 그러나 그 사건을 접한 것만으로도 '솟구친 정치적 파토스'의 동인이 되기에는 충분했다. 게다가 비록 '정면으로'는 아니지만 제12호는 실제로 위의 「이 무슨 괴이한 일[是何怪事]」을 통해 "이번 헤이그 한국 대표자 사건"을 공론화하기까지 했다. 그 사건이 지면화될 수 있었던 명분은 '(그 사건에 대한) 유학생 사회의 반응'이라는 단서가 붙었기 때문일 것이다. 문제는 인용문에서 나타나듯 한국 유학생의 반응이랍시고 낸 일본 미디어들의 보도가 실제 입장과는 괴리된 조작극─유학생들이 헤이그 특사 사건을 개탄한다는─에 가까웠다는 데 있다. 위의 짧은 기사는 이 가짜뉴스에 대한 학생들의 분개와 공식적 항의 등의 내용을 담아내었다. 헤이그 특사 사건을 정면으로 소개하지는 않았지만, 이와 관련한 일본 미디어의 사실 왜곡 문제를 정면으로 공격했다는 점에서 이 자체도 명백히 정치적 기사인 셈이었다.

이상이 〈문예〉란의 출현 배경이 된 『태극학보』 제12호의 면면이었다. 말하자면 〈문예〉란은 『태극학보』의 정치적 발화 욕구가 가장 증폭되었을 때 등장하였다. 물론 『태극학보』의 태생적 한계는 그 욕구의 해소를 허락하지 않았다. 대안은 간접 화법이었다. 비록 간접적일지언

정 독자 및 회원들이 대거 동참할 수 있는 공동의 장(場)을 만든다면 차
선의 타개책 정도는 될 수 있었다.[31] 그 지면의 공식 명칭으로 '문예'보
다 적합한 것은 딱히 떠오르지 않는다. 그들이 원한 정치적 발화는 어
차피 학문 혹은 지식의 범주가 아니었으니, '글짓기'의 '능력'과 '기술'을
뽐낼 수 있는 〈문예〉란을 통해서도 풀어낼 수 있다는 판단이 가능했을
것이다. 그 능력과 기술이 감시의 시선을 교란하는 데 성공한다면, 결
과적으로 그들의 정치적 발화는 지면화될 터였다. 또한 개인이 문제
삼고자 하는 영역은 어차피 다를 수밖에 없고, 기술의 편차 역시 갈릴
것이기에 결과물은 미지수였다. 즉 간접 화법일지언정 메시지의 다양
성도 기대할 수 있었던 것이다. 이상이 제12호의 시점에 〈문예〉란의
필요성이 강화된 사정이다.

한편, 〈문예〉라는 명명은 그 자체가 우회로이기도 했다. 논의한 것
처럼 '문예' 관련 글을 통합하자는 아이디어는 제11호의 〈예원〉란을 통
해 먼저 구현된 바 있었다. 이를 왜 다음 호에서는 굳이 〈문예〉로 변경
했을까? 전술했듯 당대 일본 출판계에서 '문예'에는 이미 '통속문학'과
대비되는 '순문학'의 이미지가 축적되어 있었다. 대표적 종합잡지『태
양』에는 〈문예〉란이 꽤 오랜 시간 유지되고 있기도 했다. 이 상황은 곧
〈문예〉란 자체가 일본발 검열의 엄폐물이 되어줄 수 있다는 의미였다.
실제로는『태양』의 〈문예〉란과 다른 내용으로 점철된『태극학보』의
〈문예〉란이었지만, 감시자의 시야에 먼저 포착되는 것은 엄연히 〈문

31) 정치적 상황의 유동은 차치하더라도 제12호의 간행을 즈음한『태극학보』에서는
독자층과 소통할 수 있는 공간의 확충이 그 어느 때보다 절실했다. 이는 한국 내에
서『태극학보』라는 미디어의 구심력이 날로 증대되었던 까닭이다. 그것은 곧 의연
금의 증가로 이어지고 있었다. 가령『태극학보』제11호의 〈잡보〉에 실린「태극학
보 제7회 의연인 씨명」에는 총 3면에 걸쳐 의연인 이름이 가득 차 있다. 이는 제6회
까지의 전례로 볼 때 비교 자체가 불가능한 수준이었다.

예〉라는 두 글자였다.

한편, 강력했던 『태극학보』 제12호의 정치적 발화는 광무에서 융희로 넘어가는 시대적 격류와 맞물려 후폭풍을 만들 수밖에 없었다. 그것이 태극학회를 향한 권력의 압박이나 출판물의 검열이든, 고종의 강제퇴위와 군대해산 등 대한제국의 위기 앞에 선 편집진의 전략적 숨고르기든, 이미 살펴본바 『태극학보』 제13호부터의 〈투서 주의〉에는 "정치상에 관한 기사는 일절 수납하지 아니함"처럼 보다 강화된 경고 문구와 함께 전진 배치되어 나타나기 시작했던 것이다.

임시휴간으로 한 달을 건너뛰고 9월 24일에 발행된 『태극학보』 제13호를 보면, 확실히 정치적 발화의 의지가 후퇴한 듯 보인다. 예컨대 11호부터 시작하여 12호까지 이어지던 〈논단〉 항목조차 13호에 들어와서는 사라졌다. 그러나 이를 폐색되어가는 사회적 분위기에 편집진이 순응한 증거라고 볼 필요는 없다. 오히려 고종의 강제퇴위라는 충격적 사건은 유학생들로 하여금 그들 자신 및 나라가 처한 엄혹한 현실을 각인시켜준 계기도 되었다. 직접적으로 표출하지 못했을 뿐 그들은 이 초유의 사건 앞에서 극도로 분노했을 것이며("유학생 등이 분개하고 절통해 하는 정황은 일일이 기재할 수도 없고 또 기재할 여지가 없거니와"), 그야말로 임박한 망국 앞에서 새로운 현실적 판단도 내려야 했다. 그중 하나가 바로 〈문예〉란의 적극적 활용이었다.

Ⅳ. <문예>란의 분석 : 구성 및 내용의 특징

다음은 『태극학보』 12호부터 26호까지의 〈문예〉란을 기사별로 정리한 것이다.

<표 2> 『태극학보』의 <문예>란[32]

구분	호(편수)	발행일	기사 제목	필자	종류
1	12호(9)	1907.07.24	送同契諸君子歸國序	김병억(金炳億)	송별문
2			外國에出學하는親子의게 (母親의書簡)	김낙영(金洛泳)	서간문
3			以鳥假鳴	송욱현(宋旭鉉)	잡문
4			送閔視察元植歸國	이동초(李東初)	한시
5			聞宋錫俊氏訃音感追悼而作	송욱현(宋旭鉉)	한시(추도)
6			動物園麒麟有感	유종수(柳種洙)	한시
7			客牕雨中	이규영(李奎濚)	한시
8			太極學會祝詞	고원훈(高元勳)	한시
9			述懷	최창열(崔昌烈)	한시
10	13호(12)	1907.08.24	大呼江山	이승근(李承瑾)	잡문
11			觀水論	김병억(金炳億)	소설(교훈담)
12			月下의自白	백악춘사(白岳春史) ※장응진	소설
13			登望鄕臺有感	송욱현(宋旭鉉)	한시
14			憶祖國	송욱현(宋旭鉉)	한시
15			海外贈郎詩	규중 부인[閨中婦]	한시

32) <표 2>의 정보 취합과 관련하여 세 가지 사항을 적시해둔다. 첫째, <문예>란으로 분류된 기사만을 정리하였다. <기서>란에도 『태극학보』의 기준에서 '문예'로 간주되는 기사는 있지만 본 표에는 포함시키지 않았다. 둘째, 각 호의 목차와 실제 본문 간의 차이가 있을 경우, 본문에 우선순위를 두고 분류하였다. 예컨대 제24호의 경우 목차 상에는 <문예>라는 상위 분류 자체가 누락되어 있다. 그러나 실제 본문을 보면 <문예>란 간지가 존재하며, 짝수 면마다 우측에 작은 활자로 분류해놓은 항목 명칭에도 '문예'가 찍혀 있다. 짝수 면의 작은 활자는 제13호부터 적용되는데, 본 표를 구성함에 있어서 <문예>란과 기타 항목 간의 경계가 애매할 경우 이를 활용하기도 했다. 셋째, 한 호 내에서 한 명의 저자가 쓴 복수의 시가(詩歌)가 연속 등장하는 경우, 각각을 별도의 기사로 분류해두었다. 가령 제17호 「漢陽述懷五首」, 제19호 「愁心歌二首」의 경우가 이에 해당한다.

구분	호(편수)	발행일	기사 제목	필자	종류
16			讀崔友洋英雄崇拜論賦次帝國山河	이동초(李東初)	한시
17			又詠	이동초(李東初)	한시
18			十可憐	Funny. A.B생(生) ※이승근	시(국한문)
19			秋感	고원훈(高元勳)	잡문
20			悲秋詞	송욱현(宋旭鉉)	시(국한문)
21			海底旅行奇譚 第五回	박용희(朴容喜)	소설(모험/번역)
22	14호(2)	1907.09.24	恨	초해생(椒海生) ※김낙영	잡문(일화)
23			海底旅行奇譚 第六回	자락당(自樂堂)	소설(모험/번역)
24	15호(1)	1907.10.24	海底旅行奇譚	자락당(自藥堂)	소설(모험/번역)
25			魔窟	백악춘사 ※장응진	소설(추리)
26			天國과人世의 歸一	현현생(玄玄生)	잡문
27	16호(7)	1907.11.24	贊太極學報	정제원(鄭濟原)	한시
28			贊太極學報	정상묵(鄭尙黙)	한시
29			追悼表振模舊雨	김영기(金永基)	한시(추도)
30			恨別八絕	고원훈(高元勳)	한시
31			海底旅行奇譚	자락당(自樂堂)	소설(모험/번역)
32			美國에留學ᄒᄂᆫ友人의게	초해생 ※김낙영	서간문
33	17호(10)	1907.12.24	漢陽述懷五首(1)	정전내(鄭錢酒)	한시
34			漢陽述懷五首(2)	정전내(鄭錢酒)	한시
35			漢陽述懷五首(3)	정전내(鄭錢酒)	한시
36			漢陽述懷五首(4)	정전내(鄭錢酒)	한시

구분	호(편수)	발행일	기사 제목	필자	종류
37			漢陽述懷五首(5)	정전내(鄭錢酒)	한시
38			觀菊記	한한자(閒閒子)	기행문
39			客中歲暮	부평생(浮萍生)	한시
40			新年詠	이동초(李東初)	한시
41			新年祝詞	이규영(李奎濚)	한시
42	18호(3)	1908.01.24	臨終時에其子의게與하는遺書	경세노인(經世老人)	서간문
43			찬愛國歌 (찬성시하나님갓가히로同調)	애국생(愛國生) ※안창호	가사
44			海底旅行奇譚	모험생(冒險生)	소설(모험/번역)
45			社會와家庭	오석유(吳錫裕)	잡문
46			師弟의言論	은우생(隱憂生)	소설(대화체)
47			除夕	육촌생(六寸生)	한시
48	19호(7)	1908.02.24	有感三首(1)	강개생(慷慨生)	한시
49			有感三首(2)	강개생(慷慨生)	한시
50			有感三首(3)	육촌생(六寸生)	한시
51			望西有感	은우생(隱憂生)	한시
52			無何鄕	이규철(李奎澈)	소설(몽유형)
53			愁心歌二首(自唱)	미상(未詳)	가사
54			愁心歌二首(自和)	미상(未詳)	가사
55	20호(7)	1908.03.24	餘興一首	미상(未詳)	한시
56			恭祝太極學報	김붕각(金鵬珏)	한시
57			晚春偶拈	봉주한인(蓬洲閒人)	한시
58			海底旅行	모험생(冒險生)	소설(모험/번역)
59	21호(2)	1908.04.24	莊園訪靈	포우생(抱宇生)	소설(몽유형)

구분	호(편수)	발행일	기사 제목	필자	종류
60			海底旅行	모험생(冒險生)	소설(모험/번역)
61	22호(4)	1908.05.24	送留學生歸國	송남(松南) ※김원극	송별문
62			送農學士金鎭初氏之本國	김원극(金源極)	송별문
63			是日也에滿心興感	모란산인 (牧丹山人) ※김수철	잡문
64			俚語	박협균(朴俠均)	소설(교훈담)
65	23호(6)	1908.06.24	遊淺草公園記	송남(松南) ※김원극	기행문
66			東西氣候差異의觀感	관해객(觀海客) ※김낙영	잡문
67			老而不死	김찬영(金瓚永)	소설(대화체)
68			巷說	이장자(耳長子)	소설(대화체)
69			送本會의支會視察員金洛泳君	김원극(金源極)	송별문
70			歌調	아양자(莪洋子)	가사
71	24호(10)	1908.07.24	吊金泰淵文(八月三十一日)	김원극(金源極)	추도문
72			吊崔時健文	김원극(金源極)	추도문
73			聞李寅枸哀音有淚(九月一日)	김원극(金源極)	추도문
74			遊日比谷公園	김원극(金源極)	기행문
75			桑苗의喜消息	춘몽자(春夢子) ※김원극	잡문
76			實業勉勵會趣旨書	안준(安濬)	잡문
77			歌調륙자백이	아양자(莪洋子)	가사
78			談叢(1) 쥐의 혼인	지언자(知言子)	소설(우화)
79			談叢(2) 개구리의 기도	지언자(知言子)	소설(우화)
80			談叢(3) 수리의 탐욕	지언자(知言子)	소설(우화)

구분	호(편수)	발행일	기사 제목	필자	종류
81	25호(4)	1908.08. 24	送楊性春歸國	김원극(金源極)	송별문
82			賀韓昌玹君遊學壯志	쌍성초부(雙城樵夫)	잡문(서간형)
83			奉答北愚桂奉瑀大人	김수철(金壽哲)	서간문
84			恭呈于崔時俊君	모란산인 ※김수철	서간문
85	26호(2)	1908.09. 24	送鄭益魯氏歸國	김원극(金源極)	송별문
86			送郭龍舜君歸國	모란산인 ※김수철	송별문

〈표 2〉의 '종류' 항목에 주목해보자. 각 기사는 '서간문', '송별문', '추도문', '잡문', '소설', '기행문', '한시', '시(국한문)', '가사' 등 9종으로 구분 가능하다.[33] 『태극학보』가 주로 어떠한 글들을 〈문예〉란에 배치하고 자 했는지가 확인된 셈이다. 이는 〈문예〉란 출현 이후의 변화를 파악 하는 단초가 된다. 〈문예〉란의 가동 전부터 『태극학보』에는 '문예'에 해당하는 글들이 꾸준히 게재되고 있었기 때문이다. 〈표 3〉은 제1호부 터 제11호까지를 대상으로 〈문예〉란의 '종류'에 해당하는 기사들을 정 리한 것이다.

---

[33] '잡문', '소설', '시'와 관련해서는 보충 설명이 필요할 듯하다. '잡문'은 저자의 감상 이나 정서를 포괄하면서도 '서간문/송별문/추도문'처럼 특정한 형태로 분류하기 어 렵고 '시'나 '소설' 같은 문학 장르로 규정하기도 어려운 기사를 뜻한다. '소설'은 허 구성을 갖춘 모든 서사물을 지시하는 용어로 사용하였다. 이들 부류는 「해저여행」 처럼 서양소설의 번역도 있지만 단지 소략한 교훈담이나 가상의 대화만으로 구성 된 경우처럼 범주가 다양하다. 이해를 돕기 위해 각각의 세부적 분류를 괄호로 제 시했다. '시'는 '한시'와 달리 약간의 한글 비중이 있는 운문이되, '가사'로 특정되는 경우를 다시 제외하고 남은 경우이다.

<표 3> 〈문예〉란 출현 전 『태극학보』의 '문예' 기사들[34]

구분	호(편수)	발행일	기사 제목	필자	종류
1	1호(6)	1906.08.24	聞蟬	김연목(金淵穆)	한시
2			賀太極學報,偶吟	지성윤(池成沇)	한시
3			偶吟	지성윤(池成沇)	한시
4			忠告歌	장계택(張啓澤)	가사
5			東京一日의生活	이윤주(李潤柱)	잡문
6			隨感隨筆	박상락(朴相洛)	잡문
7	2호(2)	1906.09.24	海水浴의一日	백악생(白岳生) ※장응진	기행문
8			李甲氏寄函	이갑(李甲)	서간문
9	3호(3)	1906.10.24	旅窓秋感	장계택(張啓澤)	잡문
10			隨感錄	손영국(孫榮國)	잡문
11			思潮滴々	신상호(申相鎬)	잡문
12	4호(6)	1906.11.24	無何鄕漫筆	최석하(崔錫夏)	잡문
13			思潮滴々	신상호(申相鎬)	잡문
14			和聞蟬	한희수(韓熙洙)	한시
15			月下聞鴈	장지태(張志台)	한시

34) 9종의 분류 항목 중 '잡문'은 「思潮滴々」과 「隨感謾筆」처럼 고정적으로 운용된 경우와 「旅窓秋感」(3호), 「無何鄕漫筆」(4호), 「歲暮所感」(5호)에서의 '感'이나 '漫筆' 등과 같이 『태극학보』의 '문예' 개념에 상응하는 확실한 표현이 붙은 경우로 한정하였다. 다만 「東京一日의生活」(1호)의 경우, 일기에 가깝지만 글의 종류를 추가할 수 없기에 함께 잡문으로 처리했다. '잡문'은 그 성격상 다른 항목으로 분류될 수 있는 것들과의 경계가 명료하지 않다. 따라서 〈문예〉의 경계가 존재하지 않는 제11호까지를 대상으로 할 때는 보수적인 접근 방식이 필요했다. 아울러, 11호까지의 기사 중 '기서'라는 단서가 붙은 기사들은 그 성격이 '문예'에 해당한다 하더라도 목록에서 제외하였다. 이유는 제12호부터의 〈문예〉란에도 '기서'가 포함되지 않았기 때문이다. 『태극학보』는 발행 초기에는 '기서'를 실을 경우 기사 제목 옆에 괄호로 '寄書'를 명시해두었고(이는 9호까지 확인된다), 제15호부터는 아예 단속적으로 〈기서〉란을 운용하였다.

구분	호 (편수)	발행일	기사 제목	필자	종류
16			大韓自彊會會長尹致昊氏寄函	윤치호(尹致昊)	서간문
17			北美桑港共林協會總長 宋錫峻氏寄函	송석준(宋錫俊)	서간문
18	5호(4)	1906.12.24	告別辭	김창대(金昌臺)	서간문
19			歲暮所感	김지간(金志侃)	잡문
20			思故人	지성윤(池成沇)	한시
21			隨感謾筆	김재문(金載汶)	잡문
22	6호(5)	1907.01.24	觀雪有感	양치중(楊致中)	한시
23			新年祝詞	오석유(吳錫裕)	시(국한문)
24			新年逢故人	해외유람객	한시
25			新年學業	해외유학생	한시
26			多情多恨(寫實小說)	백악춘사 ※장응진	소설
27	7호(5)	1907.02.24	太極學會贊祝歌	채동제(蔡東濟)	가사
28			除夕漫筆	이승현(李承鉉)	시(국한문)
29			東遊途中	이규영(李奎濚)	한시
30			有感	정석내(鄭錫迺)	한시
31			多情多恨(寫實小說)	백악춘사 ※장응진	소설
32	8호(6)	1907.03.24	春夢	백악춘사 ※장응진	소설
33			追吊勉菴崔先生	이창균(李昌均)	한시(추도)
34			漁業消日歌	최창렬(崔昌烈)	가사
35			海底旅行(奇談)	박용희(朴容喜)	소설(모험/ 번역)
36			北韓聾盲兩人이自評	소암(小庵)	소설(대화체)
37			吊崔勉庵先生	미상(未詳)	추도문

구분	호(편수)	발행일	기사 제목	필자	종류
38	9호(3)	1907.04.24	江戶十五景附廣告	이승근(李承瑾)	한시
39			漢城仲春再渡東京	김태은(金太垠)	한시
40			海底旅行奇譚	박용희(朴容喜)	소설(모험/번역)
41	10호(5)	1907.05.24	學窓夜雨偶想交友感化	이동초(李東初)	잡문
42			愛國歌	이원익(李源益)	가사
43			春日散步吟	이규영(李奎濚)	한시
44			夜觀上野博覽會	이희철(李熙口)	한시
45			詠春	정인하(鄭寅河)	한시
46			海底旅行奇譚 第三回	박용희(朴容喜)	소설(모험/번역)
47	11호(5)	1907.06.24	肇夏偶作	이동초(李東初)	한시
48			肇夏郊外行	이동초(李東初)	한시
49			偶吟	송욱헌(宋旭鉉)	한시
50			海底旅行奇譚 第四回	박용희(朴容喜)	소설(모험/번역)

『태극학보』에 〈문예〉란이 생기기 이전까지의 양상을 편수의 비중이 큰 순서대로 제시해 보면, 한시 20편, 잡문 10편, 소설 8편, 서간문 4편, 가사 4편, 시 2편, 추도문 1편, 기행문 1편 등이 있었다. 〈표 2〉에서 먼저 살펴본바, 〈문예〉란 이후에 이는 한시 31편, 소설 19편, 잡문 11편, 송별문 7편, 서간문 6편, 가사 5편, 추도문 3편, 기행문 3편, 시 2편으로 나타난다. 〈문예〉란의 등장을 분기점으로 한 구성적 측면에서 볼 때 두드러진 변화는 다음과 같다.

첫째, '한시'가 증가했다. 물론 11개호의 총 20편과 15개호의 총 31편은 일견 큰 증가로 보기 힘들다. 그러나 『태극학보』는 제22호부터 아예

〈詞藻〉란을 따로 만들어 시 장르를 〈문예〉란으로부터 독립시켜 운용하였다.[35] 따라서 실질적인 비교는 11개호 20편과 10개호 31편이 되어야 한다. 호 당 평균 한 편 이상이 더 실린 셈이다. 한편, 흥미롭게도 한시는 〈문예〉란이 없을 때 더 꾸준히 실렸다. 〈문예〉란이 없던 11호까지 한시가 없는 경우는 단 2개호(2, 3호)뿐이었지만, 〈문예〉란 속에 한시가 배치된 이후 〈사조〉란으로 분리되기 전의 10개호 중에는 한시가 없는 경우가 4개호(14, 15, 18, 21호)에 달했다. 적어도 〈문예〉란에 한시가 등장할 경우에는 평균 약 5편이 집중적으로 실렸다는 의미이다. 이는 〈사조〉란이 출현한 제22호부터 시작될 한시의 확연한 양적 증가를 미리 보여준 것이기도 했다. 해당 시기 한시는 호당 10편 이상이 실리게 된다.[36]

둘째, '소설'이 증가했다. 게재된 횟수로만 보아도 〈문예〉란 이전 8편에서 이후 19편으로 큰 폭의 상승이 보인다. 거기에, 이전 시기의 8편의 경우 사실 작품의 개수로는 4종에 불과했다. 〈문예〉란 역시 19편의 기사 중 6편은 「해저여행」의 연재였지만, 이를 제외한 13편은 모두 독립된 내용이었다. 요컨대 이야기의 종수가 4종류에서 14종류로 늘어난 것이다. 소설의 담당자들 역시 훨씬 다양해졌다.

셋째, 서간문·송별문·추도문 등이 증가했다. 이들의 특징은 발화

---

35) 물론 글의 성격을 뜻하는 '문예'와 글의 형식을 뜻하는 '사조'는 층위가 같은 개념이 아니다. 이를 감안하면 21호까지의 〈문예〉란처럼 전자가 후자를 포괄하는 것이 자연스럽다. 그러나 〈투서 주의〉의 첫 번째 항목과 같이 『태극학보』 내에서 '문예'와 '사조'는 이미 병렬의 형태로도 놓인 바 있었다. 즉, 상황에 따라서는 언제든 별개의 항목으로 운용될 여지가 열려 있었던 셈이다.

36) 〈사조〉란을 일별해 보면, 제22호에는 한시 10편, 제23호에는 한시 11편과 국문시 3편, 제24호에는 한시 12편과 국문시 2편, 제25호에는 한시 13편과 국문시 3편, 제26호에는 한시 5편이 실렸다. 〈사조〉란의 출현과 함께 국문시가 대두되는 양상도 이채롭다.

의 대상 및 수신자가 구체적으로 설정된 글이라는 점이다. 특히 '송별문'의 경우 〈문예〉란이 나타나기 전에는 없던 문종이었다. '서간문'이나 '추도문'의 경우 양적 증가가 크게 두드러진다고는 할 수 없지만 전체적 흐름에서 보자면 이전보다 전면화된 것은 사실이다.

넷째, 잡문의 비중이 감소했다. 잡문은 〈문예〉란 이전에는 10편이었다가 〈문예〉란 이후 11편이 된다. 그러나 전자는 총 50편의 기사 중 10편이고 후자는 총 86편 중 11편 수준이어서, 비중 면의 감소세는 확연하다. 더구나 〈표 3〉의 '잡문' 목록은 그 경계의 모호함 때문에 필자가 보수적으로 분류한 결과이다. 만약 제11호까지의 '잡문'을 더 유연하게 분류했을 경우 감소세는 훨씬 뚜렷하게 나타났을 것이다.

이상과 같이 『태극학보』의 〈문예〉란은 '잡문'을 제외한다면 대체로 기존의 '문예' 관련 기사들을 보다 활성화시키는 형태로 기능하였다. 이하에서는 주요 기사의 내용과 함께 그 의미에 대해 분석해보고자 한다. 다만 〈문예〉란 전체를 대상으로 한 분석 작업을 수행하는 데는 무리가 따른다. 이에 앞서 정리한 네 가지 변화 중 세 번째와 네 번째 영역에 초점을 맞추고자 한다. 첫 번째의 '한시' 영역과 두 번째의 '소설' 영역의 상세한 분석은 그 자체로 많은 분량이어서 별도의 지면을 통해 논의할 필요가 있다. 거기에 이미 문학 연구자들이 관련 텍스트를 적지 않게 조명해온 것도 사실이다. 반면, 보편적 '문예' 관념과 간극이 큰 세 번째와 네 번째 영역은 현재까지 제대로 분석된 바가 없다.

헤이그 특사 사건을 둘러싼 정치적 격변과 함께 『태극학보』에서 〈문예〉란이 처음 운용된 제12호와 제13호를 검토해 보면, 간접적이긴 해도 결코 약하다고 할 수 없는 정치적 발화들이 〈문예〉란을 통해 쏟아지고 있다. 그중 하나가 제12호 〈문예〉란의 「外國에出學하는親子의게

(母親의書簡)」이다.

어느 연월일부터 재정(財政) 정리한다던 결과로 자금유통이 심히 막혀 일본에서 1천만 환을 차관해다가 일본인들 거주하는 인천항 등지에 수도 (水道) 부설을 한다고 국채를 박아 넣고, 사람의 병을 보는 의사도 없는데 동물의 질환까지 고치겠다고 수의사를 초빙한다. 무슨 고문 연회비라 무엇 무엇 이렁저렁 짱뚱어 꼬리 잘라 먹듯이 하여 오늘날은 시문(市門)에서도 재로(財路)가 통하지 않아 여기서 문 닫고 저기서 폐점하고, 일용물품도 본국 것은 지극히 천하고 외국 것은 지극히 귀하게 여겨 상로(商路)가 꽉 막히고 푼전이라도 도는 처소는 외국인에게 빼앗겨 어떤 집안에서는 돈을 보면 통성명하려는 때에 애써 근근이 아껴 모은 미곡을 돈으로 바꾼다. 토장(土庄)을 매도하여 푼푼이 모은 돈을 너는 어떻게 허비하느냐. 가령 동료의 꾀임을 당한 때라도 너의 정신만 수습하였으면………… 무얼 네가 분명 국사를 조금도 생각하지 않는가 보다. 작년 어느 날에 민(閔)·조(趙)(인용자 주: 민영환과 조병세) 여러 충신이 순절하신 일을 생각하거니와 너부터 공부 잘 못하면 장래 타인의 노예뿐 망국뿐 멸종뿐임을 생각하여주렴. 너도 목석이 아니거든 애국성(愛國誠)이 가장 많고 가장 풍부한 대한남자의 기혼(氣魂)을 망실한단 말이냐![37]

인용문은 유학 간 아들에게 보낸 어머니의 편지이다. 필자명에는 김낙영이 올라 있는데, 그렇다고 김낙영의 어머니가 썼다고 단정하기에는 애매하다. 회원의 가족이 쓴 글의 경우 그 가족이 직접 쓴 글로 실린 전례들이 있었기 때문이다. 어쩌면 이 편지 전체가 김낙영의 창작일 가능성도 염두에 두어야 한다. 일반적으로 서간문은 정치적 기사와 간극이 큰 사적 내용을 전제로 한다. 형식적으로도 뚜렷하게 구분된다.

---

37) 椒海, 「外國에出學하는親子의게(母親의書簡)」, 『태극학보』 12, 1907.7, 43~44쪽.

즉, 서간문에는 감시를 교란하기 좋은 양식적 특성이 내재되어 있다. 그러나 쉽게 확인할 수 있듯 정작 인용문의 내용은 일본과의 관계에서 일방적으로 피해를 입고 있는 한국의 경제적 사정을 구체적으로 고발한다. 결국 이 글은 국채보상운동을 직접 소개하지는 않으면서도 그 배경이 되는 상황들에 근간하고 있었다. 발화할 수 없던 정치적 현안이 우회로를 통한 다뤄진 것이다. 을사늑약 직후 자결한 민영환과 조병세까지 '충신'으로 거론되는 것을 보면 항일의식의 수준도 최고치이다.

〈문예〉란 이전의 서간문 4편에서 이러한 전략적 쓰임새를 발견하기는 어렵다. 이를테면 제2호의 「李甲氏寄函」은 태극학회를 돕는 국내의 인사가 의연금을 보내면서 곁들인 글이고, 제4호의 「大韓自彊會會長尹致昊氏寄函」과 「北美桑港共立協會總長宋銀峻氏寄函」는 각각 대한자강회와 공립협회의 수장이 보낸 공식 서한으로서, 이상 3편은 태극학회의 발전을 축원하는 보편적 범주를 벗어나지 않는다. 나머지 1편인 제5호의 「고별사」는 유학 중도에 귀국하며 남긴 김창대의 회한이 들어있다는 점에서 보다 사적인 글이긴 해도 내용은 소략하고 의례적이다. 반면, 〈문예〉란의 서한문들은 보다 구체적인 정치적 의도를 담아내고 있으며 형식 자체도 실험적 성격을 띨 경우가 많았다. 가령 제17호의 「美國에留學ᄒᄂ友人의게」는 미국으로 유학 간 친구가 초심을 잃지 않도록 독려하는 내용이지만, 오히려 미국 유학이 가져올 수 있는 이점을 독자들에게 전달한다는 인상이 강하고 미국과 관련된 지식 또한 방대한 분량으로 담아내어 편지의 통상적 용례를 뛰어넘고 있다. 이 기사에는 다음과 같이 정치적 맥락에서 해석할 수 있는 대목도 포함되어 있었다.

미국의 형세도 이미 이와 같고 장관(壯觀)이 이와 같은 가운데 한인(韓人)의 공립협회(共立協會)와 대동보국회(大同保國會) 두 모임이 서방 캘리포니아 주에서 분기하여 충용(忠勇)하고 공의(公毅)한 수십 수백의 대국민을 조합하고 로키산 서북쪽에 일대 활동장(活動場)을 넓게 열어 엄연한 새 대한제국의 기상을 만리장공(萬里長空)에 흰 무지개다리를 높이 건 듯 자유의 대활보(大活步)를 연출하니, 그대가 비록 그 광대한 감화를 입고자 하지 않은들 살아 있는 광경과 기이한 소문이 그대를 헛되이 돌아오게 하지는 않겠거든, 또 하물며 활발한 의기(意氣)로 강의(剛毅)하게 힘껏 행하여 오래되어도 풀어지지 않는 그대의 지조에랴. 그러므로 나는 그대의 이 행차가 우연한 일이 아닌 줄로 확신한다………38)

미국에 대해 소개하는 와중 미국에서 항일 구국운동을 전개하던 공립협회와 대동보국회의 이름이 거론되며, 이는 다시 망국의 기운이 가득했던 대한제국의 기상이 아직 건재하다는 것을 강조하는 근거가 된다. 상기 인용 대목이 기사의 핵심이라는 사실은 원문 자체에 강조점이 따로 찍혀 있었다는 데에서도 쉽게 드러난다.39) 제18호에 실린 「臨終時에其子의게與하는遺書」는 유서라는 새로운 형식을 실험한 것이었다. 아들에게 남기는 19가지의 당부로 구성된 이 글의 첫 번째 항목에서, 필자인 경세노인은 "국가의 독립을 온전하게 보호하지 못하며 타락한 국권을 만회하지 못하고" 세상과 등지는 자신의 안타까움을 토로하

<hr />

38) 椒海生, 「美國에留學ᄒᄂᆫ友人의게」, 『태극학보』 17, 1907.12, 53쪽.

39) "美國의形勢도已爲如此ᄒ고壯觀이如許ᄒ中에韓人共立大同兩會가西方칼니포니아洲에奮起ᄒ여屢十百忠勇公毅의大國民을組合ᄒ고大岩山西北方에一大活動場을廣開ᄒ야儼然ᄒ新大韓帝國의氣像을萬里長空에白虹橋를高掛ᄒᆫ드시自由의大活步를演出ᄒᄂᆫ니君이비록그廣大ᄒᆫ感化를被코져아니ᄒ들活觀奇聞이君을空歸케아니ᄒ겟거든又況活潑意氣로剛毅力行ᄒ야求而不釋ᄒᄂᆫ君의志操라故로余ᄂᆫ君의此行이偶事가아닌줄노確信ᄒ노라………"

며, 아들에게 끊임없이 "애국하는 의무를 다하여 우리의 원수에게 보복"[40]할 것을 언급한다. 일본의 침략적 만행을 직접 언급하지 않더라도 이러한 내용들이 의도하는 바는 명확하다.

〈문예〉란의 등장 전에는 없던 '송별문' 속에서도 정치적 발화는 꾸준히 시도되었다. 송별문은 기본적으로 누군가가 학업을 마치고 귀국할 때 게재된다. 학보 간행 초기에 찾아보기 힘든 이유는 학업을 필하기까지 시간이 필요했기 때문일 것이다. 이윽고 〈문예〉란에 들어온 『태극학보』의 송별문이 보여주는 특징은, 귀국자들이 공적 과업을 충실히 수행해야 한다는 당위가 천명되는 데 있다. 대체로 절망적인 고국의 상황을 먼저 논한 다음, 이를 타개할 메시아적 중임을 귀국자들에게 요청하는 것이 송별문의 패턴이었다. 예컨대 모든 〈문예〉란을 통틀어 첫 번째 기사가 된 제12호의 「送同契諸君子歸國序」을 살펴보자. 이 글은 1907년도 여름에 귀국하는 동료들 앞에 부친 글로서, 그들의 책무가 엄중하며 활약을 기대한다는 송별사에 앞에는 "그러나 일에는 오히려 이보다 급한 것이 있으니, 아! 우리 대한국(大韓國)의 오늘날 정황이여. 살갗에 절실한 근심과 눈썹을 태우는 급박함이 아침저녁의 잠깐 사이에 닥쳤거늘, 한심하구나! 본국의 동포여. 목 놓아 울겠구나! 본국의 동포여. 애석하구나!"[41]와 같은 한국적 현실에 대한 애통이 수반되었다.

송별문은 표면상 귀국하는 학생들을 향하고 있었지만 동포 모두를 향한 또 다른 메시지도 숨어 있었다. 제22호의 「送留學生歸國」에서 언급되듯 "조국으로 돌아가는 날에 응당 어떻게 실제로 시행해야 하겠는가. 그 계획이 **장차 아무 타로(太郞)·아무 지로(次郞)의 슬하에 굽혀서**

---

40) 經世老人, 「臨終時에其子의게留與ᄒᆞᄂᆞᆫ遺書」, 『태극학보』 18, 1908.1, 50~51쪽.
41) 金炳億, 「送同契諸君子歸國序」, 『태극학보』 12, 1907.7, 30~41쪽.

한 되나 한 말의 여력(餘瀝)에 적시기를 구걸하려는 것이라면 심히 궁구할 만하지 못하거니와"[42]와 같이 일본인 밑에서 굴종하는 삶을 경계하는 자세는 비단 귀국자가 아니더라도 유효했다. 이 기사 중에는 온당한 졸업자의 자세를 전공별로 예거한 대목이 있다. 그중 "나는 법률에 대해 이미 익숙하게 되었으니, 우리 동포로 하여금 천부의 자유가 있음을 알게 해서 나의 자유를 잃음이 없고 남의 자유를 빼앗음이 없게 하고, 국가 사회의 문명 범위 내에 서서 그 안녕과 복락을 향유하게 하고서야 말겠다."[43]와 같은 발언도 단순히 송별의 대상만을 향한 권고일 리는 없다. 여기에는 법률을 배운 이의 상식을 빌려, 작금의 대한이 처한 상황이 얼마나 그 상식에 어긋나 있는지를 환기하는 의도가 깔려 있었다.

'추도문'은 죽은 자를 기념하는 동시에 살아 있는 자에게 남겨진 의무를 환기하는 것이 본질이다. 따라서 독자들을 향한 메시지 전달은 송별문보다 효율적인 측면이 있었다. 게다가 동료의 죽음이 자아내는 비장함은 공동체 내부를 단단하게 결속시키기 마련이어서 태극학회 자체를 위해서도 도움이 될 법했다. 〈문예〉란 이전까지 극소수에 불과하던 추도의 내용은,[44] 〈문예〉란 등장 이후 제12호 「聞宋錫俊氏訃音感追悼而作」, 제16호 「追悼表振模舊雨」, 제24호 「哭崔時健君」 등과 같이 '한시'와 자주 결합하는 양상도 보여준다. 제24호(1908.7)의 경우 연달아 세 편의 추도문이 〈문예〉란 게재되기도 하였다. 다음은 그중 첫 번째 기사인 「吊金泰淵文」의 마지막 대목이다.

---

42) 松南, 「送留學生歸國」, 『태극학보』 22, 1908.5, 48쪽.

43) 松南, 앞의 글, 49쪽.

44) 『태극학보』 제8호(1907.3)에 수록된 최익현에 대한 추도 한시 1편(이창균, 「追吊勉菴崔先生」)과 추도문 1편(미상, 「吊崔勉庵先生」)이 현재 확인되는 전부이다.

다만 아득히 지니게 될 탄식은 학문의 목적을 뜻대로 달성할 수가 없었고 **국가의 권리를 뜻대로 회복할 수가 없었음에도, 매우 급히 이 세상과 이별하여 스스로 망국의 귀신이라는 이름을 뒤집어쓰고서 돌아가** 지하에서 열성(列聖) 조종(祖宗)을 뵙게 된 것이다. 군에게 그 영령이 있다면 어찌 차마 이번에 떠나갔겠는가. 아아, 국권을 만회하고 민지(民智)를 개발하는 것은 군이 평소 원하고 또 원하던 뜻이었으며 강개하고 또 강개한 것이었다. 그 생전에 미처 완수하지 못한 소원을 우리 황천후토(皇天后土)께 읍소하여 은밀히 보우하심이 있어서 일반 동포로 하여금 부강하고 문명한 경역에 오를 수 있도록 기약하면, 비록 죽는 날이라 해도 살아 있는 때와 같을 것이다. 영령이여, 어둡지 아니하거든 나의 이 말에 감동하소서.[45]

『태극학보』에서 '국권 회복'의 사명을 직간접적으로 표현하는 기사는 당연히 〈문예〉란 바깥에도 존재했다. 그러나 위와 같이 강력한 비장함을 수반하는 경우는 드물었다. 망국의 백성이 된 것도 통탄할 노릇인데 "망국의 귀신"이 되었으니 그 이상의 한은 없다는 말은 학인(學人)들의 공감대를 손쉽게 견인할 수 있었다. 이는 실제로 일어난 동료의 죽음과 그것을 직접적으로 다룰 수 있는 추도문의 형식이 있었기에 가능했다.

또한 추도문은 큰 인재를 상실한 데서 비롯되는 분노의 정서를 쉽게 일으킬 수 있었다. 제24호의 「弔崔時健文」은 국내에서 헌신적으로 교육사업을 감당하고 있던 최시건의 죽음을 슬퍼하는 한편, 반대 진영에 있는 이들을 공격한다. "군은 22세의 나이로 일찍 의무를 깨달았으니, 어쩌면 이리도 장하단 말인가. 무릇 우리 온 나라 일반 동포가 모두 군의 열심과 지성과 같다면 국권을 만회하고 민지(民智)를 계발하는 것은

---

45) 金源極, 「弔金泰淵文」, 『태극학보』 24, 1908.7, 44쪽.

차례대로 되어 가는 일이 될 수 있었을 것인데 아아, 저 수전노의 무리 는 허옇게 센 머리로 사리사욕이 갈수록 더욱 완고하고 침체되어 공익 의 사업과 교육의 방침이 도대체 무슨 일이 되는 줄을 알지 못하고, 이 에 오히려 배척하며 괄시하고 나무라며 비웃어서 사회에 해를 전파해 끼치니, 그 또한 죽지 않고서 무엇을 기다린단 말인가."[46] 이러한 질책 은 국내의 '머리가 허옇게 센 수전노 무리'만을 향한 것이 아니라, 잠시 나마 안온한 삶에 거하려던 유학생들을 부끄럽게 만들고 이로써 다시 한번 망자의 유지였던 '국권의 만회와 민지의 계발'에 매진하게 만드는 효과를 가져올 수 있었다.

끝으로 '잡문'을 살펴보고자 한다. 〈문예〉란에 포함되어 있다곤 해도 잡문의 경계는 다소 모호하다. 예컨대 제19호의 「社會와家庭」, 제22호 의 「東西氣候差異의觀感」, 제24호의 「實業勉勵會趣旨書」 등은 명백히 〈문예〉란 속에 속해 있었지만 실은 〈논단〉, 〈강단〉, 〈학원〉, 〈잡보〉 등 에 보다 잘 어울릴 것 같은 표제이다. 그런가 하면, 잡문 중에는 〈문예〉 란 내의 다른 종류와 중첩되는 속성을 지닌 경우도 있었다. 가령 제12호 의 「以鳥假鳴」의 경우는 소설의 일종으로 보아도 무방할 정도이고,[47] 제13호의 「大呼江山」은 운율까지 겸비한 국한문체 산문시와 큰 차이가 없어 보이며, 제25호의 「賀韓昌玹君遊學壯志」는 서간문의 특성이 짙다. 그러나 본고에서 이들을 '잡문'으로 분류한 이유는, 모두 그러한 틀에 얽매이지 않는 지점들이 공존하기 때문이다. 그 핵심은 화자의 직접

46) 金源極, 「吊崔時健文」, 『태극학보』 24, 1908.7, 44쪽.
47) 문한별은 「以鳥假鳴」의 '몽유 서사'로서의 성격을 강조한 바 있다. 문한별, 「근대전 환기 서사의 양식적 혼재와 변용 양상 - 「자유재판(自由裁判)의 누문(漏聞) - 몽향 필기(夢鄕筆記)와 「이조가명(以鳥假鳴)」을 중심으로」, 『국제어문』 52, 국제어문 학회, 2011.

발화 대목에 있다. 이러한 잡문의 복합성은 글쓰기의 높은 자유도 속에서 나온 것이었다. 그리고 그러한 자유가 관철된 데에는 결국 형식보다 내용이 더 중요하다는 판단이 개입되어 있었다. 특정한 형식으로 시작했지만 직접화법을 통해 그 전형성을 벗어나도록 이끈 것은 그 내용을 전달하고자 한 의지였다. 그러므로 이러한 잡문에서 주목해야 할 것은 곧 내용이다.

예를 들어 제12호의 「以鳥假鳴」은 새의 울음소리에 빗대어 독자의 각성을 촉구한다. 이 글은 뻐꾸기와 부엉이의 소리를 통해 '복국(復國)'과 '부흥(復興)'이라는 키워드를 반복 등장시키고 있다. 또한 "나는 옛날 한(漢) 황실(皇室)을 수복하지 못한 불행한 제갈무후(諸葛武侯)의 유혼(遺魂)으로서, 왕대(王代)가 바뀌고 사물은 변천함에 점점 떠돌아다니다 반도(半島)(대한(大韓)) 강산 조류 사회 가운데 일개 원조(寃鳥)로 화생(化生)하였다."[48]처럼 중국 인물을 경유하면서도 '반도'와 더불어 괄호에 '대한'이라는 구체적 공간까지 환기하는 것을 잊지 않았다. 이 글을 쓴 송욱현은 기본적으로는 언어유희를 활용한 간접화법 속에서 민감한 주제를 풀어냈지만, 한편으로는 직접화법까지 동원하여 의도를 선명하게 하였다. 다음은 「以鳥假鳴」의 마지막 대목으로서 화자의 직접 발화가 가장 전경화된 부분이다.

나 역시 이천만 동포 가운데 한 분자(分子)로서 사물을 헤아려 감촉하는 바에 도리어 부끄러워하기는 고사하고 눈물이 절로 가득하여 울음소리를 삼키고 머뭇거리며 말했다. "복국아. 복국아. 귀국하거라. 귀국하거라. 주저 말고 귀국하거라. 이 뿐 답사(答辭)로다. 동포들아. 동포들아. 조국의 동포

48) 宋旭鉉, 「以鳥假鳴」, 『태극학보』 12, 1907.7, 46쪽.

들아. 솥들도 귀가 있거늘, 일찍이 '복국'을 듣지 못했나. 부흥 사상을 잊지 말고 복국 정신을 익히소. 저 새도 오히려 복국할 수 있거늘, 하물며 이 사람이 저만 못할까. 이 말 저 말 다 버리고 복국새를 돌려보내니 믿고 곧이 듣고, 믿고 곧이 들으소. 바라노니, 나의 동포여."[49]

제13호의 「大呼江山」의 경우, 초반에는 동서양의 역사를 넘나드는 다양한 인명과 지명들을 동원하며 논리적 글쓰기의 전개 방식을 보여주다가, 후반으로 갈수록 감정적으로 격앙되어 산문시에 가까운 모양새로 변한다. 다음은 「大呼江山」의 가장 격앙된 대목이다.

아아. 우리 강산아!

너는 영기를 가졌느냐! 네가 만약 영기가 있다면 내 장차 베리라. 나라가 태평한 지 4천 년에 비와 이슬처럼 젖어든 임금의 은혜가 이미 깊거늘, 아아! 너는 삼천리에 금수강산이라는 이름이 부끄럽지 않은가! 또 네가 설령 후지산과 비와호의 높고 큰 것에 이름을 나란히 하기는 어려울 것이나, 차마 신가오산과 자오저우만의 경개(景槪)로서 참모습을 지을 것인가! 날짐승 길짐승이 놀라 움직임에 큰 우레가 팔방에서 울고 교룡이 성나 울부짖음에 한수(漢水)도 사흘을 □ □ □[50]하였다. 군대는 어양(漁陽)에서 흩어지고 말은 오강포(烏江浦)로 들어갔다.[51] 오호! 괴롭구나. 곤륜산(崑崙山)에 화염이 덮이자 옥과 돌이 모두 불타는구나. 강산이 끝났구나. 창생(蒼生)을 어찌하리오. 새로 변화하여 서식할까. 산림이 내 소유가 아니니 주살을 베풀 수 있을 것이다. 물고기로 변화하여 자맥질하여 숨을까. 천택(川澤)이 내 소유가 아니니 그물을 펼칠 수 있을 것이다. 애통하여 통곡하며 창천(蒼天)에 하

49) 宋旭鉉, 위의 글, 46~47쪽.
50) □□□: 원본에는 술어에 해당하는 글자가 누락되어 있다.
51) 군대는……들어갔다: 어양(漁陽)은 안녹산(安祿山)이 반란을 일으킨 지역이며, 오강포(烏江浦)는 항우(項羽)가 유방의 군대에 쫓겨 마지막으로 결전을 치르고 죽은 장소이다.

소연하니 창천은 흐리멍덩하다. 지금 이 크고 무서운 참화(慘禍)는 하늘이 은혜롭지 않은 것이 아니라 강산이 신령하지 않은 것이니, 아아! 우리 강산 아 네가 만약 영기가 있다면

　　오늘이라도‥‥‥‥?[52]

결과적으로 「大呼江山」은 고종의 퇴위, 군대 해산 등 급속도로 몰락 하고 있는 조선의 현 상황을 각종 은유와 암시로 담아내고 있었다. 이 글은 특정한 서사를 갖춘 소설도 아니고 엄정한 의미의 시가 장르와도 거리가 있었다. 논설은 더더욱 아니었다. 그러나 이승근은 이 글을 통 해 몰락해가는 조국의 정치적 상황 앞에서 자신의 목소리를 높일 수 있었다. 정치적 발화를 목표로 삼는 이상 애당초 글의 형식은 중요하 지 않았다. 잡문의 효용은 바로 이 지점에 있었다.

이러한 성격은 곧 〈문예〉란의 존재 이유이기도 했다. '문장'의 '기술' 적 측면을 문면에 내세운 〈문예〉란은 다양한 형태와 장르를 넘나들며 오히려 '내용'의 정치화를 꾀하고 있었다. 이로써 〈문예〉란은 일본의 감시가 엄중해져 가던 『태극학보』 내에서 정치적 발화의 한 축을 담당 할 수 있었던 것이다.

Ⅴ. 과도기적 개념으로서의 '문예'

『태극학보』의 〈문예〉란과 관련하여 이 글에서 논의한 것은 크게 두 가지이다. 하나는 『태극학보』의 '문예' 개념과 〈문예〉란의 출현 배경이

---

52) AB生 李承瑾, 「大呼江山」, 『태극학보』 13, 1907.9, 40~41쪽.

실제로 서양소설의 번역이나 서구 근대문학을 학습한 결과로서 묘출된 작품도 있었다. 이는 물론『태극학보』의 담당자들이 일본이라는 공간에서 서양의 근대문학을 적극적으로 수용하고 있었다는 증좌이며, 결국 그것은 〈문예〉란의 탄생을 추동한 또 하나의 동력이 되었을 것이다. 그리고 보면 기술적인 글쓰기를 통해 정치적 발화를 시도하고자 한 〈문예〉란의 방향성은, 애초부터 서양의 근대문학과도 뚜렷한 접점을 형성하고 있었다. 근대문학은 성격상 예술성뿐 아니라 정치성에서도 오랜 연원을 찾을 수 있기 때문이다.

팜 파탈의 탄생, 동아시아적 기억과 혼혈의 상상력

박진영

팜 파탈의 탄생, 동아시아적 기억과 혼혈의 상상력

Ⅰ. 악녀를 기억하는 세 가지 방법

19세기 후반에 등장한 두 명의 히로인이 유럽의 극장가를 뒤흔들며 긴 파장을 일으켰다. 헨리크 입센의 노라는 스위트홈으로 포장된 부르주아 가정을 박차고 나선 헬메르 부인이자 세 아이의 어머니다. 오스카 와일드의 살로메는 어머니의 정적이자 자신이 욕망한 남성인 유대의 예언자 요카난(세례 요한)의 목을 은쟁반 위에 요구한 '헤로디아의 딸'이다. 서로 닮지 않은 노라와 살로메가 지닌 해방적 가치와 급진성은 무대를 떠나 20세기 초 동아시아에서 새로운 파동을 낳았다.

노라가 집을 나가는 여성, 가부장을 버리는 새로운 주체의 행렬을 예고했다면 살로메는 하와(이브)의 후예가 자신의 운명을 내건 팜 파탈로 변신하는 순간을 포착했다. 노라와 살로메는 새로운 시대정신을 상징하는 투사인 동시에 파괴적인 상상력을 불러일으키는 악마이기도 했다. 그런데 가장 극적인 장면은 근대 유럽에서 태어난 두 여성이 중국 고대 야사 속의 미녀와 마주치는 대목에서 연출되었다.

남성 지배 계급의 권력 쟁탈에 소용된 서시(西施)는 미인계의 도구이자 영토 전쟁의 미끼다. 구미호의 화신인 달기(妲己)는 그 자체로 음탕하고 포학한 요물이며 제왕을 눈멀게 하고 백성을 도탄에 빠뜨린 원흉이다. 서시와 달기는 역사의 말단을 맴도는 주변인이자 미색을 둘러싼 한낱 이야깃거리에 지나지 않지만 남성과 국가를 파멸로 이끌기에 충분히 불온하고 위험한 존재다. 그런데 서시와 달기가 기성 권력과 질서에 반기를 들면서 거듭난 것은 후대의 노라와 살로메를 만나면서부터다. 이처럼 기묘한 현상은 어떻게 벌어졌을까?

그런가 하면 청 왕조의 서태후(西太后)는 도래하는 근대의 목전에서 대제국의 몰락을 초래한 주범이다. 서태후는 정욕을 소유하고 권력을 직접 휘두르는 정치적 주체로서 정점에 오른 여성이다. 서태후가 수천 년의 시간을 뛰어넘어 서시나 달기와 한통속으로 묶인 것은 전근대 중국 혹은 동양을 표상하는 여성으로 서사화되었기 때문이다. 서태후는 이른바 경국지색(傾國之色)의 살아 있는 표본이요 근대의 힘으로 경멸되고 교정되어야 마땅한 야만성과 후진성의 역사적 전시품이다.

실존의 기념비적 인물인 서태후가 야사 속의 가공인물 서시나 달기와 마찬가지로 대중적으로 유통되고 통속적으로 소비된 것은 매우 흥미로운 현상이다. 또한 서시가 노라의 행보를 뒤밟고 달기가 살로메를 흉내 낸 것, 그리고 혐오와 조롱의 대상으로 전락한 서태후가 중국을 사랑한 서양 여성 작가의 상상력에 의해 재현된 것은 문제적이다. 동양과 서양, 고대와 근대, 낡은 것과 새것을 극단적으로 가로지르는 팜 파탈의 운명은 공통적으로 번역을 경유하면서 잠복된 시대적·계급적·젠더적 문제의식의 일단을 드러내 주었다.

Ⅱ. 노라가 된 서시, 서시 이후의 노라들

스칸디나비아에서 탄생해 유럽 전역을 강타한 『인형의 집』(1879)은 근대 여성의 출현과 새로운 인간관계의 성립을 선언했다. 가정의 물질적 기반과 가족의 혈연을 한꺼번에 등진 노라의 눈앞에는 남편과 분리된 독립적인 개인으로서 존립을 도모해야 할 뿐 아니라 그 전날 밤과 확연하게 달라진 사회관계 속에서 여성 주체로 거듭나야 하는 고독한 투쟁이 기다리고 있다. 과감하게 집을 뛰쳐나간 노라가 겪어야 할 후일담은 근대 세계의 미래형이었다.[1]

『인형의 집』은 동아시아 3국의 초창기 번역을 풍미했으며, 처음부터 충실하게 완역되고 직역되었다. 입센 타계 직후 10년 동안(1906~1916)에 해당하는 메이지 말부터 다이쇼 초까지 일본은 입센을 거점으로 근대극의 규범을 수립하고 노라를 신극 운동의 교두보로 삼았다. 반면에 5·4운동(1919) 전야의 중국은 잃어버린 자아를 찾기 위해 부르주아 계급의 스위트홈을 탈주하는 노라를 반봉건·반전통의 혁명 전사로 둔갑시켰다. 노라의 가출은 가부장적인 사회와 제도에 맞선 투쟁, 자유연애

---

[1] 노라의 후일담을 그린 대표적인 문학 작품으로 다나카 하노스케(田中巴之助)의 희곡 『인형의 집을 나와서(人形の家を出て)』(1923), 채만식의 장편소설 『인형의 집을 나와서』(1933), 엘프리데 엘리네크의 희곡 『노라가 남편을 떠난 후 일어난 일 또는 사회의 지주』(1987)를 꼽을 수 있다.

와 연애결혼을 쟁취하기 위한 새로운 용법으로 번역되었다.[2] 실제로 1919년 11월 창사(長沙)에서 일어난 자오우전(趙五貞) 자살 사건은 격렬한 연쇄 반응을 일으키며 중국 전역으로 확산되었다.[3]

일본과 중국에서는 『인형의 집』과 더불어 입센의 또 다른 대표작 『민중의 적』(1882)이 처음이자 동시에 번역되었다.[4] 그러나 한국에서는 식민지 시기 내내 『인형의 집』과 『바다에서 온 여인』(1888)만 기억되었다. 3·1운동 직후 양건식은 초창기 신여성 그룹을 주도한 김일엽, 나혜석, 박계강과 합작으로 「인형의 가(家)」를 일간지 『매일신보』에 성공적으로 연재하고 단행본 『노라』를 출간했다. 곧이어 이상수가 또 다른 버전의 『인형의 가』(1922)와 『해부인(海婦人)』(1923)을 잇달아 단행본으로 내놓았다. 일본 유학생 출신 이상수는 물론이려니와 중국문학 전문 번역가 양건식 역시 일본어 중역(重譯)에 의존했다.[5]

비록 중역이라 하더라도 양건식의 『노라』는 최초의 단행본 희곡일 뿐 아니라 충실하게 완역되었다는 점에서 가장 빛나는 성과다. 그런데

2) 일본과 중국에서의 입센 번역에 대해서는 中村都史子, 『日本のイプセン現象: 1906~1916年』, 福岡: 九州大學九州大學出版會, 1997; 장징(張競), 임수빈 옮김, 『근대 중국과 연애의 발견』, 소나무, 2007, 179~224쪽; 임우경, 『근대 중국의 민족 서사와 젠더 - 혁명의 천사가 된 노라』, 창비, 2014. 한국에서의 입센 번역에 대해서는 고승길, 「한국 신연극에 끼친 헨리크 입센의 영향」, 『동양 연극 연구』, 중앙대 출판부, 1993, 425~468쪽; 김재석, 『식민지 조선 근대극의 형성』, 연극과인간, 2017, 99~171쪽.

3) 천성림, 『근대 중국, 그 사랑과 욕망의 사회사』, 소명출판, 2016, 115~126쪽.

4) 다카야스 겟코(高安月郊)는 1893년 3월 『인형의 집』과 『사회의 적(社會之敵)』을 동시에 번역했다. 일본에서 처음 단행본으로 출간된 다카야스 겟코의 『입센 작 사회극(イプセン作社會劇)』(1901)에도 두 작품이 나란히 수록되었다. 중국은 1918년 6월 『신청년(新靑年)』 제4권 제6호를 통째로 입센호로 꾸미면서 『노라(娜拉)』를 완역하고 『국민의 적(國民之敵)』을 분재했다.

5) 양건식의 입센 희곡과 근대 역사극 번역을 다룬 아래의 논의는 박진영, 「번역된 여성, 노라와 시스의 해방」, 『민족문학사연구』 66, 민족문학사학회, 2018, 334~345쪽; 박진영, 『번역가의 탄생과 동아시아 세계문학』, 소명출판, 2019, 318~348쪽의 논지를 요약한 것이다.

이듬해 양건식은 번안으로 짐작되는『사랑의 각성: 신(新) 노라』라는 뜻밖의 단막극을 단행본으로 출간함으로써 입센의 본의는 물론 신여성 그룹의 혁명적 용법마저 정면으로 배반했다.『사랑의 각성: 신 노라』는 여성 해방의 시대적 상상력을 남녀 성별 모순, 신구 세대 갈등, 동서 문화 충돌이라는 삼중의 이항대립 구도 속으로 밀어 넣으면서 입센을 희화화하고 노라를 조롱했다.

〈표 1〉 양건식의 근대 희곡 및 역사극 번역(부분)

표제	갈래	원작자	지면·출판사	간행 일자	특이 사항
인형의 가(家)	희곡	헨리크 입센	『매일신보』	1921.1.25 ~4.3	1면, 60회 박계강 공역 나혜석 삽화
노라	희곡	헨리크 입센	영창서관	1922.6.25	176면
사랑의 각성 — 신(新) 노라	희곡		영창서관	1923.3.5	41면, 번안 추정 희극(喜劇), 단막극
빨래하는 처녀	장편 소설	이케다 도센 (池田桃川)	『동명』 1~30	1922.9.3 ~1923.3.25	28회, 87장 노수현 삽화
			회동서관 성문당서점	1927.11.25 1940년경	190면, 30장
탁문군 (卓文君)	역사극	궈모뤄 (郭沫若)	『조선일보』	1931.4.29 ~5.14	4면, 14회 전 3경(景)
양귀비 (楊貴妃)	역사극	왕두칭 (王獨淸)	『조선일보』	1931.5.20 ~6.26	4면, 21회 전 6장
반금련 (潘金蓮)	역사극	어우양위첸 (歐陽予倩)	『문예월간』 4	1932.3.1	희곡, 미완 1~2막(전 5막)
왕소군 (王昭君)	역사극	궈모뤄	『매일신보』	1932.8.2 ~8.18	5면, 15회 전 2막

흥미롭게도 그 무렵에 양건식은 장편소설『빨래하는 처녀』를 발표했다. 서시를 주인공으로 삼은『빨래하는 처녀』는 양건식의 유일한 창작 장편소설로 알려져 왔으나 기실 상하이에서 일본어로 출간된 통속적 취향의 역사소설을 번역한 소산이다. 일본인 원작자 이케다 도센(池田桃川)은 '지나(支那)'로 호명된 중국 역사 속의 미녀를 주인공으로 삼아 대중적인 장편소설 시리즈로 가공해 낸 독특한 컬렉션을 기획 출판한 저널리스트다.

양건식의『빨래하는 처녀』는 야사 속의 미인계에 착안한 흥미 위주의 통속적인 재활용임이 분명하지만 자기 욕망을 지닌 서시의 시선을 통해 전쟁과 복수라는 거대 남성 서사의 주변부로 밀려난 여성의 주체성과 자유 의지를 포착했다. 자신이 남성의 "노리갯감"이나 지배 권력의 "산 각시"에 지나지 않음을 잘 알고 있는 서시는 집권 계급의 대리복수를 미화하는 도구이자 남성 중심적인 애국주의의 희생양을 자처한다.『빨래하는 처녀』는 연정과 사랑이 이용당하고 있음을 자각하면서도 기꺼이 운명을 감내하는 서시의 고뇌를 드러냄으로써 동시대의 통속화된 시각에서 진일보했다.[6]

그런데 양건식은『빨래하는 처녀』를 발표한 이후 중국 여성을 극화한 작품을 꾸준히 번역하다가 궈모뤄(郭沫若)의『세 반역적 여성(三個叛逆的女性)』(초판, 1926; 재판, 1929)과 만나면서 획기적이고 값진 급진전을 이루었다. 양건식은 1920년대 중반에 자신이 번역한 전통극을 번복하고, 1930년대 초반에 이르러 궈모뤄의 근대 역사극을 통해 혁명적인 노

---

6) 활자본 고소설『오자서 실기(伍子胥實記)』(1918)와『절세미인 서시전』(1929)의 경우가 대비된다. 전자에는 아예 서시가 등장하지 않으며, 후자는 선정적인 묘사에 치중했다.『절세미인 서시전』에 대해서는 장쿤(張坤), 「중국 여성 인물을 주인공으로 한 한국 고전소설 연구」, 한국학중앙연구원 박사논문, 2017, 162~180쪽.

라의 후예들을 의식적으로 번역했다. 양건식이 번역한 히로인은 중국 문학예술에서 널리 알려진 탁문군(卓文君), 왕소군(王昭君), 양귀비(楊貴妃), 반금련(潘金蓮)이다. 그중에서 왕소군과 양귀비는 양건식 자신이 이미 전통극으로 번역한 바 있는 주인공을 궈모뤄의 근대 역사극에 의거하여 '반역적 여성'으로 새롭게 소개한 것이다.[7]

「탁문군」은 두 명의 새로운 노라를 탄생시켰다. 청춘과부가 된 젊은 여주인공은 부친과 시아버지에 맞서 사랑을 찾아 나서려고 애쓰는데, 탁문군의 여종은 구세대의 봉건 전통을 타매할 뿐 아니라 자신이 속한 신세대의 노예성마저 과격하게 거부한다. 「탁문군」에서 진정한 노라는 자신의 연인마저 살해함으로써 훨씬 더 급진적인 저항을 실천한 여종이다. 「왕소군」 역시 황명을 거역한 여주인공과 함께 화공의 딸을 동시에 새로운 노라로 변신시켰다. 특히 화공의 딸은 자기 부친의 목을 황제에게 바칠 뿐 아니라 사랑을 약속한 화공의 제자 대신 왕소군의 손을 이끌고 황궁을 함께 걸어 나간다.

왕두칭(王獨淸) 원작의 「양귀비」는 군주를 유혹하고 타락시킨 양귀비의 최후를 "진정한 애정"과 "자주의 생로(生路)"요 "민중 전체의 요구"와 "민중의 승리"로 재평가했다. 양귀비의 의연한 자결은 "인류의 속박을 타파하는 폭력, 인류의 자유를 실현하는 쟁투"에 의한 역사의 필연성으로 전환되었다. 또 어우양위첸(歐陽子倩) 원작의 「반금련」은 음탕한 독부(毒婦)이자 색욕의 화신을 "개성이 대단히 강한 총명 영리한 여자"로 재해석했다. 자신의 욕망을 당당하게 발설하고 행동으로 옮기는 반금련

---

7) 박진영, 「번역된 여성, 노라와 시스의 해방」, 『민족문학사연구』 66, 민족문학사학회, 2018, 341~345쪽. 전통극과 근대극을 포함한 〈표 1〉의 완전한 목록은 같은 글, 332쪽.

역시 본디 비천한 신분으로 팔려 다니는 신세라는 점에서 「탁문군」의 여종이나 「왕소군」의 화공의 딸과 매한가지로 계급적 성격을 내포하고 있다.

요컨대 양건식은 5·4 시기의 실천적인 개혁 정신을 담은 역사극 번역을 통해 남성 중심적이고 선정적으로 재생산되어 온 미녀 이야기의 근대적 혁신에 성공했다. 당대화된 요부나 악녀는 유럽에서 건너온 노라와 조우하면서 서구적인 개인의 발견, 여성의 자아 각성과 욕망, 그리고 가출의 해방적 가치를 환기했다. 입센의『인형의 집』에 내장된 폭발력, 가부장제의 모순 폭로와 비판적 해체가 지닌 보편적인 실천력은 오직 번역을 통해서만 구현 가능했다.

Ⅲ. 살로메를 흉내 내는 달기

성서에서 '헤로디아의 딸'로만 일컬어진 살로메는 많은 문학예술 작품 속에서 매혹과 영감의 원천으로 이어져 왔다. 그중에서 오스카 와일드의『살로메』(1893)는 세기말의 병적 에로티시즘, 퇴폐적인 정열과 욕망을 대변한 문제작이다. 입센과 마찬가지로, 그러나 전혀 다른 이유로 오스카 와일드 역시 거센 저항과 비난에 시달렸다. 아일랜드 출신의 작가가 프랑스어로 창작한 시극(詩劇)은 런던 초연이 금지되었고, 1896년 파리에서 첫 무대에 오를 때 정작 작가는 외설죄(풍기문란죄)로 투옥 중이었다. 『살로메』의 영어 번역가는 동성의 연인 앨프리드 브루스 더글러스이며, 자포니즘(Japonism)과 우키요에(浮世繪)를 적극적으로 받아들인 아르누보 예술가 오브리 빈센트 비어즐리가 일러스트레이션을

덧붙여 유명세와 악명을 더했다.[8]

일본에『살로메』가 처음 소개된 것은 1900년대 후반 모리 오가이(森鷗外)에 의해서인데, 1905년 리하르트 슈트라우스의 오페라가 전 세계적으로 인기를 끈 덕분이다. 일본에서의 첫 〈살로메〉 공연은 1912년 제국극장에서 이루어졌고, 1915년에 3편이 무대에 오를 정도로 인기를 누렸다. 흥미롭게도 바로 그해 서울에서도 2편의 공연이 일본 극단에 의해 잇달아 성사되었다. 첫 번째 무대는 경복궁 안의 서양식 극장에서 이루어진 유명 레뷰(revue) 극단의 공연으로 조선총독부 시정(施政) 5주년을 기념하는 조선물산공진회를 통해서다. 두 번째 무대는 시마무라 호게쓰(島村抱月)가 이끈 전문 극단의 내한 공연으로 당대 최고의 여배우이자 노라 역으로 인기를 끈 마쓰이 스마코(松井須磨子)가 단연 주목을 끌었다.[9] 1915년 쇼쿄쿠사이 덴카쓰(松旭齋天勝)의 공연 사진과 〈살로메〉 해설이 한국에 처음 소개되었고, 1925년 신파극 스타 미즈타니 야에코(水谷八重子)의 사진과 오브리 빈센트 비어즐리의 일러스트레이션이 일간지에 선보였다.

『살로메』의 한국어 번역은 일본 극단의 공연보다 뒤늦게 도착했다. 박영희가 문예 동인지『백조』에 2회에 걸쳐『살로메』를 분재한 것은 1922년이며, 단행본으로는 1923년 양재명에 의해 처음이자 마지막으로 출간되었다. 양재명은 일본어 단행본에 실린 배경 및 무대 구조의 그림까지 함께 옮겨 왔고, 머리말과 유미주의에 대한 해설도 덧붙였다.[10]

---

8) 페터 풍케, 한미희 옮김,『오스카 와일드』, 한길사, 1999; 박창석,『비어즐리 또는 세기말의 풍경』, 한길아트, 2004.

9) 홍선영,「제국의 문화 영유와 외지 순행 - 덴카쓰이치자(天勝一座)의 〈살로메〉 경복궁 공연을 중심으로」,『일본근대학연구』33, 한국일본근대학회, 2011, 333~346쪽.

10) 윤민주,「현철의 중역 텍스트『희곡 살로메』에 나타난 중층성의 징후들」,『어문논

양재명의 『살로메』와 같은 날 같은 출판사에서 펴낸 홍난파의 첫 번째 단편소설집 『향일초(向日草)』 표지를 장식한 일러스트레이션은 은쟁반 위에 요카난의 목을 받쳐 든 살로메다. 중국에서는 신극 운동의 선구자인 극작가 톈한(田漢)이 1921년에 처음으로 『살로메』를 번역한 뒤 1923년에 단행본으로 출간했으니 한국과 시차가 거의 나지 않는다.

<표 2> 『살로메』 공연 및 번역

번역가	표제	지면·출판사	간행 일자	특이 사항
	살로메	덴카쓰이치자 (天勝一座)	1915.10.10~15 1915.10.22~26	경복궁 연예관(演藝館) 하야카와 연예부 유라쿠칸 (有樂館) 쇼쿄쿠사이 덴카쓰(松旭齋天勝)
	살로메	게이주쓰자 (藝術座)	1915.11.9~미상	용산 사쿠라자(櫻座) 시마무라 호게쓰(島村抱月) 연출 마쓰이 스마코(松井須磨子) 주연
박영희	살로메	『백조』 1~2	1922.1.9~5.25	
양재명	살로메	박문서관	1923.7.25	105면, 양재명 장정
현철	살로메	『위생과 화장』 2	1926.11.17	역보(譯補), 제1경(景)
C.S.Y 生	살로메	『동성(同聲)』 2	1927.1.20	
C.S.Y 生	살로메 (속)	『개척』 4	1927.7.15	미확인

한편 1923년에 발표된 조명희의 「파사(婆娑)」는 창작희곡으로 알려진 데에 반해 별반 주목되지 않은 작품이다.[11] 1920년 3월 도쿄에서 창립

총』 62, 한국문학언어학회, 2014, 515쪽; 금보현, 「1920년대 『살로메』 번역 연구」, 성균관대 석사논문, 2019, 16~27쪽.

11) 조명희, 「파사」, 『개벽』 41~42, 개벽사, 1923. 11~12. 제목 '파사'는 산스크리트

된 극예술협회의 일원인 조명희는 창작희곡『김영일의 사(死)』(1923), 시집『봄 잔디밭 위에』(1924), 번역희곡『산송장』(톨스토이, 1924), 번역소설『그 전날 밤』(투르게네프, 1925), 창작 단편소설집『낙동강』(1928)을 골고루 상재한 뒤 혁명의 나라로 망명했다가 스탈린 정부에 의해 처형당한 비운의 작가다. 그런데 야사나 신마소설(神魔小說)을 통해 포락(炮烙)과 돈본(盾盆)의 잔인한 극형으로 악명을 떨친 고대 중국의 달기 이야기를 조명희가 극화한 것은 여러모로 이색적이며, 아무래도 메이지 시기 일본을 통해 번역되었을 공산이 크다.[12] 달기 이야기를 다룬 조선 후기의 한문 필사본이나 1910년대 활자본 고소설『소달기전(蘇妲己傳)』이 전해지지만 조명희의 희곡과는 아무런 관련이 없기 때문이다.[13]

근대 역사극의 의장을 띤「파사」는 전 4막으로 구성되어 있는데, 명백히 반사실주의적이며 20세기 초 서양 표현주의의 영향이 짙게 감지된다.「파사」의 서편(序片)은 어릿광대(道化) 두 명의 시적인 대사로만 이어지다가 갖가지 웃음소리, 탄성과 저주의 합창이 울려 퍼진다. 제1편(片)에서는 볼모로 잡혀 온 제후국의 가짜 왕자가 달기와 광적인 입맞춤 후 살해되고, 가짜 왕자의 연인 또한 자결한다. 차가운 달빛과 불같은 광기 속에서 질투에 휩싸인 대신과 병사 역시 그 자리에서 목숨을

'Bhasa'의 음역어로, 춤추는 소매가 가볍게 나부끼는 모양을 뜻한다.

12) 『열녀전』에 수록된 달기 이야기의 원형은 류샹(劉向), 이숙인 옮김,『열녀전』, 글항아리, 2013, 529~532쪽. '열녀'와 대비되는 팜 파탈의 이데올로기에 대해서는 송진영,「칼을 차고 장부의 마음을 품다 - 동아시아의 악녀」, 정재서 외,『동아시아 여성의 기원:『열녀전』에 대한 여성학적 탐구』, 이화여대 출판부, 2009, 335~375쪽.

13) 조선 후기의 한문 필사본은 최소한 두 가지 이본(異本)이 존재하며, 활자본 고소설은 1917년에 단행본으로 출간되었다. 이들의 표제는 모두『소달기전』이다. 활자본 고소설『소달기전』의 번역 과정과 성격에 대해서는 장쿤, 앞의 논문, 61~76쪽.

잃는다. 제2편은 노소 충신이 왕에게 간언하는 장면인데, 병사들이 반란을 일으키려 하지만 곧바로 제압당하고 만다. 제3편에서는 온갖 군상의 인물들이 석상 앞에 차례로 나타나 한마디씩 말하다가 드디어 청년의 손으로 석상이 파괴된다. 그리고 왕궁으로 몰려가는 거대한 군중의 함성 속에서 폭군과 달기의 죽음이 전해지면서 막을 내린다.

「파사」에서 궁중의 참혹한 살육극을 상징하는 구리 기둥은 단지 노래와 배경으로만 등장한다. 살로메의 전율할 만한 마력이 달기에게 고스란히 되풀이된 것은 물론 제1편이다. 달기의 악마적인 탐미 예찬은 미와 사랑에 대한 도취, 피와 죽음에 대한 열망으로 가득 차 있으며, 에로스와 타나토스가 분리 불가능함을 보여준다. 대단원인 제3편은 숱한 복자(覆字)로 얼룩져 있지만 민중 혁명의 승리를 노래하고 있음은 두말할 나위가 없다.

따라서 "자유롭고 따뜻한 옛 나라로 돌아가자!"는 「파사」의 마지막 방백을 과연 식민지의 억압적 현실을 고발하고 주체적인 민족의식을 고양하는 저항의 선언으로 읽어야 할지 의문이다.[14] 「파사」를 리얼리즘적으로 이해하기 위해서는 제1편에 드리워진 『살로메』의 그림자를 너무 가볍게 희생시켜야 하기 때문이다. 또 비간(比干)과 미자(微子)가 방

14) 지금까지의 연구는 공히 민족주의적 시각에서 「파사」를 독해하면서 저항적인 성격을 드러낸 작품으로 평가해 왔다. 정덕준, 「포석 조명희의 현실 인식 - 『김영일의 사』, 「파사」를 중심으로」, 『어문논집』 22, 고대 국어국문학연구회, 1981, 193~207쪽; 송재일, 「조명희의 「파사」 고」, 『한국언어문학』 27, 한국언어문학회, 1989, 295~312쪽; 김진기, 「조명희의 희곡 연구」, 『사회과학연구』 3, 서원대 사회과학연구소, 1990, 275~294쪽; 정호순, 「조명희 희곡 연구」, 『한국연극학』 10, 한국연극학회, 1998, 25~46쪽; 정갑준, 「「파사」, 「난파」, 「산돼지」 속에 나타난 표현주의 기법 연구」, 『시학과 언어학』 17, 시학과언어학회, 2009, 139~165쪽. 조명희와 흑도회(黑濤會)의 관련성을 조명하면서 「파사」를 포착한 성과는 김흥식, 「조명희의 문학과 아나키즘 체험」, 『어문논집』 26, 중앙어문학회, 1998, 184쪽.

법론적으로 대립하는 제2편에서 두 대신의 긴 논쟁 끝에 결국 해방적 실천이 이루어지지 않는다는 점에도 유의해야 한다. 「파사」의 진가는 제3편에 난무하는 아나키 상태 속 민중의 목소리들에 있다.

오스카 와일드의 원작『살로메』에서 아름다움에 굶주리고 타나토스에 취한 유대의 공주는 헤롯의 명령에 의해 최후를 맞이한다. 누구보다 살로메 자신이 잘 알고 있는 결말일 터다. 그렇다면 「파사」는 오스카 와일드의 해석을 혁명적으로 뒤집은 셈이다. 전제 정치를 무너뜨리고 팜 파탈의 악마적 유희에 맞서는 힘은 오직 민중으로부터 비롯되며, 또한 "옛 나라"는 우상의 파괴를 통해 도달해야 할 평등하고 실천적인 주체들의 미래형이라는 사실을 분명하게 드러냈기 때문이다. 조명희는 유미주의에 대한 '받아쓰기'를 넘어 달기 이야기의 '고쳐 읽기'와 '다시 쓰기'를 실천함으로써 허구의 역사를 민중적 지향의 아나키즘에 대한 상상력으로 전환시켰다. 설령 「파사」가 창작이 아니라 하더라도『살로메』가 파급시킨 동아시아적 번역의 가치에는 변함이 있을 리 없다.

Ⅳ. 마지막 태후와 혐오의 오리엔탈리즘

식민지 시기에 널리 읽힌 활자본 고소설이나 인물 위주의 실기(實記) 가운데 유일하게 근대문학의 영역으로 진입한 경우가 서태후 이야기다. 또 1945년 이후 최근까지 가장 대중적으로 즐겨 찾는 중국 근대사의 주인공 역시 서태후다. 막상 그렇게 된 경위는 간단치 않으며, 서태후를 둘러싼 문학적 상상력이 안고 있는 문제성도 만만치 않다. 대제국의 숙명을 매듭지은 마지막 팜 파탈로 지목되곤 하는 서태후의 배후를 파헤치기 위해서는 동시대의 역사적 기록과 허구적 형상화 사이의 연속성과 불연속성에 주의할 가치가 있다.

그렇다 하더라도 서태후라는 실존 인물에 대한 사료를 통해 역사적 사실에 대한 논쟁을 벌이거나 소설화 과정의 잘잘못을 따지는 것은 정곡을 겨냥하지 못한다.[15] 우리가 눈여겨보아야 할 대목은 서태후 이야기의 기원이요 서사적 효과다. 이를테면 오늘날 한국인의 뇌리에 강렬하게 남아 있는 서태후 이미지는 대개 펄 벅의 장편소설 *Imperial Woman*(1956)이거나 리한샹(李翰祥) 감독의 영화 〈The Empress Dowager〉(홍콩, 1981; 한국, 1988, 118분)이기 십상이다. 그런데 어느 쪽이든 식민지 시기의 실기나 문학과 공유하고 있는 대역이 넓다는 점에서 진지하게 살펴볼 필요가 있다.

먼저 1908년 서태후 타계와 1911년 신해혁명을 계기로 칭 제국의 붕괴와 황실 비사가 통속적으로 재생산되었다는 점을 짚어 두어야 한다. 황실 이면사는 언제 어디에서나 각광받는 이야깃거리일 수밖에 없는데, 각별히 제1차 세계대전 전후에는 유럽으로 무대가 넓어지기도 했다.[16] 그런데 동시대 중국의 최후를 생생하게 그린 이야기의 초점은 대개 늙은 여성 집권자 서태후와 그녀의 무지하고 타락한 면모에 집중되었다.

---

15) 중국과 서양의 새로운 사료들을 바탕으로 공정한 시각에서 서태후의 삶과 전환기 중국의 역사를 그린 가장 최근의 평전은 장룽(張戎), 이종인 옮김, 『서태후』(전 2권), 책과함께, 2015.

16) 특히 제1차 세계대전 패전국인 독일의 황실 비사가 널리 유행했다. 개전 초기인 1915년 『매일신보』 1면에는 「독제(獨帝) 카이저」, 「개전 전의 카이저」가 잇달아 연재되었다. 종전 직후인 1920년 송완식이 『카이저 실기』를 단행본으로 펴냈다. 또 1923년 양건식에 의해 『외교 흑막 열국(列國) 궁정의 비밀』이 출간되고, 1927년 『열강의 야심론』으로 표제만 바꾸어 다시 내놓기도 했다.

<表 3> 서태후 이야기와 소설화

표제	번역가	지면·출판사	간행 일자	특이 사항
전청(前淸) 황실의 이면		『매일신보』	1914.6.23 ~12.28	위더링(德菱) 전 69회, 1면
청말의 비밀		『매일신보』	1915.6.9. ~7.21	전 35회, 1면
속(續) 청말 비밀		『매일신보』	1915.8.6. ~11.9	전 39회, 1면
서태후전	이규용	광문사	1922.6.5	110면, 국한문
서태후전		덕흥서림	1936.10.15	청조 여걸, 41장 115면, 순 한글
서태후	비백산인 (鼻白山人)	『매일신보』	1935.9.6 ~1936.7.11	동양 여걸, 37장 전 246회, 3·4면
서태후	송지영	문해출판사 신흥서관	1972.6.15 1982.2.20	468면, 12장 445면(23면 삭제)
서태후	이시헌 역	예당	1988.10.25	위더링(德齡郡) 268면, 35장

예컨대 1910년대 일간지에 연재된 청말 역사, 1920년대에 단행본으로 출간된 실기, 그리고 1930년대 역사소설을 관통하는 핵심은 완고한 여성 지배자에 대한 폄하와 중국의 전근대성에 대한 야유다. 중국 몰락의 일차적이고 직접적인 원인을 여성 통치자에게 돌리는 통속화된 시각의 주요 원천은 각각의 엄연한 차이에도 불구하고 몇 가지로 간추릴 수 있다. 첫째는 타이완의 일본 저널리스트 다하라 데이지로(田原禎次郎)의 『청국 서태후(淸國西太后)』(1908), 둘째는 미국 저널리스트 존 블랜드와 에드먼드 백하우스의 악의적인 날조로 점철된 『서태후 치하의 중국(China under the Empress Dowager: Being the History of the Life and Times of Tzŭ Hsi)』(1910), 셋째는 서태후를 가까이에서 보필한 위더링(裕德齡)이 영어로 출

간한 자전적 회고『자금성에서의 2년*(Two Years in the Forbidden City)*』(1911)이다.

실제로 1914~1915년『매일신보』제1면에 연재된 황실 비사는 모두 일본 신문에 연재된 것을 실시간으로 번역한 것이다. 특히 처음 등장한「전청(前清) 황실의 이면」은 위더링의 회고인데,『오사카마이니치신문』에 연재된 것이다. 사토 도모야스(佐藤知恭)가 번역한 위더링의 회고는 1915년『미궁기(迷宮記): 지나혁명(支那革命)』이라는 표제의 단행본으로 출간되었다.「청말의 비밀」과「속 청말 비밀」역시 중국 실록 편찬관의 목소리를 빌려 일본 신문에 연재된 뒤 곧바로 실화라는 명목으로 번역되었다.

1920~1930년대 들어 서태후 일대기는 기록을 떠나 전기 형식으로 바뀌었다. 1922년『서태후전』과 1937년『서태후전』은 각각 국한문 혼용과 순 한글의 다른 버전으로 출간된 단행본이다. 중국의 근대 인물이 실기의 주인공이 된 것은 1930년대 들어 쑨원(孫文)이나 장쭤린(張作霖)과 같이 매우 드문 경우에 한하는 현상이다. 그리고 1935~1936년 장기간에 걸쳐 일간지에 연재된 장편소설『서태후』는 그녀가 비로소 근대 역사소설의 영역으로 진입했음을 보여준다. 비백산인(鼻白山人)이라는 필명의 작가가 쓴 역사소설『서태후』는 오늘날까지 한국에서 상상되어 온 서태후 이야기의 골간을 이룬다는 점에서 중요하다.[17]

한편 중국에서 성장하면서 동시대 중국인의 모습을 지속적으로 형상화하고 중국 여성의 운명에 공명한 미국 여성 작가 펄 벅의 *Imperial Woman*은 적어도 세 차례 이상 축약 번역되다가 2000년대에 들어와서야『연인 서태후』라는 표제로 완역되었다. 먼저 1960년 펄 벅의 첫 번

---

17) 박진영,「서태후의 기억, 혐오와 조롱의 오리엔탈리즘」,『근대서지』20, 근대서지학회, 2019, 231~245쪽.

째 한국 방문을 계기로『궁정의 여인』또는『서태후』라는 표제로 두 가지 버전이 출간되었다. 이재열과 강풍자의 번역, 원창엽과 안동만의 번역은 실제로는 완전히 동일하다. 펄 벅의 소설이 큰 인기를 누렸음은 틀림없지만 펄 벅의 명성에 편승해 번역가 이름과 출판사만 바꾸어 펴낸 것 또한 엄연한 사실이다. 이재열과 강풍자의 경우에는 원작의 마지막 제5장을 생략할 만큼 조급하고 졸속으로 번역되었다. 제5장을 살린 원창엽과 안동만의 경우에도 조급하기는 매한가지여서 충실하게 번역할 여유가 없었다.

또 1988년에 위더링의 회고『서태후』(이시헌)와 펄 벅의『서태후』(남궁경남)가 다시 번역된 것은 대대적인 해금 조치에 따라 첫 번째로 수입된 중국 영화〈서태후〉가 개봉된 여파다. 전자에는 위더링의 이름이 분명히 밝혀져 있지만 후자는 펄 벅 대신 국적 불명의 진순(陣舜)이 원저자로 둔갑한 태작에 지나지 않는다.[18] 리한샹 감독의〈서태후〉는 실상 중국과 홍콩의 합작 영화인데, 중국과 동유럽을 포함한 공산권 영화로서는 국내에 처음 선보였다. 때마침 아카데미상을 휩쓴 베르나르도 베르톨루치 감독의 영화〈마지막 황제(The Last Emperor)〉(1987, 162분)가 개봉되어 선풍적인 인기를 끌기도 했다. 그런데 리한샹 영화의 홍보 문구는 "다시는 여자에게 나라를 맡겨서는 안 된다"거나 "중국 10억이 증언한 서태후 잔혹의 진상", "여자의 치마폭", "주제넘은 폭정" 운운하는 수준이었으니 영화의 초점이 어디에 맞추어졌는지 충분히 짐작하고도 남는다.

18) 〈표 3〉에서 송지영의『서태후』는 창작 역사소설로 1972년 '송지영 대표작 전집'(전 7권) 중 제7권, 1982년 '실록소설 궁중비화'(전 10권) 중 제10권으로 포함되었다.

표제	번역가	지면·출판사	간행 일자	특이 사항
궁정의 여인	이재열	신태양사 출판국	1960.9.15(초판) 1960.11.20(재판)	314면, 4장, 저자 서문
궁정의 여인	강풍자	교양사	1961.10.10	274면, 4장, 저자 서문
궁정의 여인	원창엽	동학사	1960.11.10	242면, 5장, 세계명작선집 저자 서문, 역자 후기
서태후	안동만	철리문화사 합동문화사	1961.5.15 1962.11.20	240면·242면, 5장 세계명작선집 저자 서문, 역자 후기
서태후	진순 (陣舜) 남궁경남 역	문예춘추사	1988.9.30	241면, 5장, 저자 서문
연인 서태후	이종길	길산	2003.6.20 2007.6.30(개정판) 2015.2.2(3판)	최초 완역, 5장 저자 서문, 역자 서문

다시 펄 벅에게 눈길을 돌려 보자. 1960년 이후 한국어로 번역된 모든 *Imperial Woman*은 특이하게 일본어를 경유하지 않고 영어에서 직역되었다. 펄 벅은 일본에서도 대중적인 관심을 끈 작가이지만 유독 *Imperial Woman*은 외면당한 탓이다. 심지어 오늘날까지도 *Imperial Woman*의 일본어판은 출간된 적이 없다. 가장 먼저, 그리고 앞장서서 서태후를 통속적으로 재생산한 주범이 일본이고 보매 의외가 아닐 수 없다.

반면에 한국에서 펄 벅은 1950~1960년대에 압도적으로 번역되고 가장 방대한 규모의 선집이 편성된 인기 작가다.[19] 특히 1960년 펄 벅의

---

19) 김병철,『한국 현대 번역문학사 연구』상, 을유문화사, 1998, 62~63쪽·251~252쪽·519~520쪽.

첫 번째 방한을 기화로 1973년 타계 직후까지 번역과 선집 출간 열기가 오래 이어졌다. 펄 벅은 한국에서 출간된 단일 작가의 전집이나 선집으로는 가장 많은 가짓수와 권수를 자랑한다.[20] 1975년경 어니스트 헤밍웨이에 의해 역전될 때까지 펄 벅은 셰익스피어나 톨스토이의 위세를 능가하며 동시대에 실존하는 여성 대문호로 군림했다.

한국에서 펄 벅의 인기는 이미 1930년대 퓰리처상과 노벨문학상을 수상하면서 시작되었다. 펄 벅은 1960년대에 수차 한국을 방문하고 한국인에 대해 남다른 애정을 드러냈다. 특히 한국을 소재로 삼은 『갈대는 바람에 시달려도(The Living Reed)』(장왕록, 1963)와 『새해(The New Year)』(장왕록, 1968)를 덧붙임으로써 한국인에게 화답했고, 다시금 펄 벅을 향한 한국인의 호응과 갈채가 이어졌다.

그런데 1945년 이전과 이후의 펄 벅이 똑같은 펄 벅은 아니다. 1930년대 『대지』(1931) 3부작의 작가 펄 벅은 통속적인 미국 여성 작가로 폄하되기도 했지만 동아시아에서 성장하면서 중국 민중, 최하층 빈농, 침묵하는 여성에게 애정 어린 주의를 기울인 작가다. 반면 1950~1960년대 남한에서 펄 벅은 전쟁고아와 혼혈 아동 문제에 관심을 쏟은 보편적 휴머니즘과 모성애의 기수로 각인되었다. 펄 벅의 소설이 강렬하게 제기한 동아시아적 민중성, 혹은 시대적·계급적·젠더적 문제의식은 결코 되살아나지 않았다.[21]

2000년대에 이르러서야 완역된 *Imperial Woman*이 『연인 서태후』라

20) 1961~1962년 삼중당에서 '펄 벅 걸작 선집'이 전 15권으로 출간되었다. 삼중당 선집은 한국에서 출간된 펄 벅 선집으로는 최초일 뿐 아니라 가장 방대한 규모이지만 『Imperial Woman』은 포함되지 않았다. 그 이후로 1980년까지 최소한 7종 이상 서로 다른 펄 벅 선집이 출간되었다.
21) 박진영, 『번역가의 탄생과 동아시아 세계문학』, 소명출판, 2019, 507~537쪽.

는 표제를 붙인 데에서 눈치챌 수 있듯이 펄 벅은 고독한 여성 서태후의 연정과 사랑, 내면 심리와 고뇌에 큰 편폭을 할애했다. 펄 벅은 서태후의 일생을 비교적 공정하게 그리면서 망조 정치가의 면모에서도 애증의 균형을 갖추려고 애썼지만 20세기 초부터 서구와 일본 저널리즘에 의해 재생산되어 온 상상력의 그림자를 떨쳐 버릴 수 없었다.[22]

서태후를 당대의 여걸이자 팜 파탈로 개인화한 1930년대 역사소설에서 잘 드러나듯이 여성 통치자와 중국의 몰락을 직결시키는 관점은 동아시아의 정치적 급변을 인식하는 대중적인 지평을 제약하게 마련이다. 펄 벅은 격랑기 중국의 목소리를 복원하고 여성으로서 서태후 개인의 서사를 재구성하는 데에 성공했으나 여전히 궁중 흑막이라는 편협한 시각에 사로잡혔다. 중국과 서태후에 대한 후대의 인식에 막대한 영향을 끼친 *Imperial Woman*은 실상 20세기 초 일본을 경유하여 형성되고 번역을 통해 유전된 서시적 프레임에서 멀리 벗어나지 못한 셈이다.

Ⅴ. 혼혈의 탄생, 팜 파탈의 운명

고대 야사 속의 미녀와 왕조의 마지막 통치자는 어떻게 팜 파탈이 되었는가? 서로 관련성이 없는 것처럼 보이는 그녀들의 이야기는 여성의 정치 활동에 대한 의식적인 경계와 노골적인 혐오를 대변해 왔을 뿐 아니라 가부장적이고 남성 중심적인 지배 체제를 강화하는 데에 이용되었다는 점에서 일맥상통한다. 우리가 주목해야 할 것은 20세기 초 한국에서 서시, 달기, 서태후가 역사적으로 기억되고 재현된 방식, 그

---

[22] 피터 콘, 이한음 옮김, 『펄 벅 평전』, 은행나무, 2004, 536~539쪽.

리고 문학적 상상력으로 전환된 뜻밖의 과정이다.

첫째, 식민지에서 중국 여성을 바라보고 전유한 시선이 팜 파탈을 통해 드러났다는 점에서 중요하다. 서시, 달기, 서태후는 서로 다른 경위에도 불구하고 서구의 시선으로 일본을 경유하여 타자화되었다. 둘째, 팜 파탈을 조형한 결정적인 동력은 익숙하거나 전통적인 인식이 아니라 노라와 살로메라는 현재적 실천성이다. 특히 양건식과 조명희의 근대 역사극은 번역이라는 이름으로 실어 나른 반역성을 되돌려 준 값진 성과다. 셋째, 노라와 서시, 살로메와 달기, 그리고 1945년 이전과 이후의 서태후를 둘러싼 역사적 기억과 문학적 상상력은 동양과 서양, 전근대와 근대 사이를 복잡다단하게 가로지르며 형성되었다. 중요한 것은 그 와중에 개입된 팜 파탈이라는 존재 방식이며, 불온한 여성을 바라보는 시선의 기원과 계보가 단일하지 않다는 사실이다.

한국에서 노라와 서시, 살로메와 달기가 번역된 양상과 효과는 매우 극적이다. 번역은 남성 중심적인 시각에서 재현되어 온 팜 파탈을 진보적으로 재해석할 수 있는 새로운 가능성을 열어 주었다. 한편 서태후에 대한 형상화는 서양의 오리엔탈리즘, 중국에 대한 일본의 차별과 경멸이 교묘하게 결탁한 산물이다. 특히 펄 벅의 소설은 마치 서시와 달기, 또는 노라와 살로메가 융화된 것처럼 새로운 초상의 서태후를 그리려고 시도했지만 끝내 여성주의적 태도로 서태후를 재평가하는 데에 성공적이지 못했다.

요컨대 팜 파탈은 동아시아와 서구의 시선이 맞부딪치면서 혼성적으로 번역된 소산이며, 또한 전근대와 근대의 이질적인 여성상을 접속시킨 독특한 동아시아적 성취다. 결과적으로 팜 파탈은 시대적 · 계급적 · 젠더적 차이 속에서 서로 다른 문제의식과 번역의 소명을 제시했다. 이러한 현상은 한중일 3국의 언어적·문화적 경계를 횡단하는 동아시아의 역사적 특성일 뿐 아니라 번역 그 자체가 발휘하는 전복적 효과이기도 하다.

한시의 번역, 고전으로의 피란(避亂)

구인모

한시의 번역, 고전으로의 피란(避亂)

Ⅰ. 프롤로그

1944년을 전후로 하여 김억은 『동심초(同心草)』(朝鮮出版社, 1943.12.31.), 『꽃다발』(博文書館, 1944.4.30.), 『지나명시선(支那名詩選)』(漢城圖書株式會社, 초판: 1944.8.28. 재판: 1945.5.15.), 『야광주(夜光珠)』(朝鮮出版社, 1944.12.31.) 등 무려 4권의 한시 번역시집을 발표한다. 이 시기야말로 번역가 김억에게 명실공히 '한시 번역 시대'였다고 하겠다. 또 이 시기야말로 일찍이 타고르의 『기탄자리(들이는 노래)』(以文館, 1923.4.3.)를 비롯하여 『신월(新月)』(文友堂, 1924.4.29.) 『원정(園丁)』(匯東書館, 1924.12.7.)의 번역시집으로 이어지는 이른바 '타고르 시대' 이후, 번역가로서 김억이 다시 한번 단기간 내에 최대의 역량을 발휘하는 시기이기도 하다.

김억의 이 '한시 번역 시대'는 사실상 『망우초(忘憂草)』(漢城圖書株式會社, 1934)로부터 이미 시작되었거니와, 적지 않은 작품들이 이미 『망우초』에 수록된 바를 퇴고한 것이었다. 그 가운데에서도 『동심초』와 『꽃다발』만은 사뭇 이채롭다. 그도 그럴 것이 일단 『망우초』 소재 여성 한시들에 새로운 번역시들을 보태어, 중국 한시만 따로 엮은 것이 『동심초』이고, 조선 한시만 따로 엮은 것이 『꽃다발』이기 때문이다. 또 오로지 여성의 한시만으로 두 권이나 번역시집을 꾸려냈던 점은 한국문학사에서 미증유의 일이기도 하다. 주지하듯이 전래의 한시 선집에서 압도적인 비중을 차지하는 남성의 한시, 승려의 한시에 비해 여성 한시란 가까스로 그 위상을 차지하고 있었다. 그래서 김억의 『동심초』와 『꽃다발』은 근대기에 이르러 여성의 한시가 바야흐로 복권되는 역사적 장면을 드러내기도 한다.

한편 『동심초』와 『꽃다발』이 드러내는 이채로운 장면들은 해방 이후 『금잔디』(東邦方文化社, 1947.4.10.)와 『옥잠화(玉簪花)』(二友社, 1949.12.20.)에서도 재현되었다. 그래서 김억의 한시 번역이란 1944년 무렵의 특별한 시기만이 아니라, 그 이전과 그 이후를 아우르는 거시적인 안목에서 논변해야 할 주제이다. 물론 지금껏 한국문학연구에서 김억의 한시 번역을 둘러싼 논변들도 바로 이러한 안목에서 이루어졌다. 그러나 그 가운데에서 김억의 한시 번역이 그의 고전 취미와 교양의 소산임을, 그것이 시인으로서의 미의식과 정서, 표현과 수사, 율격 등 창작의 원천과 동력이었음을 평가해 왔을 뿐이다.[1] 최근에는 김억 등 신문학 초창기

---

[1] 오세영, 「Ⅱ. 안서 김억 연구」, 『한국낭만주의시연구』, 일지사, 1980; 이규호, 「안서의 한시번역과정」, 『국어국문학』 86, 국어국문학회, 1981; 노춘기, 「안서와 소월의 한시 번역과 창작시의 율격」, 『한국시학연구』 13, 한국시학회, 2005; 박종덕, 「김억의 번역 한시에 나타난 미의식 연구」, 『어문연구』 65, 어문연구학회, 2010; 남정희,

세대 문인들의 한시 번역이 한국문학사에서 한시의 지속성을 드러낸
다거나, 김억의 '한시 번역 시대'가 단순한 전통 회귀가 아니라 한시의
현대시화 · 대중화의 기획이라거나, 시대의 저항이자 근대적 자유시 ·
서정시 창작의 원천이라고 평가하기도 했다.[2]

이러한 논변들은 대체로 시인으로서 김억의 문학적 배경 혹은 자산
이 한문학의 전통이며, 그의 한시 번역을 근대 이전과 이후를 연결하는
일종의 알레고리로 본다는 점에서 공통점을 지닌다.[3] 그러나 이러한
논변들은 대체로 김억의 한시 교양의 정도와 폭을 규명하거나, 그가 번
역의 저본을 비정하는 등, 번역의 의의를 평가하기에 앞서 반드시 거쳐
야 할 수속들을 생략하기 일쑤이다. 심지어 최근의 논변들에서도 여실
히 드러나듯이, 한국문학사라는 내러티브의 이념적 기반인 내재적 발
전론, 민족이데올로기의 익숙한 수사들의 반복 속에서 김억과 한시 번
역은 줄곧 그 내러티브의 정당성을 뒷받침하는 사례 혹은 방법으로서
소환되어 왔다.[4]

「김억의 여성 한시 번역과 번안시조 창작의 의의」, 『민족문학사연구』 55, 민족문학
사연구소, 2014. 이러한 논의들은, 사실상 김억의 '격조시형', 이 형식에 근간한 창
작시의 수사, 정서, 형식까지도 한시 교양의 소산으로 본 오세영과, 그의 논의를
이어받아 김억의 한시 번역이 근대시와 현대시조의 발전은 물론 문학사의 전통 계
승의 소산임을 역설한 이규호의 관점, 방법론에서 크게 벗어나 있지 않다.

[2] 정소연, 「1910~20년대 시인의 전통 한시 국역 양상과 의미 연구」, 『고전문학과 교
육』 34, 한국고전문학교육학회, 2017; 「1930년대 김억의 한시 국역 양상과 의미」,
『한국시가연구』 44, 한국시가학회, 2018; 「1940년대 시인의 한시 국역 양상과 의미」,
『국어국문학』 183, 국어국문학회, 2018.

[3] 최근 앞선 논의들에 기반하여 김억의 문학론과 창작이 한문적인 사고, 감각, 세계
관을 포괄하는 이른바 한문맥(漢文脈)의 재구성을 통해서 가능했음을 입증하고자
한 정기인의 저서는 주목할 만하다(정기인, 『한국 근대시의 형성과 한문맥의 재구
성』, 고려대학교 민족문화연구원, 2020). 특히 정기인은 근대 이후 한문맥의 자장,
혹은 그것의 재구성의 차원에서 김억의 문학적 편력이 근대의 시와 문학이 아닌
시와 문학의 근대를 거시적으로 조망하는 시금석일 수 있음을 제안했다는 점에서
도 주목할 만하다.

그러나 정작 김억의 한시 번역이 하필이면 1944년을 전후로 하여 집중적으로 이루어졌던 배경, 번역의 대상이 사실상 여성 한시에 집중되어 있다시피 했던 원인, 십수 년에 걸쳐 이루어진 한시 번역의 방법과 시대적 맥락의 차이에 대한 의문을 간과하고 있다. 무엇보다도 김억이 동시대 문학계로부터의 외면에도 불구하고 그토록 집요하게 한시를 번역했던 근본적인 원인에 대해서는 그 어떤 논변의 과정에서도 규명된 바 없다.[5] 그러니 후일 김억의 한시 번역을 두고 창작을 위한 공부의 차원에서, 이른바 감성적 서정시만을 선호했던 그의 독특한 취향의 차원에서만 논변했던 것도 이상할 것은 전혀 없다.[6]

이 글은 지금껏 온전히 규명되지 못했던 바로 이러한 의문들로부터 비롯한다. 그리고 김억의 한시 번역, 특히 1944년 전후『동심초』와『꽃다발』을 중심으로 여성 한시 번역을 둘러싼 의미와 맥락을 규명하는 데에 주안점을 둔다. 하필 저 1944년 전후, 여성 한시 번역에 주목하는 이유는, 1930년대 전반 김억이 유행가요를 통해 국민문학, 시가개량의

---

[4] 비단 김억의 한시 번역만이 아니라 한국근(현)대시연구, 한국문학연구의 내재적 발전론, 민족이데올로기에 대한 비판과 관련해서는 다음의 서지를 참조하기 바란다. 구인모,「새로운 혹은 다른 문학사의 구상과 한국근(현)대시연구」,『현대문학의 연구』70, 한국문학연구학회, 2020, 54~55쪽.

[5] 김억의 한시 번역은『망우초』출판 당시부터 문학계의 큰 관심을 끌지 못했던 것으로 보인다. 이를테면 출판 당시 신간 소개 기사 이외 어떤 서평도 없었던 점(기사,「新刊紹介: 金岸曙譯詩集『忘憂草』出來」,『東亞日報』, 東亞日報社, 1934.9.23, 3쪽), 또 그러한 사정이 재판 당시에도 다르지 않았다는 점을 통해서도 알 수 있다(기사,「學藝消息」,『每日申報』, 每日申報社, 1943.8.20, 2쪽). 더구나 조선에서 이루어진 외국시 번역의 역사를 더듬는 가운데에서『망우초』를 거론한 이하윤만 하더라도 김억의 한시 번역에 비중을 두지도 않았을 뿐더러, 번역문학사에서 예외적인 사례인 양 간단히 거론했을 뿐이었다(異河潤,「翻譯詩歌의 史的 考察①」,『東亞日報』, 東亞日報社, 1940.6.19, 3쪽).

[6] 이와 관련해서는 특히 다음의 서지를 참조하기 바란다. 남정희,「김억의 여성 한시 번역과 번안시조 창작의 의의」, 앞의 책, 92쪽.

이상을 실현하고자 했던 가운데 글쓰기의 다른 가능성으로서 발표했던 것이 『망우초』였다면, 『동심초』와 『꽃다발』은 1930년대 후반 김억이 음반업계로부터의 외면, 중일전쟁기 관제가요 창작으로 인해 시인으로서의 이상이 좌절된 이후 사실상 글쓰기의 유일한 가능성으로서 발표했던 것이라는 점에서 궤를 달리하기 때문이다. 또 이 두 번역시집이 일찍이 타고르와 사로지니 나이두(Sarojini Naidu 1879~1949)를 통해 개안하고 발견했던 '동양의 마음'을 통한 서정시 본령 탐구의 오랜 도정 위에 있기 때문이다.[7]

그러한 사정과 맥락을 염두에 두고 보면, 김억이 여성의 한시를 번역했던 시기가 하필이면 동양과 고전의 재발견으로부터 근대의 초극으로 옮겨가는 담론의 연쇄가 식민지의 지식인 사회를 휩쓸던 시기와 꼭 겹친다는 점은 결코 예사롭지 않다. 또 김억이 집중적으로 한시, 특히 여성 한시를 시조의 의장들(어조·수사·형식)로 번역했던 시점이 조선어 글쓰기의 위상이 제국의 지방어 글쓰기, 지방문학으로서 협애해져만 가던 무렵이라는 점에서도 그러하다.

근대 지방어 글쓰기가 한편으로는 중세 보편어 문학의 유산을 추문화 하면서, 다른 한편으로는 그것을 전유하거나 재구성하면서 형성되

---

[7] 김억이 한시 번역과 관련하여 언명한 중요한 발화는, 이 글에서 본격적으로 검토할 번역시집 『망우초』의 서문인 1934년의 「漢詩譯에 대하야」, 특히 1939년 벽두 문학계의 향방에 대해 김억의 신념을 피력한 「新春文壇의 展望: 詩歌도 時代를 反映 軍歌的 色彩가 濃厚」(『每日申報』, 每日申報社, 1939.1.4, 4쪽)와 「詩歌는 軍歌的 傾向」(『每日申報』, 每日申報社, 1939.1.6, 5쪽)이다. 김억은 1934년의 논설에서는 한시 번역이 엄연한 창작이며 개성의 표현이라고 했는데, 1939년의 논설에서는 고전의 유산이 빈한한 조선의 문학계가 서양시 보다 조선과 가까운 한시의 정화(精華)를 조선문화의 기본으로 삼아야 한다고 했다. 그런가 하면 해방 이후 발표한 『금잔디』와 『옥잠화』에서 김억은 한시 번역의 의도와 관련해서는 일절 언급하지 않았다.

는 것은 보편적인 현상이다. 그럼에도 불구하고 근대기 조선에서는 하필 그 근대 지방어 글쓰기의 이상이 좌절되는 가운데, 번역을 통해서 나타난다는 점을 간과해서는 안 된다. 또 식민지시기 조선에서 이러한 현상이 하필 김억보다 앞서 중국문학, 특히 여성 한시에 심취해 있던 일본의 사토 하루오(佐藤春夫, 1892~1964)의 한시 번역과 앞서거니 뒤서거니 하면서 이루어진 일이었다는 점은 필자가 각별히 주목하는 대목이다. 본론에서 상술하겠지만 이것이야말로 김억이 1940년대 여성 한시 번역에 그토록 몰두했던 동기와 이유를 비롯하여 번역의 대상과 방법은 물론 그 의의까지도 반성적으로 논변할 수 있는 거울이기 때문이다.

Ⅱ. 한시라는 교양 혹은 독서와 번역의 원천(들)

주지하는 바와 같이 『동심초』는 자야(子夜)를 비롯한 70명의 중국 여성 작가의 총 100수의 한시를, 『꽃다발』은 김삼의당(金三宜堂)을 비롯한 66명의 한국 여성 작가의 총 200수의 한시를 수록한 번역시 사화집이다. 그렇다면 김억은 이 작품들을 어떻게 선별하고 번역했던가? 일단 『동심초』에 수록된 작품들의 출전만 두고 보면, 『열조시집(列朝詩集)』(1652), 『전당시(全唐詩)』(1703), 『명시종(明詩綜)』(1705)을 비롯하여, 특히 『옥대신영(玉臺新詠)』(229~589), 『명원휘시(名媛彙詩)』(1620), 『명원시귀(名媛詩歸)』(1621~1644), 『고금여사(古今女史)』(1628~1644)나 『역조명원시사(歷朝名媛詩詞)』(1772), 『궁규문선(宮閨文選)』(1846) 등에 두루 수록되어 있다. 그런데 김억이 이 거질(巨帙)의 전적들을 직접 열람하여 저본으로 삼았던가, 또 그가 당송대를 비롯하여 명청대의 한시들을 박람강기(博覽强記)

했던가는 의문이다. 그도 그럴 것이 김억의 가문이 문벌(門閥)을 자랑할 만한 정도는 아니었고, 그의 가학(家學)도 결코 두터웠다고는 보기 어렵기 때문이다.[8]

그럼에도 불구하고 『동심초』와 『꽃다발』에 따르면, 김억은 기회가 있을 때마다 한시 전적을 탐독했던 것으로도 보이고,[9] 전고(典故)나 구법(句法)과 관련하여 나름의 감식안이 있었던 것으로도 보인다.[10] 더구나 후일 『금잔듸』(東邦方文化社, 1947.4.10.)에서 이옥봉(李玉峯)을 소개하는 가운데 그의 시가 『열조시집』, 『명시종』, 『명원시고(名媛詩稿)』('名媛詩歸'의 오식)에 수록되어 있음을 밝힌 것으로 보면, 그가 마치 이러한 전적들을 일찍부터 열람했던 것처럼 보이기도 한다.[11]

---

8) 김억은 경주 김씨 가문의 한 종가의 장손으로서 오산학교(五山學校)에 입학하는 12세(1913)까지 가풍에 따라 한학을 수학했다고 한다(이어령 편, 「김억」, 『한국작가전기연구(상)』, 동화출판공사, 1975, 81~82쪽). 그러나 근대 이전의 한시 학습과 관련한 사정을 염두에 두고 보면(심경호, 「근대 이전의 한시 학습 방식에 관하여 - 聯句 · 古風 제작과 抄集 · 選集의 이용」, 『어문연구』 30, 한국어문교육연구회, 2002), 그 정도의 수학 기간 동안 김억이 중국의 역대 시문집을 그토록 폭넓게 깊이 섭렵할 수 있었을 것으로 보기 어렵다. 정기인은 오산학교의 학풍과 교과과정을 통해 근대 교육 과정에서도 이어진 한문 교양의 중요성과 역할을 거론하기도 했다. 하지만 그 정도의 교육으로 김억이 풍부한 한시 교양을 지니고 있었을 것으로 짐작할 수 있을지는 여전히 의문이다(정기인, 「김억 초기 문학과 한문맥의 재구성」, 『한국현대문학연구』 44, 한국현대문학회, 2014, 12쪽).

9) "한때의 興거리로 漢詩册을 두적이다가 그럴 듯한 것이면 이왕이면 적어나 두자고 空册에 적어 두었습니다"(金岸曙, 「卷頭辭」, 『同心草』, 朝鮮出版社, 1943, 1쪽). "하이한 구름이 저 넓은 하늘을 뭉게뭉게 돌다가 아모 자최도 없이 슬어지는 여름철에는 무엇보다도 漢詩册같은 것을 求해 놓고 마음대로 이 張 저 張 들추면서 慢讀하는 것이 다시없는 樂이외다"(金岸曙, 「卷頭辭」, 『꽃다발』, 博文書館, 1944, 1쪽).

10) "저 소위 士大夫집 아낙네들의 詩란 거의 古典에서 이런 句節 저런 事典 같은 것을 가저다가 노래라고 얽어 놓치 아니하면 對句 같은 것이나 얌전이 하야 塞責을 한 感이 있어, 정말로 자기의 性情을 그대로 如實하게 쏟아 놓은 것은 적은상 하외다."(金岸曙, 「卷頭辭」, 『꽃다발』, 博文書館, 1944, 4쪽).

11) 金岸曙, 「부록 1 漢詩原作者略傳: 李玉峯」, 홍순석 편, 『岸曙金億全集③ 漢詩飜譯』, 한국문화사, 1987, 702쪽.

그런데 김억이 설도(薛濤)의 「춘망사(春望詞)」 중 제3수를 번역한 「동심초」를 번역시집의 제목으로 삼았던 배경에는 그보다 먼저 설도의 이 작품을 「동심초」라는 제목으로 창작 시집 『순정시집(殉情詩集)』(新潮社, 1921), 그리고 다시 「소리로 우는 새(音に啼く鳥)」라는 제목으로 한시 번역 사화집 『지나역조명원시초 차진집(支那歷朝名媛詩鈔 車塵集)』(武蔵野書院, 1929.9. 이하 『차진집』으로 약칭)에 수록했던 사토 하루오의 선례가 가로놓여 있다.12) 그러한 사정은 설도를 비롯하여 25명의 시인과 36편의 작품이 『동심초』와 『차진집』에서 중복되는 데에서도 알 수 있다.13)

---

12) 특히 사토 하루오는 설도(薛濤)의 「춘망사」에 깊은 애착을 지니고 있었다. 사토 하루오는 일찍이 창작 시집 『순정시집』의 서문 다음에 「춘망사」 제2수를 「동심초」라는 제목으로 원문 그대로 수록한 이래, 시집 『我が一九二二年 詩文集(나의 1922년 시문집)』(東京: 新潮社, 1923)에서는 「つみ草」라는 제목으로, 또한 『佐藤春夫詩集』(東京: 第一書房, 1926)에서는 다시 「支那詩より」라는 제목으로 계속 개작했기 때문이다. 佐藤春夫, 『定本 佐藤春夫全集 第1卷(詩歌1)』, 東京: 臨川書店, 1999.

13) 김억의 『동심초』와 사토 하루오의 『차진집』에 공통으로 수록된 작가와 작품들은 다음과 같다. (1)子夜의 ①「香이길래」(「むつこと」) ②「北斗星」(「恋愛天文学」) ③「참아 못닛어」(「思ひあふれて」) ④「어듸메서」(「松か柏か」) ⑤「젊은 한때」(「霜下の草」), (2)景翩翩의 ⑥「님에게」(「怨ごと」) ⑦「가는 봄」(「行く春」) ⑧「눈물」(「恋するものの涙」) ⑨「달」(「夜半の思ひ」), (3)杜秋娘의 ⑩「비단옷」(「ただ若き日を惜む」), (4)朱淑眞의 ⑪「봄시름」(「春ぞなかなかに悲しき」), (5)薛濤의 ⑫「同心草」(「音に啼く鳥」), (6)孟珠의 ⑬「꽃을 따며」(「薔薇をつめば」), (7)黃氏女의 ⑭「젓소리를 들으며」(「よき人が笛の音きこゆ」), (8)賈蓬萊의 ⑮「나비」(「蝶を咏める」), (9)紀映淮의 ⑯「田園風景」(「水彩風景」), (10)趙金燕의 ⑰「江까의 離別」(「行く春の川べの別れ」) ⑱「배」(「おなじく」) ⑲「가을」(「秋の鏡」), (11)馬月嬌의 ⑳「幽興」(「そぞろごころ」), (12)張文姬의 ㉑「물새」(「白鷺をうたひて」) ㉒「대가 부러워」(「池のほとりなる竹」), (13)沈滿願의 ㉓「맑은 물 거울삼아」(「水かがみ」) ㉔「등잔불」(「残燈を咏みて」), (14)端淑卿의 ㉕「蓮꽃을 따며」(「探蓮」), (15)王氏女의 ㉖「소낙비」(「はつ秋」), (16)劉采春의 ㉗「浦口까에서」(「秋の江」), (17)陳眞素의 ㉘「선물을 보내며」(「手巾を贈るにそこへ」), (18)周文의 ㉙「달」(「月は空しく鏡に似たり」), (19)七歲女子의 ㉚「기럭이 못된 身勢를」(「秋の別れ」), (20)淸溪小姑의 ㉛「날점을고」(「もみぢ葉」), (21)李均의 ㉜「燭불」(「ともし灯の教へ」), (22)丁㳘妻의 ㉝「모심한 이에게」(「つれなき人に」), (23)金陵妓의 ㉞「골패짝」(「骰子を咏みて身を寓するに似たり」), (24)溫婉의 ㉟「님에게」(「人に寄す」), (25)王微의 ㊱「호수의 달」(「月をうかべたる波を見る」). 佐藤春夫, 「支那歷朝名媛詩鈔 車塵集」, 『定本 佐藤春夫全集 第1卷(詩歌1)』, 東京: 臨川書店, 1999.

더구나 이 두 번역시 사화집 모두 자야, 경편편, 조금연 작품의 비중이 높은 점도 공통된다.[14] 특히 일찍이 사토 하루오가 『카이조(改造)』지에 「젊은 날을(若き日を)」(1928.8.)이라는 제목으로 발표한 두추랑의 「금루의(金縷衣)」는 김억도 『안서시집(岸曙詩集)』(漢城圖書株式會社, 1929.4)의 「잔향(殘香)」장에서 「젊은 한 째」라는 제목으로 번역하기도 했다.

이것은 두말할 나위도 없이 『동심초』를 구상하는 가운데, 어쩌면 『망우초』를 엮던 당시부터 김억이 사토 하루오와 그의 『차진집』을 깊이 의식하고 참조하고 있었음을 시사한다. 특히 사토 하루오가 『차진집』으로 수습한 중국 여성 한시를 번역하면서 의지했던 저본도 김억이 언급했던 『명원시귀』였다.[15] 김억이 과연 사토 하루오가 『명원시귀』를 저본으로 삼았음을 간파하고 있었던가는 알 수 없다. 더구나 김억이 사토 하루오가 『차진집』은 물론 후일 『태평광기(太平廣記)』와 『요재지이(聊齋志異)』 소재 소설 번역 등을 거치며 줄곧 중국의 고전에 경도되어 있었던 사정이며, 그 배경에 선대로부터의 가학은 물론 한문맥 전통과 풍류를 훈습한 근대기 문학인으로서의 자의식이 가로놓여 있었던 사정까지 알고 있었던가도 알 수 없다.[16] 그럼에도 불구하고 일본과 조선

---

14) 자야의 경우 『동심초』에는 10편 『차진집』에는 7편, 경편편의 경우 『동심초』에는 5편 『차진집』에는 4편, 조금연의 경우 『동심초』와 『차진집』에 똑같이 3편씩 수록되어 있다. 특히 『동심초』와 『차진집』에 수록된 조금연의 작품은 서로 똑같다. 한편 김억과 사토 하루오에게 특별했던 설도의 작품은 『동심초』에는 5편 『차진집』에는 2편이 수록되어 있다.

15) 이와 관련해서 『차진집』 소재 한시의 출전을 『명원시귀』로 비정한 요시카와 핫키(吉川發輝)의 연구는 주목할 만하다. 吉川發輝, 「第一章 『車塵集』の成立経緯」, 『佐藤春夫の『車塵集』: 中國歷代名媛詩の比較硏究』, 東京: 新典社, 1990, 18~20쪽.

16) 사토 하루오는 스스로 '지나 애호(支那愛好)'의 최후의 한 사람으로서 문학에 임했으나, 시대가 변해 우연히 한문 교양을 훈습한 최초의 한 무리와 혼동되고 말았다는 겸사를 남기기도 했다(佐藤春夫, 「からもの因緣」, 『定本 佐藤春夫全集 第22卷(評論・隨筆4)』, 東京: 臨川書店, 1999). 한편 비록 이 글에서 거론할 『차진집』을 비

의 대표적인 문학인들이 비슷한 시기에『명원시귀』, 그리고『차진집』
을 둘러싸고 마치 대화하는 듯한 장면을 연출한 것은 흥미롭다.

한편 김억의『꽃다발』에 수록된 작품들의 출전만 두고 보면 그것은
조선 말기와 근대기의 한시 선집들, 이를테면『해동시선(海東詩選)』(조선
말 혹은 근대 초기)과『대동시선(大東詩選)』(新文館, 1918)의 범위를 넘지
않는다. 그러한 사정은 일찍이『망우초』에서도 마찬가지였다. 주지하
는 바와 같이『해동시선』은 평민은 물론 승려와 여성의 한시를 대거
수록하고 있고,『대동시선』은 마지막 12권이 오로지 여성 한시만을 수
록하고 있다. 특히『꽃다발』을 구상하면서『망우초』에 수록된 여성 한
시들을 퇴고하는 가운데 김억은『대동시선』에 크게 의존하고 있다.[17]
그러므로 김억이『꽃다발』의「권두사」에서 밝힌 대로 조선 여성 한시
들을 우연한 기회에 열람하게 되었다면, 그 기회는『대동시선』과『해
동시선』과 같은 근대기에 새롭게 출판된 전래 한시 선집을 통해 얻었
다고 보아야 할 것이다.

하지만 이 정도의 시선집만으로 조선 여성 한시와 관련한 김억의 독
서 편력을 예단하기란 어렵다. 이를테면『꽃다발』에 수록된 작품 중 가
장 큰 비중을 차지하는 김삼의당(金三宜堂), 계생(桂生, 梅窓), 허난설헌(許蘭
雪軒), 운초(雲楚, 芙蓉), 박죽서(朴竹西), 이옥봉(李玉峯), 홍유한당(洪幽閑堂)의

롯한 한시 번역은 제외되어 있기는 하나, 사토 하루오의 중국문학 경도를 둘러싼
사정과 번역의 실상과 관련해서는 다음의 서지를 참조하기 바란다. 張文宏,『佐藤
春夫と中國古典: 美意識の受容と展開』, 東京: 和泉書院, 2014.

17) 이를테면 김억의『꽃다발』에 수록된 마지막 작품인 여옥(麗玉)의「공후곡(箜篌曲)」
은『대동시선』제1권에 수록된 첫 번째 작품이기도 하다(張志淵 編,『大東詩選(韓
國漢詩選集 5)』, 아세아문화사, 2007). 또한『대동시선』수록되지 않은, 예컨대 여
승(女僧) 정혜(慧定), 영수각(令壽閣) 서씨(徐氏), 도화(桃花), 난향(蘭香), 양양기
(襄陽妓), 복개(福介, 福娘), 안원(安媛)의 작품들은『해동시선』에서 선역했던 것으
로 판단된다(李圭瑢 編輯, 韓晩容 校閱,『海東詩選』, 匯東書館, 1917).

작품들은 『대동시선』이나 『해동시선』에 수록된 범위를 넘어서기 때문이다. 실제로 이들 작품의 번역 양상으로 보건대, 김억은 이들의 문집 혹은 유고를 직접 열람했던 것으로 보인다.[18] 이 가운데 김삼의당의 경우 필사본으로 전하던 유고가 1930년 2권 1책의 『삼의당김부인유고(三宜堂金夫人遺稿)』(光州: 三奇堂石版印刷所)로 출판되기도 했던 만큼,[19] 김억이 이러한 전적을 열람할 기회는 얼마든지 있었기 때문이다.[20] 또 이와 관련해서 주목할 만한 대목은 『꽃다발』에는 이제현(李濟賢)의 악부시 2편(「들뜨는 맘」, 「향(香)내는 언제나」)이 수록되어 있다는 점, 이 작품들의 원작이 김억이 『망우초』에서도 거론했던 이유원(李裕元)의 『가오고략(嘉梧藁略)』에도 수록되어 있던 점이다.[21]

이러한 사정을 염두에 두고 보면, 비록 김억이 자랑할 만한 문벌도, 두터운 가학도 없었지만, 제법 오랫동안 중국과 조선은 물론 일본의 앞선 번역 사례까지 망라하는 다양한 전적들을 통해 중국과 조선의 여성 한시를 탐독하며, 한시에 대한 감식안과 취향을 가다듬고 있었음을 알

---

18) 이를테면 계생(桂生, 梅窓)과 관련한 사항은 다음의 서지를 참조할 수 있다. 박종덕, 「안서와 석정의 번역 한시 비교고 - 매창의 한시를 중심으로」, 『현대문학이론연구』 52, 현대문학이론학회, 2013.

19) 이러한 사정과 관련해서는 다음의 서지를 참조하기 바란다. 맹영일, 「三宜堂 金氏의 漢詩 硏究」, 『한국고전여성문학연구』 19, 한국고전여성문학회, 2009, 278~279쪽.

20) 김안서, 「부록1 한시원작자약전: 삼의당김씨」, 홍순석 편, 앞의 책, 700쪽. 이 글에서 김억이 열람했다는 『삼의당집(三宜堂集)』이라는 전적이 이 1930년의 판본인지, 아니면 그 이전의 필사본인지는 분명하지 않다.

21) 이 두 작품의 원작은 「거사련(居士戀)」, 「제위보(濟危寶)」이다. 이 가운데 「居士戀」 승련(承聯)이 『꽃다발』에서는 '蟋子床頭引網絲'로 표기되어 있는데, 이제현의 『익재난고(益齋亂藁)』 제4권 「小樂府」 장에는 '喜子床頭引網絲'이고, 『가오고략(嘉梧藁略)』 제1책 「樂府: 海東樂府」에는 '蟋子床頭引網絲'이다. 이로써 보건대 김억은 『가오고략』을 참조했던 것으로 보인다. 일찍이 김억이 『망우초』의 「漢詩譯에 대하야」에서 신위(申緯)의 『경수당집(警修堂集)』과 이유원의 『가오고략』 소재 한역 조선 악부시도 거론했던 사정을 염두에 두고 보건대, 그가 『가오고략』을 열람했을 가능성은 높다(金岸曙, 「漢詩譯에 대하야」, 『忘憂草』, 漢城圖書株式會社, 1934).

수 있다. 그리고 그것은 김억 스스로『동심초』와『꽃다발』의「권두사」
에서 간단하게나마 밝힌 바이기도 하다.22) 이것을 문면 그대로 받아들
이고 보면 김억이 파한(破閑)을 이유로 한시를 탐독하고, 취향에 부합하
는 작품들을 조선어로 번역하기까지 한 것을 통해, 근대기에도 온존했
던 한문맥(漢文脈)의 잔영을 포착할 수도 있겠다.23) 그러나 김억이 창작
을 뒷전으로 하고 한시 번역에 몰두했던 점,『망우초』발표 당시부터
번역을 창작과 동일시하기까지 했던 점을 염두에 두고 보면,24) 과연 그
의 한시 번역이 한문맥의 효과라고만 볼 수 있을지는 의문이다. 김억
이「망우초」라는 제호의 연재(1930)를 필두로 본격적인 한시 번역에 나
섰던 시점이, 사토 하루오의『차진집』이 발표된 직후라는 점,25) 특히
『동심초』에 수록된 적지 않은 작가와 작품이『차진집』과 중복된다는
점은 결코 예사롭지 않기 때문이다.

---

22) "읽어가다가 자미가 있고 마음에 드는 詩면 하나도 빠치지 아니하고 空冊에다 적
어두고는 하였습니다. 나만은 한때의 樂일망정 넣지 아니하고서 두고두고 記憶을
새롭힐 經綸에서외다"(金岸曙,「卷頭辭」,『꽃다발』, 博文書館, 1944, 1쪽).

23) 정기인,「제Ⅱ장 근대시 형성기의 한문맥」,『한국 근대시의 형성과 한문맥의 재구
성』, 고려대학교 민족문화연구원, 2020, 40~49쪽.

24) 김억은『망우초』의 서문인「한시역에 대하야」에서 조선시대 시조를 한역한 신위,
이유원 그리고 실명씨의 악부시를 인용한 뒤, 이 모두가 번역이고 음조와 감정이
저마다 다른 개성적인 창작이며, 독자적인 시정(詩情)을 드러내는 '노래'라고 정의
했다. 또 이를 통해 번역이 독자적인 문학성을 지닌 창작이라고 역설했다(金岸曙,
「漢詩譯에 대하야」, 앞의 책, 3~7쪽).

25) 김억은「흘으는 江물까에: 漢詩自由譯」(『朝鮮日報』, 1929.12.5, 4쪽) 이래 1930년
8월 총 6회의「忘憂草: 漢詩自由譯」을『조선일보』에 연재했다(1930.8.5~9, 4쪽;
1930.8.11, 3쪽). 이후 김억은 다시『학등(學燈)』지에 총 4회 동명의 연재를 이어갔
다(金岸曙,「忘憂草」,『學燈』4~7, 漢城圖書株式會社, 1934.3~6). 그리고 곧장 동명
의 번역시집을 발표했다.

Ⅲ. 피란지로서 '동양의 마음' 혹은 '사무사(思無邪)'

그렇다면 김억은 어째서 한시를 '번역'했던 것인가? 설령 파한과 글쓰기 공부의 소산이라고 하더라도 한문맥의 훈습을 통해 성장한 지식인에게 한시란 교양으로서 체화하고 향유하며 실천하는 것이지, 글쓰기의 차원에서 '번역'할 것은(述而不作) 아니기 때문이다.[26] 김억이 적어도 1930년대부터 10여 년에 걸쳐 한시와 그 번역에 몰두했던 배경을 이해하기 위해서는 아무래도 그가 일찍이 타고르와 사로지니 나이두를 소개하면서 서구 근대시가 결코 현현하지 못하는 심미적 자질로서 '동양의 마음'을 거론하며 예찬했던 일을 돌이켜 보지 않을 수 없다. 당시 김억이 '동양의 마음'이자 '서정시의 본령'으로서 자연미에 대한 그리움, 신에 대한 숭경과 애인을 생각하는 마음이 일치하여 이루는 아름다운 심적 황홀, 무조건적인 그리움과 도취, 까닭 없이 울고만 싶은 듯한 감정, 하소연한 생각, 곱고도 서러운 정서 등을 꼽았던 것은 주지하는 바와 같다.[27] 그러한 사정을 염두에 두고 보면, 1920년대 번역가 김억이 이후 한시로 옮겨 갔던 이유의 일단은 충분히 이해할 수 있다.

물론 시인으로서 김억이 조선어·조선심·조선적 형식에 근간한 국민문학, 시가개량의 이상과 신념을 실천하는 가운데 『금모래』(朝鮮文壇社, 1924.10.4.), 『봄의 노래』(賣文社, 1925.9.28.), 『안서시집(岸曙詩集)』(漢城圖書株式會社, 1929.4.1.)을 연이어 발표하면서 전성기를 구가했던 것은 사

---

26) 김억은 『꽃다발』 서문에서 자신의 한시 번역이 소일거리일 뿐만 아니라 '수사(修辭) 공부'를 위한 것이었음을 간단히 언급한 바 있다. 역시 같은 글에서 전고와 전래의 한시 구법을 중시하지 않았던 태도도, 자신의 한시 번역이 '수사 공부'를 위한 것이었다는 술회는 김억의 한시 번역이 단순히 한문맥의 효과라고만 볼 수 없게 한다(金岸曙, 「卷頭辭」, 『꽃다발』, 博文書館, 1944, 1쪽).

27) 金岸曙, 「사로지니·나이두의 抒情詩」, 『靈臺』 4, 靈臺社, 1924. 12, 71~72쪽.

실이다.[28) 그 후 김억이 그러한 이상과 신념을 좇아 자신의 시를 유행가와 신민요로 음악화 하는 데에 나서 〈꽃을 잡고〉(Polydor19137A, 1934.6) 등 숱한 흥행작들을 통해 유행가요 작사자로서도 전성기를 구가했던 것도 주지의 사실이다.[29) 그렇다면 김억은 1920년대, 30년대를 가로지르며 한편으로는 시인·작사자로서 신민요 등 유행가요를 통해 장르와 매체의 경계를 넘나드는 국민문학의 이상과 신념을 실현했고,[30) 다른 한편으로는 번역가로서 외국문학인 한시를 조선문학으로 끌어들여 그 외연을 확장하고자 했다고 하겠다.

이와 관련해서 유행가요 작사자로서 활약하던 당시 김억이 '조선문학'의 정의를 요청하는 어느 설문에서 '조선문학' 여부를 판단하는 기준이 바로 '언어'와 '정서'라고 하면서, 『열하일기(熱河日記)』도 『사씨남정기(謝氏南征記)』도 한가지로 한문학이라고 단언했던 것, 그러면서도 조선인이 조선어로 창작한 것은 '순수한' 조선문학이고, 외국인이 조선어로 창작한 것은 '일반적'인 조선문학이라고 보았던 것을 돌이켜 볼 필요가 있다.[31) 이러한 진술에 비추어 보면 『동심초』와 『꽃다발』의 한시들은

---

28) 1920년대 후반 전통의 발견, 국민시가 담론, 시가 개량 담론을 둘러싼 김억의 문학적 편력과 관련해서는 다음의 서지를 참조하기 바란다. 구인모, 「제1장 1920년대 한국문학과 전통의 발견」, 「제7장 국민문학론의 문학적 실천과 그 수준」, 『한국근대시의 이상과 허상』, 소명출판, 2008.

29) 1930년대 유행가요 작사자로서 김억의 전신과 편력과 관련해서는 다음의 서지를 참조하기 바란다. 구인모, 「제3장 전문 작사자가 된 시인들: 2. 시가 개량, 국민문학론과 '문화사업'」, 「제5장 시와 유행가요의 경계: 1. 서도잡가의 수사와 정서의 현재화」, 『유성기의 시대, 유행시인의 탄생』, 현실문화, 2013.

30) 김억이 스스로 술회한 바를 통해서 보건대, 그에게 이 〈꽃을 잡고〉의 성공은 조선 정조를 발휘하는 민요의 성공이기도 했다(金岸曙, 「「거리의 꾀꼬리」인 十大歌手를 내보낸 作曲·作詞者의 苦心記: 鮮于一扇의 「꽃을 잡고」를 作詞하고서」, 『三千里』 7:10, 三千里社, 1935.11, 153쪽).

31) 金岸曙, 「『朝鮮文學』의 定義 이러케 規定하려 한다!: 朝鮮文學의 定義」, 『三千里』 8:8, 三千里社, 1936.8.

두말할 나위도 없이 한문학에 속할 터이다. 그렇다면 그 번역은 어디에 속하는가? 주지하는 바와 같이 김억은 기회가 있을 때마다 비록 '순수한' 창작은 아닐지라도 번역도 엄연한 창작임을 누누이 역설했거니와,[32] 한시 번역은 원작의 내용과 원작자의 의도만을 취해서 자신의 언어와 개성을 표현하는 창작이자 노래라고까지 언명한 바 있다.[33] 그러니 그로서는 당연히 '조선문학'에 포함된다고 믿어 의심치 않았을 것이다. 특히 김억이 『동심초』와 『꽃다발』에 수록한 작품들의 주제들이 한 가지로 저 '동양의 마음'을 이루는 세목들이라는 점, 특히 『꽃다발』에서 그가 공자(孔子)의 '사무사(思無邪)', 즉 진솔하고도 순도 높은 정서의 표현이 번역의 기준이었노라고 밝힌 점은 중요하다.[34] 이로써 김억에게 한시 번역이 '동양의 마음', '서정시의 본령'을 현현하는 글쓰기로서, 그 자체로 이미 어엿한 조선문학이자 동아시아의 서정시라고 여겼음을 알 수 있기 때문이다.

그렇다고 하더라도 번역가로서 김억은 어째서 1940년대에 이르러 근대시도, 유행가요 가사도 아닌 한시 번역이라는 경계에서의 글쓰기에 그토록 몰두할 수밖에 없었던가? 이와 관련해서는 아무래도 1939년 벽

---

32) 金岸曙, 「漢詩譯에 대하야」, 앞의 책, 3~7쪽; 아더 · 시몬즈, 金億 옮김, 「序文 代身에」, 앞의 책, 8쪽; 金岸曙, 「詩壇散策, 『金星』 『廢墟』 以后를 읽고」, 『開闢』 46, 開闢社, 1924.4; 金岸曙, 「移植問題에 對한 管見: 飜譯은 創作이다」, 『東亞日報』, 東亞日報社, 1927.6.28, 5쪽.

33) 金岸曙, 「忘憂草」, 『學燈』 4, 漢城圖書株式會社, 1934.3, 36쪽.

34) "孔夫子께서는 詩를 「思無邪」라고 評을 하셨거니와, 이 女流詩人들의 詩를 보면 士大夫집 아낙네들의 노래에는 어째 그런지 일부러 感情을 눌러 버리고 점잖은 체 꾸민 感이 있읍니다. 그리고 小室과 詩妓의 것에는 조금도 感情을 거짓한 흔적이 없으니, 만일 「思無邪」가 옳은 말슴이라면 이 點에서 아낙네들의 노래는 落第외다. 그리고 小室이니 詩妓니 하는 이들의 것이 되려 及第니 대단히 자미있는 對照라 하지 않을 수 없읍니다"(金岸曙, 「卷頭辭」, 앞의 책, 4쪽).

두 『매일신보』에 발표한 연재 논설 「신춘문단(新春文壇)의 전망(展望)」과 그 배경에 주목하지 않을 수 없다. 김억은 이 글에서 지금껏 조선의 문학계가 향토성을 지닌 온전한 신시를 창작하지 못하여 답보상태를 면치 못했다는 것, 이를 위해서는 민요와 시조의 형식으로 현대적 감정을 표현해야 한다는 것, 고전으로서 한시의 정화(精華)를 현재화 하여 조선문학의 토대로 삼아야 한다는 것을 역설했다.[35] 이러한 김억의 발화의 배경에는 중일전쟁과 총동원시기 폐색 상태에 놓여 있던 조선문학의 활로가 바로 고전의 계승을 통한 독자성 확보 여부에 있다고 인식했던 문학계의 동향 변화가 가로놓여 있다. 그것은 이미 한 해 전에 발표되었던 조선문학의 역사성과 고전탐구의 의의를 둘러싼 『조선일보』의 일련의 기사들을 통해서도 충분히 알 수 있다.[36]

그리고 이에 더해 당시 시인으로서 침체를 면하지 못하던 김억이 자

[35] 金億, 「新春文壇의 展望: 詩歌도 時代를 反映 軍歌的 色彩가 濃厚」, 『每日申報』, 每日申報社, 1939.1.4, 4면; 「詩歌는 軍歌的 傾向」, 『每日申報』, 每日申報社, 1939.1.6, 5쪽.

[36] "燦爛한 옛 文化를 저버린 此代의 우리는 너무도 外來의 文化를 輸入하기에 汲汲하얏다…(중략)…우리는 우리의 文學遺産을 다른 데서도 가저올 수도 잇겟지만 먼저 우리의 古典에서 차저와 끈허젓든 우리 文學의 命脈을 이어보자는 말이다"(기사, 「朝鮮古典文學의 檢討(一)」, 『朝鮮日報』, 朝鮮日報社, 1935.1.1[新年號], 1면). "本紙 新年號 紙上에 古典文學 探究와 古典文學의 紹介 페-지가 잇섯거니와 一部의 論者들은 새로운 文學이 誕生할 수 업는 不利한 環境 아래 오히려 우리들의 古典으로 올라가 우리들의 文學遺産을 繼承함으로써 우리들 文學의 特異性이라도 發揮해 보는 것이 時運에 避할 수 없는 良策이라고 말하며 一部의 論者들은 우리들의 新文學 建設 그 前日의 攝取될 榮養으로서 必要하다고 말한다"(기사, 「朝鮮文學上의 復思想古檢討(一)」, 『朝鮮日報』, 朝鮮日報社, 1935.1.22). 이 일련의 논설을 필두로 1930년대 『조선일보』만 두고 보더라도 권덕규(權悳奎)의 「訓民正音의 起源과 世宗大王의 頒布」(1935.1.1.~5.), 김태준(金台俊)의 「新羅鄕歌의 解說」(1935.1.1.~1.4.), 김윤경(金允經)의 「月印千江之曲解說」(1935.1.1.~2.) 등이 연재되면서, 이른바 고전부흥의 담론이 1940년대 초반까지 풍미했던 것은 주지의 사실이다. 이러한 사정과 관련해서는 다음의 서지를 참조하기 바란다. 황종연, 「Ⅱ. 근대주의의 위기와 전통에의 회귀」, 『한국문학의 근대와 반근대』, 동국대학교 박사학위논문 1991.

신의 고심참담과 암중모색을 조선문학의 궁경(窮境)에 대한 진단과 처방인 양 전가한 측면도 크다. 그도 그럴 것이 유행가요 작사자로서 전신한 이후 시인으로서 김억의 창작은 저조하기만 했으며, 그나마 『동심초』와 『꽃다발』에 앞서 발표한 『안서시초(岸曙詩抄)』(博文書館, 1941.7)는 이전의 창작을 수습한 데에 불과했다. 또 유행가요 작사자로서 김억의 입지도 1930년대 후반 재즈, 블루스의 유행, 이른바 '에로'와 '센치'의 풍미에 따른 신민요의 퇴조, '고명(高名)한 시인'에게 작사를 맡기기를 꺼렸던 음반 산업의 분위기로 인해 협소해져만 갔다.[37] 더구나 김억은 1937년 중일전쟁 이후 조선총독부 관변 단체인 조선문예회(朝鮮文藝會)가 제작한 〈정의(正義)의 사(師)여〉(Victor KS-2025B CL-?, 1937. 11) 〈정의의 행진〉(Columbia40793B, 1937. 12) 〈종군간호부의 노래〉(Columbia40794A, 1937. 12) 등 이른바 총후(銃後)의 선무를 위한 관제가요 제작에 동원되기도 했다.[38] 그 가운데 김억은 일찍부터 시가 이지(理智)나 관념의 소산이 아니라 정조의 소산이라고 역설했던 바를 스스로 저버리게 되었다.[39] 그에 따라 김억의 유행가요를 통한 시가개량과 국민문학의 이상 또한 제국의 미학의 정치화 기획에 의해 좌절되고 말았다.[40]

---

37) 具沅會 외, 「레코-드界의 內幕을 듣는 座談會」, 『朝光』 5:3, 朝鮮日報社出版部, 1939.3, 314~315쪽; 座談, 「朝鮮文化의 再建을 爲하야」, 『四海公論』 2:12, 四海公論社, 1936.12; 朴響林 외, 「流行歌手와 映畵女優座談會」, 『朝光』 4:9, 朝鮮日報社出版部, 1938. 9. 이러한 사정에 대해서는 다음의 서지를 참조하기 바란다. 구인모, 「제7장 관제가요와 유행시인의 좌절된 이상」, 『유성기의 시대, 유행시인의 탄생』, 현실문화, 2013, 323~324쪽.

38) 구인모, 위의 글, 위의 책, 329~352쪽.

39) 아더·시몬즈, 金億 옮김, 「序文 代身에」, 19쪽.

40) 일찍이 유행가요 작사자로서 전성기를 구가하던 시기 김억은 조선의 문학계에 파시즘 문학이 생성되겠는가를 묻는 어느 설문에, 정치에 휘둘리지 않고 시인으로서 자신의 개성을 지키며, 자신의 신념에 따라 시가를 창작하겠다고 한 바 있다(金岸曙, 「緊急討議 朝鮮文壇에 파시즘文學이 서지겟는가: 나는 내 조와하는 콧노래나」,

이러한 사정으로부터 김억이 『동심초』와 『꽃다발』의 권두사마다 자신의 한시 번역이 파한을 위한 수사 공부에 불과한 것인 양 겸사(謙辭)를 남기고, 선역의 과정에서 '사무사'라는 기준 혹은 가치를 옹호했던 이유를 짐작하게 된다.[41] 김억에게 한시 번역이란 시인으로서도, 유행가요 작사자로서도 이상이 좌절된 후 변덕스러운 다국적 음반 산업의 직인의 처지로부터, 제국의 문화정치의 프로파간다라는 답답한 처지로부터 벗어나는 선택지이자 피란지였던 셈이다. 김억에게 한시 번역으로의 피란 경로는 『망우초』를 거치는 가운데 이미 익숙했거니와, 또 그것은 비록 뒤늦기는 했으나 동시대 문학계의 경향과도 그리 어긋나지도 않았다. 무엇보다도 김억에게 그 피란 경로는 유행가요 작사자로서의 전신 이전 그를 매혹한 동양의 마음으로 향하는 것이기도 했다. 김억이 1944년을 전후로 한 본격적인 '한시 번역 시대'를 중국과 조선의 여성 한시를 통해 열었던 것은 바로 그러한 사정을 배경으로 한다. 그리고 김억이 불과 일 년 남짓한 사이 무려 4권의 번역시집을 발표할 수 있었던 것은 어쩌면 그 피란의 도정이 그로서는 다급했음을 시사한다.

Ⅳ. 번역의 방법, 형식과 그 함의

『동심초』와 『꽃다발』에 수록된 작품들은 지역과 시대의 차이와 무관하게 대체로 자연의 이법과 세월의 무상함(田園 · 山水), 그리움과 이별

『三千里』 8:6, 三千里社, 1936.6, 242면). 그러나 이러한 소신에도 불구하고 김억은 이듬해(1937.5) 조선문예회 창립 회원으로 동원되었다.
[41] 金岸曙, 「卷頭辭」, 『同心草』, 朝鮮出版社, 1943, 1쪽; 「卷頭辭」, 『꽃다발』, 博文書館, 1944, 4쪽.

의 회한(懷人·送別), 한미한 여성의 삶의 애환을 주조로 한다는 점에서 서로 크게 다르지 않다. 이러한 주제와 정서란 두말할 나위도 없이, 일찍이 김억이 '자연미에 대한 그리움', '애인을 생각하는 마음', '까닭 없이 울고만 싶은 듯한 감정', '하소연한 생각', '곱고도 서러운 정서' 등으로 정의했던 '동양의 마음'의 세목들과 일치한다.[42] 김억에게 한시 번역이 동양의 마음을 향한 피란의 도정이었던 것은 우선 『동심초』에서 가장 먼저 지면을 할애했던 자야, 경편편, 설도, 조금연 등의 작품들을 통해서 알 수 있다. 또 『꽃다발』의 절반 이상의 지면을 할애했던 김삼의당, 계생, 허난설헌, 이옥봉 등의 작품을 통해서 더욱 분명히 알 수 있다. 특히 김억이 『망우초』에서 마치 서로 다른 작품인 양 선역한 악부체 한시인 자야의 「자야가(子夜歌)」에 가장 많은 지면을 할애했던 것은 그러한 사정을 웅변적으로 시사한다. 그런데 김억에게 그 '동양의 마음'을 번역하는 일은 단지 고삽(苦澁)한 전고(典故)의 세계를 동시대의 언어와 수사로 옮기는 것이 아니라, 그가 일찍부터 가장 이상적이라고 믿어 의심치 않았던 형식과 리듬으로 재현하는 것이기도 했다. 그러한 사정은 아래의 사례들을 통해서 충분히 알 수 있다.

이내몸은 빛나는 밤의北斗星/ 밤마다 같은곳을 그저지키나./ 님의맘은 하늘을 도는해련가/ 아츰저녁 東西로 자리變하네.//(金岸曙, 「北斗星」[43])
　われは北斗のほしにして/ 千年ゆるがぬものなるを/ 君がこころの天つ 日や/ あすはひがし暮れは西// (佐藤春夫, 「恋愛天文学」[44])

42) 金岸曙, 「사로지니·나이두의 抒情詩」, 앞의 책, 같은 쪽.
43) 金岸曙, 「北斗星」, 『同心草』, 朝鮮出版社, 1943, 1쪽. 그리고 원시는 다음과 같다. "儂作北辰星, 千年無轉移, 歡行白日心, 朝東暮還西."(子夜, 「子夜歌(其二十六)」, 『名媛詩歸』 3).
44) "이내몸은 북두의 별이 되어서/ 즈믄 해 그저 가만 지내는 것을/ 그대의 마음이야

바람에 꽃이지니 세월덧없어/ 만날길은 뜬구름 期約이없네./ 무어라 맘 과맘은 맺지못하고/ 한갓되이 풀잎만 맺으랴는고.(金岸曙, 「同心草」45))

　しづ心なく散る花に/　なげきぞ長きわが袂/ 情をつくす君をなみ/　つむ や愁のつくづくし// (佐藤春夫, 「音に啼く鳥」46))

무어라 길이 멀다 니르십니까/ 그대의맘 돌서니 안멀겁니까,/ 그러나 제 마음은 수레바퀸양/ 날마다 萬里먼길 돌고돕니다.// (金岸曙, 「님에게」47))

　通ひ路いかで遠からむ/ みこころゆえぞ通はざる/　わが思ひこそめぐる 輪の/ 日日に千里をたどれるを// (佐藤春夫, 「怨ごと」48))

인용한 번역시들은 작품의 선택만이 아니라 번역의 방법, 번역시의 형식 혹은 리듬의 측면에서도 김억과 사토 하루오의 공통점을 여실히 드러낸다. 우선 김억과 사토 하루오 모두 기점텍스트(Source text)를 목표

하늘의 해네/ 아침에는 동쪽에 저녁에는 서쪽에//"(필자 번역). 佐藤春夫, 「支那歷 朝名媛詩鈔 車塵集—恋愛天文学」, 『定本 佐藤春夫全集 第1巻(詩歌1)』, 東京: 臨川 書店, 1999, 83쪽. 그런데 사토 하루오의 『차진집』과 김억의 『동심초』에 수록된 자 야의 원시 기구(起句)는 모두 '儂作北斗星'으로서 『명원시귀』 판본의 '儂作北辰星' 와 단 한 글자의 출입이 있다. 이 글자 출입의 양상이 사토 하루오와 김억 모두 마찬가지라는 점은 매우 흥미롭다.

45) 金岸曙, 「同心草」, 앞의 책, 11쪽. 그리고 원시는 다음과 같다. "風花月將老, 佳期猶 渺渺, 不結同心人, 空結同心草."(薛濤, 「春望詞四首」, 『名媛詩歸』 13). 참고로 『망 우초』에서의 번역은 다음과 같다. "꽃잎은 하욤없이 바람에 지고/ 만날날은 아득 타, 期約이 없네./ 무어라 맘과맘은 맺지 못하고/ 한갓되이 풀잎만 맺으랴는고." (『忘憂草』, 漢城圖書株式會社, 1934, 142쪽).

46) "내 마음 어지럽게 지는 꽃잎에/한숨에 눈물젖네 내 긴 소매에/깊은 정 나누었던 그대 잃고서/서글픔 못 이기고 풀잎만 엮네"(필자 번역). 佐藤春夫, 「支那歷朝名媛 詩鈔 車塵集—音に啼く鳥」, 앞의 책, 73쪽.

47) 金岸曙, 「님에게」, 앞의 책, 18쪽. 그리고 원시는 다음과 같다. "豈日道路長, 君懷自 阻止, 妾心水車輪, 日日萬餘里°"(景翩翩, 「怨詞(期一)」, 『名媛詩歸』 31).

48) "늘 예던 길이길래 멀지 않건만/ 그대의 마음에는 갈 수 없고나/ 내 그리운 맘이야 수레바퀸 양/ 날마다 천리 길을 에도는 것을"(필자 번역). 佐藤春夫, 「支那歷朝名媛 詩鈔 車塵集—怨ごと」, 앞의 책, 76쪽.

텍스트(Target text)로 동화 혹은 자국화(domestication)하는 번역이라는 점, 극단적인 '투명유리(Les verres transparents)'의 번역 방법으로서 현대화와 번안,[49] 혹은 하이퍼텍스트적(hypertextual) 번역의 방법으로서 문예화[50]까지도 마다하지 않는다는 점에서 그러하다. 또 김억과 사토 하루오 모두 절구 시, 심지어 악부체 시마저도 기승전결의 구조를 지닌 대목만을 번역했다는 점, 원시의 한 구를 오언시이든 칠언시이든 각행이 7·5조 12음절, 한 연이 총 4행으로 이루어진 형식과 리듬으로 번역했다는 점에서도 그러하다.

김억의 이러한 번역 방식·태도란 이미 『망우초』에서 번역을 두고 개성적 글쓰기이자 엄연한 창작이라고 언명한 가운데 이미 예고되었다. 그리고 그것은 사실 『오뇌(懊惱)의 무도(舞蹈)』(1921·1923) 등 초기 번역시집부터 이후에도 일관되었다.[51] 더구나 그것은 번역에 따른 의미

---

49) '투명유리의 번역'이란 프랑스의 언어학자 조르주 무냉(Georges Mounin)이 제시한 번역 방법 중 하나로서, 기점텍스트의 언어·시대·문화(명), 작품의 고유한 시대적 정취 대신 텍스트의 풍미만을 옮기는 방법을 가리킨다. 조르주 무냉에 따르면 이것은 기점 텍스트의 저자가 마치 처음부터 목표언어(Target language)로 작품을 창작한 것처럼 번역하는 방법이자, 번역의 흔적을 남기지 않는 번역이다. 조르주 무냉은 이 투명유리의 번역은 기점텍스트의 현대화(rajeunissements)·번안(adaption)·치환(transpositions)까지도 포함한다고 한다. Georges Mounin, "Chaptier Ⅲ. Commet Traduire?", Les Belles Infidèles(2e édition) (Villeneuve-d'Ascq, Presses Universitaires du Septentrion, 2016), pp.74~75, pp.91~92.

50) '하이퍼텍스트 번역'이란 프랑스 번역학자 앙투완 베르만(Antoine Berman)이 제시한 번역의 태도로서, 특히 서구문학사에서 외국시를 번역한 허다한 시인들이 기점언어 텍스트의 모방·패러디·문체모사(文體模寫)·번안·표절은 물론 심지어 전혀 다른 형태로의 조작 등을 통한 자유로운 번역을 의미한다. 앙투완 베르만은 이 '하이퍼텍스트 번역'이 동화·자국화의 번역으로서 '자민족중심주의적(ethnocentrique) 번역'과 짝을 이루는 개념으로 정의한다. 그리고 앙투완 베르만은 특히 문학번역과 관련해서 기점텍스트에 가하는 변형·조작을 '문예화'라고 명명한다. Antoine Berman, "2. Traduction ethnocentrique et traduction hypertextuelle", La Traduction et la Lettre ou l'Auberge du lointain, Paris: Le Seuil, 1999, pp.54~59.

51) 김억이 신위와 이유원의 한역 조선 악부시를 예로 들며 번역도 창작시에 비견할

의 차이보다 번역시 나름의 율격과 정서를 중시했던 사토 하루오의 입장과도 통한다.[52] 특히 7·5조 12음절, 한 연이 총 4행으로 이루어진 형식과 리듬이란 두말할 나위도 없이 일찍이 메이지(明治)·다이쇼(大正)기 일본과 조선의 시인들이 일쑤 활용했던 '쇼쿄쿠(小曲)' 혹은 '소곡' 형식이다.[53] 김억에게 이 형식과 리듬은 그가 일찍이 낭송에도 자연스러운 가장 서정적인 리듬이라고 역설했던 '격조시형(格調詩形)'이기도 하다.[54] 또 사토 하루오에게 이 형식과 리듬은 한편으로는 와카(和歌)의 전통을 따르면서도, 이를테면 단카(短歌) 형식보다도 충실하게 중국의 칠언시

만한 개성적 글쓰기라고 역설했던 사정은 앞서 거론한 바와 같다(金岸曙, 「漢詩譯에 대하야」, 『忘憂草』, 漢城圖書株式會社, 1934, 3~7쪽). 그리고 이러한 입장이 일찍이 아서 시먼스(Arthur Symons)의 번역시집 『잃어진 眞珠』를 발표하던 무렵부터(아더·시몬즈 作, 金億 譯, 「序文 代身에」, 『잃어진 眞珠』, 平文館, 1924. 8쪽), 양주동, 김진섭과 번역의 방법을 둘러싸고 언쟁을 했던 무렵에도(金岸曙, 「詩壇散策, 『金星』『廢墟』以后를 읽고」, 『開闢』 46, 開闢社, 1924.4; 金岸曙, 「移植問題에 對한 管見 □: 飜譯은 創作이다」, 『東亞日報』, 東亞日報社, 1927.6.28, 5쪽) 한결같았던 것은 알려진 바이다.

52) 이러한 사정은 『차진집』의 후기 격인 사토 하루오의 다음 두 논설을 통해서 알 수 있다. 佐藤春夫, 「漢詩漫讀妄解」(1936), 『定本 佐藤春夫全集 第21卷(評論隨筆3)』, 東京: 臨川書店, 1999; 佐藤春夫, 「漢詩の飜譯」, 國分靑厓 監修, 『漢詩大講座(第11卷)』, 東京: アトリエ社, 1939, 192쪽. 佐藤春夫, 「漢詩漫讀妄解」, 『定本 佐藤春夫全集 第21卷(評論隨筆3)』, 東京: 臨川書店, 1999. 사토 하루오가 번역시 고유의 율격과 정서를 의미의 번역보다도 강조했던 데에는 사실 한편 에즈라 파운드(Ezra Pound)의 한시 번역(Ezra Pound, 1915, Cathay, London: E. Mathews)으로부터 받은 영향이 적지 않다(張競, 「大正文學と中國とのかかわりについて: 佐藤春夫『車塵集』の「秋の瀧」を中心に」, 『明治大學人文科學研究所紀要』 50, 東京: 明治大學人文科學研究所, 334~337쪽).

53) 이를테면 이쿠다 슌게쓰(生田春月)는 '쇼쿄쿠'를 7·5나 5·7조 혹은 그 외 음악적 리듬을 갖추고, 기승전결의 구성을 지니며, 간결한 언어로 숙성된 감흥을 표현하는 가창을 전제로 한 단시형(短詩型)의 운문이라고 정의한다(生田春月, 「小曲の本質と創作の實際」, 『現代詩の作り方研究』, 東京: 近代文藝社, 1928). 근대기 한국의 소곡과 일본의 쇼쿄쿠 양식과 관련해서는 다음의 서지를 참조하기 바란다. 구인모, 「2장 시단의 폐색과 유행시인에의 열망: 2. 독자들의 운문 취향과 근대시의 위상」, 앞의 책.

54) 金岸曙, 「格調詩形論 小考(14)」, 『東亞日報』, 東亞日報社, 1930.1.30, 4쪽.

를 번역할 수 있는 것이었다.55) 김억이 이 득의의 형식으로 한시 번역에 임했던 것은 근본적으로는 번역시 또한 창작시나 유행가요 가사와 마찬가지로 낭송과 음악회를 모두 전제로 한 운문이어야 한다는 입장을 취하고 있었기 때문이다. 그래서 김억은 한시에 깃든 '동양의 마음' 혹은 '사무사(思無邪)'의 정서를 재현하는 데에 이보다 더 나은 형식은 없다고 판단했을 것이다.56) 바로 이 대목에서 김억에게 한시 번역이 무엇이었던가는 분명해진다. 즉 그것은 저미(低迷)한 자신의 창작을 대신하는 글쓰기였던 것이다.

그런데 위에서 인용한 김억과 사토 하루오의 번역시들 사이에는 한시에 깃든 정서를 재현하는 방법과 입장을 둘러싼 분명한 차이가 가로놓여 있기도 하다. 사토 하루오에게 한시 번역이란 단지 시인으로서의 개성의 표현일 뿐만 아니라, 자국어 전래 시가와의 상호텍스트성 속에서 이루어지는 '다시 쓰기'이기도 했기 때문이다. 즉 그것은 언어간 번역(interlingual translation)이자 언어내 번역(intralingual translation)이기도 했던 셈이다. 그것은 위에서 인용한 사토 하루오 번역시의 언어만 하더라도

---

55) 헤이안(平安)조 단카 형식에 의한 중국 한시 번역과 관련한 사정, 중국의 칠언시 형식과 일본의 단카 형식의 상동성에 대한 보다 깊은 논의는 다음의 서지를 참조하기 바란다. 松浦友久,「第1部―［二］ 日本詩歌のリズム論における三つの懸案」,『リズムの美學: 日中詩歌論』, 東京: 明治書院, 1991.

56) 김억의 '격조시형'이 한시의 구조를 모방한 것, 혹은 한시로부터 영향을 받은 결과라는 입장은 일찍이 오세영 이후 널리 수긍되는 바이다(오세영,「Ⅱ. 岸曙 金億 研究」, 앞의 책, 291~294쪽). 이러한 입장은 수사(기승전결의 구조, 對句法 등)의 차원에서만 보자면 일리가 있다. 하지만 김억이 '격조시형'을 천명하기 전「「朝鮮詩形에 關하야」을 듯고서」(특히 연제 제4회와 제5회,『朝鮮日報』, 朝鮮日報社, 1928. 10. 21~23)에서 이미 7·5조가 '하소연한 생각', '아와이(淡い)한 늣김', '엿튼 哀愁'를 맛보는 형식으로써 고평했던 것, 그리고「격조시형론소고」 연재 마지막 회에서 그것이 도이 고치(土居光知)의『文學序說』(岩波書店, 1927)을 참조한 결과라고 밝힌 것을 보면, 격조시형이 한시로부터 연원했다고 볼 수 없다.

쇼와(昭和)기 시인의 것은 아닐뿐더러, 일견 원시를 의역한 대목으로 보일 구절들도 사실은 와카(和歌)의 전통과 유산들인 데에서도 알 수 있다. 예컨대 「소리로 우는 새(音に啼く鳥)」의 기구(起句)인 "しづ心なく散る花に"는 기노 도모노리(紀友則, 845~907)의 단카(短歌)를 혼카토리(本歌取り: 계절의 고유한 이미지[本意]에 부합하는 예전 시가의 일부를 새롭게 고치는 수사법)한 것이며,[57] 결구의 'つくづくし(절절히)'는 전구의 'つくす(다하다)'의 가케고토바(掛詞: 동일한 표기로 두 가지 의미를 표현하는 수사법)이다.[58] 김억이 사토 하루오의 번역을 둘러싼 이러한 사정까지 간파하고 있었던가는 분명하지 않다. 하지만 『꽃다발』에 이르러 김억이 '격조시형'의 번역과 나란히 '시조' 형식의 번역도 수록하고 있던 사정은 예사롭지 않다.

> 싱숭생숭 봄철을 노래코 나니/ 句句마다 相思뿐 하소 끝없네./ 門앞에 버드낡은 안심을것이/ 아니라도 人間엔 離別잦거니.//
>
> 春興紗窓幾首詩, 篇篇只自道相思, 莫將楊柳種門外, 生憎人間有離別.
>
> 春興을 읊고나니 句마다 相思일세/ 門앞에 버들일랑 애當初 심지마오/ 이人生 離別이잦아 어이볼가 하노라.//[59]

이처럼 번역시의 형식을 두 가지로 삼았던 이유를 두고 김억은 한편

---

57) 그 단카의 원문과 필자의 번역은 다음과 같다. "ひさかたの光のどけき春の日にしづごころなく花の散るらむ(저 멀리 햇살 따스하게 빛나는 한가한 봄날 내 마음 어지럽게 꽃잎은 지는구나)"(『古今集』 春下 84; 『百人一首』 33).

58) 사토 하루오는 『車塵集』을 구성하면서 『古今和歌集』의 선례를 따라 원시의 주제를 기준으로 춘하추동의 순서로 배열했을 뿐만 아니라, 번역의 과정에서도 일쑤 혼카토리 등의 기법을 구사하기도 했다. 이러한 사정과 관련해서는 다음의 서지를 참조하기 바란다. 朱衛紅, 「佐藤春夫『車塵集』における古典和歌との交渉」, 『文學研究論集』 19, 筑波: 筑波大學, 2001, 114~120쪽. 특히 이 글은 『車塵集』과 『古今和歌集』을 소상히 비교하고 있어서 주목에 값한다.

59) 金岸曙, 「春興」, 『꽃다발』, 博文書館, 1944, 1쪽.

으로는 원시를 그대로 옮기고, 다른 한편으로는 원시로부터 자유롭게 옮기기 위해서였다고 한다.[60] 하지만 근본적으로 번역이 번역가의 창작적 글쓰기라고 누누이 역설했던 김억의 입장을 염두에 두고 보면, 이러한 술회를 문면 그대로 받아들이기는 어렵다. 사실 시조 형식을 통한 한시 번역이 후일 『동심초』와 『꽃다발』의 후속편이라 할 『금잔듸』와 『옥잠화』에서도 계속되었다. 그래서 김억의 이러한 이원적 번역이란 중세 보편어 문학이 지방어 시가의 수사, 형식으로 전유되는 양상을 드러내는 한편, 후자와 전자가 동등한 위격을 선취하는 효과도 드러낸다. 특히 이러한 한시의 시조역을 통해 한편으로 김억은 한시를 근세 이후 조선어 시가 문학의 역사적 맥락 안에 위치시키고 있었던 것이다.

이러한 형국을 『망우초』에서 김억이 언급한 근대 이전의 악부시가의 전통과 대조해 보면 더욱 흥미롭다. 근대 이전 조선의 악부시가 역사적 격변기나 문화적 자의식의 고양기의 지식인들이 자국어 시가와 구술문화에 깃든 로컬리티를 중세 보편어 문학의 형식으로 재현하고자 했던 시도였다는 것은 주지의 사실이다.[61] 그렇다면 『꽃다발』에서 이루어진 한시의 시조역은 그와는 정반대의 시도인 셈이다. 일찍이 김억은 1939년 벽두의 시론에서 조선 문학에 결여된 전통을 한시 번역과 시조를 통해 고안해야 한다고 역설했거니와,[62] 바로 이것이 구체적인

---

60) 金岸曙, 金岸曙, 「卷頭辭」, 위의 책, 6쪽.
61) 고려시대 이래 조선시대의 소악부 창작의 의의와 관련한 평가와 관련하여 다음의 서지들은 주목할 만하다. 이종찬, 「小樂府 試攷」, 『동악어문논집』 창간호, 1965; 손팔주, 「申紫霞의 小樂府 硏究」, 『동악어문논집』 창간호, 동악어문학회, 1965; 『동악어문논집』 10, 동악어문학회, 1978; 박혜숙, 「고려말 소악부의 양식적 특성과 형성 경위」, 『한국한문학연구』 14, 한국한문학회, 1991; 강재현, 「橘山 李裕元 小樂府와 19世紀 士大夫 時調 享有의 特性 考察」, 『인문학연구』 85, 충남대학교 인문과학연구소, 2000; 윤덕진, 「小樂府 제작 동기에 보이는 국문시가관」, 『열상고전연구』 34, 열상고전학회, 2011.

실현임은 두말할 나위도 없다. 그도 그럴 것이 최남선은 물론 이은상이나 이병기보다도 고삽한 시어로 이루어진 김억의 시조 또한 형식의 측면에서는 동시대 시조 작가들의 작법이나 학지(學知)가 가다듬었던 평시조의 엄격한 형식이었기 때문이다.[63] 특히 인용한 시조의 종장은 번역의 과정에서 서도잡가 〈수심가(愁心歌)〉의 상투구마저 틈입하는 형국을 드러내기도 하는 것이다.[64]

Ⅴ. 에필로그

그렇다면 김억에게 한시 번역이란 한편으로는 그가 못다 이룬 국민문학, 시가개량의 신념을 한시를 통해 체현하는 기회이자, 다른 한편으로는 자국어 시가 문학의 전통을 고안하는 가능성이기도 했던 셈이다.[65] 그리고 김억에게 한시 번역이란 글쓰기 주체인 자신은 물론 나

<hr />

[62] 金岸曙, 「新春文壇의 展望: 詩歌도 時代를 反映 軍歌的 色彩가 濃厚」, 앞의 책, 같은 쪽; 「詩歌는 軍歌의 傾向」, 앞의 책, 같은 쪽.

[63] 이를테면 시조가 전체 삼장(三章), 각장 사구(四句), 초중장 3·4·3(4)·4 종장 3·5·4·3의 자수율을 지닌다는 인식은 안확(安廓)이나 조윤제(趙潤濟)와 같은 초기 조선문학 연구자만이 아니라, 당시 문학계에서도 통용되던 바임은 주지의 사실이다. 趙潤濟, 「時調字數考」, 『新興』 4, 新興社, 1931.1; 「第六節 時調의 發生」, 『朝鮮詩歌史綱』, 東光堂書店, 1937. 安廓, 「時調詩의 世界的價値ㅁ」, 『東亞日報』, 東亞日報社, 1940.1.26. 3쪽.

[64] 이를테면 "이人生 離別이잦아 어이볼가 하노라"와 같은 대목은 "우리네 두 사람이 연분은 아니오 원수로구나 만나기 어렵고 리별이 종々 즈즈셔 못살겟네"와 같은 대목을 염두에 둔 번역이다. 〈별수심가라〉, 『增補新舊雜歌』, 博文書館, 1915, 153쪽; 〈슈심가〉 〈평양슈심가〉, 『新撰古今雜歌』, 德興書林, 1916, 32쪽; 〈평양수심가〉, 『無雙新舊雜歌』, 唯一書店, 1916, 49쪽; 〈평양수심가〉, 『新訂增補海東雜歌』, 新明書林, 1917, 11쪽; 〈수심가라〉, 『新訂增補新舊雜歌』, 京城書館, 1922, 87쪽.

[65] 이와 관련해서 후일 설도의 「동심초」를 비롯한 김억의 적지 않은 번역시들이 예술 가곡으로 음악화 했던 사정을 간과할 수 없다. 특히 작곡가 김성태(金聖泰)는 김억

름대로 조선문학을 구성하는 일이기도 했음을 웅변적으로 시사한다. 그런데 그러한 일이 하필 동양의 마음을 향한 피란의 도정에서 이루어졌던 사정은 착잡하다. 근대 이전의 보편어 문학이든, 자국어 문학이든 그 유산을 전유하는 일은 근대문학을 구성하는 일반적인 절차임에는 분명하다. 그러나 김억에게 그러한 일은 비서구 식민지에서의 근대문학의 모색과 상상이 좌절된 이후, 근대 이전의 문학을 낭만화 하는 반근대의 정서와 소행(溯行)의 글쓰기였던 측면이 강하기 때문이다.66) 특히 이러한 김억의 한시 번역이 『문장(文章)』지와 『인문평론(人文評論)』지의 폐간과 『국민문학(國民文學)』지의 창간으로 이어지던 1940년대 초에 비로소 이루어졌던 만큼 사정은 더욱 착잡하다. 김억이 진작 『꽃다발』의 권두사를 쓰고도(1942.9) 출간을 미룬 채(1944.4.30.) 『동심초』를 먼저 발표했던 것도(1943.12.31.), 그 사이 식민지 조선에서 조선어 글쓰기가 사실상 종언을 고했던 상황에 대한 그 나름의 고심참담을 반영하는지도 모르겠다.

그런데 동양의 마음으로의 피란, 글쓰기 주체로서 번역을 통해 김억 자신은 물론 조선문학을 구성하는 가능성이란, 그가 『망우초』와 『꽃다발』의 원고를 가다듬던 시기, 『매일신보(每日申報)』에 「만엽집초역(萬葉集

의 한시 번역시 수 편을 예술 가곡으로 작곡했거니와, 이 작품들은 후일 ≪金聖泰歌曲集≫(예음, 1991)에 대거 수습되었다. 그 작품들은 다음과 같다. 〈同心草〉(1946년, 40쪽), 〈思親〉(1947년 43쪽) 〈꿈〉(1950년, 65쪽), 〈한시 네 수에 의한 노래모음곡 "봄노래"〉(1954년)의 〈1. 봄(원작: 賈至의 「春」)〉(80쪽) 〈2. 한밤의 봄노래(원작: 郭振의 「子夜春歌」)〉(83쪽) 〈3. 봄시름(원작: 金昌緒의 「春怨」)〉(85쪽) 〈4. 문매각(원작: 高靑邱의 「問梅閣」)〉(88쪽). 이 모두 김억의 번역시 형식이 빚어낸 효과이자, 그가 채 실현하지 못했던 국민문학의 이상이었음은 두말할 나위도 없다.

66) 일찍이 이하윤이 김억의 한시 번역으로의 경도를 두고 번역문학의 역사에서 예외적 사례라고 치부하고 말았던 것도 그러한 사정과 무관하지 않다고 보아야 한다 (異河潤, 앞의 글, 앞의 책, 같은 쪽).

抄譯)」을 연재하고(1943.7.28~8.31.), 일본 문인보국회(文人報國會)의 『애국백인일수(愛國百人一首)』 번역에 적임자로 호명되면서(1943.9~1944.3) 이미 좌절이 예고되어 있었던 것처럼 보인다.[67] 무엇보다도 이 「만엽집초역」과 『애국백인일수』의 번역인 『선역 애국백인일수(鮮譯 愛國百人一首)』 또한 김억이 와카 형식(5·7·5·7·7)을 초장(3·4·3·4)과 종장(3·5·4·3)만으로 이루어진 양장(兩章)시조의 형식으로 옮겼다는 점에서 그러하다. 김억이 『만엽집』 번역을 수락했을 때에는, 그 일이 일찍이 시도한 바 있던 『시경(詩經)』의 번역과 다를 바 없으며, 그 또한 동양의 마음을 향하는 도정의 하나라고 여겼을지도 모르겠다.[68] 그리고 진정 고전적 위의를 지니는 시란 시공간을 가로지르며 보편성을 지니는 정서, 시대와 지역의 차이에도 불구하고 호환 가능한 형식으로 이루어진다고 믿었는지도 모르겠다.

[67] 김억은 이 연재 이후 『鮮譯 愛國百人一首』(漢城圖書株式會社, 1944.8.15.)라는 제목으로 단행본 번역시집을 발표했다. 이 연재, 번역시집의 저본은 알려진 바와 같이 1943년 일본문학보국회(日本文學報國會)가 발표한 『定本愛国百人一首』(東京: 每日新聞社, 1943.3)이다. 김억은 「선역 애국백인일수』의 「卷頭小言」에서 이 연재와 번역시집 발표가 『반도의 빛(半島の光)』지의 오야마 모토아키(大山元章)의 권유, 『매일신보』의 이노우에 오사무(井上收)의 요청으로부터 비롯했다고 한다. 한편 이 번역시집에는 조선문인보국회 회장 야나베 나가사부로(矢鍋永三郞)의 「序」가 수록되어 있는데, 이 글에 따르면 김억이 야나베 나가사부로에게 직접 서문을 청했다고도 한다. 그런데 이 「序」에 뒤이어 수록된 「권두소언」에서 김억은 이 번역이 「만엽집초역」의 연재로 인한 '德(?) 罪(?)'라면서, 번역을 수락한 자신의 경솔함, 번역의 곤란함과 원고 독촉의 고민까지 토로하기도 했다(金岸曙, 「卷頭小言」, 『鮮譯 愛國百人一首』, 漢城圖書株式會社, 1944, 1~3쪽). 마치 자신의 역부족을 고백하는 듯한 이 「권두소언」은 김억이 번역시집의 서문마다 남긴 자기 과시를 역설적으로 드러내는 여느 겸사와 다를 바 없기도 하지만, 그 행간 도처에서 이 번역시집의 발표가 마치 자신의 의지와는 무관하게 이루어진 일이었음을 암시하기도 했다. 한편 일본문학보국회의 『애국백인일수』와 조선의 번역을 둘러싼 사정에 대해서는 다음의 서지를 참조하기 바란다. 권희주, 「'애국백인일수'와 번역되는 '일본정신」, 『아시아문화연구』 35, 가천대학교 아시아문화연구소, 2014.

[68] 金岸曙, 「詩經」, 『三千里』 8:4~12, 三千里社, 1936.6~12.

하지만 김억이 『선역 애국백인일수』를 발표하기에 이르러서는, 경위야 어찌 되었든 그 동양의 마음, 시조의 형식, 심지어 글쓰기로서 번역을 둘러싼 함의도 전혀 달라질 수밖에 없음은 두말할 나위도 없다. 1940년대 제국과 식민지 사이에서 김억의 번역은 제국의 미학의 정치화를 수행하는 지방어 글쓰기 차원으로 전락하게 되었기 때문이다.[69] 그 가운데에서도 김억이 『동심초』와 『꽃다발』에 뒤이어 『지나명시선』과 『야광주』, 『망우초』의 재판으로 치달았던 것은, 한시와 번역이야말로 그가 일찍이 언급한 바와 같이 전쟁과 정치에 휘둘리지 않고 시인으로서 자신의 개성을 지키는 피란처라고 여겼기 때문일 것이다.[70] 하지만 김억의 피란은 이미 늦었고, 그것으로 환기되는 효과 또한 무색해지고 만 감이 있다. 그래서 『동심초』와 『꽃다발』의 복고풍의 장책(粧冊)은[71] 당시 김억에게 한시의 번역이란 무엇이었던가를 상징적으로 드러내는 것처럼 보인다. 즉 김억은 이 의사(擬似)의 동양, 고전의 세계에 자신의 번역시를 새기고 중세 보편어 문학의 문자향(文字香)과 서권기(書

---

[69] 바로 이 점에서 김억이 『선역 애국백인일수』에서 조선어 노래 형식을 빈 와카의 번역이 황민화와 국어보급의 보조임을 자인했던 것은 주목할 만하다. 이러한 김억의 발화는 스스로도 밝힌 바와 같이 애초에 「만엽집초역」도 『매일신보』 부록인 '國語敎室'란에 수록되기도 했던 사정과 무관하지 않다고 보인다.(金岸曙, 「卷頭小言」, 앞의 책, 6쪽)

[70] 金岸曙, 「緊急討議 朝鮮文壇에 파시즘文學이 서지겠는가: 나는 내 조와하는 콧노래나」, 앞의 책, 같은 쪽.

[71] 이를테면 『동심초』는 외부에는 옅은 압인(押印)의 황갈색 표지 바탕에 백색 표제지, 4침(針) 선장(線裝)과 상하 각포(角布)로 꾸몄고, 내부에는 중첩한 유계(有界)의 내지에 사주쌍변(四周雙邊)을 두르고 판심(版心)에는 상하 내향(內向)의 쌍어미(雙魚尾)와 판심제까지 넣었다. 그런가 하면 『꽃다발』의 외부도 『동심초』와 마찬가지로 꾸몄으나, 압인이 없는 황갈색 표지에 더 짙은 색의 표제지, 4침 선장과 상하 각포로 꾸몄다.(열화당 한국근대서적 복간총서로 간행된 『꽃다발』은 백색 표제지, 오침 선장으로 장책했으나 이것은 원본과 다르다) 또한 내부에는 무계(無界)의 내지에 상하쌍변 좌우단변의 반곽을 두르고 판심에는 상내향의 단(單)어미와 판심제까지 넣었다.

卷氣) 속에서 작가로서의 최소한의 입지를 마련하고자 했던 셈이다.

이 의사의 동양, 고전으로의 피란을 둘러싼 사정은 비단 김억만이 아니라『지나명시선』을 함께 꾸렸던 박종화나 양주동 또한 마찬가지였다고 해도 과언이 아니다. 특히『지나명시선』제2집에「시경초(詩經抄)」를 수록했던 양주동의 경우, 김억과 비슷한 시기에 국민문학과 시가 개량의 이상을 함께 했을 뿐만 아니라, 창작을 통해 온전히 짚어내지 못했던 조선의 맥박을『조선고가연구(朝鮮古歌研究)』(博文書館, 1942)를 통해 탐색하고자 했던 것은 주지의 사실이다. 그렇다면 김억의『동심초』와 『꽃다발』은 비단 김억 개인의 차원을 넘어서서 1940년대 식민지 조선의 근대문학이 폐색기를 맞이했을 때, 일찍이 그것을 상상하고 추동했던 세대 문학인들이 한편으로는 그 시대와 대면하고 그 시대에 적응하면서, 다른 한편으로는 영락해 갔던 파노라마적 풍경을 이해하는 시금석이라고 하겠다. 그리고『동심초』와『꽃다발』로 대표되는 두 번째 한시 번역 시대의 김억을 둘러싼 사정은, 근대기 동아시아에서 중세 보편어 문학의 전유를 둘러싼 함의를 다시 조망하는 계기를 제공한다.

김억이『선역 애국백인일수』를 발표하는 가운데에도 사토 하루오를 의식하고 있었는지는 분명히 알기 어려우나, 중일전쟁 이후 사토 하루오는『전선시집(戰線詩集)』(新潮社, 1939),『대동아전쟁(大東亞戰爭)』(龍吟社, 1943),『봉공시집(奉公詩集)』(千歳書房, 1944) 등 허다한 창작시집을 발표하면서 전쟁 협력으로 나아갔다. 비록 두 시인, 번역가의 편력이 일치하지 않으나, 적어도 한시 번역과 자국의 전래 문학 유산으로의 침잠을 통해 창작의 저미로부터 벗어나고자 했던 점, 그 가운데에서 동양인의 보편적 심성을 탐색하고 있던 점, 이후 제국의 미학의 정치화에 앞장섰던 점에서는 공교롭게도 서로 일치한다.[72] 더구나 종전과 해방 이후 김억과 사토 하루오 모두 끝내 망명지로 선택한 것이 한시 번역이었을 뿐만 아니라, 전쟁 이전의 번역을 가다듬는 데에 골몰했던 점마저도 그러하다.[73] 이러한 사정만 두고 보더라도 김억의 한시 번역, 고전으로의 피란, 혹은 망명은 여전히 문제적인 사건이라고 하겠다.

---

72) 사토 하루오의 전쟁 협력과 관련하여 일본근대문학연구에서 괄목할 만한 논변이 이루어진 바는 없다. 그나마 조심스럽게 사토 하루오가 중국문학에 경도했던 계기가 창작의 저미였던 사정, 그 가운데 동양적 정신에 심취해 있었던 사정을 거론한 다음의 서지는 일독할 만하다. 大内秋子,「佐藤春夫と支那文學」,『日本文學』37, 東京: 東京女子大學, 1971.

73) 사토 하루오는 종전 이후『玉笛譜』(東京出版, 1948)라는 한시 번역시집을 발표했거니와, 그러한 그의 편력을 두고 '문학적 망명'이라고 명명한 다음의 서지는 주목에 값한다. 鄕原 宏,「佐藤春夫: 文學的亡命者の憂鬱」,『詩學』30:10, 東京: 詩學社, 1947.

한국근대문학사와
'정치소설'의 번역(불)가능성

- 카사노바의 세계문학론과
임화의 『개설신문학사』 겹쳐 읽기

윤영실

한국근대문학사와 '정치소설'의 번역(불)가능성
- 카사노바의 세계문학론과 임화의 『개설신문학사』 겹쳐 읽기

I. '번역된 근대'와 '정치소설'의 번역(불)가능성

　최근 10여 년간 한국 근대문학 연구에서 '번역'이 가장 중요한 분야 내지 방법이 되었다는 점은 이론의 여지가 없다. 번역 연구의 팽창은 내적으로 한국문학의 자국중심주의 내지 민족주의를 극복하기 위한 비판적 성찰의 귀결이자, 외적으로는 근대적 개념, 담론, 텍스트, 제도들의 동아시아적, 세계적 순환에 대한 확장된 인식의 성과였다. '번역된 근대'라는 명제는 문학 연구 분야를 넘어, 근대의 내발론(내재적 발전론)과 외발론(이식론)의 이분법적 공전을 극복하고 '한국'과 '세계'를 새로운 관계성으로 사유하려는 인문학 전반의 화두이기도 하다. 그 화두는 근대를 일국사적 관점을 넘어 세계사적 차원에서 조망하되, 근대가 번역되는 각각의 '장소'에서 빚어지는 차이와 변용, 독특성(singularity)에 주목한다는 일종의 태도로 수렴되어 가는 듯하다.

이 글은 한국근대문학사에서 '정치소설'의 자리를 물음으로써 이러한 화두에 나름의 방식으로 응답하고자 한다. 왜 정치소설인가? 정치소설은 봉건적 통치체제가 동요하며 '인민'을 새로운 정치의 주체이자 통치의 대상으로 호명해야 했던 세계 질서의 근대적 전환기에 지구 곳곳에 '보편적'으로 나타났던 세계문학적 현상이다. '정치소설'의 개념, 범주, 텍스트가 번역되고 변용되는 양상은 세계체제와 국민국가 시스템으로 분절되고 위계화된 식민지 근대세계의 장소적 차이들과 직접 관련된다. '정치소설'은 '현실' 자체가 서사적으로 구성된 것이라는 의미에서 '정치'와 '문학'의 근본적인 관련성을 잘 보여주는 흥미로운 소재이기도 하다. 이 글에서는 먼저 한국 근대문학사 서술에서 '정치소설' 개념의 독특성을 규명함으로써, "중국에서 일본으로, 일본에서 중국으로 '문학'이 환류"[1]하는 양상에 초점을 맞췄던 동아시아 문학 연구의 결락 지점을 조명해볼 수 있을 것이다. 동아시아란 서양과 동양, 전통과 근대가 교차하고 충돌하던 공통의 장이자 문맥인 동시에, 그 자체 내에서 제국과 반식민지, 식민지의 위계적 문턱들이 작동하던 차이의 장이기도 하기 때문이다.

가까운 일본이나 중국과 비교해도 구한말 한국의 소설계에서 정치소설이란 그리 널리 통용되는 명칭이 아니었다. 그럼에도 불구하고 근대계몽기 일련의 '소설'들이 (신소설, 역사전기소설, 우화 및 풍자를 막론하고) "소설 자체의 독자성이나 예술성"보다는 "소설의 정치적, 사회

---

1) 사이토 마레시, 노혜경 옮김, 『한문맥의 근대: 청말 메이지의 문화권』, 소명출판, 2018, 181쪽.

적 효용"[2]을 강조하고 있다는 점은 일반적으로 인정되고 있다. 이런 점에서 '정치소설' 관념은 근대계몽기 일련의 '소설'들에 비가시적 형태로나마 강력하게 작동하고 있었던 셈이다. 더욱이 '정치소설'이라는 현상 자체가 전지구적 번역 연쇄의 흐름 위에 있음을 감안한다면, 한국의 근대전환기 문학에서 '정치소설'의 '부재' 내지 '비가시성'은 그 자체로 탐구의 대상이 될 만하다.

그런데 임화의 『개설신문학사』는 '과도기의 신문학'을 논하면서 대한제국기 일련의 '정치적' 서사들을 '정치소설'로 명명하고, 이를 이인직 등의 '신소설'과 병존하던 과도기적 장르로 설정하고 있다. 임화는 왜 이 시점에서 '정치소설'을 한국 '신문학사'의 한 단락으로 새삼 부각시키고 있는 것일까. 나아가 '정치소설'이 새로움 일반을 일컫는 '신소설'의 한 경향 정도를 일컫는 용어였던 일본이나 중국과는 달리, 왜 조선에서는 유독 '정치소설'과 '신소설'이 병립하고 '경쟁'하는 서사들로 자리매김되었을까. 더욱이 이인직에 대한 최근의 연구들이 좀 더 상세하게 밝히고 있는 것처럼 메이지 일본 정치소설에 가장 직접적이고 강한 영향을 받았던 것이 이인직이라는 점을 고려할 때, 이인직의 소설들을 굳이 '정치소설'에서 배제하여 '신소설'로 분류한 것은 어떤 의미를 지니는 것일까.

본고는 이런 질문들에 답하기 위해 다음의 순서로 논의를 전개해갈 것이다. 먼저 Ⅱ장에서는 한국문학사에서 '정치소설'이라는 개념의 용법들을 검토하면서 그 부재 내지 '결여'의 현상을 실증적으로 규명한다.

---

[2] 이재선, 『한국개화기소설연구』, 일조각, 1972, 156쪽; 한편 김윤식은 '이념성'과 '흥미성'의 길항관계로 '개화공간'의 서사양식들을 분석하면서, '문답체'(토론체, 왈체) 서사들과 이인직의 「혈의 누」의 정치적, '정치소설적' 성격을 논한 바 있다. 김윤식·정호웅, 『한국소설사』(개정증보판), 문학동네, 2000, 15~66쪽.

Ⅲ장에서는 임화의『개설신문학사』의 논리 구조를 파스칼 카사노바의 세계문학론과 이를 둘러싼 오늘날의 논쟁들에 비추어 재해석함으로써, 임화의 신문학사가 지닌 탈식민적 기획들을 분석한다. Ⅳ장에서는 임화의『개설신문학사』에 나온 '정치소설'과 '신소설'의 양식적 구분을 재검토하면서, 식민지 근대의 조건 속에서 임화의 문학사 서술의 기획이 어떻게 굴절되어 갔는가를 살펴본다.

Ⅱ. 세계문학 장(場)의 번역 연쇄와 한국 '정치소설'의 비가시성

'정치소설'을 어떻게 정의할 것인지, '정치소설'이 하나의 뚜렷한 '장르'로 성립할 수 있는지에 대해서는 여전히 논란의 여지가 있다. 정치소설은 근대 이전의 서사(동아시아 서사 전통과 서양의 narrative 전통을 마론하고)나 근대문학 내부의 어떤 형식적 장르와도 말끔하게 일치하지 않으며, 그것이 포괄하는 내적 이질성 때문에 과연 하나의 형식적 장르로서 성립하기 어려운 것이 사실이다. 그러나 '정치소설' 내지 political novel로 지칭되었던 소설들이 통치/정치 질서의 근대적 대전환을 맞고 있던 세계 곳곳에서 폭넓게 관찰된다는 점 역시 무시하지 못할 현상이다. 이러한 현상들이야말로 근대소설이 정치와 맺고 있는 내재적이지만 간접적인 관계, 혹은 문학의 '정치성'에 대한 일반적 논의와는 다른 차원에서, 정치소설 특유의 장르적 특성을 물을 수 있는 까닭이다. 요컨대, '정치'와 '소설'이 직접적, 무매개적으로 연결되었던 특정한 시공간성의 특정한 사유 및 글쓰기를 포괄하는 이름으로서, '정치소설'은 여전히 유효한 설명 범주가 될 수 있을 것이다. '인민(people)'이 봉건적 통치 질서에서 벗어나 정치적 주체로 부각되는 동시에 입헌적, 대의적(代議的) 통치의 대상으로 재코드화되었던 복잡한 변동 과정에서, '소설(novel)'은 '인민'을 향해, 혹은 '인민'을 대표해서 발화하는 다양한 정치/통치 세력들의 유력한 글쓰기 양식으로 선택되었다. 이런 맥락에서 '정치소설'은 삶과 세계에 대한 '사회적 상상' 내지 '상징적 현실' 전체가 새롭게 구성되어야 했던 근대전환기에 '인민(people)'을 새로운 정치의 주체이자 통치의 대상으로 호명하고자 했던 사유와 글쓰기의 형식으로 자리매김될 수 있다.[3]

넓은 의미의 '정치소설'은 영국에 정당정치가 도입되었던 17세기 후반부터 시작되어 19세기 중후반 의회정치 확립 및 선거권 확대와 맞물려 번성했다. 나아가 디즈레일리가 정계(政界)를 배경으로 한 일련의 소설들을 발표하며 정치인이자 소설가로 대성공을 거두었을 때, '정치소설'이 하나의 뚜렷한 장르로 부각되었다. 스피어(Morris Edmund Speare)[4]의 고전적인 정치소설 연구는 디즈레일리를 중점적으로 분석하면서, 정치소설이란 정계(정부, 의회 정치인 등)를 배경으로 삼아 '감정'보다는 정치적 이념과 사상을 표방하는 서사들이라고 정의했다. 스피어의 정치소설 정의는 메이지기 정치소설에 대한 방대한 연구서를 펴낸 야나기다 이

---

[3] '정치소설'의 개념 규정은 영미권의 political novel 용법, 일본이나 중국 政治小說과의 비교를 통해 좀 더 면밀하게 뒷받침되어야겠지만, 상세한 내용은 별고를 통해 논하고 여기서는 대략의 개요만 요약하도록 한다. '정치소설' 개념의 번역 연쇄는 다음 논문들에서도 일부 다룬 바 있다. 졸고, 「동아시아 정치소설의 한 양상 - 『서사건국지』 번역을 중심으로」, 『상허학보』 31, 상허학회, 2011, 13~49쪽; 졸고, 「근대계몽기 역사적 서사(역사/소설)의 사실, 허구, 진리」, 『한국현대문학연구』 34, 한국현대문학회, 2011, 61~103쪽.

[4] Morris Edmund Speare, *The Political Novel*, London: Oxford Uni. Press, 1924.

즈미(柳田泉) 등에게 참조되었고, 임화의『개설신문학사』에도 이어지고 있다. 그러나 정작 야나기다 이즈미나 임화가 '정치소설'로 범주화한 서사들이 반드시 스피어의 정의에 부합했던 것은 아니다. 실제로는 각 국의 특수한 '정치'적 상황에 따라 다양한 양태의 '정치적' 서사들이 생성되었고, 이후의 문학사 기술에서도 각국의 상황에 따라 상이한 선별과 분류가 이뤄졌다.

'정치소설'은 각국의 대외적, 대내적 상황과 맞물려 다양하게 발현되었지만, 서사적 상상을 통한 '네이션'의 기획에 직접 연루되어 있었다는 점에서 일정한 공통점을 지닌다. 예컨대, 디즈레일리의 정치소설은 산업화 과정에서 초래된 극심한 계급 갈등을 제국주의적인 대외팽창으로 통합하고자 했던 대영제국의 네이션 기획을 담고 있다.[5] 도카이 산시(東海散士)의 정치소설『가인지기우』(佳人之奇偶)는 서양 열강의 침략에 대항한 아시아 연대로 확장된 네이션 관념이 어떻게 일본 중심의 침략주의로 변질되어 갔는가를 선명하게 드러낸다.[6] 만청(晩淸)시기의 양계초는『가인지기우』번역과 함께 '정치소설' 개념을 중국에 도입했고,[7]

---

[5] 영어권 문학의 political novel에 대해서는 Irving Howe, *Politics and the Novel*, N.Y.: New American Library, 1957. (김재성 옮김, 『소설의 정치학』, 화다, 1988); Sharon M.Harris et als, *Redefining the Political Novel: American Women Writers 1791-1901*, Knoxville: University of Tennessee Press, 1995; Rachel Carnell, *Partisan Politics, Narrative Realism, and the Rise of the British Novel*, N.Y.: Palgrave, 2006 등 참조.

[6] 노연숙, 「20세기 초 한중일 정치서사와 근대의 정치적 상상 - 한중일에 통용된 시바시로의 텍스트를 중심으로」, 『한국현대문학연구』 33, 한국현대문학회, 2011, 35~64쪽; 백지운, 「연대와 적대:『가인지기우』의 아시아 인식의 이율배반」, 『일본학보』 106, 한국일본학회, 2016, 145~164쪽; 표세만, 「도카이 산시『가인지기우』의 조선 인식 - 사소설적 가능성과 관련하여」, 『일본어문학』 75, 일본어문학회, 2017, 343~362쪽.

[7] 梁啓超, 이종민 옮김, 『신중국미래기』, 산지니, 2016; 梁啓超, 「中國唯一之文學報〈新小說〉」, 『二十世紀中國小說理論資料』 1卷, 陳平原, 夏曉虹 編, 北京: 北京大學出版部, 1997, 59~61쪽; 梁啓超, 「譯印政治小說序」, 『飲氷室文集 之三』, 34~35쪽 (『飲氷室合集』 1冊, 中華書局, 2003).

『신중국미래기』라는 정치소설을 창작하기도 했다.8) 양계초의 정치소설론에 영향을 받은 만청시대의 수많은 정치소설들은 반제·반봉건이라는 대내외적 과제가 맞물려 다양한 네이션 기획들(대민족주의, 소민족주의)이 경합했던 중국의 상황을 반영하고 있다.

정치소설을 이처럼 근대전환기 특유의 역사적 장르로 설정할 때, 세계문학의 번역연쇄와 공통성 안에서 한국의 정치소설이 갖는 특이성을 물을 수 있게 된다. 그런데 가까운 일본이나 중국과 비교해도 구한말 한국의 소설계에서 '정치소설'이란 그리 널리 통용되는 명칭이 아니었다. 메이지 일본에서 '정치소설'이라는 표제를 달고 나온 소설들이 수백 편에 이르고,9) 만청시대(1898-1911) 중국에서 창작되거나 번역된 정치소설도 1천 편을 상회하는 것에 비해,10) 대한제국기에 '정치소설'이라는 표제를 달고 출간되었던 작품은 한 손에 꼽을 정도였다. 『서사건국지』는 역술자인 박은식의 「서」와 단행본 단독 광고, 출판사 발행서적 목록 광고에서 일관되게 '정치소설'임을 표방하고 있었다.11) 『애국정신』의 경우 『조양보』 연재시나 국문본 서적 광고에서는 '정치소설'이

---

8) 남민수, 「청말의 정치사상과 미래소설」, 『중국어문논역총간』 6, 중국어문논역학회, 2000; 오순방, 「비소설가의 소설개혁운동 - 양계초와 임서를 중심으로」, 『중국어문논역총간』 12, 중국어문논역학회, 2004; 이현복, 「청말 양계초 소설에서의 문학적 상상과 의미 - 『신중국미래기』를 중심으로」, 『중국학논총』 43, 고려대 중국학연구소, 2013.

9) 柳田泉, 『政治小說研究』 上·中·下, 東京: 春秋社, 1935.

10) 문무일, 「한중 정치소설의 발전양상에 대한 일고찰」, 『중국학연구』 68, 중국학연구회, 2014, 115쪽.

11) 「瑞士建國誌譯述序」, 『대한매일신보』, 1907.2.8.에서 "支那학가 政治小說의 瑞士建國誌一冊을 得ᄒᆞ니"; (광고)서사건국지」, 『대한매일신보』, 1907.9.4. "此冊은 政治小說이니 志士의 救國救民ᄒᆞᄂᆞ 思想과 人民의 愛國心을 養成ᄒᆞᄂᆞ대 緊要ᄒᆞᆫ 冊子오"; 「新刊書籍發售廣告」, 『대한매일신보』, 1907.10.26. 중 "政治小說瑞士建國誌 拾五錢".

라는 용어를 쓰지 않다가 1908년 『황성신문』에 국한문판 단독 광고가
나갈 때부터 "정치소설 애국정신"이라는 표제를 붙이고 있다.[12] 스에히
로 뎃쵸(末廣鐵腸)의 『설중매(雪中梅)』를 번안한 구연학의 『설중매』는 광
고에 '정치소설 설중매'라고 명기되어 있다.[13] 반면 『설중매』와 함께
일본 3대 '정치소설'로 꼽히는 『경국미담』의 번안(현공렴)은 별다른 표제
가 없다가 1909년부터 「와유금강」(臥遊金剛), 「이충무공실기」(李忠武公實紀)
와 함께 '신소설'로 묶여 광고되었다.[14] 『귀의 성』 하권에 실린 중앙서
관판 신소설 목록에서 『정치소설 비밀세계』[15]라는 제목이 보이나 실
물을 확인할 길이 없다. 한편 1908년 6월에 연속 게재된 한 광고에서는
'정치소설 혈루 하편', '정치소설 은세계'라는 표제가 보이지만, 지금까
지 별로 논의된 바가 없다.[16]

---

12) 「新書發售廣告」, 『황성신문』, 1906.10.29; 「新學問各種書籍을 自上海等地로」, 『황성
  신문』, 1906.10.29; 광고 「이국정신담」, 『대한매일신보』, 1908.1.30; 광고 「國文愛國
  精神談」, 『대한매일신보』, 1908.2.21; 「大發賣廣告」, 『황성신문』, 1910.4.9. 등은 모
  두 '정치소설'이라는 표제를 사용하지 않고 있다.; 반면 광고 「政治小說 愛國精神」,
  『황성신문』, 1908.1.11. 이래 연속되는 국한문판 광고에서는 '정치소설'이라는 용어
  가 보인다. 『애국정신』의 번역 연구로는 손성준, 「수신과 애국-『조양보』와 『서우』
  의 「애국정신담」 번역」, 『비교문학』 69, 한국비교문학회, 2016, 165~198쪽.
13) 「最新刊書籍廣告」, 『대한매일신보』, 1908.10.2; 「特別廣告-발售書籍中概要」, 『대한
  매일신보』, 1910.7.3. "政治小說雪中梅 一册二拾錢"
14) 광고 「經國美談」, 『황성신문』, 1908.10.1; 「本書館에서 發行及元賣ᄒᄂᆫ 書籍은」,
  『황성신문』, 1909.8.19. "新小說臥遊金剛 一册 定價 十八錢/ 同李忠武公實紀 一册
  定價 廿五錢/ 同經國美談 一册 定價 四十錢"
15) 「신소설출판광고-중앙서관」, 『귀의 성 하편』, 중앙서관, 1908.7.25. 한편 『귀의 성』
  하권 앞뒤에 실린 서적 광고에는 '정치소설 비밀세계', '정치소설 설중매', '정치소설
  애국정신' 광고가 모두 들어 있다.
16) 「初等大東歷史|初等小學修身書|新撰尺牘完編」, 『대한매일신보』, 1908.6.13-6.19; 이
  광고를 실마리 삼아 이인직 소설들의 '정치성'을 재해석한 연구로 졸고, 「『은세계』
  의 정치성과 인민의 '대표/재현'이라는 문제」, 『구보학보』 24, 구보학회, 2020.

① 번역소설 중에 혁명에 관계된 것은 사람들이 앞다퉈 보고 입통지사여
(立通智斯黎) 등의 정치소설이 또한 현세에 성행하니...17)

② 무릇 소설이란 사람을 감화시키기 가장 쉽고 사람의 마음에 가장 깊
이 들어갈 수 있기에 풍속, 계급과 교화 정도에 상관이 없다. 그런 까
닭에 태서 철학자가 말하되 그 나라에 들어가 그 소설에 어떤 종류가
성행하는지 물으면 그 나라의 인심풍속과 정치사상이 어떠한지를 엿
볼 수 있으리라 하였으니...(중략)...마침 지나 학자 정치소설의『서사
건국지』한 편을 얻으니 며칠 만에 다 읽고 병을 다 잊을 만하더라.18)

③ 요즘 평안북도 여러 군에서 모씨가 새로 저술한 정치소설 300질이 발
간되어서 일반 인민의 애국사상이 일치 분발하여 가사(家私)을 잊고
공익사업에 전력하기로 결심하였더니 무릇 서적이 민지(民智)를 개발
함이 이와 같이 빠른지라.19)

근대계몽기의 비평이나 논설에서도 '정치소설'이라는 용어는 활발히
사용되지 않았다. 메이지 일본의 유신사(維新史)를 다룬 1906년 글(①)에
서 정치소설이 잠깐 언급된 적이 있었으나, 아직까지 일본 정치소설론
을 본격적으로 수용한 흔적은 보이지 않는다. 잘 알려진 것처럼 한국

---

17)「日本維新三十年史」,『황성신문』, 1906.5.9.『황성신문』에 연재(1906.4.30~12.31)
된 이 글은 일본의「明治三十年史」(岸上操 編,『奠都三十年』, 博文館, 1898)의 중
국어 번역서『日本維新三十年史』(博文館 編, 廣智書局 譯, 上海, 1903)를 저본으로
중역한 것이다. 서지에 대한 개략적 설명은 이예안,「문헌해제: 다카야마 린지로
(高山林次郎) 외 11명, 일본유신 30년사(日本維新三十年史)」,『개념과 소통』15, 한
림과학원, 2015.6 참조. 본문의 立通智斯黎은 중국본에도 그대로 나오며 인명임을
알리는 옆줄 표시가 있으나 누구를 지칭하는지는 미상이다. 이하 인용문들은 가급
적 현대어로 번역하여 인용하였다.

18) 謙谷生,「瑞士建國誌譯述序」,『대한매일신보』, 1907.2.8.

19)「書籍의 効力」,『황성신문』, 1908.2.22.

에서 전개된 가장 본격적인 '정치소설론'은 「서사건국지 역술 서」(瑞士建國誌譯述序)(②)였다. 역술자인 박은식의 번역 저본은 중국 정철(鄭哲)의 『서사건국지』(瑞士建國誌)로 알려져 있다. 정철은 1899년 동경에서 양계초가 창설한 고등대동학교(高等大同學校) 1기생으로 입학했고, 졸업후 양계초가 주재하는 『청의보』(淸議報)사에 근무했다. 『서사건국지』(1902)는 정철이 양계초, 강유위와 결별하고 혁명파로 전환한 뒤에 썼던 것으로, 양계초의 대민족주의와는 달리 배만한족(排滿漢族) 민족주의를 강력히 표방하고 있다.[20] '정치소설'이 중국 '네이션'의 창출을 둘러싼 각 정파들의 길항에 효과적인 수단으로 활용되었던 것이다. 인용한 박은식의 「서사건국지역술 서」는 중국본의 서문들을 발췌한 것으로 한국의 '정치소설' 개념 역시 한국→중국→일본→서양으로 소급되는 연속적인 번역연쇄 위에 놓여있음을 보여준다.[21] 신채호의 소설개량론이 양계초 정치소설론의 영향을 받았다는 것도 주지의 사실이다. 그럼에도 불구하고 어떤 이유 때문인지 한국에서 정치소설이라는 용어 자체는 극히 드물게만 사용되었다. 정치소설임을 직접 표방한 서사는 서너 종 정도이고, 논설과 비평에서의 정치소설 지칭도 대개 이 작품들에 대한 직접적인 언급에 한정되었다. ③에서 「서적의 효력」을 논하면서 사례로 든 정치소설도 시기상 국한문판 『애국정신』을 가리키는 것으로 보인다. 이후 한국 근대소설은 '정치' 공간 자체가 폐색된 식민지 치하에서 본격적으로 전개되었고, 식민지기 비평에서도 정치소설은 매우 드물게 언급될 뿐이었다.

---

[20] 서여명, 「한중 『서사건국지』에 대한 비교 고찰」, 『민족문학사연구』 35, 민족문학사학회, 2007.
[21] 졸고, 「동아시아 정치소설의 한 양상 - 『서사건국지』 번역을 중심으로」, 『상허학보』 31, 상허학회, 2011 참조.

④ 현대소설의 배경 설정의 특색은 일반적이 아니고 국부적이며 보편적이 아니고 특수적인 경향이 현저하니 즉 배경을 널리 사회 일반의 광경에서 취하는 것이 아니라 극히 협소한 작은 부분에서 취하는 것과 한 시대의 일반 상태에서 구하지 않고 한 시기의 짧은 시간에서 묘사하려고 하는 것이다. 예를 들면 하층사회의 사건만 묘사하는 것이요, 하층사회에서도 일반이 아니라 특히 노동자 계급이면 노동자만 묘사하는 것이요, 시기로도 1년 내의 일보다 1개월의 일, 1개월의 일보다는 1일의 일과 같이 아무쪼록 협소하고 특수한 경우를 묘사하려는 경향이다. 그러므로 현대의 소설에는 자연히 여러 가지 종류가 있으니 가령 상류소설, 중류소설, 하류소설, 실업소설, 해사소설, 군사소설, 정치소설, 소년소설, 소녀소설 등 일일이 들어 말하기 어려울 정도다.[22]

⑤ 그는 그렇다 하고 대관절 문예운동이 정치적 방면으로 방향전환을 한다 함은 무슨 뜻인가. 과문한 나는 진실로 해석하기에 괴롭다. 시와 소설을 모조리 정치가(政治歌) 정치소설로 하라는 말인가. 그렇지 않으면 정치운동의 강령과 선언류를 시나 소설에다가 그대로 등사(謄寫)하란 말인가. 작중에 나오는 인물을 모조리 정치운동자로 하여 대화를 시국토론으로 하고 여주인공은 미인국중(美人局中)의 외교자(外交者)로 묘사하란 말인가. 대체 이론만 떠들어 놓았지 실제의 작품이 없으니 우리 따위는 모방할 수도 없고 해설할 수도 없다.

만일 그것이 단순한 정치의식을 환기하는 종류의 작품일 것 같으면 구태여 새삼스럽게 "방향전환"이니 떠들 필요도 없을 듯하다. 경제적으로 정치적으로 피압박적 지위에 있는 조선민족의 참담한 현상을 해부 비판하여 그 예리한 묘사로써 독자의 의분을 끄는 종류의 문학이면 방향전환이 어떻게 문예에 적용되는지 모르는 약부(若夫) 나라도 이미 통찰하고 수긍하고 있는 것이다.[23]

22) 曉鐘, 『小說槪要(續)』, 『개벽』, 1920.7.25.

한국 최초의 본격적인 근대소설론으로 평가되는 현철(玄哲)의 「소설개요」(④)는 소설의 5성분(成分)을 사건과 '마련'(플롯을 지칭-인용자), 인물, 배경, 문체, 세계관으로 열거한 후, 현대소설의 배경은 일반적, 보편적이 아니라 국부적, 특수적인 특색을 지닌다고 소개한다. 사회나 계층의 일면을 보다 상세하게 묘파하는 현대소설의 경향으로 인해 "실업소설, 해사소설, 군사소설, 정치소설, 소년소설.." 등 다종다양한 배경을 지닌 소설들로 분화되었다는 것이다. 여기서 '정치소설'의 의미는 근대소설의 소재 분류 중 하나로 축소된다. 반면 신경향파 문학의 대두와 함께 문예운동의 '정치적 방향전환'이 주창되던 1927년 무렵의 글인 ⑤는 모든 문학이 그 자체로 정치적이라는 점에서 '정치소설'이라는 특수한 명칭의 무용성을 주장하고 있다. 사실 이들은 정치소설 내지 political novel이라는 장르의 무용성을 주장할 때 일반적으로 거론되는 두 가지 경향성이다. 한편에서는 소재나 주제상 정치 현실을 다루거나 비판하는 소설이라는 범박한 정의만으로는 정치소설이 하나의 장르적 요건을 갖췄다고 보기 어렵다고 비판한다. 다른 한편에서는 모든 문학이 그 자체로 정치적이라는 원론적 입장에서 정치소설이라는 범주를 따로 설정함이 불필요하다고 주장한다. 어느 쪽이든 이미 '문학'과 '정치'의 근대적 분할 위에서 논의를 전개하고 있다는 점에서 근대전환기의 특수한 역사적 현상인 정치소설을 설명하기 어렵다.

정치소설이 근대문학의 요건들에 잘 부합하지 않는다는 점이야말로, 후대의 문학사에서 정치소설이 주변화 되거나 삭제되는 원인이 되기도 했다. 그 결과 근대전환기를 다룬 한국 문학사 기술에서도 정치소설은

23) 「녀자의 생산능력」, 『동아일보』, 1927.12.5.

뚜렷한 범주로 자리잡지 못했다. 안확의『조선문학사』는「신학(新學)과 신소설」이라는 항목에서『법란서전사』,『보법전기』,『서사건국지』,『월남망국사』등의 '역사소설',『이태리건국삼걸전』,『을지문덕』,『최도통전』,『독사신론』등 신채호의 저술과 나란히 이인직의 소설들을 다루고 있다. 안확은 앞의 소설들이 대개 "정치 급(及) 민족사상에 집중"되어 "문학의 면목(面目)"은 여전히 "한적(漢籍)의 구투(舊套)"를 벗지 못했던 반면, "신문학의 문을 개(開)한 자"는 이인직의 소설들이라고 평가한다. 이인직 소설의 '신문학'적 특성으로는 "권징주의"의 탈피, "인정(人情)"을 주(主)로 함, "심리상태를 사(寫)함이 극히 정묘"함을 들고 있다.[24]

김태준의『조선소설사』도「계몽운동시대의 문학」에서 신문, 잡지 발간과 더불어『천로역정』,『검둥의 설움』등의 서양문학 번역과『서유견문』,『포와유람기』,『보법전기』,『월남망국사』,『금수회의록』및 신채호의 '역사소설'들을 열거하면서, 이들을 통틀어 "융성한 정치사상과 국가관념을 반영한 시대적 산물"이라고 평가한다. 한편 "이때까지는 시사(時事)를 개탄하는 정치언론을 중요시하고 순문학 같은 것은 아주 우습게 여"겼던 것에 비해, 이인직의 소설들이야말로 "문학운동의 선구"가 되었다고 고평했다.『만세보』기자,『대한신문』사장, 경학원 사성(司成)까지 하였으나 "정치생활에 득의치 못한" 이인직이 "문예생활에 분투"하여,『혈의 누』,『치악산』,『귀의 성』등의 신소설을 지었다는 것이다. 이인직의 소설들은 "우화나 신비적 전설이 아"니라 "갑오경장 당시의 조선사회를 여실히 보여"준 점, "사실적"이되 "뜨거운 열정과 엄숙한 비판"을 함유한 점, "어문일치의 신문체"를 이룬 점에서 "조선소설의

---

24) 안확,『조선문학사』, 한일서점, 1922, 124~125쪽. 안확의 원저에는 작품명에 몇 가지 오류가 있기에 고쳐서 인용했다.

시조"로 평가된다.[25]

신소설 중심의 문학사 서술은 근대문학이 하나의 선험적 규정으로 자리잡은 후대로 갈수록 더욱 강화되는 경향을 보인다. 백철의 『신문학사조사』는 개화기 서사들을 모두 '신소설'로 통칭하면서, 사전류(史傳類)의 정치적 서사들을 완전히 배제하고 있다. 『설중매』, 『서사건국지』 같은 일본 정치소설의 번안물을 포함시키되, 『이순신전』, 『월남망국사』 등을 배제하는 문학사 기술의 이면에는 '근대소설'이란 무엇보다 '허구성'을 골자로 삼는다는 문학관이 작동하고 있었다. 신소설이 여러 미흡한 점에도 불구하고 "근대적인 신문학에 대한 준비"로서 "문학사적 위치"(71면)를 인정받는 데는 "근대소설의 골자의 하나인 문학의 허구성을 신소설의 작가들이 이해"(48면)[26]하고 있다는 점이 크게 작용했다.

조연현의 『한국현대문학사』 역시 근대계몽기 서사들을 통틀어 '신소설'로 지칭하는 한편, 이를 '국문전용'과 '국한문혼용' 문체로 나누어, 전자에만 "한국근대소설의 효시"라는 지위를 부여하고 있다. 이런 구도에는 '국문'이라는 근대적 문체의식과 더불어 '국한문혼용 신소설'들이 대개 번안물인 것에 비해 '국문전용' 신소설들은 창작이 대부분이라는 근대적 저작 개념도 작동하고 있다.[27]

---

25) 김태준, 『조선소설사』, 7편 2장 1-2절, 이주영 교정, 필맥, 2017. 『조선소설사』는 1930년 『동아일보』(1930.10.31-1931.2.25.)에 연재된 후 1933년 청진서관에서 단행본으로 출간되었다. 인용은 1939년 학예사판 『증보 조선소설사』를 저본으로 하고 청진서관판을 대조본으로 삼아 교열, 교정한 현대어본을 참조했다.

26) 백철, 『신문학사조사』, 신구문화사, 1980. 인용한 백철의 『신문학사조사』는 1947년에 출간된 상권과 1948년에 출간된 하권을 합본하여 1980년에 중간한 판본이다. 저자는 중간본이 "프롤레타리아 문학 부분에서 약간의 첨삭을 한 것과 해방 직후의 개관 부분에 보증(補增)을 했을 따름"(「신문학사조사를 다시 내면서」)이며 앞선 판본과 거의 다르지 않다고 밝히고 있다.

27) 조연현, 『한국현대문학사』, 성문각, 1957, 51~55쪽.

이처럼 '근대소설'의 선험적 요건들을 잣대로 삼아 근대문학사에서 '정치소설'을 배제하거나 주변화한 것은 한국만의 현상은 아니다. 일본에서도 문학사 기술에서 쓰보우치 쇼요의『소설신수』(1886)가 근대문학의 기점으로 자리잡으면서,『소설신수』이후에도 성행했던 경문학(硬文學), 정치소설, 정치성이 강한 신문소설[28] 등은 문학사의 주변으로 밀려나 망각되다시피 했다. 한국의 특이성은 오히려 '정치소설'의 동아시아적 번역 자장 안에 놓여 있던 구한말의 시점에서조차 '정치소설'이라는 개념의 부재가 두드러진다는 점이다. 이는 단지 문학장에 국한된 현상이 아니라 식민지로 전락하는 과정에서 인민이 참여하거나 대표될 수 있는 '정치' 공간 자체가 상실되었던 역사적 경험과 무관하지 않을 것이다. 그러나 '정치'를 좁은 의미의 '정계(정부, 정당, 의회 등)'로 한정하지 않고, 삶과 세계의 지배 질서와 권리들의 (재)분배를 둘러싼 세력들의 길항이라는 넓은 의미로 이해한다면, 독립과 식민화의 기로에 놓여 있었던 보호국 체제의 대한제국기야말로 정치적 열기로 충만한 시대였다고 할 수 있다.

이런 맥락에서 한국문학사에서는 '민족의 독립자주'를 주창했던 사전류(史傳)나 우화·풍자 형식의 서사들을 '정치소설'로 명시하지는 않는다 해도 '정치성'이 강한 서사들로 분류해왔다. 서사화의 여유마저 허락하지 않을 정도로 급박했던 구한말의 정세 속에서는 단편서사 형식에 정론(政論)이 훨씬 직접적으로 표출되는 '논설적 서사'나 '서사적 논설'이 많았는데, 이들 또한 넓게 보아 '정치소설'의 글쓰기(에크리뛰르) 안에 놓여있었다. 한편 후술할 것처럼 메이지 정치소설에 가장 직접적인

---

28) 최범순,「일본 신문소설의 역사적 전개와 일본 근대문학사의 간극 - 메이지시대 신문소설과 문학사를 중심으로」,『일본어문학』68, 일본어문학회, 2015.

영향을 받은 이인직의 소설들은 정작 '정치소설'이 아닌 '신소설'로 구분되었으나, 이는 근대계몽기 문학사 서술의 어떤 난점을 징후적으로 보여준다. 요컨대, 근대계몽기에 '정치소설'이라는 용어는 두드러지지 않았지만, '정치'는 일련의 서사들에 비가시적 형태로나마 강력하게 작동하고 있었다. 이런 점에서 임화의 『개설신문학사』는 새삼 주목할 만하다. 한국문학사 서술에서 예외적이라고 할 만큼 '정치소설' 개념을 표 나게 내세우고 있으며, 신소설 위주의 근대문학사 기술 방식을 따르면서도 식민지적 상황이 초래한 개념상의 굴절을 선명하게 드러내기 때문이다.

Ⅲ. 번역, 전통, 이식이라는 문제 – 카사노바의 세계문학론과 임화의 『개설신문학사』 겹쳐 읽기

한국 문학사에서 '정치소설'을 뚜렷이 명명하여 가장 포괄적으로 다루고 있는 것은 임화였다. 임화는 『개설 신문학사』[29]에서 '과도기의 신문학'을 ① 정치소설과 번역문학 ② 새로 생긴 창가 ③ 신소설로 나누었다. '정치소설'이라는 항목 아래에는 『서사건국지』, 『이태리건국삼걸전』, 『미국독립사』 등 '역사전기소설'과 『금수회의록』, 『몽견제갈량』 등의 우화·몽유록계 소설, 『경국미담』 같은 일본 정치소설의 번안물,

---

29) 임화의 『개설신문학사』는 1년 8개월여에 걸쳐 여러 매체에 분재되었다. 「개설신문학사」, 『조선일보』, 1939.9.2.-10.31; 「신문학사」, 『조선일보』, 1939.12.8.-12.27; 「속신문학사」, 『조선일보』, 1940.2.2.-5.10, 「개설 조선신문학사」, 『인문평론』, 1940.11-1941.4. 본고에서는 다음의 저본을 참고했으며 이하 인용은 본문에 면수만 표기하도록 하다. 임화, 「개설신문학사」, 『임화문학예술전집2-문학사』, 소명출판, 2009.

심지어 유길준의 『서유견문』이나 현순의 『포와유람기』까지 포함시켰다. 반면 이인직이나 이해조의 소설들은 신소설 항목으로 분류하여, "현대소설이 건설될 제1의 초석"(165)이라고 평가했다. 그렇다면 임화는 정치소설과 신소설을 각기 어떤 기준에 따라 정의하고 분류하는 것일까. 정치소설이 신소설 일반이 추구해야 할 유력한 방향 정도로 이해되었던 일본이나 중국과 비교할 때, 왜 한국근대문학사에서는 유독 정치소설과 신소설이 병립하는 범주로 설정되고 있는 것일까. 한국 근대문학 '발생'의 식민지적 조건이 '양식' 내지 '장르'의 이와 같은 굴절, 혹은 '번역(불)가능성'과 어떤 관계를 맺고 있는 것일까.

이런 의문들을 풀기 위해서는 다소 우회하여 임화 문학사의 논리 구조 전체를 살펴보지 않을 수 없다. 임화의 『개설신문학사』는 '이식문학'이라는 명제를 둘러싸고 오랫동안 수많은 논의들을 양산했고,[30] 그 과정에서 '이식과 창조의 변증법'을 추구했던 임화 문학사의 복잡한 결들에 대한 재평가도 어느 정도 이뤄져왔다. 그러나 '한국근대문학사'를 떠받치는 이념적 전제들이 흔들리고 '민족', '근대', '문학' 같은 개념들의 불투명함이 더해가는 오늘날, 임화 문학사의 비판적 극복은 여전히 남겨진 과제라고 할 수 있다.[31] 이 글에서는 임화 문학사에 내장되어 있

---

30) 신승엽, 「이식과 창조의 변증법: 임화의 '이식문학론'」, 『창작과 비평』 19(3), 창작과비평사, 1991; 김춘식, 「임화의 근대성과 전통 - 임화의 신문학사 인식을 중심으로」, 『한국언어문화』 27, 한국언어문화학회, 2005; 박상준, 「임화 신문학사론의 문학사 연구 방법론적 성격에 대한 연구」, 『외국문학연구』 28, 한국외국어대 외국문학연구소, 2007; 김명인, 「임화 민족문학론의 현재성」, 『민족문학사연구』 38, 민족문학사학회, 2008; 김현양, 「임화의 신문학사 인식과 전통 - 구소설과 신소설의 연속성」, 『민족문학사연구』 38, 민족문학사학회, 2008; 문혜원, 「임화의 '이식문화론'에 나타난 탈식민성」, 『국어문학』 53, 국어국문학회, 2012; 임형택, 「임화의 문학사 인식논리」, 『창작과 비평』 41, 창작과비평사, 2013 등 참조.
31) 그러나 문학사에 대한 해체가 곧바로 대안적인 문학사'들'의 재구성으로 이어지지는 못했다. 이러한 문제의식 아래 문학사에 대한 해체를 넘어 비판적 재구성을 시도

는 탈식민적 문제의식과 한계를 세계문학론의 관점에서 되짚어 보고자 한다. 특히 '과도기의 신문학'이라는 시대 설정 속에서 '전통'과 '이식'을 종합하고자 했던 임화의 문제의식은 오늘날 세계문학을 둘러싼 논의들에 비추어 볼 때 좀 더 객관적으로 자리매김될 수 있을 것이다. 임화의 신문학사론이 노정하는 아포리아는 '서양의 충격'으로 급격하게 근대 세계로 이끌려 들어갔던 비서구 일반이 경험하는 난점들과 관련되어 있기 때문이다.

세계문학론 역시 다양한 갈래로 진행되어 일반화하기 어려우나, 파스칼 카사노바의 '세계문학공간(world literary space)'을 논의를 위한 하나의 출발점으로 삼아보자. 카사노바는 브로델의 '세계-경제(world-economy)'론이나 부르디외의 '장(field)' 개념에 기대, 세계문학공간을 문화 자본의 불균등한 분배에 따라 중심-주변으로 위계화된, '하나인 동시에 불평등한(one and unequal)' 장(field)으로 분석한다. 세계문학공간은 서양 중심부에서 정립된 '문학적' 가치들이 주변부까지 확장되어 '보편적' 가치척도로 군림하는 기울어진 권력관계의 장이지만, 새로운 참여자들의 도전과 경쟁에 열려 있다. 주변부는 중심부의 가치들을 수용하여 '민족문학'을 수립하는 한편('문학적 근대성'에 대한 추구), '민족문학'의 내용으로부터 자유로운 추상적 문학 형식을 갱신('문학혁명')함으로써 세계문학공간에 편입될 수 있다. 카사노바는 카프카, 조이스, 베케트 등의 사례를 들어 세계문학공간의 주변부야말로 "위대한 문학혁명들의 요람"[32]이었음

한 예로는 민족문학사연구소 편, 『문학사를 다시 생각한다』, 소명출판, 2018 참조.

32) Pascale Casanova, *The World Republic of Letters*, trans. M.B.DeBevoise, Cambridge, MA: Harvard UP, 2004; Pascale Casanova, 차동호 옮김, 「세계로서의 문학」("Literature as a World", *New Left Review* 31, 2005. Jan.-Feb.), 『오늘의 문예비평』, 오늘의문예비평, 2009.8, 114~142쪽.

을 강조하면서, 자신의 세계문학론이 주변부를 위한 일종의 '탈식민적'

기획임을 주장한다.

프랑코 모레티와 함께 '세계문학'론을 이끈 카사노바의 주장은 다방

면의 비판과 논쟁들을 불러 일으켰는데,[33] 본고의 관점에서 몇 가지 사

항만 추려보면 다음과 같다. 카사노바는 그녀의 '탈식민적' 의도와는

달리, 고려 대상이 되는 지리적 범주에서 여전히 서양중심성을 면치 못

한다. 무엇보다 그녀는 중심-주변의 위계적 관계를 본질화하며, 주변부

의 문학이 오로지 중심부의 '승인'을 통해서만 세계문학공간에 편입될

수 있음을 시사한다. 주변부가 '문학적 근대화'를 통해 뒤쳐진 시간을

따라잡고 마침내 문학혁명으로 세계문학공간의 중심에서 승인받는 과

정은 여전히 문학사의 진화론적 구도에 예속되어 있다. 그녀는 분석의

출발점에서 세계문학공간의 기울어진 권력관계가 자본주의적 세계체

제의 정치·경제적 불균등성에 뿌리박고 있음을 시사하지만, 그녀가

모색하는 저항의 가능성은 정치·경제적인 맥락과 분리된 '문학적 자

---

33) Christopher Presndergast, "The World Republic of Letters", *Debating World Literature*, London: Verso, 2004, pp.1~25; 차동호, 「근대적 시각주의를 넘어서: 파스칼 카사노바의 세계문학론에 관하여」, 『오늘의 문예비평』, 오늘의문예비평, 2009.8, 22~56쪽; 이은징, 「세계문학과 문학적 세계 I - 국내 세계문학 담론의 수용 양상과 세계체제론」, 『세계문학비교연구』 55, 세계문학비교학회, 2016, 5~38쪽; 윤화영, 「파스칼 카사노바의 세계문학 이론과 베케트」, 『외국문학연구』 35, 한국외국어대 외국문학연구소, 2009, 169~189쪽. 이들의 비판의 논점은 다양하며 심지어 상반된다. Presndergast는 카사노바가 세계문학의 구성분자를 국민/민족문학(national literature)으로 단일화한다고 지적한다. 이은정은 문학을 경제적 요인과 권력관계로 환원한다는 점을 비판하며 문학성의 고유한 층위를 옹호한다. 윤화영은 카사노바의 베케트 해석에 초점을 맞춰 추상적 문학 '형식'이 사실상 역사적, 정치적으로 매개되어 있음을 주장했다. 차동호는 카사노바의 서구중심주의를 비판하면서도 토착주의 역시 대안이 될 수 없다는 점에서 타자들의 존재론적 회복의 어려움을 강조한다. 여기서 이들 각각에 대한 반대나 동의를 길게 서술하는 대신, 본문에서 필자 자신의 관점에 따라 논의를 전개해가겠다.

율성'의 영역('문학혁명')으로 한정되는 것 같다.

　이런 한계들에도 불구하고 카사노바의 세계문학론은 세계문학의 방향성에 대한 규범적인(normative) 당위가 아니라, 역사적 전개 과정에 대한 기술적(記述的, descriptive) 설명으로 받아들일 때 더 풍부한 시사점을 주는 것 같다. 주지하듯 동아시아의 근대 '문학'이 서양 'literature'를 보편적 가치기준으로 받아들임으로써 개시되었음은 부정할 수 없는 사실이다. 한국 최초의 근대문학론으로 꼽히는 이광수의 「문학이란 하오」가 '문학'을 서구 literature의 역어로 규정하고, 조선에는 지금까지 이런 의미에서의 '문학'이 없었다고 단언한 것은 유명한 사례다.[34] 일본 최초의 문학사인 『일본문학사』(日本文學史, 1890)의 저자들은 대학 시절 "늘 서양의 문학서를 읽으며 그 편찬법의 마땅함을 찬탄"하고, 또 서양의 문학사가 "문학의 발달을 자세히 밝히"고 "연구의 순서가 잘 정돈되어 있음"을 부러워했다고 고백한다. 또한 "우리나라에는 아직 그와 같은 문학서가 없고 또 문학사라는 것도 없"기에 "서양 각국에 있는 문학사와 문학서의 체재를 참고"하여 『일본문학사』를 지었다고 명시했다. 그들은 서양의 'literature'라는 단어도, 동양의 '文學'이라는 단어도 뜻이 일정하지 않았음을 인정하지만, 그 이질성 사이에서 고민하기보다 최근 서양의 분과학문 분류에 따라 문학 내지 순문학(pure literature)의 의미를 규정하는 데 주저하지 않았다. 한편 이러한 의미의 문학이 "소위 세계문학 또는 만국문학(world literature)"에 해당한다면, "나라에 따라 그 고유의 특질을 구유한 문학"을 "국문학(national literature)"이라고 규정함으로써, 일본문학을 세계문학이라는 보편 안의 특수성으로 자리매김한다.[35]

34) 이광수, 「문학이란 하오」, 『매일신보』, 1916.11.10-23.
35) 三上參次, 高津鍬三郎, 『日本文學史 上卷』, 東京: 金港堂, 1890, 1-25頁.

그런데 카사노바가 충분히 주의를 기울이지 않은 것은, 주변부에서 이처럼 서구의 문학적 가치를 '보편적'인 것으로 받아들일 때 자문화의 과거 유산을 어떻게 자리매김할 것인가를 둘러싼 다양한 고민과 모색이 뒤따른다는 점이다. 주변부가 취할 수 있는 노선은 카사노바가 옥타비오 파스(Octavio Paz)를 인용("우리는 과거를 가지고 있지 않거나, 가지고 있다 해도 그 유산에 침을 뱉는다")하며 시사한 '폐기'의 방식에 한정되지 않는다.[36) 또한 세계문학공간에 참여하기 위한 주변부 문학의 경쟁은 반드시 개별 작가나 텍스트가 '민족적(national)' 내용을 탈각하고 중심부로 이주(편입)하는 방식으로만 이뤄지지도 않는다. 『일본문학사』의 사례가 보여주듯, 주변부는 '세계문학'에 참가하기 위해 집합적인 단위로서의 '국민(민족)문학'을 확립해야 하며, 이 과정에서 과거의 문화적 유산 전체가 '세계문학'의 틀 안에서 새롭게 조정되어야 하기 때문이다.

사사누마 도시아키는 카사노바의 논의에 기대면서도 일본의 '국문학사상'이 '서구의 충격'에 응전(應戰)하며 전개되었던 과정을 보편성(세계문학)과 특수성(국민문학)을 둘러싼 논점들을 중심으로 분석한다.[37) 그런데 사사누마의 분석에서도 주변부의 '국문학사상'이 취할 수 있는 가능성의 폭은 그리 넓어 보이지 않는다. 예컨대, 『일본문학사』와 같은 해에 출간된 『국문학독본』(國文學讀本, 1890)의 저자는 "각국 문학이 세계, 즉 인간문학의 일반을 나타내는 것으로서, 마치 구슬을 이어 고리를 이루고 고리를 연결하여 띠를 만드는 것처럼 정연한 질서가 그 사이에 존재"[38)

---

36) Pascale Casanova, *The World Republic of Letters*, trans. M.B.DeBevoise, Cambridge, MA: Harvard UP, 2004, p.82.

37) 사사누마 도시아키, 서동주 옮김, 『근대일본의 '국문학' 사상』, 어문학사, 2014. 카사노바를 직접 언급한 부분은 41~49쪽.

하는 조화로운 '세계문학공간'을 꿈꿨다. 그러나 카사노바가 강조했듯 세계문학공간은 결코 다양성이 평등하게 공존하는 공간이 아니라 권력과 문학자본이 불균등하게 분배된 위계적 공간이다. 그렇기에 한편으로는 영문학자 도이 고치(土居光知)처럼 서양의 문학적 규준들을 보편적인 것으로 설정하고 보편성을 결여한 자국문학의 특수성('섬나라의 협애함', 비세계적인 문학성 등등)을 자기비판하거나, 다른 한편으로는 오카자키 요시에(岡崎義惠)처럼 서양 미학으로 환원되지 않는 '일본적인 것'을 추출하고 이런 특수성들의 총합으로서 "보편적인 미의 체계"를 새롭게 모색한다.39) 그러나 전자의 자기비하는 물론이거니와 후자의 자기예찬 또한 한계가 명백하다. 후자는 '일본적인 것'이 애초에 서양에 대타적인 방식으로 설정되었다는 점에 맹목이며, 어떤 고유하고 순수한 일본적인 것이 존재한다는 본질주의의 환상에 빠져들기 때문이다. 일본의 '국문학' 사상이 반복적으로 부딪친 한계들은 오늘날 카사노바의 세계문학론에 대한 비판이 결국 토착주의나 타자(주변부)의 순수한 자기-재현이라는 현전(presence)의 형이상학40)에 빠지게 되는 것과도 맥이 닿아있다. 한편으로는 서양=보편이 세계의 모든 문화가 따라야 할 유일한 규준으로 작동하는 문화절대주의, 다른 한편으로는 순수하고 고유한 문화들이 조화롭게 어울려 보편을 이룬다는 낭만적인 문화상대주의. 이 두 가지 패러다임은 거듭 비판되지만 쉽게 극복되지 않는 사유의 두 가지 모델들이다.

그렇다면 세계문학공간은 이 두 개의 모델들을 넘어 어떻게 재정식

---

38) 芳賀矢一, 立花銑三郞, 『國文學讀本』, 東京: 富山房, 1890, 緖論 か頁.
39) 사사누마 도시아키, 앞의 책, 181, 186쪽.
40) 차동호, 앞의 논문, 49~53쪽.

화될 수 있을까? '하나인 동시에 불평등한' 권력-장을 벗어난 어떤 순수 공간도 현전하지 않는다는 점에서 세계문학공간은 근대문학들의 '보편적'인 존재조건이다. 그러나 세계문학공간은 다른 모든 권력-장이 그러하듯 지배하는 힘(권력)만이 유일하게 관철되는 곳이 아니라 지배와 저항의 이질적인 힘들이 충돌하고 길항하는 투쟁들로 점철된 공간이다. 그 투쟁들은 개별 작가나 텍스트가 이미 고착화된 세계문학공간의 중심부로 이주하여 시민권을 획득하는 방식만도 아니요, 세계문학공간을 벗어나 어떤 민족적, 토착적 공간으로 초월하거나 자폐하는 방식도 아닌, 오로지 세계문학공간에 내재하는 각각의 장소들에서 전개된다. 그 장소들은 위계적 언어들 사이의 '번역'이 수행되는 불투명한 지대들이자, 주변부의 과거 유산들과 중심부로부터 번역된 문화가 충돌하고 협상하고 갈등하고 '이접(離接)'하는 단층들이다. 따라서 지배와 저항의 역량들은 '번역'의 구체적 양상 속에서, 나아가 과거의 문화유산과 외래문화의 번역이 '이접'하는 각각의 계기들 속에서 비로소 가늠될 수 있다.

루쉰의 『중국소설사』에서 이러한 번역과 이접의 한 양상을 살펴볼 수 있다. 루쉰은 5 · 4 이후 중국 신문학운동이 한창이던 1920~1923년에 중국소설사를 강의하고 이를 묶어 『중국소설사략』(中國小說史略)으로 간행했다. 한 세기가 지난 오늘날에는 루쉰의 소설사에 대해서도 여러 한계들이 지적되고 있지만,[41] '小說'을 서양의 novel 개념에 한정하지 않고 고대 이래의 다양한 서사양식들을 포괄할 수 있도록 확장했다는 점에서 여전히 선구적 의의를 갖는다. "현대에 통행되는 소설은 사실

---

[41] 조관희, 「루쉰의 중국소설사학에 대한 비판적 검토」, (루쉰, 조관희 역주, 『중국소설사』, 소명출판, 2004 부록); 박성원 · 이석형, 「루쉰의 소설 이론에 대한 비판적 검토」, 『중국문학』 98, 한국중국어문학회, 2019, 151~168쪽.

외국에서 이식되어 온 새로운 것으로, 중국에는 원래 없었던 것"이라거나 "5·4 운동 이전 중국에는 소설이 없었다"[42]라는 단절론적 주장들은 루쉰의 시대에도 여전히 주류였다. 그런데 루쉰이 중국의 고대 신화와 전설까지 소급해서『중국소설사』를 지을 수 있기 위해서는 '소설' 개념의 모호성과 불투명함을 감수해야 했다. 사실 그는 방대한 중국소설사를 기술하면서도 정작 '소설'에 어떤 개념적 정의도 내리지 않는다. 여러 사가(史家)들의 기록과 논술에서 '소설'이라는 단어의 용례를 나열하며, 그 의미가 "이른바 후대에 일컬어지는 소설과는 다른 것"이라든가 "후대의 그것과 비슷해졌다"라는 식의 짤막한 평을 덧붙일 뿐이다. '이른바 후대의 소설'이 서구의 'novel' 개념을 염두에 둔 것임은 물론이다.[43] 더욱이「중국소설의 역사적 변천」에서 분명히 드러나듯, 그의 소설사 역시 신문학을 향해 가는 진화의 구도에서 벗어나지 못했다. 장구한 중국 '小說'의 역사에서 오래되고 낡은 찌꺼기들의 '반복'적 회귀와 '뒤섞임'에도 불구하고, 신문학을 향해 "발전적 방향으로 나아가는 실마리를 찾아"[44]내려는 것이 소설사 기술의 목적이었다. 그러나 루쉰의 소설사는 청말의 '협의소설(俠義小說)'이나 '견책소설(譴責小說)'에 대한 설명에서 끝나, 정작 이러한 전대의 소설들이 '신소설'이나 5·4 이후의 현대소설들로 어떻게 변용되어 갔는가에 대한 분석을 비켜가고 있다.[45]

---

42) 胡懷琛,『中國小說槪論』, 香港: 南國出版社, 1934, 2쪽 (이등연,「중국 서사문학론 연구의 기본 과제 검토」,『중국소설논총』4, 한국중국소설학회, 1995, 55쪽에서 재인용).

43) 루쉰, 조관희 역주,「중국소설사략」,『중국소설사』, 소명출판, 2004, 25~26쪽.

44) 루쉰, 조관희 역주,「중국소설의 역사적 변천」,『중국소설사』, 소명출판, 2004, 754~755쪽.

45) 중국문학사 연구에서 내재적 발전과 전통 단절론이라는 양 극단을 넘어 중국의 구래 小說과 서양 novel의 충돌과 융합의 관계를 본격적으로 다루게 된 것은 1980년대 이후였다. (이등연, 앞의 논문, 57~58쪽) 한국에서 참조할 수 있는 몇 가지 중요

그렇다면 한국의 경우는 어떠했을까. 1930년 『동아일보』(1930.10.31. -1931. 2.25.)에 연재된 시점을 기준으로 한국 최초의 소설사로 평가받는 김태준의 『조선소설사』 역시 "조선에는 소설이 없었다"라는 명제에 대한 반론으로 기획되었다.[46)]

　노벨의 정의는 그처럼 간단히 된 것이 아니고 학자와 문인의 사이에 많은 의론이 있다. 이에는 다만 미국 문인 롱(Long) 씨의 정의를 빌려서 적확한 개념을 정할까 한다.
　"정말 소설이라는 것은 평범한 인간생활의 실화를 고조(高調)한 정서로써 말하되 창작적 흥미를 파란과 모험에 향치 아니하고 진실한 자연에 근거를 둔 담화적 저술이다." 라고 하였으니 소설의 주뇌(主腦)는 환작(幻作)한 기담(奇談)과 권징류(勸懲類)가 아니요, 사회생활의 풍습과 세태와 인정의 기미를 서술함에 있어서 예전 『사고전서』의 분류와는 개념이 판이하여졌다. 그러니까 문제가 생긴다.
　조선에는 소설이 없었다고! 왜? 조선에는 아무것도 인정세태를 묘사한 저작이 없었으므로! 나는 이에 대답코자 한다. 정말 기미운동 이후로 문학혁명이 일기 전까지는 롱 씨가 정의한 노벨은 한 권도 없었음으로써이다. 그러나 많은 패설, 해학, 야담, 수필도 있고 그 소위 로맨스와 스토리와 픽션은 내가 이에 예증치 아니하여도 많이 존재하였고 또 존재하는 것을 알 것이다. 다시 말하면 예전 사람들이 의미하는 소설은 헤아릴 수 없이 많다.
　나는 예전 사람들의 율(律)하던 소설의 정의로써 예전 소설을 고찰하고 소설이 발달하여온 경로를 분명히 하고자 한다.[47)]

한 성과들로는 이보경, 『문(文)과 노벨(novel)의 결혼: 근대 중국의 소설 이론 재편』, 문학과 지성사, 2002; 진평원(陳平原), 이종민 옮김, 『중국소설서사학』, 살림, 1994; 방정요(方正耀), 홍상훈 옮김, 『중국소설비평사략』, 을유문화사, 1994.
46) 선행연구에 따르면 김태준과 루쉰의 학문적 교섭은 여러 경로로 이뤄졌으나, 『조선소설사』는 『중국소설사략』과 체제, 시기구분, 중요 용어 등에서 많은 차이를 지니고 있다. 홍석표, 「김태준의 학문연구 - 일인학자 및 루쉰과의 학문적 교섭」, 『중국현대문학』 63, 한국중국현대문학회, 2012, 119~148쪽.

이광수가 「문학이란 하오」(1916)에서 문학을 'literature의 역어(譯語)'로 규정하고 과거 조선에는 그러한 의미의 문학이 없었다고 선언한 지 10여년. 김태준은 이광수처럼 구래의 조선에는 '노벨'("롱 씨가 정의한 노벨")이 없었음을 인정하면서도, 그와는 다른 의미의 무수한 '소설들'이 있었음을 소설사 서술의 근거로 삼는다. 육당 최남선의 "특별한 지시"(「필자의 머리말」, 1930), "간독(懇篤)한 지도와 계발"(「自叙」, 1933)에 힘입었다는 저자의 머리말에서 알 수 있듯, 『조선소설사』는 1910년대 이래 육당이 잡지 『청춘』과 신문관, 광문회 등을 통해 꾸준히 전개해온 조선민족의 '전통 만들기'와 맞닿아 있었다. 삼국시대 이래의 무수한 '소설(小說)'들은 일단 근대 '문학(literature/novel)' 관념에 부합하지 않는 것으로 부정되었다가, 근대 문학 관념의 조명 아래 선별되고 재배치됨으로써 근대소설로 향해가는 전사(前史)로 '재발견'된다. 루쉰이 그러했던 것처럼 김태준 역시 조선 구래의 '小說'과 'novel'의 역어로서의 소설을 종합할 만한 엄격한 정의를 내리지는 못한다. 그는 다만 "예전 사람들의 율(律)하던 소실의 정의로써 예전 소설을 고찰하고 소설이 발달하여 온 경로"를 추적할 뿐이다.

그러나 김태준은 한 걸음 더 나아가 '신소설'이라는 '과도기적' 양식을 설정함으로써 '小說'과 'novel'이라는 이질적인 양식들을 매개하고자 했다. 신소설을 "구소설 즉 이야기책에서 춘원, 동인, 상섭 제씨가 쓰기 시작한 현대적 의의의 소설에 이르기까지의 교량"이자 "과도기적 혼혈아"로 규정함으로써, 춘원 이후의 현대소설이 순전히 "구라파적 수입에서가 아니라" "이야기책의 장구한 발전"과 신소설의 "막대한 노력의 성

47) 김태준, 『(증보) 조선소설사』, 학예사, 1939(이주명 교정·주석, 『김태준의 조선소설사』(전자책), 필맥, 2017, 19/426에서 인용).

과"(288) 위에서 단계적으로 발전해왔음을 보이려 한 것이다. 다만 김태준의 신소설에 대한 분석은 소략할 뿐더러 '小說'과 'novel' 양식에 대한 규정도 모호한 점이 있어, 신소설 안에서 두 양식이 어떻게 매개되는가에 대한 구체적 내용을 찾기 어렵다. 구소설에 비해 신소설은 "설화(*구래의 이야기-인용자)의 취미를 좀 더 풍부하게 하며 언문일치의 문체로서 어떤 한 개 사건을 취급하"나, "이는 자발적이라기보다는 구미, 일본 문예의 모방"(285)이었다는 식으로, 이행의 과정이 간단히 처리되어 있을 뿐이다.

과도기의 신문학을 주요 대상으로 삼아 이식과 전통의 충돌과 교섭을 좀 더 본격적으로 다루는 것은 임화의 『개설신문학사』의 몫으로 남겨졌다. 임화는 김태준의 『(증보)조선소설사』를 학예사의 〈조선문고〉 중 하나로 재출간하고 직접 서문(「序를 대신하여」)을 달았다. "아직 한 권의 문학사나 문화사가 없는 조선"에서 이 책이 지닌 역사적 가치를 들어, 책의 출판을 "쉬이 승낙하려 하지 아니"하는 김태준을 설득했다는 후일담도 곁들였다. 자신 역시 "이러한 영역에서 제 학문적 희망을 이루어보겠다"라는 포부도 내비쳤는데, 임화의 신문학사 서술이 그 구현임은 물론이다.[48] 문학사 서술에 대한 임화의 관심은 1930년대 중반부터 엿보인다. 카프문학이 퇴조하고 좌우를 막론하고 '조선적'인 것, '조선학'에 대한 열풍이 불 때였다. 임화는 이를 문학상의 '지방주의' 내지 '복고현상'으로 규정하며 신랄하게 비판했다. 지방주의란 "필요 이상으로 지방적 색채 혹은 그 특수성을 과장하는 문학적 경향"이다.[49]

[48] 1939년 이래 임화의 신문학사 서술들은 제목과 계재지를 바꿔 지속되었다. 「개설 신문학사」, 『조선일보』, 1939.9.2.-10.31; 「신문학사」, 『조선일보』, 1939. 12.8.-12.27; 「속 신문학사」, 『조선일보』, 1940.2.2.-5.10; 「개설 조선신문학사」, 『인문평론』, 1940.11.-1941.4.
[49] 임화, 「문학상의 지방주의 문제」, 『조광』, 1936.10. (인용은 신두원 외 편, 『임화문

그는 고전주의의 세계주의에 대항해 낭만주의의 국민주의가 지방색을 강조했던 것처럼, 지방주의가 "시민적 민족국가 성립에 상응하는 국민적 문학의 건설상에 일정한 긍정적 역할"을 했던 때도 있었음을 인정한다. 그러나 1차대전 후 '동양'을 제재로 한 서구의 신지방주의는 "자국의 자본주의적 조건하의 소시민의 참담한 몰락으로부터 눈을 돌리기 위한 것"이자,(708) "일찍이 자본주의 화려하던 때 해외시장의 자취"에서 얻는 심리적 만족, 나아가 "신기(新奇)를 구하는 소비적 취미"(710)의 발로일 뿐이다. 더욱이 오늘날 조선에서의 지방주의는 "이미 사멸한 것 또는 소멸하고 있는 과거적인 것에만 이끌리기 때문"(718)에 시대적 진보성과는 거리가 멀다는 것이 임화의 진단이었다. "조선문학의 특성을 조선색이나 지방색에서만 발견하려는 자"는 그 퇴영성으로 인해 "조선문학을 식민지문학으로 고정화"하는 것에 불과하다고까지 비판한다. 퇴영적인 지방주의에 반대하면서 임화는 "세계적 수준, 세계문학적 의의를 갖는 조선문학의 생산을 위하여 노력"(723)하는 것이야말로 조선문학이 나아가야 할 방향이라고 주장한다.

임화는 역사나 문화를 "전진이냐? 그렇지 않으면 후퇴냐?"[50]라는 엄격한 진보율에 입각해 평가하며, 문화의 진보는 순수하고 고유한 것에 대한 집착이 아니라 우수한 외래문화의 섭취를 통해 이뤄질 수 있다는 관점을 견지한다. 그러나 이를 '이식문학론'이나 진보주의, 서구중심주의 등으로 쉽게 비판하기에 앞서, 세계문학을 둘러싼 논점들에 비추어 꼼꼼히 검증해볼 필요가 있다. 애초에 "혈액적으로 순수"한 문화란 없

학예술선집 4: 평론 1』, 소명출판, 2009, 704쪽. 이하 인용은 본문에 면수만 표시함)
[50] 임화, 「복고현상의 재흥」, 『동아일보』, 1937.7.15.-20(신두원 외 편, 『임화문학예술선집 4: 평론 1』, 소명출판, 2009, 766쪽. 이하 인용은 본문에 면수만 표시함).

다는 임화의 주장은 '모든' 문화의 본래적 혼종성을 전제로 한다는 점에서, 토착주의(비서구 문화의 고유성, 지방주의)에 대한 비판뿐 아니라 서구-비서구 문화의 중심-주변 관계를 본질화하는 것도 경계한다. 반면 카사노바는 세계문학공간이 16세기 프랑스로부터 시작하여 서유럽 → 중동부 유럽 → 비서구 세계까지 확장되어 갔던 과정을 '역사적'으로 분석하지만, 그 '역사'는 서구의 중심이 순수한 자기-기원을 갖는다는 '신화' 위에 정초되어 있다. 그녀는 가장 '오래된' 문화의 중심지가 문화적으로 가장 '풍요로우며', 이러한 위계적 구조는 자잘한 변형들에도 불구하고 '영속화(perpetuate)'된다고까지 주장한다.[51]

그런데 정작 세계문학론의 이론적 바탕이 된 세계-체제론이 역사의 이해에 기여한 바는, 자본주의나 근대성의 순수한 '기원'이나 일국적, 내재적 발전의 신화를 해체하고 있다는 점이다. 월러스틴이나 미뇰로는 자본주의 세계-체제가 중심과 주변의 불균등교환이나 폭력적 수탈 관계를 통해 동시적으로 생성됨을 분석했으며, 일찍이 맑스 또한 유럽 자본주의의 형성이 식민지의 수탈을 통한 자본의 '원시적 축적'에 기대고 있음을 간파한 바 있다. 우리는 문화에 대해서도 마찬가지 접근법을 취할 수 있을 것이다. 서양이라는 문화적 중심은 순수한 내재적 역량으로 탄생한 것이 아니라 지리상의 발견과 르네상스의 흐름 속에서 세계의 다양한 문화들을 섭취하고 자기화한 결과다. 그러나 18세기를 지나면서 외래문화 섭취를 통한 문화적 자본 축적의 과정은 은폐되고, '서양'은 순수한 자기 기원을 갖는 우수한 문화 내지 문명으로 신화화되며, 비서구는 본질적으로 열등한 문화들로 타자화된다.

51) Pascale Casanova, ibid., pp.82~83.

고모리 요이치는 일찍이 비서구에서 유일하게 근대 제국주의 국가로 '성장'했던 일본의 독특성을 '식민지적 무의식'과 '식민주의적 의식'의 분열로 통찰했던 바 있다. 메이지에서 쇼와기에 걸친 일본 '국문학사상'의 극적인 변화 과정은 이런 분열과 함께 '식민주의적 의식'이 어떻게 자신의 혼종적 과거를 은폐하며 자기동일적 정체성을 구성해가는가를 보여준다. 전술했듯 1890년 무렵 서양 literature의 영향 아래 '국문학' 수립이라는 과제에 착수했던 일본의 '국문학사상'은 서양의 보편성을 결여한 일본적 특수성에 대한 자아비판(도이 고치)과 '일본적인 것'에 대한 토착주의적 예찬(오카자키 요시에) 사이에서 유동했는데, 여기까지는 문화적 제국주의에 예속된 주변부 문학의 사상적 편폭과 크게 다를 바 없다. 그러나 2차대전 시기 일본의 국문학사상은 서양 중심의 '세계(문학공간)'에 편입되어 승인을 구하는 기존의 방식을 벗어나 일본을 중심으로 한 독자적인 '세계(문학공간)'을 창출하려는 모험을 감행했다. 물론 이러한 문화적 중심 탈환이라는 기획을 실제로 뒷받침하고 있었던 것은 (정치, 경제, 군사를 포함한 넓은 의미의) 물질적 수준에서의 패권 전쟁이었다. 이 과정에서 일본은 '서양'을 적대적 타자로 배제하는 동시에 '동양' 내의 이문화들을 열등한 타자로 배제함으로써, 천황제 신화에 함몰된 '국체(國體)'에 기초한 '유아론(唯我論)'[52]적 국문학사상을 구축하게 된다.

임화가 '조선적인 것'을 비판하면서도 '조선'문학사를 구축하려했던 시점(1930년대 후반- 1940년대 초)은 이처럼 일본에서 '일본적인 것'에 대한 토착주의적 예찬이 마침내 '대동아'의 '국문학사상'으로 전환해가

---

52) 사사누마 도시아키, 앞의 책, 4장 「'국문학'의 주변 - '대동아공영권'과의 관계」 참조.

던 때였음을 기억해야 한다. 임화는 1930년대 후반 유행하던 '조선적인 것'이나 '풍류적인 것'의 원판이 "동경 문단 'にっぽん的なもの(일본적인 것)'이나 'もののあはれ(모노노아와레)'"(770)에 있음을 날카롭게 지적했다. 그럼에도 불구하고 그는 이러한 수용의 맥락에 조선의 "문화 옹호라는 당면 문제"가 있음을 아울러 인정한다. 문제는 "과연 어떠한 문화를 옹호할 것인가"이며 한걸음 더 나아가 "앞으로 건설될 문화가 어떠한 것"(771)인가였다. 임화는 조선이 추구해야할 '문화 옹호'란 "역사적 진화"와 "문화 자신의 성장의 옹호"임을 주장하며 '복고주의' 및 '국민배외주의'와 명확히 선을 긋는다. 나아가 역사적 진화와 문화의 성장은 우수한 문화의 섭취를 통해 이뤄질 수 있음을 과거의 역사들로 예증한다. 신라, 고구려, 백제 문화의 '반도 고유의 색채'란 "단군적이라는 원시문화 위에 기자적이라 배척하는 대륙문화를 이접(離接)"(774-775)한 결과다. 자기(磁器), 가사(歌詞), 회화로 유명한 고려의 문화도 "삼국 문화 위에 당, 송, 원, 인도 등의 외래문화가 접촉한 결과"이며, 이씨 조선이나 근대 조선의 문화 역시 마찬가지다. 그렇다면 이런 맥락에서 문화의 '독자성'이나 '이식성'은 어떻게 규정되는가.

한번 수립된 문화란 것이 얼마나 혈액적으로 순수하냐 하는 것은 본시 물을 성질의 것이 아닐뿐더러, 또한 그 문화는 외래의 문화를 섭취함으로써 부절(不絕)히 자기를 풍요히 해나가는 것이며, 문화의 독자성이란 이렇게 다른 문화들이 서로 접촉하는 때 제 3의 새로운 형태를 낳는 데서 다시 형성되고 발전하는 것이다.(773-774)

문화의 이식성, 모방성은 강개지사(慷慨之士)의 말처럼 사대심리나 모방의식의 소산이 아니라 소위 사대심리, 모방의식까지를 설정하는 사회적 지반의 특수성의 산물이다. 즉 문화는 심리, 의식의 소산이 아니라 생활의 산물인 것이다.... 뒤떨어진 문화사회는 선진한 문화사회의 수준을 따라가려 적극적인 노력을 경주하지 않으면 두 문화 사회의 접촉 결과는 자연 후진 문화의 패배, 즉 정치상 피정복으로 결과하고 만다...이런 경우 모방, 이식 그 자체가 벌서 후진국이 선진국에 대한 일투쟁형태다.(776~777)

임화에게 문화의 '독자성'은 외래문화의 영향을 받지 않은 순수한 문화적 본질을 뜻하지 않는다. 모든 문화는 혼종적이며 외래문화의 영향을 통해 발전해간다는 전제 아래에서, 문화의 '독자성(singularity)'이란 "다른 문화들이 서로 접촉하는 때 제3의 새로운 형태"를 만들어내는 역량으로 가늠된다. 같은 맥락에서 문화의 '이식성'은 '사대심리'나 '모방의식' 같은 노예적 심리의 소산이 아니라 "선진한 문화사회의 수준을 따라가려"는 정당한 '생활의 요구'로 파악된다. 이러한 노력이 부족할 때 그 결과는 "후진 문화의 패배"와 "정치상 피정복", 즉 식민지로의 전락일 것이기 때문이다. 그런 점에서 선진 문화사회를 따라잡으려는 '모방'과 '이식'은 그 자체로 "후진국이 선진국에 대한 일투쟁형태"일 수밖에 없다.

앞에서 살펴보았던 것처럼, 카사노바의 세계문학론 역시 투쟁(struggle)과 경쟁(competition)을 강조했다. 그러나 임화의 논리는 두 가지 점에서 카사노바의 관점과 차이를 지닌다. 카사노바에게 세계문학공간의 중심과 주변은 어느 정도 영속적인 관계로 고정되어 있으며, 이런 상태에서 '경쟁'이란 주변부 문학이 중심으로 '이주'하여 중심의 '승인'을 획득하기 위한 것으로 제한된다. 반면 임화가 강조하는 '투쟁'은 주변부가 중심의 문화를 섭취하여 자신의 역량을 배가함으로써 중심-주변의 위계적 관계를 전복하기 위한 투쟁이다. 한편 카사노바의 경쟁은 정치로부터 자율적인 추상적 문학 형식을 갱신하기 위한 경쟁을 뜻하지만, 임화가 염두에 두고 있는 투쟁은 '문화적 패배'와 '정치상 피정복' 상태로부터의 탈피, 곧 총체적이고 실질적인 의미에서의 탈식민화(decolonization)다.

> 동양 제국과 서양의 문화 교섭은 일견 그것이 순연한 이식문화사를 형성함으로 종결하는 것 같으나, 내재적으로는 또한 이식문화사 자체를 해체하려는 과정이 진행되는 것이다. 즉 문화 이식이 고도화되면 될수록 반대로 문화 창조가 내부로부터 성숙한다.
> 이것은 이식된 문화가 고유의 문화와 심각히 교섭하는 과정이요, 또한 고유의 문화가 이식된 문화를 섭취하는 과정이다. 동시에 이식문화를 섭취하면서 고유문화는 또한 자기의 구래의 자태를 변화해 나아간다.[53]

문화의 '독자성'과 '이식성', 창조와 모방의 변증법적 과정은 임화 문학사의 방법론(「신문학사의 방법」)에도 그대로 투영되었다. 대상, 토대, 환경, 전통, 양식, 정신이라는 6개의 항목 중 '환경'은 외래문화의 영향을, '전통'은 자문화의 과거 유산을 뜻한다. 그런데 인용문에서 강조되듯 이식문화와 고유문화 간의 문화교섭은 일회적인 싸움으로 승패가 결정되지 않는다. 지배하는/지배받는 힘들의 투쟁으로 점철된 역사의 모든 순간들, 이질적 문화들이 이접하고 번역되는 각각의 계기들, 작가나 텍스트 각각에 고유한 개별적 성패들 속에서, 진전과 후퇴가 가늠될 수 있을 뿐이다. 이런 의미에서 임화의 '신문학사' 서술은 근대 이래 조선의 문화적 투쟁 과정 전반을 되돌아봄으로써, 성공과 실패의 순

---

[53] 임화, 「신문학사의 방법」, 『동아일보』, 1940.1.13.-20.(임화, 신두원 외 편, 『임화문학예술전집 3: 문학의 논리』, 소명출판, 2009, 657쪽.

간들을 분별하고 미래의 발전을 도모하기 위한 작업이었다. 임화는 이미 1935년 '조선문학의 재건'이라는 구호가 단순한 "감상적 회고로부터 문학사의 연구로" 전환되어야 함을 주장한 바 있다.[54] 일제의 내선일체 정책이 강화되고, 조선어가 수의(隨意) 과목으로 강등되고, 조선이 일본의 '보편적인 고전의 세계'로 융화함으로써 진정한 내선일체를 이룰 수 있다는 일본제국의 '국문학사상'이 성행하고 있을 때였다. 선행연구들이 주목했듯,[55] 임화는 이 시기 신문학사 서술과 함께 학예사를 통한 〈조선문고〉 기획과 출판에도 힘을 쏟고 있었다. 서양 고전의 번역, 조선 고전의 발굴, 조선의 당대 문학을 아우르는 〈조선문고〉의 편제는 '문화이식'과 '문화창조'가 서로 배치되는 것이 아니라 상호비례적이라는 명제를 그대로 반영하고 있다. "문화이식이 고도화"될수록 "문화 창조가 내부로부터 성숙한다." 따라서 '옹호'하고 '재건'하고 '발전'시켜야 할 '조선문화'란 단군으로 상징되는 민족문화의 신화적 순수성이나 '조선적인 것'에 대한 회고적 취미에서가 아니라, 문화이식과 문화창조가 함께 고도화되고 성숙했던 역사적 계기들 속에서 찾아야 한다.

『개설신문학사』가 특히 '과도기'의 신문학에 전부를 할애하고 있음은 이 때문이다. 임화는 사회사나 문화사의 큰 전환기로서의 '과도기 문학'을 "신시대의 탄생이나 구시대의 사멸이 모두 가능적(可能的)"[56]이었을 때의 문학으로 규정했다. '내지(일본)'문학사의 '개화기 문학'이라는

---

54) 임화, 「역사적 반성에의 요망」, 『조선중앙일보』, 1935.7.4.-16(임화, 임규찬 외 편, 『임화문학예술전집 2: 문학사』, 소명출판, 2009, 364~371쪽).

55) 방민호, 「임화와 학예사」, 『상허학보』 26, 상허학회, 2009, 263~306쪽; 장문석, 「출판기획자 임화와 학예사라는 문제틀」, 『민족문학사연구』 41, 민족문학사학회, 2009, 380~412쪽.

56) 임화, 임규찬 외 편, 「개설신문학사」, 『임화 문학예술전집 2: 문학사』, 소명출판, 2009, 133쪽. 이하 「개설신문학사」에서의 인용은 모두 이 책에 따르며 본문에 면수만 표시한다.

명칭이나 중국문학사의 '문학혁명 시대'라는 명칭을 두고 의식적으로 '과도기의 문학'이라는 표현을 선택했을 때, 그가 염두에 둔 것은 이러했다. 신시대와 구시대, "양자의 승패가 모두 확정적이 아닌 때," 구문학과 신문학이 투쟁하고 외래문화의 영향과 주체적인 대응의 역량이 맞부딪쳐, 다만 다양한 가능성들로 병존하고 있을 때의 모습을 "일층 포괄적이고 객관적"으로 기술해보겠다는 것이다.

지금까지 살펴본 것처럼 임화 신문학사의 구도와 논리는 최근 세계문학론의 핵심 논점들에 비추어 보아 손색이 없을 만한 예리한 사유들을 담고 있다. 그러나 이러한 '논리'가 실제적인 문학사 서술에서 얼마나 구현되었는가는 별개의 문제다. 다음절에서는 임화가 과도기 신문학의 대표적인 서사 '양식'으로 설정한 '신소설'과 '정치소설'에 대한 분석을 중심으로 임화의 문학사 서술이 지닌 한계와 의의를 살펴볼 것이다.

Ⅳ. 식민지 근대와 과도기 신문학의 두 경로
– '신소설'과 '정치소설'의 '양식'과 '정신'

임화의 「신문학사의 방법」이 대상, 토대, 환경, 전통, 양식, 정신이라는 6개의 요소들에 대한 설명임은 앞에서 살펴보았던 바다. 이 요소들은 실제로 『개설신문학사』 서술에 충실하게 적용되었다.[57] 〈1. 서론〉에

---

[57] 『개설신문학사』의 전체적인 구성과 목차는 다음과 같다. 분량상으로는 3.4)의 '신소설' 항목이 전체의 절반 이상을 차지한다.
  1. 서론 1) 신문학의 어의와 내용성 2) 우리 신문학사의 특수성 3) 일반 조선문학사와 신문학사
  2. 신문학의 태반 1) 물질적 배경 2) 정신적 준비
  3. 신문학의 태생 1) 과도기의 문학 2) 정치소설과 번역문학 3) 신시의 선구로서의

서 '신문학'의 대상을 명확히 규정하고, 〈2.신문학의 태반〉에서 정치, 경제적 배경(토대)으로서 봉건사회에서 근대시민사회로의 전환 과정을 길게 상술하고 있다. 그에 따르면 동양은 특유의 '정체성(停滯性)'으로 근대화가 지연된 상태에서 서양의 충격을 맞이했는데, 이렇게 뒤쳐진 근대를 따라잡는 유일한 길은 '개국'(26)을 통한 발전된 문화의 이식뿐이었다. 그러나 메이지 일본과 달리 조선의 개국이 지연되면서 전반적인 역량의 약화를 초래했다. 그 와중에도 중국, 서양, 일본을 통한 '근대화'의 물결이 차례로 밀려왔으며, 마침내 봉건제의 폐지와 근대화를 향한 결정적 분기점인 '갑오개혁'을 맞게 된다. 한편 임화는 신문학을 향한 도정을 '정신'의 측면에서도 개괄하고 있다. 특히 조선 후기의 실학과 구한말의 개화사상이 신문학을 향한 정신적 준비과정으로 자리매김 되는데, 이때도 결정적인 분기점으로 갑오개혁을 지목한다.

갑오개혁이 특별한 역사적 계기로 부각되는 까닭은 이 시점에 "자주와 개화, 문화적 회귀와 재전개"가 비로소 통합적인 과제로 제기되었기 때문이다. 반봉건의 과제와 반외세의 과제, '개화'의 길과 '자주'의 길의 통일에 대해 임화는 다음과 같이 인상적으로 표현하고 있다.

갑오의 개혁은 이러한 의미에서 전대의 실학이 내포하고 있던 국가적 성격과 개국적 성격이 단일한 이데올로기가 되어 정치상에 실현될 시기였다. 내부적으로는 자주적 체제의 정비와 대외적으로는 선진 문명의 수입, 이 두 과정이 융합되면서 구제도는 완전히 종언하고 새 사회가 용립(聳立)하게 되는 것이다. 이것은 근세 초기 모든 나라로 하여 그 과정을 통과시키게 한 르네상스적 운동의 한 형태다. 봉건제 내에서 한번 자기의 영토를 떠난 정

창가 4) 신소설의 출현과 유행

신이 다시 자기로 돌아오고 거기서 다시 세계로 향하여 날개를 펼치는 정신 운동의 역사적 형태다.[58] (55)

그러나 임화는 갑오개혁이라는 결정적 순간에 조선이 자주와 개화의 두 노선을 통일하는 데 실패했다고 냉정하게 진단한다. 그 결과 "우리 문화가 조선으로 회귀한 데에서보다 더 많이 세계를 향한 전개 과정에 영향 받고 전혀 모방문화, 이식문화를 만든 데 그쳤"(56)다는 것이다. 그런데 "이 불행은 어디서 왔느냐 하면 그것은 결코 우리 문화 전통이나 유산이 저질의 것이기 때문이 아니다. 단지 근대문화의 성립에 있어 그것으로 새 문화 형성에 도움이 되도록 개조하고 변혁해 놓지 못했기 때문이다. 그것은 우리의 자주정신이 미약하고 철저하지 못했기 때문이다."(57) 요컨대, 개화를 통해 이식문화를 섭취하고 자기화하려는 투쟁에서 패배한 것은 '자주정신'의 미약함 때문이다. 그러나 문화교섭의 성패는 일회적으로 결정되고 종결되는 것은 아니며, 늘 새로운 투쟁 앞에 열려 있다. 임화가 일본 '국민문학'의 강력한 자장 안에서 조선 신문학의 역사를 새삼 되짚는 까닭이 여기에 있다. 그는 문학의 '논리'만이 아니라 문학의 '역사'를 써야했는데, "외래문화와 고유문화"의 교섭은 "인간을 매개체로 하고 있"으며, 각각의 문학적 행위, 실천, 수행에 의해 매개되기 때문이다.[59]

임화는 『개설신문학사』의 절반 이상을 이른바 '신소설'에 대한 지리

---

[58] 임화의 이 구절에 새삼 주목하게 된 것은 임화의 문학사 서술과 『혈의 누』의 서사를 떠남과 돌아옴, 자기부정과 자귀회귀라는 한국 '근대성'의 구조로 분석한 다음 논문에 시사받은 바 크다. 김미정, 「갑오년의 사회이론 - 『혈의 누』를 읽는다」, 『문학과 사회』 17, 문학과지성사, 2014.

[59] 임화, 「신문학사의 방법」, 『동아일보』, 1940.1.13.-20.(임화, 신두원 외 편, 『임화문학예술전집 3: 문학의 논리』, 소명출판, 2009, 657쪽).

할 정도로 상세한 작품론으로 채우고 있다. 이인직, 이해조, 최찬식 같은 각각의 행위자들, 『혈의 누』, 『귀의성』, 『은세계』 같은 개별적인 문학적 실천들 속에서 그 성패를 가늠하고자 했기 때문일 터다. 그런데 주의할 것은 과도기의 신문학에서 창가를 제외한 서사문학이 '정치소설과 번역문학'(3장 2절) 및 '신소설'(3장 4절)로 양분되어 있다는 점이다. 물론 분량으로는 신소설에 대한 분석이 압도적으로 많고, 정치소설은 아직 '문학'적 자각이 뚜렷하지 못하며, 그렇기에 신소설의 전 단계에서 잠깐 성행했다가 사라진 것처럼 치부되기도 한다. 그럼에도 불구하고 정치소설이라는 명명은 주목할 만한데, 2장에서 상세히 밝혔듯, 근대계몽기 당대부터 임화가 문학사를 쓰던 당시까지도 한국문학에서 정치소설이라는 명명은 매우 드물었기 때문이다. 물론 근대계몽기 서사들의 강한 계몽성과 정치성은 익히 지적되어 왔지만 이들을 굳이 정치소설로 분류하고 명명하는 것은 일정한 강조의 효과를 발휘한다.

더욱이 임화가 「신문학사의 방법」에서 논한 '양식'과 '정신'의 관계를 상기한다면 신소설과 징치소설을 각각의 '양식'으로 설정하는 것은 예사롭지 않다. 카사노바가 민족적 내용을 탈각한 '추상적 문학 형식'을 둘러싼 문학적 경쟁과 문학혁명을 주장한 것에 비해, 임화는 애초에 형식과 내용의 이분법을 인정하지 않았다. "문학사나 비평은 형식을 벗겨버리고 내용과 사상을 연구하는 것도 아니라, 그러한 형식으로밖에 표현될 수 없는 내용 혹은 그러한 내용을 가질밖에 없는 형식을 연구하는 것"(659)이어야 한다. 나아가 임화는 '정신'이야말로 "비평에 있어서와 같이 문학사의 최후의 목적이고 도달점"이라고 단언한다. 따라서 "양식의 역사를 통하여 하나의 정신의 역사를 발견함으로써 문학사는 정신문화사의 한 분과로서의 확고한 지위를 차지한다."(661) 이런 맥락에서 보면, 신소설과 정치소설이라는 두 개의 '양식들'은 각각의 형식으로밖에 표현될 수 없는 내용들을 지닐 것이며, 그것은 특정한 '정신'의 방향성과 결부될 것이다.

그렇다면 임화는 신소설과 정치소설을 각각 어떻게 분류하고 규정하는 것일까. 우선 신소설에 대해서는 "첫째 문장의 언문일치, 둘째 소재와 제재의 현대성(혹은 신시대성), 셋째, 인물과 사건의 실재성(혹은 사실성)"(171)을 특징으로 들고, 『혈의누』나 『은세계』를 가장 발전된 형태로 지목하고 있다. 물론 이러한 규정들은 "신소설만이 아니라 현대소설도 가지고 있는 특징"이다. 임화도 이를 인정하면서 신소설에서는 이런 특징들이 "현대소설에서와 같이 완성되어 있지 않고 겨우 발아하기 시작한 데 불과"하다는 평가를 내린다. 신소설은 '현대(근대)소설'을 향해 발전하는 문학사의 진화론적 구도를 위해 요청되었던 셈이다. 그러나 이러한 진화론적 구도는 '小說'과 'novel'의 이질성을 절합하여 문학사의 연속성을 수립하기 위한 것이기도 했다.

임화의 신소설론은 이광수, 양건식 등의 초창기 문단회고사에서 김태준의 『조선소설사』까지 이어지는 신소설 용법을 계승하여, 고대소설-->신소설-->현대(근대)소설로 이어지는 문학사적 계통을 수립하고자 했다. 김영민이 규명한 것처럼, 이러한 과정 속에서 근대계몽기에 '새로움'을 표상하는 수사에 불과하던 '신소설'이 문학 '양식'으로서 과도한 의미를 부여받게 되었다.[60] 나아가 이처럼 진화론적인 문학사의 계보를 만들어가는 과정에서, 근대계몽기의 다양한 서사양식들의 존재는

[60] 김영민, 「신소설 개념의 변화와 문학사적 의미」, 『문학제도 및 민족어의 형성과 한국 근대문학(1890-1945): 제도, 언어, 양식의 지형도 연구』, 소명출판, 2012, 259~287쪽.

주변화될 수밖에 없었다. 임화의 『개설신문학사』에는 문학사를 이처럼 근대 '문학'을 향한 진화의 과정으로 조직하는 데서 비롯된 균열들이 징후처럼 드러난다.

> 신소설은 결국 최초의 작가요 그 양식의 발명자인 이인직의 수준을 넘지 못한 채 현대소설의 출현을 당하여 더 발달치 못하고 항간의 촌락과 규방 문학으로 속화되고 만 것이다. 그러므로 현대소설의 건설자인 이광수가 계보적으로 연결되는 사람은 후대의 이해조도 아니요, 최찬식도 아니요, 이인직이 된다. 그러나 이인직 개인의 문학적 발전의 경로로 보면 『치악산』으로부터 『귀의 성』, 『혈의 누』, 『백로주강상촌』 등에 이르러 일관하여 발전의 선으로 걸었다. 다시 말하면 다음 작품에 올수록 그는 전대 소설의 영향을 더 많이 탈각하여 현대소설에로 접근해 온 것이다.(167)

임화는 이인직의 소설 발표 순서를 『치악산』→『귀의 성』→『혈의 누』→『백로주강상촌』의 순서로 설명하는데, 실제로는 『백로주강상촌』→『혈의 누』→『귀의성』→『치악산』→(『은세계』)의 순서가 옳다. 『개설신문학사』의 상당 부분이 이 소설들에 대한 상세한 작품론으로 채워지고 있음을 고려한다면, 이를 단순히 기억상의 착오만으로 보기 어렵다. 『혈의 누』와 『은세계』에 비해 『치악산』, 『귀의 성』이 고소설풍의 구태의연한 가정소설로 '퇴행'했다는 것이 일반적 평가이고 보면, 이러한 '실수'에는 문학사를 "일관하여 발전의 선으로 걸"었던 것으로 계열화하려는 임화의 무의식이 작동하고 있었을 것이다.

더욱 문제적인 것은 '신소설'이 '새로운 정신'을 '새로운 양식'에 담은 것으로 규정되는 한, 정작 '신소설'의 요건에 부합하는 작품이 거의 없다는 점이다. 임화는 발표 순서를 '혼동'하여 이인직을 일관하여 현대소설로 향해 갔던 작가로 평하는 반면, 이해조는 "이인직의 초기작인 『치악산』의 경지를 벗어나지 못하고 끝난 사람"으로, 최찬식은 "그것을 일층 통속화"한 작가로 평가한다. "요사이 용어로 고친다면 이인직은 순수한 현대작가요, 이해조는 전통적 작가요, 최찬식은 대중작가라 부를 수 있"다는 것이다. 그 결과 『혈의 누』와 『은세계』를 제외한 이인직의 '신'소설들과 이해조, 최찬식 등의 무수한 '신'소설들이 정작 '신'소설의 요건에 부합하지 않는다는 개념적 모순에 봉착하게 된다. '신'소설이 급속히 '고소설'로 '퇴행'했다는 평가조차, '신'소설이라는 용어법의 근본적인 아포리아를 보여주는 것에 불과하다.

임화는 '신소설'이라는 과도기적 양식을 통해 신시대와 구시대, "양자의 승패가 모두 확정적이 아닌 때," 구문학과 신문학, 외래문화의 영향과 주체적인 대응의 역량이 맞부딪치고 내재화되어 마침내 현대문학으로 발전해가는 계기들을 찾고 싶었을 것이다. 그러나 '신소설'들 각각에 대한 지나치게 상세한 분석들 속에서도 정작 이런 포부는 실현되지 못했다. 특히 '신소설'의 대표자로서의 이인직에 대한 평가는 상당히 왜곡된 측면이 있는데, 이는 고소설-신소설-현대소설이라는 일직선적인 진화의 궤도에 지나치게 집착한 결과가 아닐 수 없다.

그럼에도 불구하고 임화의 '신문학사'에서 '신소설'이 결코 담아낼 수 없었던 '과도기문학'의 다양성과 이질성은 '정치소설'이라는 잉여의 이름 안으로 포괄되었다. 그렇다면 임화는 신소설과는 다른 정치소설을 어떻게 규정하고 있을까. 정치소설 항목에서 임화가 참조한 것은 기무라 다케시(木村毅)를 경유한 스피어(Morris Speare)의 정의였다. "내용중심주의, 사상성이 강한 문학, 혹은 소위 폭로문학"(141)이라는 규정 아래 벤자민 디즈레일리 소설의 일본어 번안인 『政海情派』, 『春鶯囀』, 『經世偉

勳』 등을 사례로 들고 있다. 그러나 임화는, "조선에는 이러한 의미의 정치소설"이 "수입도 아니된 것 같고 창작도 아니"(142)된 것 같다고 부연한다. 조선의 '정치소설'이 영국이나 일본의 정치소설과 다르다는 감각이 작동하고 있는 것이다. 그에 따르면 조선에는 대부분 "더 소박하고 노골적인 정치적 목적을 추구하여 문학이라고 하기에 주저되나 그러나 정론적인 작품"이 "수입되고 제작"되었다. 이에 비하면 "영국 정치소설은 물론 일본의 정치소설도 훨씬 문학적"인데, 조선에서는 "공문서나 경서풍이나 신문, 잡지의 논설이 아니고, 사실(史實)이나 설화(說話)의 형식을 빈 것으로 겨우 문학이라 칭할 수 있는 정도"라는 것이다. 이처럼 임화가 조선적 정치소설을 묘사할 때 이미 모호하게나마 (근대) '문학' 내지 '문학적'이라는 규준이 작동하고 있다. 즉 '사상'보다는 '감정'을 다루며, '논설'보다는 '서사'의 형식을 띠고 있음을 근대 '문학'의 규정으로 전제하면서, 근대문학에 꼭 들어맞지 않는 온갖 정치적 산문들을 포괄하는 범주로 조선의 '정치소설'을 정의하고 있는 셈이다.

그렇기에 임화의 '정치소실'은 고소설-신소설-근대소설로 이어지는 문학사적 진화의 계보 위에서 적당한 자리를 찾기 어려웠다. 고소설로 보기에는 인민의 각성과 국민정신 함양을 겨냥한 내용이 너무 '신사상'으로 흘렀고, 근대소설로 보기에는 '개인'의 감정("고조(高調)한 정서")과 일상적 세태를("평범한 인간생활의 실화") 현실적으로 그린다("파란과 모험에 향치 아니하고 진실한 자연에 근거")라는 규정을 훌쩍 벗어난 작품들이 많기 때문일 것이다. 결국 정치소설은 그저 잠시 성행했다가 사라질 '과도기문학'의 한 양상으로 치부된다. 임화의 신문학사 구도에서 불완전하나마 근대소설로 이어지는 교량 역할을 하는 것은 '정치소설'과 구분되는 '신소설'일 뿐이다.

그런데 이처럼 과도기적 문학 현상으로서의 '정치소설'을 '신소설'과 확연히 구분하는 것은 일본이나 중국과도 다른 조선에 특유한 현상이다. 1889년 창간된 일본의 소설잡지 『신소설』은 도쿠토미 소호의 '신국민론'과 이어져 있었으며, '신소설'은 무엇보다 "철학가의 이론, 정치가의 사업, 종교가의 설법, 자선가의 시여(施與)"를 담아내야 한다고 주장했다. 양계초가 1902년에 창간한 동명의 잡지 『신소설』 또한 "소설가의 말을 빌려서 국민의 정치사상을 일깨우고, 그 애국정신을 격려"한다는 취지를 내세웠다.[61] 일본과 중국에서 '신국민'의 창출이라는 임무를 짊어졌던 '정치소설'은 '신소설'과 별개의 범주였다기보다 '신소설'이 나아가야 할 유력한 방향으로 제시되었다. 그렇다면 이러한 동아시아적 맥락에서 '번역'된 한국의 '신소설'과 '정치소설'은 왜 유독 별개의 범주처럼 분류되었던 것일까.

다시 임화에게서 약간의 암시를 얻을 수 있다. 임화의 정치소설 규정에는 근대 '문학'뿐 아니라 근대적 '민족' 관념도 암묵적으로 전제되어 있다. 임화는 조선의 정치소설을 "정치적 목적을 추구하기 위하여 사실(史實)을 차용하고 설화에 가비(假批)"한 '정치적 산문'으로 규정한다. 그런데 '정치적 목적'이라는 점에서 일본과 한국의 정치소설에는 차이가 있다. 일본의 정치소설이 "국가 흥륭과 약진의 정신과 그것에 반(伴)하는 고난의 극복"을 겨냥하고 있는 반면, 한말 조선의 정치소설은 '독립 자주'가 목표였다는 것이다. 조선 정치소설의 목표를 '독립 자주'로 명시할 때 암묵적으로 전제된 정치적 단위는 물론 '조선민족'이다.

내선일체 정책으로 조선민족의 전도가 불투명했던 1930년대 말, 임

---

61) 사이토 마레시, 앞의 책, 100, 107쪽.

화는 고소설-신소설-근대소설로 나아가는 문학사의 궤도와 동떨어져 있는 정치소설을 굳이 과도기의 문학 양식으로 끼워 넣는다. 이를 통해 그는 "신시대의 탄생이나 구시대의 사멸이 모두 가능적(可能的)"(133)이었을 때의 '문학'만이 아니라, 대한제국기에 아직 가능성으로서 존재했던 조선민족의 국민국가라는 '정치'를 상기시키고 있는 것이 아닐까. 외세의 침입과 조선민족의 주체적인 역량이 맞부딪쳐 "양자의 승패가 모두 확정적이 아"니었던 '정치적' 순간들 말이다.

일본과 중국에서처럼 국민국가 건설과 근대 문명/문화/문학을 향한 '발전'이 동일한 궤도를 따랐다면 정치소설은 새로운 소설('신소설') 일반이 지향할 한 양상쯤으로 녹아들 수도 있었을 것이다. 그러나 식민지로 전락해갔던 조선에서 자주적인 국가 건설(자주)과 반봉건적 문명(개화)을 향한 길은 반드시 하나의 정치 노선으로 수렴되지 않았다. 이를 선명하게 보여주는 사례가 바로 이인직의 경우다. 조선 신문학의 개척자이지만 조선민족의 독자적인 국민국가 수립에 회의적이었던 그는 일본, 조선, 만주를 묶어 비스맥의 독일제국 같은 연방국을 건설하고자 꿈꿨고, 이러한 전망마저 불투명해졌을 때 일본의 보호국 체제, 나아가 일본제국의 조선 식민화마저 수긍할 수밖에 없었다. 이인직의 행보나 그의 소설들이 뚜렷하게 '정치적'이었음에도 불구하고 그의 소설이 끝내 '정치소설'로 분류될 수 없었던 까닭이 여기에 있다. 이런 점에서 임화의 조선 신문학사에서 정치소설과 신소설의 분리는 국민국가 수립이라는 정치적 전망이 닫힌 채 근대문명을 향해 나아갔던 한국의 근대화 양상 자체를 징후적으로 표현하고 있었다.

V. 식민지 근대와 '정치소설'의 번역(불)가능성

> 심히 모순되는 말이나 조선서는 정치가 쇠퇴하면서 문화에의 길이 열린 것이다. 요컨대 정치적 방향이 두색(杜塞)됨에 따라 문화를 정치적 정열의 방수로(放水路)로써 선택한 것이다. 이러한 문화가 당연히 강한 공리성으로 일관됨은 또한 당연한 결과라 아니할 수 없다.[62]

한때 공리처럼 받아들여졌던 식민지기 문학에 대한 임화의 명제는 문학사와 문학 연구를 다양화하려는 근 한 세대의 연구 경향 속에서 이미 낡고 진부한 주장이 되어버린 듯하다. '민족'보다는 '개인', '정치' 보다는 문학의 '형식'이나 '자율성', 식민주의보다는 '문화적 근대성'의 어떤 보편적 양상들이 좀 더 주류적인 연구테마로 자리잡았다. 그런데 '세계문학'을 둘러싼 최근의 논의 속에서 우리가 낡고 진부하다고 밀쳐 놓았던 주제들이 다시 회귀하고 있다. 물론 그것은 동일한 것의 반복 은 아니다. '민족문학'이라는 배치에서 논의되었던 주제들이 이제 '세계 문학'이라는 상이한 배치 안에서 회귀하고 있기 때문이다. 그러나 오늘 날 중심부에서 발원한 세계문학론에서 그려보는 미래란 과거 주변부 의 탈식민적 모색 가운데 이미 흩뿌려져 있는 것은 아닐까. '민족문학' 이라는 신화적 순수성에 집착하는 복고주의도, '세계'와 '세계문학'의 불균등한 위계를 본질화하거나 영속화하는 현실주의도, 보편적, 중립 적, 무차별적인 '세계문학'을 향해 쉽게 초월해가는 낭만주의도[63] 아닌,

---

62) 임화, 「개설신문학사」, 임규찬 외 편, 『임화 문학예술전집 2: 문학사』, 소명출판, 2009, 89~90쪽.

63) Robert J.C.Young, "World Literature and Postcolonialism", Theo D'haen, David Damrosch, and Sjeral Kadir eds., *The Routledge Companion to World Literature*, N.Y.: Routledge, 2012, p.218.

주변부문학과 세계문학의 다른 가능성에 대한 탐색들. 나는 이 글에서 임화의『개설신문학사』의 논의들이 이러한 세계문학의 논점들과 어떻게 맞닿아 있는가를 분석하고자 했다. 임화가 그렇게 믿었듯, 문화란 '문화이식'과 '문화창조'가 길항하는 매순간의 계기들 속에서 그 역량이 커지거나 작아지는 것이며, 임화와 카사노바를 나란히 놓고 읽어나가는 지금 이 순간 또한 그런 계기들 중 하나일 것이기 때문이다.

이 글에서 충분히 논하지 못했지만, 근대계몽기 한국에서 '정치소설'이라는 양식이 서구나 일본과 같은 형태로 '번역'되지 못했던 저간의 사정은 후속 연구들을 통해 좀 더 살펴보고자 한다. '세계문학'은 기본적으로 '번역가능성'이라는 전제 위에서 구성되는 것이지만, '번역불가능'한 차이들, '번역'이 "중지되고 실패하는 지점"[64]들이야말로 지금과 같은 모습으로 구성된 '세계'의 한계지점들을 드러내 줄 수 있을 것이며, 나아가 지금과는 다른 '문학들'과 '정치들'에 대한 상상을 촉발할 수 있을 것이다.[65]

---

64) Emily Epter, *Against World Literature, On the Politics of Untranslatability*, London & N.Y.: Verso, 2013, pp.10~11.

65) 카사노바는 '번역'을 주변부가 중심의 "문학적 자원들을 모으고 보편적 텍스트들을 획득함으로써 자원이 빈약한 자국 문학을 풍요롭게 하는 방식, 요컨대 문학적 자산들을 다양화하는 방식"으로 규정하는데, '정치소설'의 '번역불가능성'에 대한 탐구는 이와는 다른 방식으로 세계문학공간의 지도를 그릴 수 있을 것이다. Pascale Casanova, ibid., p.134; 번역가능성과 번역불가능성을 축으로 세계문학론의 논쟁들을 일별하고 있는 논의로는 김용규,「번역으로서의 세계문학-세계문학과 번역의 위치」,『로컬리티 인문학』21, 부산대학교 한국민족문화연구소, 2019, 189~226쪽 참조.

제3부
매체 이동을 통한
근대 문화 공간의 창출

레코드사 소속
악극단의 활동 양상

김호연

레코드사 소속 악극단의 활동 양상

1. 들어가는 말

악극은 일제강점기에 발생한 예술의 한 형태로 한국적 정서가 가득 담긴 대중 음악극을 말한다. 근대 이후 다양한 예술 장르가 생성되었고, 무대예술에 맞게 변용되는 과정에서 악극은 연극적 요소와 음악적 요소가 결합된 새로운 양식이면서 대중과 밀착한 장르라는 점에서 사회적 가치가 있을 것이다.

한국 근대 악극의 흐름은 1910년대에서 1935년 즈음 기간을 악극의 형성기로 살필 수 있는데 이 시기는 부르는 노래인 창가의 등장과 일본에서 유입된 신파극의 등장 그리고 대중가요가 보편화되면서 악극 생성의 밑바탕을 마련하였다. 이는 레퍼토리에서 막간극, 희가극 등의 음악을 활용한 극이 등장하며 장르적으로 재생산되며 대중과 호흡을 함께 하였다. 또한 이 시기는 공연예술의 확장을 꾀하게 되는 계기인 부민관과 동양극장이 설립된다는 측면에서도 이즈음을 주목하여 살필 수 있다. 이러한 공간의 등장은 악극의 장르적 확대를 가져오게 되었으며 대중문화의 형성이 가속화되어 다수의 관객을 확보하는 변별적 특징을 생성하는 시기로 의미를 둘 수 있기 때문이다.

이를 바탕으로 1935년 이후 1945년까지는 악극이 단순한 막간극이나 레뷰 형식의 희가극에서 벗어나 본격적인 예술 장르로 정착하는 모습을 보여주는데 특히 레코드사 소속 악극단의 등장을 주목하여 살필 수 있다. 이는 콜럼비아레코드사에 바탕을 둔 라미라가극단, 빅타레코드사에 토대를 둔 반도가극단 그리고 오케레코드사 소속으로 출발한 조선악극단 등이 이를 주도하며 악극의 확장성을 가지고 오게 된다.

이에 이 글에서는 1930년대 이후 레코드사 소속 악극단의 활동에 주목하여 이들이 한국대중문화를 어떻게 주도하면서 다양한 담론을 만들어내는지에 주목하고자 한다. 이들은 선험적으로는 레코드 홍보라는 단순성에서 출발하였지만 여러 변용을 거치며 완성된 예술 장르를 만들어내었고, 대중과 호흡하는 소통구조를 만들었다는 측면에서 논의의 가치가 있으며 일제강점기 미시적 생활사를 바라보는 기호라는 측면에서 연구적 의미를 둘 수 있을 것이다.

Ⅱ. 악극의 장르적 개념

악극은 음악으로 표현된 극을 포괄하는 용어이지만 넓게는 오페라 등 고전적인 형식의 음악극에서부터 뮤지컬 등을 비롯한 대중적 음악극까지 포괄하여 말할 수 있는 장르이다. 연극에서 음악의 등장은 자연스러운 현상으로 이미 원시종합예술이라 말하는 여러 제천의식에서도 나타나며 고대 그리스 연극에 나타난 코러스 등에서도 발견된다. 이러한 형태는 5세기 막간극이라는 형태의 음악에 맞추어 춤과 노래를 추는 형식이 등장하면서 미시적 분리의 모습으로 형식화되었고,[1] 음악으로 표현된 연극인 희가극, 오페라 등의 형식이 등장하면서 완성된 장르로 인식되었다. 이러한 형태는 20세기에 들어서며 대중적 음악극인 뮤지컬이 파생되면서 장르적 변별성을 드러내기도 하였다.

한국에서 무대공연예술로 음악극 형식은 근대 이후 생성되기 시작하였다. 고래로 음악적 양식은 악(樂)과 가(歌) 등이 있었지만 이것이 대중에 수용된 것은 부르기 위한 노래 '창가'와 찬송가가 등장하면서 내재화되었고, 이후 음악극 형식인 가극, 악극이 수용되면서 장르적 인식이 형성되었다.

악극과 가극은 영어 Music Drama, 독어 Musikdrama의 번역어로 일본에서는 가극은 오페라에 대한 번역어로 악극은 바그너의 음악에 대한 음악을 지칭하는 용어로 사용되었다. 이는 바그너의 음악을 오페라와 구분하기 위하여 '악극(Musikdrama)'이란 용어를 사용하였는데 이는 바그너가 지향한 음악극이 연극, 음악, 장식, 조명 등이 통일을 이루는 종합예술로 다형식 속에서 그것을 융합시키는 것을 책무로 생각하여 새로운 형태를 음악극을 지향하였다는 점에 기인한다.[2] 그렇지만 이러한 인식은 근대 초기 한국에서 바그너 음악에 대한 이해가 부족한 상황으로 음악과 연극이 공존하는 공연을 가극, 악극이란 명칭으로 큰 구분

---

[1] 오스카 G 브로케트, 김윤철 옮김, 『연극개론』, 한신문화사, 1989, 110쪽.
[2] 레슬리 오레이, 류연희 옮김, 『오페라의 역사』, 동문선, 1990, 209쪽.

없이 통칭하여 사용된 것이었다. 혹은 정확한 의미를 가졌다기보다 음악과 연극의 준말 정도로 쓰였는데 "전남 순천군에서는 재경 순우회의 주최와 순천청년회 후원으로 작년 십이월 삼십일 오후 일곱시부터 순천시장에서 饑饉 구제에 관한 音樂及演劇會를 개최하엿는데 청중은 천여명에 달하야 대성황을 이루엇으며 當席에서 同情金사 모집이 백여원에 달하엿다고"라는 기사처럼 단순하게 음악과 연극이 함께 공존한 공연예술로 준말 형태로 부르기도 하였다.[3]

가극이란 용어는 먼저 『여자계』(1918.9)에 실린 천원(天園) 작 〈초춘의 비애〉에서 처음 쓰였다. 이 희곡은 음악극 형식의 대본으로 집필 된 형태로 이후 종교 등을 비롯한 여러 단체에서 공연 형태로 만들어지며 가극이 수용되었고, 이러한 형식은 승동교회 유년주일학교의 시극 〈창공에서〉, 가극 〈동정의 눈물〉(가극) 등이 공연되면서 본격적으로 공연 형식으로 나타났다.[4] 이 시기 종교단체나 학교의 학예회 등의 행사에서 나타난 노래극 형식은 음악이 중심된 연극을 모두 포괄한 형태인 것이었다. 이러한 형태는 유지영 작 속가희극 〈이상적 결혼〉(『삼광』 1-1,1-2, 2-1, 1919, 1920), 고죽 작, 〈초로인생〉(『신민공론』 2-6, 1921), 고죽 작 〈열세집〉(『신민공론』 2-7, 1921) 등이 발표되고, 매일신보 후원으로 승동교회 주일학교에서 열린 가극대회에서도 공연되면서 공연적 측면에서도 의미를 확보하였다. 이는 단순한 음악극을 벗어나 종교적 색채를 담으면서도 그 이면에는 종교를 통한 민족운동의 한 양태를 보여준다는 측면에서도 의미가 있었다.[5]

---

3) 「救饑樂劇會, 同情金百餘圓」, 『東亞日報』, 1925.1.5 기사에서 보여지듯 기사 제목에서는 樂劇이란 명칭을 사용하고 있으나 내용에서는 음악과 연극이라고 말하고 있어 악극은 준말 정도로 사용되었다.
4) 『매일신보』, 1918.12.25.

이와 함께 연극 공연에서도 가극이란 명칭이 쓰이는데, 취성좌 김소랑일행이 연애극 〈매몰된 연애〉와 가극 〈극락조〉를 공연하면서 이루어졌다. 이후 이 단체에서는 희가극 〈동경(憧憬)〉도 선보이는데 희가극은 가볍게 웃음을 주는 짧은 노래극 형식으로 기승전결의 완전한 구성보다는 희극적 요소가 풍부한 구성과 음악을 지향한 형태였다. 또한 권금성이 1929년 금성오페라단을 조직하고, 이후 삼천가극단이라 개칭하여 활동을 펼치는데 대중적인 음악극의 활동은 이들로부터 본격적으로 이루어졌다.

음악극의 장르적 형성과 더불어 자연발생적인 음악극 형식도 발생하는데 막간극은 그 대표적인 형태이다. 막간극은 말 그대로 막과 막 사이에 공연된 형태의 것으로 일정한 형식을 갖춘 공연이라기보다는 관객들의 지루함을 달래기 위해 만들어진 형식으로 노래, 무용, 만담 등 다양한 형태로 이루어졌다.

한국 근대 연극의 초기 레퍼토리 구성은 하루에 3개의 레퍼토리를 선보이는 형태였다. 이는 희극, 비극, 희가극 형식으로 이루어졌는데 이 시기 긴 호흡을 지닌 공연하기 위한 토대가 미약한 상태였고, 대중도 아직까지 연극에 대해 진지하게 수용할 수 있는 분위기가 이루어지지 못하였기 때문이다. 이렇게 3개의 레퍼토리가 이루어지다 보니 공연과 공연 사이 휴식시간이 존재하였고, 분위기를 계속 이끌어 가기 위한 공연이 펼쳐졌다. 이 중 가장 보편적인 형식으로 독창무대나 가벼운 레뷰 형태가 나타났는데 이는 레코드의 등장과 맞물리면서 앨범 홍

---

5) 김호연,「한국 근대공연예술의 재생산제도를 위한 시고 - 소녀가극, 여성악극을 중심으로」, 단국대학교 동양학연구원 편,『개화기에서 일제강점기까지 근대 제도와 일상생활』, 채륜, 2012, 138쪽.

보의 차원으로 활용되기도 하였다.

이러한 흐름에서 1930년대에는 악극을 전문으로 하는 단체가 생겼는데 배구자악극단을 비롯하여 소녀악극단 낭랑좌, 도원경악극단, 화랑악극단, 김희좌악극단 등이 그 대표적인 단체들이다. 이들은 소녀가극을 지향하며 연극과 무용 그리고 버라이어티 무대를 중심으로 공연을 펼치는데 1930년대 말 레코드사 소속 악극단이 등장하면서 그 확장성은 미미하게 나타났다.

그렇다면 악극은 어떠한 내용과 형식으로 이루어졌을까. 악극의 대표적인 인물인 박노홍은 악극을 네 가지 형태로 나누어 이야기하였다. 첫째, 짤막한 이야기를 몇 안 되는 연기자가 엮어내는 작품, 둘째, 극적인 대화를 노래로 주고받는 등 40여 편의 노래가 극과 일치하고 음악과 무용이 극 속에 잘 어울리는 50명 이상의 인원이 출연하는 형식, 셋째, 극적인 대화를 노래로 주고받는 등 극과 노래가 일치하는데 20곡 이상의 노래가 삽입되는 경우, 넷째, 극의 애절함을 10여 편의 노래로 호소하는 작품으로 이미 있는 노래를 이용해서 부르고 편곡이나 새로 하는 악극 또는 가극으로 분류하였다.[6]

박노홍이 말한 악극의 구분은 노래의 숫자를 기준으로 하면서도 서사구조의 유무에 따르고 있다. 여기서 언급한 첫째 형태는 막간에서 보인 레뷰나 스케치 혹은 희가극 등 단순한 음악극이 해당되고, 두 번째는 서사 구조를 지닌 드라마의 성격이 강한 일반적인 악극 혹은 가극을, 세 번째는 기승전결의 구조보다는 쥬크박스 뮤지컬 형식처럼 기존의 노래에 극적 요소를 가미한 형태이며 네 번째는 짧은 구조 속에

---

6) 박노홍, 「한국악극사」, 『한국연극』, 1973.8, 54쪽.

서 기존의 음악을 새로운 감각으로 만들어낸 경우라 할 것이다. 이러한 분류는 노래의 활용과 함께 기존 가요의 쓰임에 따른 여러 체계가 놓인다 할 수 있다.

악극의 특성을 말할 때, 먼저 논의할 수 있는 것은 대중성에 관한 부분이다. 악극의 대중성은 통속적인 측면에 집중하여 악극의 가치를 논하였는데 악극 관객의 무비판적 수용 태도와 함께 그저 단순한 관극 집단으로 바라본데 기인한다. 이러한 시각은 악극이 가지는 감각적인 수용 양상 속에서 현실을 잊고, 퇴영적 감상성에 젖어 단순한 심미적 효과가 강조된 면모이다. 이는 통속적이면서도 감각적 소통을 통해 잠시나마 현실을 잊고 활기를 얻을 수 있는 기능으로 작용하는 것이다.

이런 문제는 카타르시스로도 이해된다. 카타르시스는 정화(Purification), 배설(Purgation)이라는 두 가지 의미가 포괄된다. 정화는 죄의 더러움을 씻어 감정에서 불순한 부분을 없앤다는 것이고, 배설은 비극적 흥분으로 인간의 감성이 연민과 공포의 감정을 배출해버려, 감정의 중압으로부터 해방되는 쾌감을 느낀다는 것이다.[7] 이러한 감정은 자신에게 나타나는 압박과 불안의 모습을 내적으로 발산하여 안도감을 느끼는 모습을 말하는 것인데, 이는 일제강점이라는 상황에서 일차원적인 감각적 수용을 통해 대중의 해소 창구로 자리한다.

이러한 면모는 단순한 구조에서 벗어나 여러 공연예술적 요소가 결합되어 새로운 가치를 창출하는 면모로 나아간다. 이는 막간무대의 여러 요소가 융화된 쇼 무대 혹은 연극적 요소가 결합된 음악극으로 발전하는 과정에서 진일보된 모습으로 이해할 수 있다.

---

7) 아리스토텔레스, 천병희 옮김, 『시학』, 문예출판사, 2001, 50쪽.

Ⅲ. 매체에 따른 악극의 확장성

1. 막간을 통한 악극의 토대

악극으로 나아가는 과정에서 막간극은 가장 본질적인 면모를 담고 있다. 막간은 공연과 공연 사이의 전환 공간에서 관객의 무료함을 달래기 위해 나타난 공연 형식이다. 그래서 이는 장르적 개념이라기보다는 짧은 형식의 공연 방식이 수용되었지만 이것은 자연스럽게 하나의 형식으로 발전되기도 하였다.

이러한 형태의 가장 단순한 방식은 독창이다. 이는 가수나 나와 부르는 형식으로 극히 단순한 모습이었지만 가장 효율적인 무대로 관객에 수용되었다. 그 대표적 예로 가요 '황성 옛터'를 들 수 있다. 원래 이 노래는 왕평과 전수린이 개성 공연을 마치고, 풀만 무성한 고려의 만월대의 옛터를 보면서 식민 통치아래에서 현실을 반추하며 지은 것으로[8] 이애리수의 애조 띤 목소리로 막간무대에서 불러 관객의 큰 호응을 얻으며 대중의 주목을 받았다. 이 노래는 1932년 빅타레코드 4월 신보로 큰 인기를 얻었고, 대중가요가 문화의 한 축으로 자리 잡는 모멘텀으로도 의미를 둘 수 있을 것이다. 이러한 형태는 가요가 대중과 호흡하면서 더욱 의미가 확장되었고, 가요를 홍보하는 수단으로도 수용되었다.

이러한 형식은 혼자 부르는 것에서 두 명의 가수가 나와 대화와 함께 노래를 주고받는 형식으로도 변용의 모습을 띠기도 하였다. 이러한 형식은 넌센스, 스케치 등으로도 불리었는데 먼저 넌센스는 말 그대로

---

8) 박찬호, 안동림 옮김, 『한국가요사』, 현암사, 1992.

넌센스의 희극적 상황을 그려낸 노래극이며 스케치는 짧은 에피소드를 중심으로 일정한 플롯을 지닌 노래극의 형식으로 나타났다. 이러한 대표적 노래가 만곡(慢曲)인데, 만곡은 희극적인 요소를 지닌 노래로 두 명이 나와 한 구절씩 주고받는 형태의 노래를 말한다. 이러한 노래들은 가볍게 희극적 요소가 강한 노래를 중심으로 이루어져 희가극이나 뮤지컬 코미디의 변형된 형태이다. 〈꼴분견전집〉도 그러한 보편적 예로 희극적 상황에서 가수 김영환과 김선초가 세태를 대화로 풀다가 중간 중간 노래를 삽입하는 형식을 취하여 흥미를 전해준다.

노래 가을날서리마즌 풀닙이랄가 성그런이마전에 갓난희머리 쏩아서손에들고 한숨지우니 청춘도속절업시 간담말인가

남 : 으흐! 녹는구나녹아요. 자! 한곡조더드러봅시다요.
여 : 이량반이부러이러시나 참꼴불견이야 정말
남 : 무엇이엇재 꼴불견이라니
여 : 당신입으로그럿타고말하지안엇서요
남 : 그건내가노래한번드러보령으로임시수단을쓴게지
여 : 오-그러면 여전히 녀자에게 꼴불견이 더만타는 주장이시구면요
남 : 그-거야! 개구리운동장이지
여 : 개구리 운동장이라니 무러란말이예요.
남 : 물론이란 말이오[9]

이러한 형태는 짧은 노래 형식이고 막간에 이루어지다 보니 대부분 간단한 대화와 노래 하나 정도로 구성되어 있다. 그래서 호흡이 빠르

[9] 〈꼴불견전집〉, 컬럼비아레코드 40313, 한국고전음반연구회 편, 『유성기음반가사집』 1, 민속원, 1999.5, 75쪽.

며, 진행이 단순하지만, 김영환의 희극적 요소와 김선초의 노래가 조화를 이루며 색다른 재미를 전해준다. 이런 넌센스는 1930년대 연극의 형태 중 가장 중요한 흐름으로 차지함과 동시에 음반으로도 녹음되어 재생산의 의미도 확보되었다.

막간이 짧은 시간 흥미를 주는 측면이 강하기에 희극적 형식이 강하였지만 그렇지 않은 경우도 나타났다. 이는 일정한 서사구조를 담기보다는 가장 핵심적인 상황과 그에 수반되는 노래를 통해서였다. 이러한 대표적인 예로 전옥을 들 수 있는데 그는 당대 '눈물의 여왕'이란 별칭을 얻으며 인기를 구가한 인물이다. 그의 감정 연기에 관객들은 전옥의 연기를 보고 동화되어 슬픔에 젖고, 전옥은 또 이러한 관객들의 감정에 취하여 더욱 슬픈 연기를 해내며 배우와 관객의 대화 과정을 통해 배우와 관객은 상호 작용을 통해 카타르시스를 전해주었는데,[10] 그의 대표작인 〈항구의 일야〉는 악극으로 만들어지고, 노래는 음반으로 취입된 이후 영화로도 만들어지는 등 다양한 시각에서 재생산되었다.

이러한 막간을 통한 생성된 다양한 공연 형태는 짧은 호흡을 지녔지만 관객의 호응을 얻었고, 단체에서는 막간에 더욱 집중하는 현상까지도 나타났다. 이는 조금 더 자극적이거나 통속적 면모가 강하게 드러나 공연계의 발전을 저해하는 비판적 시각도 낳게 하였다. 이는 단순한 노래와 춤으로 이루어진 소녀가극에서 드러났는데 본 공연보다 막간을 보기 위해 극장을 찾는 기현상이 나타나 이러한 공연에 대해 '에로그로'라 칭하며 비판의 대상이 되기도 하였다. 그럼에도 관객은 아이러니하게도 '연극보다는 막간을 조하고 막간을 보기 위하야 보기 실

10) 김호연, 『한국 근대악극 연구』, 민속원, 2009, 91쪽.

흔 연극을 참꼬 보는 것'[11])이라는 현상까지 나타난 것이었다. 이러한 현상은 신극에서 다양한 노력이 있었음에도 관객의 흥미를 끌거나 감흥을 주는 단체가 드물었음을 말하여 주는 모습이었다. 이는 연극이 리얼리즘에 바탕을 둔 설익은 근대극을 시도하거나 신파극에서 비롯된 흥행극들이 발전적 형태로 나아지 못한 것에 기인할 것이다.

이러한 현상에 대해 1935년 『예술』에서는 7명의 문인들에게 공연계를 조망하는 여러 질문 속에서 '막간무대를 어떻게 생각하나?'라는 던졌는데 연극의 발전이나 영화의 발전만큼 막간이 당시 공연계의 쟁점 사항임을 보여주는 단적인 면모라고 할 것이다.

그런데 대부분 막간의 폐해를 비판적 시각에서 바라보았지만 필요악이란 면에서 바라보는 측면도 존재하였다.

幕間舞臺란것에 對하여서는 나는 撤廢를 主張하는 者의 하나입니다. 幕間의 支離를 觀客에게 주지않기 위한 劇團關係者의 세심한 奉仕라면 一理도 잇음즉하지마는 劇의 幕間이란 것은 그렇게 喧騷한 雜音과 亂雜한 風景으로써 채워저야할것이 아니오 지금 舞臺우에 나타낫든 人生의 一片을 社會의 一面을 다시 咀嚼하고 다시 吟味할뿐만아니라 다음의 場景에 對한 期待와 好奇心을 동시에 가지게할 가장 必要한 休止며 또는 沈默인 것이다. 이를 모르고 最近 某劇團과같은데서 幕間을 一時間餘나 길게하는 變調를 맨들어낸 것은 劇界를 위하야 憂慮할임이틀림업다.[12]

대부분 관객들은 극을 하나의 여흥으로 생각하여 현실에서 벗어나고 순간을 즐기는 수단으로 간주하였다. 이는 심미적 만족이 가져다주

11) 柳致眞, 「劇團시평 - 이원만보」, 『中央』, 1934.2.
12) 徐恒錫, 「當面現實을 認識把握하자」, 『藝術』 1, 1935.1.

는 쾌락, 기쁨에 대한 기대가 대중을 공연으로 오게 하는 분명한 계기로 인식한 것이었다. 이런 부분은 악극의 존재 의미로 관객이 수용자로 극장을 찾은 문화사회 구조 속에서 악극이 하나의 상징적 기호로 작용한 모습이다.

2. 레코드사 소속 악극단의 활동

악극의 초기 형태는 막간극이나 희가극과 같이 단순한 공연형태로 출발하였다. 이는 막간 무대에서 노래를 부르거나 레뷰, 스케치 등과 같이 음악적 요소가 결합되어 흥미를 끄는 것에 중점을 두었다. 그렇지만 관객의 지루함을 달래는 의도와 달리 이러한 형태는 단순히 시간 때움을 넘어 장르적 형식으로 발전을 이루게 되었다.

이러한 면모는 가요가 대중과 호흡하는 계기였고, 문화산업적 측면으로 확장되는 시기와 맞물리며 새로운 전환을 이루었다. 한국에서 음악에 대한 대중적 인식은 교육단체와 종교단체에서 집단적 교육이 이루어지며 확산되었고, 레코드를 통해 대중적 음악 형태가 분화를 이루며 다양성을 확보하였다. 특히 레코드를 통한 문화 소비는 새로운 문화수용으로 자리 잡게 되었는데, 빅타, 콜롬비아, 오케, 폴리돌 등의 여러 레코드회사에서 판소리, 대중가요, 잡가, 민요, 신민요, 만요, 만담, 극 등 다양한 장르의 음반을 발매하면서 이루어졌다.[13]

---

13) 여기에 대한 논의는 최동현·김만수,『일제 강점기 유성기 음반 속의 대중희극』(태학사, 1997), 최동현·김만수,「일제 강점기 SP음반에 나타난 대중극에 관한 연구」, 한국극예술학회 편,『한국극예술연구』(태학사, 1998)가 선구적 업적이다. 이것은 한국고음반연구회 편,『유성기음반 가사집』(민속원, 1999)에 바탕을 둔 것이다. 이는 CD자료로 김만수,〈유성기로 듣던 연극 모음〉(신나라, 1998), 노재명,〈콜롬비아 유성기 원반(13) 극예술연구회: 1934년, 그해 이땅의 연극〉, 박찬호·최동현·김만수,〈유성기로 듣던 불멸의 명가수〉(신나라, 1996)로 출시되었다.

레코드 회사에서는 음반을 홍보하기 위해 새로운 음반이 나올 때 은반의 목록과 곡에 대한 소개, 가사를 싣는 등의 내용으로 신보월보를 소책자로 발간하였다. 이와 함께 소속 가수들을 중심으로 관객과 소통하는 연주회를 개최하면서 대중과 함께 호흡하고자 하였다. 특히 연주회는 대중과 직접 소통하는 집단적 장치로 대중의 호응도가 높았다. 이는 1930년대 유성기 보급률이 높아졌다고 하여도 서민들에게 있어서 보편적 형태가 아니었고 목소리로만 듣는 가수를 실재 볼 수 있다는 측면에서 가장 효과적인 방식이었다.

이러한 형태는 1930년대 중반부터 소속 가수들을 알리는 단순한 공연형태에서 벗어나 연극과 음악이 어우러진 다채로운 무대를 만들게 되었다. 이것은 악극이 하나의 장르로 완성하는 시기로 연극이 어느 정도 대중문화의 중요한 부분으로 자리 잡고, 가요가 하나의 상품으로 정착되어 여러 범주들이 혼합·해체되어 악극 혹은 가극이란 이름으로 나타나게 되는 것이다.[14]

이러한 대표적인 단체들로 레코드사 소속 악극단을 들 수 있다. 이들은 레코드사 소속 가수를 중심으로 공연을 펼치면서 음악극을 창작하여 새로운 가치를 만들었다는데 의미가 있을 것이다. 먼저 라미라가극단은 고전설화에 바탕을 둔 음악극을 창작하여 대중성과 전통성을 함께 보여준 단체로 변별적 특징이 있다. 라미라가극단의 출발은 콜럼비아레코드(Columbia Record)에서 비롯된다. 한국에서 콜럼비아레코드는 미국의 콜럼비아가 1928년 일본축음기상회와 합작으로 '일본 콜럼비아'를 설립하고, 비슷한 시기 일본축음기상회(이하 일축) 경성지점의 이름

---

14) 김준오, 「장르의 생성 · 발전 · 소멸-문학사와 장르 변화」, 『한국문학사 서술의 제문제』, 단국대출판부, 1993, 28쪽.

으로 콜럼비아 조선레코드가 발매되면서 출발한다. 이들은 로얄레코드 쪽판·양면판, 닙보노홍, 일츅조선소리반 등의 이름으로 다양한 형태의 음반을 발매하였으며 초기에는 판소리 등을 비롯하여 전통음악이 중심을 이루고 있었다. 그러다가 대규모 생산과 음질이 뛰어난 전기식 녹음방식의 출현으로 콜럼비아레코드와 일츅은 합작하여 콜럼비아정규반, 일츅조선소리판 보급반, 콜럼비아 대중반 리갈음반, 콜럼비아 보급반 등 일제 강점기에만 1,500여종의 음반을 발매[15]하게 되었고, 그 중심에 대중가요가 놓이게 되었다.

콜럼비아는 1929년 '콜럼비아 조선레코드 제1회 신보'에서 남도잡가, 서도잡가, 신유행 동요, 창가, 영화 해설, 영화극, 합창 등을 발매하였고, 제2회 신보에서 가요로는 처음으로 〈낙화유수〉(김서정 작사·작곡)를 발매하였고, 대중가수인 채규엽, 전옥, 강홍식 등이 전속으로 두면서 새로운 면모를 드러내었다. 이들은 먼저 홍보를 위해 1929년 12월 '콜럼비아 음악대회'를 장곡천정공회당에서 열어 명창 김초향, 김정문, 박녹주 등을 출연시켜 큰 성황을 이루었고,[16] 이후 전속 가수들을 중심으로 '유행가의 밤', '대연주회'라는 이름으로 공연을 펼쳤다. 그렇지만 이들의 활동은 타 레코드사에 비해 적극적인 모습은 아니었다. 이는 당대 인기 있던 채규엽이 소속되어 있기는 하였지만 가수의 층이 그리 두텁지 못한 점에서 비롯되었다. 그러다보니 1930년대 중반 이후까지 색다른 모습을 보여주지 못하였다.

그러다가 1940년 설의식, 서항석 등이 중심이 되어 콜럼비아가극단

---

15) 배연형, 「콜럼비아 레코드의 한국음반 연구(1)」, 『한국음반학』 5, 한국고음반연구회, 1995, 61쪽.
16) 『조선일보』, 1929.12.22.

이 결성되면서 새로운 면모를 보이기 시작하였는데 먼저 설의식을 중심으로 조선예흥사가 조직되었고 이 단체를 콜럼비아레코드사 아래 두면서 악극단의 활동이 본격화되었다.

이들이 지향한 바는 〈견우직녀〉(1941), 〈콩쥐팥쥐〉(1941), 〈은하수〉(1942) 등과 같이 고전 설화에 바탕을 둔 향토가극이었다. 이러한 작품은 설의식, 서항석, 안기영이 가사와 연출, 작곡 등을 담당하여 가요극에서 벗어나 양질의 악극을 추구하고자 노력하였다. 〈견우직녀〉(1941.8.28.~31, 부민관)는 〈신생제일과〉(이부풍 작, 채정근 연출, 7경)과 함께 콜롬비아악극단에 의해 초연 되었으며, 그 다음해 8월에 서항석 구성, 설의식 가사로 『춘추』 19호에 발표되었다. 이 작품은 오페레타 형식의 구성과 배우들의 진일보된 연기로 악극이 하나의 장르로 정착할 수 있는 기틀을 만들어 주었다. 또한 〈은하수〉는 앞서의 〈견우직녀〉가 지상의 이야기라면 천상편이란 부제에서 보듯 본래의 견우직녀 설화에 바탕으로 두어 전개된 작품으로 〈견우직녀〉와 완결된 하나의 이야기 구조를 이루고 있다. 1942년 1월 15일 라미라악극단에서 의해 부민관에서 초연되었으며, 小梧生(설의식), 〈은하수〉, 견우직녀 제이부 천상편, (『춘추』 15, 1942.4.)으로 발표되었다. 이 공연은 클래식 음악 전공자인 이인선, 송진혁, 성애라 등과 계수남, 윤부길, 태을민, 박용구 등이 공연에 참여함으로 다양한 색깔을 표출하는 바탕이 되었다.

이렇게 라미라가극단의 초기 활동은 설화를 바탕으로 한 작품에 중점을 두었는데 이러한 측면은 고전이 가지는 이미 검증된 이야기 구조와 이에 따른 대중적 재미에 바탕을 둘 수 있다. 이는 악극이 열린 수용성을 바탕으로 한 토대에서 익숙한 스토리텔링을 통해 관객의 기대지평을 넓힐 수 있는 바탕으로 작용하였다. 그럼에도 이러한 양상은 새로운 지평을 여는 데는 효과적이었지만 그들이 추구한 작품이 오페레타 형식을 취하였기에 관객의 큰 호응을 얻지 못하는 한계는 존재하였다.

이러한 활동은 주체가 설의식, 서항석을 중심에서 사업가인 김윤주, 기획과 운영이 최일이 맡으면서 방향 전환을 하게 된다. 이는 설화에 바탕을 둔 가극에 중점을 둔 흐름에서 대중가요를 포괄하면서 나타난 현상이었다. 이는 작사와 악극연출가로 명성이 높던 이부풍과 김용환이 작곡에 참여하면서 〈아리랑〉, 〈북두칠성〉, 〈오동나무〉, 〈뻐꾹새〉, 〈바보 용칠〉 등을 비롯한 작품에서 그대로 나타났다. 이에 따라 클래식 전공자들이 대부분 물러나고, 김용환, 전옥, 박광욱, 강남춘, 서해림, 김덕심, 박옥초, 윤연희, 함국절, 장동휘 등이 중심이 되어 라미라가극단은 운영되었다. 이 시기 대표적인 작품으로는 〈오동나무〉를 들 수 있는데 박노홍 작, 박시춘 작곡 전 9경의 작품으로 여기에 수록된 〈고향초〉는 해방 이후 취입되어 대중의 사람을 받기도 하였다.

이들은 대중가요에 바탕을 둔 악극에 머물던 악극계에서 새로운 형식의 악극을 보여주었다. 그렇지만 가치를 떠나 이들의 활동이 관객과 제대로 호흡하고 이것이 확장성을 지니고 앞으로 나아가지 못한 점에서는 아쉬움으로 남는다.

이들의 활동과 함께 빅타(Victor)레코드의 전속 단체였던 반도가극단의 활동도 주목할 수 있다. 이들은 〈춘향전〉, 〈심청전〉, 〈자매화〉 등과 같이 대중에게 익숙한 고전에 바탕을 둔 작품을 수용하여 민족정체성을 새롭게 일깨우고자 한 측면에서 의미를 둘 수 있다. 빅타레코드는 콜럼비아와 함께 20세기 레코드 산업을 이끌던 대표적인 레코드회사로, 우리 음반은 1900년대 초 미국 빅타 본사에서 직접 녹음한 기계식 음반들로 시작되었다.[17] 그러다가 일본축음기상회가 한국에서 레코드와 축음기 판매에 힘썼고, '일본 빅타'를 통해 한국 음반을 취입하면서 인연을 맺게 되었다. 초창기의 음반은 이동백, 이화중선 등 판소리 명창이 중심을 이루고 있었다. 그러다가 1930년대 중반부터 대중가요가 활성화되면서 가요 음반의 제작은 증가하였다.

빅타의 대표 음반으로는 〈황성옛터〉, 〈진주라 천리길〉, 〈알뜰한 당신〉, 〈맹꽁이 타령〉, 〈울산 타령(울산큰애기)〉 등이 있는데, 특히 왕평 작사, 전수린 작곡의 〈황성옛터〉는 이애리수가 막간 무대에서 불러 대중에 알려진 곡으로 1932년 빅타 4월 신보로 발매되어 5만장 이상의 판매를 올렸다. 이 노래는 가요가 대중들을 흡입함과 동시에 민족의식을 일깨우는 역할을 하였으며 공연무대에서 가요의 위치를 굳건히 하는 계기가 되었다.

이러한 바탕에서 빅타레코드에서도 가수들을 중심으로 연주회를 열게 되었는데, 1933년부터 나신애, 손금홍, 이은파, 강석연, 최남용 등 전속 가수들이 신민요와 대중가요를 중심으로 한 공연이 이루어졌다. 이후 1938년 4월부터는 빅타 대연주회라는 이름으로 중앙무대와 지방무대를 오가며 공연을 펼치다가, 1939년에는 빅타 스프링 콘서트라는 이름으로 활발한 활동을 펼친다. 이 시기는 박단마, 이인근과 포리돌에서 옮긴 이면상, 전기현, 황금심 등이 중심을 이루었고, 임생원, 신카나리아 등의 촌극 무대도 인기가 있었다.

그러다가 서민호와 박구가 빅타가극단 그리고 반도가극단으로 이어진 활동에 중심을 두면서 새로운 가극 운동을 펼쳐나갔다. 이들은 당

17) 1893년 6월 미국 시카고에서 열린 만국 박람회에 알렌의 주선으로 국악인 10명이 미국으로 갔는데, 이들 일행 중에 박춘재가 빅타(VICTOR) 회사에서 녹음을 하였다고 하나 정확한 기록은 찾을 수 없다. 최동현·김만수, 『일제강점기 유성기 음반 속의 대중희극』, 태학사, 1997, 43쪽.

시 인기 가수들을 중심으로 한 버라이어티 무대가 대세였던데 반해 순수한 악극을 바탕으로 줄곧 고전에 바탕을 둔 레퍼토리의 가극운동을 펼쳤다는 점에서 변별적이었다. 이는 〈춘향전〉, 〈심청〉, 〈자매화〉, 〈봉선화〉, 〈화랑도〉 등 대부분 전통 이야기를 중심으로 가극운동을 전개함으로 이루어졌는데 이는 잊고 있던 전통원형의 스토리텔링을 부흥시켜 민족정체성을 일깨우는데 기여하였다는 측면에서 가치가 있다. 특히 이러한 레퍼토리가 전시체제로 들어선 1940년대 초반에 집중되었다는 점에서 이들이 미약하나마 가극운동을 통해 민족정신을 새롭게 정립시키고자 한 점은 높이 평가할 수 있다. 이는 당시 대부분의 공연예술이 연극경연대회나 이동극단에서 보이듯 황국신민화에 젖어 있었던데 반해 이들의 레퍼토리는 예술성을 통해 공동체 의식을 일깨우는 계기였다.[18]

이와 함께 조선악극단은 앞서 단체들과 결을 달리하며 당대 가장 인기 있는 가수들을 중심으로 대중성을 지향한 단체로 의미를 지닌다. 이들은 오케레코드사 소속 전속 가수들로 구성되어 있었는데 오케레코드는 빅타나 콜럼비아레코드가 미국 회사레코드 회사를 바탕을 두면서 일본 자본에 의한 지사형식에서 벗어나 1933년 일본 제축회사(제축)와 기술 제휴를 통해 레코드를 제작, 판매한 자생적 단체로 변별적 태생을 보였다. 이들은 제축과 제휴 이전에 그라마폰 오케축음기상회란 이름으로 음반을 제작하고 있었는데 1933년 제축과 제휴 관계를 맺고, 기획, 마케팅에만 열중하여 다른 레코드회사와 영업 전략에서 차이를 두었다. 이들은 거대 자본의 기존 레코드와 경쟁하기 위하여 과감

---

18) 김호연, 『한국근대악극연구』, 민속원, 2006, 123쪽.

한 마케팅을 펼치는데 저가의 음반 제작과 철저하게 대중가요를 중심으로 한 제작에서 드러났다.

이에 따라 오케레코드에서는 당시 다른 회사의 레코드 가격이 1원 50전에서 2원 정도하였는데 반해 이들은 신보를 1원에 공급하여 선풍적인 인기를 끌기 시작하였다.[19] 이는 전반적인 레코드 판매에 변화를 일으키게 하였는데 콜럼비아도 1934년 콜럼비아 대중반인 리갈음반을 오케보다 싼 80전에 판매하였고 빅타도 1935년부터 대중반(Vitor junior)을 발매하기 시작하는 등 레코드사의 저가 가격 경쟁의 원인으로 작용하게 되었다.

또한 오케레코드는 콜롬비아나 빅타가 여러 장르의 음반을 만든데 비해 오케는 당시 가장 있기 있는 대중 가수들을 영입하였고, 이들에게 파격적인 대우를 제공하는 등 대중가요에 집중하여 대중적 호응을 얻었다. 예를 들어 고복수는 오케와 전속 계약을 맺고 〈타향살이〉와 〈이원애곡〉을 발표하여 발매 1개월 만에 5만 장 이상의 판매고를 올렸고, 조선일보가 주최한 전국 6대도시 애향가 모집에서 뽑힌 이난영의 〈목포의 눈물〉도 5만 여장 이상 판매하는 등 대중가요 히트곡의 산실로 자리매김하였다. 이와 더불어 남인수, 장세정, 고운봉, 김정구 등 가수들과 문호월, 손목인, 김해송, 박시춘 등 실력 있는 작곡가, 연주자들이 오케이레코드 소속으로 활발한 활동을 펼쳤다.

이러한 바탕 위에서 오케레코드에서는 1933년 조선일보 후원 세모자선공연을 기점으로 연주회를 열었는데 최호영, 서상석, 나품심, 신일선, 이난영, 신불출, 성광현, 임방울, 문호월 등의 출연진에서 드러나듯한 장르에 치우치지 않고 광범위하게 걸쳐져 있었으며 조선일보 각 지

19) 『동아일보』, 1933.2.1.

국의 후원으로 펼쳐진 공연은 가는 곳마다 큰 호응을 얻었다.[20] 이들의 활동은 확장성을 보이며 음악영화 촬영을 위해 일본으로 건너가는데 영화 〈노래의 조선〉을 만들기도 하였다. 이 때 영화 촬영과 동시에 '재류 조선인 동포 위안 - 오케순회대연주회'를 東京, 大阪, 神戶, 京都, 名古屋 등에서 공연을 갖는 등 활발한 활동을 펼쳤다.[21]

그러다가 1936년 오케레코드의 경영권이 제축에게 넘겨지고, 오케레코드를 이끌던 이철은 문예부장으로 물러나면서 레코드회사에서 손을 떼고 '오케연주회'에 전념하게 된다. 이들은 1938년 '오케그랜드쇼단'이란 이름으로 부민관에서 공연을 가지는데 고복수, 이난영, 남인수, 김정구 등의 가수들과 박시춘, 손목인, 문호월 등의 작곡가들 그리고 전속악단인 CMC(조선뮤지컬클럽)밴드 등 조직적인 체계를 가지고 공연활동에 나섰으며, 박시춘, 이복본, 송희선, 김해송 등이 중심이 된 '아리랑보이즈'가 있어 노래와 음악, 가벼운 촌극 등을 보여주기도 하였다.

이러한 활동의 바탕에는 이철의 적극적인 기획이 바탕에 놓인다. 그는 연희전문을 중퇴하고, 밴드부에서 색소폰을 연주한 연주자로 활동을 하였고, 백장미사에서 배구자 공연을 기획하여 주목을 받는 등 한국 문화기획자로 선구적 업적을 가진 인물이다. 그의 면모는 오케레코드와 조선악극단의 활동으로 이어지는 대중문화에서 빛을 발하였는데 인기 가수들을 발굴하여 적극적인 공세를 통해 이들을 집단화를 완성하였고, 이러한 구성원들을 무대공연으로 이끌면서 대중의 기호를 충

---

[20] 「街頭의 餓浮 爲해 歲暮慈善公演大會」, 『조선일보』, 1933.12.15. 「本社後援 慈善競演大會 出演者의 全貌」, 『조선일보』, 1933.12.17.~21.

[21] 이 때 일본에서 공연한 인물들은 고복수, 이난영, 김연월, 강남향, 박생원, 김해송, 임방울 등의 가수극부원과 음악부의 최호영, 손목인 등이었다. 『조선일보』, 1936.2.5.

족시키는 행위를 마련한 것이었다. 그는 국내 공연에만 머물지 않고 일본의 공연기획사인 요시모토흥업과 계약을 맺어 일본 공연을 추진하는 등 한류의 원조로 의미 있는 활동을 기획한 것이었다.

이들은 조선악극단을 중심으로 오케가극대, 오케악극대, 자매극단으로 신생극단[22]을 만들었고, 오케무용학원을 두어 조선악극단의 화려한 무대를 뒷받침하게 하게 하는 등 체계적인 문화집단을 이루었다. 그렇지만 이들의 활동은 대중성과 더불어 일제에 협력하는 여러 활동을 펼치기도 하였다. 이들의 레퍼토리에서 샤미센 반주에 곡을 붙인 형태인 나니와부시 〈백제의 칼〉, 〈신풍(神風)〉(1경), 〈阿片の港〉(7경), 〈노예선〉(조명암 작·연출, 9경), 〈인정(人情)나룻배〉(신고송 작·연출, 4경), 〈金の國銀の國〉(萬代伸 작·연출, 8경) 등이 그러한 예다. 이러한 작품은 작품성이 돋보이거나 한국적 정서에 맞는 작품은 아니었으며 일본 전통 공연방식을 수용하거나 일본어로 공연하는 등 국책에 영합하는 공연을 양산하는 등 편협한 모습을 보였다.

조선악극단에서 조명암은 중심적 인물로 바라볼 수 있는데 그는 1934년 『동아일보』 신춘문예에 시 〈동방의 태양〉으로 등단하였고, 모더니즘 계열의 시를 쓰다가 가요 〈바다의 교향시〉, 〈무정천리〉, 〈꿈꾸는 백마강〉, 〈알뜰한 당신〉 등 많은 가요의 작사와 악극 대본을 남긴 인물로 기억할 수 있다. 광복 이후 1945년 조선연극동맹 부위원장 역임하고 1948년 월북하여 민족예술극장의 총장, 문예총 부위원장을 역임하며 많은 월북 작가들이 숙청당한데 비해 1993년 80세로 죽을 때까지

---

[22] 1943년 6월 부민관에서 창립공연을 갖은 신생극단은 에토 기키노스케, 송영의 작품 등의 작품을 중심으로 중앙무대와 만주공연 등에서 활동하였다. 1945년 2월에는 동양극장에서 〈현해탄〉(조명암 작, 나웅 연출, 김정환 장치, 3막)을 가지고 제3회 연극경연대회에 참가하기도 하였다.

많은 활동을 하기도 하였다. 그럼에도 그의 활발한 악극 활동은 예술성이 뛰어나거나 친일적인 색채를 지닌 작품들이 많았다는 점에서는 한계가 존재한다.[23]

1943년 조선악극단을 이끌던 이철이 죽으면서 조선악극단의 활동은 앞서의 활동을 그대로 답습하고 더 이상 확장성을 드러내지 못하였다. 이는 조선악극단에서 이철이 차지하는 위치를 보여줌과 동시에 일제강점 말기라는 시기와 맞물린 결과였다. 이들은 명맥을 잇지 못하다가 해방 이후 재건을 펼치는 노력을 기울였지만 해산하고 만다.

조선악극단은 악극을 대중들에게 쉽게 접근시키는데 큰 역할을 하였다. 다른 악극단들이 가극에 바탕을 두어 조금 지루한 무대 구성을 하였다면 이들은 다채로운 레퍼토리로 관객을 사로잡았으며, 가요의 대중화에 크게 이바지하였다. 이는 먼저 다른 음반회사와의 차별화 전략을 통한 과감한 투자를 통해 이룰 수 있었으며, 남인수, 이난영, 김정구, 백년설, 고운봉 등 인기 가수들, 김해송, 박시춘, 손목인과 같은 연주가들이 모였기에 가능하였다. 이는 이철의 과감한 투자와 기획력에 바탕을 두어 진행되었는데, 이는 초기 가요 매니지먼트 형태의 한 단면을 잘 보여주는 것이라 할 수 있다. 그러나 이들의 공연은 너무 쇼적인 요소에 머물러 작품성이 돋보이거나 우리 정서에 맞는 작품이 드물었다는 점에서 한계가 있었다. 이런 요소는 1950년대 이후 극장식 쇼 무대에서 선보이던 악극의 아류 형태 전범(典範)으로 영향을 끼친다. 조선

---

23) 그가 쓴 주요 작품을 보면 〈秋夕祭〉(1941.10.7, 대륙극장), 〈奴隷船〉(1944.1.15~31, 東洋劇場), 〈阿片の港〉(1944.3.22~ 26, 東洋劇場), 〈興甫傳〉, 〈桃花萬里〉(1945.3.15, 明治座), 〈孟姜女〉(1945.5.16, 東洋劇場), 〈劉忠烈〉(1945.8.5, 若草國民劇場), 〈熱砂の花園〉(1945.8.9, 東洋劇場) 등이며, 〈混血兒〉, 〈一つの流れ〉, 〈やじきな出征記〉 등은 연출하였다.

악극단은 해방을 맞으면서 새로운 악극단으로 나아가는 계기가 마련해 주었는데, KPK악극단, 무궁화악극단 등 활발히 활동하던 가수나 연주자들은 대부분 조선악극단 출신들이 중심을 차지하고 있었으며 이곳을 거친 가수들은 대중가요 흐름에 큰 발자취를 남기게 된다.

이렇게 그동안 막간무대라고 비난을 받던 악극이 보여주었던 단순성은 1930년대 중반 이후 많은 부분에서 극복되었다. 단순히 연주회 형식을 빌어 레코드 홍보에 나섰던 형태도 악극단이 형성되면서 본격적인 공연예술 집단으로 성장하게 된 것이었다. 악극은 1930년대 중반 이후 하나의 예술 장르로 정착하게 되는데 라미라가극단(콜럼비아악극단), 반도가극단(빅타가극단), 조선악극단 등이 그 중심에 놓이며 대중문화의 중심축으로 의미를 둘 수 있다.

Ⅳ. 맺는 말

악극은 음악으로 표현된 공연예술 양식으로 바그너(R. Wagner)의 음악을 기존의 오페라와 구별하기 위하여 악극(Musikdrama)이란 명칭을 사용하면서 시작되었다. 이는 일본어 번역으로 근대에 유입된 단어이지만, 우리는 통칭 악극이라고 하면 가요에 바탕을 둔 음악극에만 한정지어 의미를 두었다.

악극의 생성 바탕에는 새로운 음악 형태의 수용이 그 중심에 놓인다. 특히 창가의 유입은 그동안 종래의 문학 형태가 보이던 창자와 청자가 분리된 모습을 거부하고 함께 부르는 노래를 지향하여 음악이 민중 속으로 파고드는데 기여하였다. 이를 통해 음악에 대한 인식은 넓어졌고, 대중문화의 형성이란 측면에서 깊이 있게 바라 볼 수 있다.

1920년대부터는 공연에서 음악이 수용되면서 악극의 단초가 발견되는데, 1927년 취성좌가 악극을 레퍼토리로 수용한 이후 대부분의 대중극단들이 악극을 하나의 공연양식으로 활용하게 된다. 특히 1930년대 많은 극단들이 막간공연을 선호하게 되는데, 이런 막간 무대는 단순히 시간 즐기기의 차원에 머물렀지만 카니발이론으로 설명되듯 현존하는 정치적·경제적·사회적 억압으로부터 벗어나 일시적 해방을 주었고, 다시 삶을 지탱할 수 있게 위안을 주었다.

이는 가요의 발전과 함께 관객의 퇴영적 도피주의에 바탕을 둔 결과였다. 그러나 오락이라는 개념은 일반적으로 실제 세상의 체험으로부터 철저히 격리되어 있는 대리적 정서 체험으로 이해되므로 도피주의라는 개념은 오락이라는 개념과 뗄 수 없이 밀접하게 연결되어 있는 모습이다.

막간극이나 희가극과 같이 단순한 공연형태로 출발한 악극은 1930년대 들어 하나의 장르로 자리를 잡는다. 이런 흐름은 관객의 연극에 대한 수용의 폭이 넓어졌고, 대중가요가 대중문화의 한 축으로 자리를 잡으면서 이루어진다. 특히 레코드사 소속 악극단(라미라가극단, 반도가극단, 조선악극단)은 1930년대 후반부터 일제강점기 민족정체성을 일깨우는 하나의 방법으로 표출되어 소극적 저항의지를 보여주었다. 특히 이는 상호텍스트성(intertextuality)을 통해서 심미적 근대성을 구현하였다는 측면에서 의미 있는 작업이었다.

일제 말기 종이연극(紙芝居)의
실연(實演)과 제국의 이벤트 Ⅰ

문경연

일제 말기 종이연극(紙芝居)의 실연(實演)과 제국의 이벤트 Ⅰ

Ⅰ. 들어가며

전시체제기 일제의 국민 총동원령은 사람과 물자의 '이동'을 가속화했고, 증대된 이동만큼이나 국책을 선전하고 전달하는 '이동 미디어'도 활발하게 제작되었다. 이는 국민/신민의 경계를 확장하는 광범위한 '국민화 프로젝트'이자 '일상의 문화정치'였다. 문화정치는 일본 제국의 충량한 국민/신민이자 더 나아가 스스로를 '전쟁하는 국민/신민'으로 재정위하는 미시적인 생활정치를 포함했고, 이 역할의 대행자로 대중문화 미디어가 부각된 것이다. 대중문화의 각종 미디어는 국가 개입과 통제를 통해 국책미디어로 기능이 변환되었고, 이 기능 변환을 가장 극적이고 가시적으로 보여준 것이 이동하는 미디어였다.

본 연구는 일제 말기의 '이동'하는 극장이었던 '이동연극부대'의 연극과 '종이연극(紙芝居)'에 주목하여 프로파간다 연극의 이동성이 식민지 현실의 장에서 어떻게 실천되고 구현되었는지를 밝히는데 목적을 두었다. 여기서 말하는 이동연극은 조선연극협회, 조선연예협회, 총력연맹 문화부, 조선연극문화협회 등이 일제의 문화정책에 적극 협력하는 방식으로 기획하고 순연(巡演)했던 관주도 이동연극 활동으로 한정한다.[1] 그러므로 일제 말기 다수 민간 상업극단들이 극단경영과 상업적 목적을 위해 조직했던 순회공연이나 이동부대 등의 활동은 제외하고자 한다. 이동연극에는 전조선으로 파견된 '이동극단'의 무대연극(정극, 악극 등)과 더불어 그 하위범주에 속하는 '종이연극(카미시바이, 紙芝居)'이 포함되어 있었다. 일제 말기 이동연극에 대한 그간의 선행연구는 이동연극부대의 구성과 조직, 이동극단의 성쇠와 활동변화 등을 실증하면서 상당한 성과를 축적했고[2] 드물지만 종이연극에 대한 연구가 진행되었다. 특히 일본학 연구자의 종이연극 관련 연구논문은 주목할 만하다.[3] 본고는 선행연구의 결과들에 힘입어 '이동'을 전제로 했던 두 종류

---

1) 조선연극문화협회의 이동극단은 애초에 "國策적인 연극활동의 挺身隊로 탄생"되었다. 「戰ふ移動演劇隊」, 『文化朝鮮』 1943年 8月號(第五卷第四號).

2) 김호연, 「일제 강점 후기 연극 제도의 변화 양상과 그 의미」, 『인문과학연구』 30, 강원대학교 인문과학연구소, 2011; 이덕기, 「일제하 전시체제기 이동연극 연구 - 이동연극 제1대와 극단 현대극장을 중심으로」, 『한국극예술연구』 30, 한국극예술학회, 2009; 이화진, 「전시기 오락담론과 이동연극」, 『상허학보』 23, 상허학회, 2008; 이화진, 「일제 말기 이동극단 활동의 전개 양상과 그 한계」, 『한국학연구』 30, 인하대학교 한국학연구소, 2013. 연극 외에 '야담', '만담' 부대를 통해 연예활동이 이동극단으로 조직된 사례와 연구는 다음 논문을 참조할 수 있다. 공임순, 「재미있고 유익하게, "건전한" 취미독물 야담의 프로파간다화」, 『민족문학사연구』 34, 민족문학사연구소, 2007; 공임순, 「전시체제기 징병취지 '야담만담부대'의 활동상과 프로파간다화의 역학」, 『한국근대문학연구』 26, 한국근대문학회, 2012.

3) 권희주, 「식민지조선의 '가미시바이' - 시각미디어를 이용한 정보선전을 중심으로」, 『일본학보』 105, 한국일본학회, 2015, 「교육 가미시바이(紙芝居)와 아동의 사상교

의 프로파간다 미디어 즉 이동연극과 종이연극에 대한 연구를 시도하고
자 한다.

선행연구를 검토하자면, 먼저 한일아동문화연구자 오오타케 키요미
의 『근대 한일 아동문화와 문학 관계사 1895~1945』(청운, 2005)를 언급할
수 있다. 이 저서에서 '전시 통제하의 식민지 아동문화'를 서술하는 장
의 소절인 '국책선전 교육과 그림연극의 활용'은 '종이연극'을 서술하는
데 상당부분을 할애하고 있어 참고할 만한 선구적 선행연구라고 하겠
다. 오오타케 키요미는 아동문화연구의 일부로 아동대상 교육용 목적
의 카미시바이에 주목했기 때문에, '카미시바이(かみしばい, 紙芝居)'를 '그
림연극'으로 번역했다. 그러나 일제 말기 조선에서는 '그림연극'이라는
명칭이 사용되지 않았고, '종이연극', '조희연극', '조희광대', '가미시바
이', '지연극(紙演劇)', '화극(畵劇)' 등으로 혼용되어 명명되었다. 덧붙여 최
근 몇 년 간 일본학 연구자들에 의해 종이연극에 대해 심층적인 연구
논문이 발표되었다.[4] 이 연구들은 일본 종이연극(카미시바이) 출현의 역
사 연구를 기반으로 제국의 소국민 육성 교육, 오락과 국책으로의 일본
종이연극을 연구하였고, 전시 체제하 식민지 조선으로 전파된 상황, 발
굴한 종이연극 작품을 중심으로 식민지 지역연구와 오락을 중심으로
한 식민자의 통치 전략을 분석하였다. 이상의 선행연구들은 공통적으
로 종이연극이 무엇보다 일본 제국의 국책을 선전하는 효과적인 통치
수단으로 기능했음을 밝혀냈다.

1942년 '조선연극문화협회'가 재정비한 이동극단의 이동연극, 그리고
중일전쟁 이후 학교 교육에 활용하거나 피식민자들의 시국인식을 철

육 - 일본소국민문화협회를 중심으로」, 『외국학연구』 33, 중앙대 외국학연구소,
2015; 이대화, 「전시체제기 식민지 조선의 선전매체, 종이연극(紙芝居)」, 『사회와
역사』 108, 한국사회사학회, 2015.
[4] 권희주, 앞의 논문.

저히 하기 위해 총독부가 적극적으로 유치한 종이연극. 이 두 연극은 '총동원'이라는 전시체제기의 '비상시'적 시대상황 하에서 공연되었던 계몽적 프로파간다 연극이었다. 이동연극과 종이연극은 '이동성'이라는 교집합을 두고 각자 다른 규모와 연극적 장치, 공연 전략을 통해 제2차 세계대전이 종결되는 시점까지 수행되었던 제국의 움직이는 무대였다. 일제 말기 조선연극계의 오래된 침체와 국민연극으로의 재탄생 및 자구책 마련에 절치부심하던 상업극단들과 달리, 이동부대와 종이연극의 활동 빈도, 동원 관객수는 상대적으로 아주 높았다. 물론 선전선동 활동의 창작자와 수용자가 관제 시스템 하에서 동원된 인력임을 감안할 필요는 있다.

총력전 하에서 인쇄된 출판 자료나 기록물 자체가 드물고 희박하게나마 존재했던 자료들이 폐기·유실된 경우가 많기 때문에, 식민지시대 극예술을 연구하는 연구자들은 자료 접근 자체가 불가능한 근본적 어려움에 처할 때가 많다. 이런 연구의 난항을 본고가 다소나마 해결해 줄 수 있기를 기대한다. 특히 일제 말기에 '중앙'에서의 활동이 아닌 지방의 연극 공연들은 매체에 포착되어 기사화되거나 문자로 기록되는 것은 더더욱 어려웠다. 이동연극의 경우 그것의 정책과 기획은 중앙에서 이루어지지만 최종 실천인 공연은 조선의 농산어촌 오지에서 실시된다는 시공간의 괴리로 인해 그 실상을 포착하는 것이 거의 불가능했다. 그런 점에서 그간의 이동극단 연구는 이동연극 관련 제도와 조직구성 및 전반적인 활동 양상을 그려보는 데 그 초점을 맞추고 있었다. 본고는 일제 말기 '이동'하는 연극 미디어의 실연(實演)과 공연 방식을 재구하고, 종이연극의 조선적 출현 및 기획과 공연 방식 등을 고찰하고자 한다.

Ⅱ. '이동연극부대 현지보고'를 통해 본 제국의 문화통치

1. '벽촌에서 싸우는 연극', 이동연극의 한 사례

'조선연극협회'는 1941년 6월에 발족한 '일본이동연극연맹'의 운영 방식을 참조하고 총력연맹의 지원을 받아서 지방에 극단을 파견할 계획을 세웠다. 그리고 같은 달 이동극단소속 배우를 선발했고 '이동극단 제1대'를 조직하여 8월에 경기도 지역을 순회했다.[5] 비슷한 시기에 '조선연예협회'도 총력연맹의 후원으로 '이동연예대'를 꾸려 평안도 순연을 실시했다. 하지만 이동극단이 본격적으로 점화되고 소기의 사업성과를 거둔 것은 1942년 '조선연극문화협회'라는 연극·연예 분야의 통합기구가 생겨나면서부터였다. 1943년에 조선연극문화협회가 발간한 「조선연극문화협회개요」와 「사업보고서」에는 이동극단 제1대와 제2대의 공연 개소(個所), 공연 횟수, 회당/년간 총동원 관객 수 등이 집계[6]되어 이동극단의 문화적 전투력을 과시했다. 한편 1941년에 성립된 내지의 '일본이동연극연맹'은 전시 하 프로파간다 예술로서의 이동연극 이념을 표명했고, 산하 협회의 조직과 인적구성, 이동연극대의 인력 구성과 이동 방식, 이동연극 작품 선정과 공연 수행방식 등에 관한 일련의 매뉴얼을 획정했다.[7] 이는 조선총독부 문화정책과 조선연극문화협회

---

5) 「이동극장 설치 준비」, 『每日新報』 1941.5.8; 「연협 이동극장 제일반 팔월에 출발」, 『每日新報』 1941.7.10; 「半島の國民文化運動 成果報告: 移動演劇隊, 新劇, 舞踊公演」, 『三千里』 1941年 7月號.

6) 이화진, 앞의 논문, 178~179쪽. '조선연극문화협회'의 조직과 활동지침 등에 대한 연구는 다음 논문을 참조할 것. 김재석, 「국민연극 시기 〈조선연극문화협회〉 연구」, 『어문논총』 40, 한국문학언어학회, 2004.

7) 홍선영, 「전시기 이동연극과 '국민문화'운동 - 일본이동연극연맹(1941.6~1945.8)을 중심으로」, 『일본어문학』 45, 한국일본어문학회, 2010.

활동 방안 등에 그대로 하달되면서 조선의 이동연극 초기 정착을 가능케 했다.

그동안의 많은 식민지 문화연구들이 증명해냈듯이 내지와 식민지의 신민(臣民)들이 총동원되어 전쟁 승리를 향해 진격하고 있던 전시체제기의 일본은 새로운 체제의 구축과 재편을 정치, 경제, 사회, 문화에 걸친 전방위적인 영역에서 시도했다. 모든 영역에서 구체적인 일련의 프로세스를 만들고 그것의 수행을 통해 대동아공영권의 환상을 실현시키고자 했다. 그렇다면 총동원 시기 일본이 패전 직전까지 적극적으로 활용코자 했던 이동연극의 경우, 그 구체적 수행의 양상이 어떠했는지를 살펴볼 필요가 있다.

일제 말기 조선의 '국민연극'이 내선일체의 '진심(誠)'과 '황민성'을 의심받으며 '저열한 연극'으로 비판받을 때, 유일하게 낙관적 전망 하에 연극적 실천에 찬사를 받은 것은 '이동연극'이었다. 제국의 문화정책 입론자들이 당시의 도회 중심 연극공연이 가진 각종 문제를 원천적으로 차단하면서 전혀 새로운 국민연극을 개척할 수 있는 연극으로 이동연극을 꼽았기 때문이다. 또 도시 뿐만 아니라 농산어촌의 대중들도 전쟁에 참여해야함을 고려할 때 "농산어촌과 공장 등에도 건전오락을 제공하고, 이동연극을 통해 싸우는 연극을 시도함으로써 전조선 민중의 것이 되어야"[8]하는 이동연극은 '가능성의 연극'이자 '국민문화의 미래형(未來形)'[9]이었다. 『문화조선(文化朝鮮)』 1943년 8월호에는 본지 기자(야마베)가 이동연극대의 순회이동에 참여한 이후, 6면에 걸친 '현지보고(現地報告)' 기사를 작성하고 화보 면을 할애하여 사진을 실었다.[10] 이 기

---

8) 星出壽雄, 「戰ふ朝鮮演劇」, 『文化朝鮮』 1943年 8月號(第五卷第四號), 42~44面.
9) 畫報, 「戰ふ移動演劇隊」, 『文化朝鮮』 1943年 8月號(第五卷第四號).

사는 이덕기의 선행논문에서 일부 인용된 바 있고 이재명의 단행본 (2011)에 자료의 형식으로 번역되어 소개되었지만, 원자료가 공개되지 않아 아쉬운 상태였다. 필자가 아단문고에 소장된 『文化朝鮮』을 직접 확인한 결과, 1943년 8월호는 '연극특집호'였으며, 이동연극대 현지보고 기사뿐만 아니라 아트지[11] 화보를 잡지 권두에 대대적으로 실었는데 그 기록자료의 가치가 상당함을 확인할 수 있었다. 기사의 필자인 야마베는 북경(北境) 압록강 근처 중강진의 자성군(慈城郡)을 향해 출발한 '조선이동연극 제일대(第一隊)'와 함께하며, 이동연극대원들의 일정과 활동을 기록하고 보고했다. '이동연극'은 민중의 최하위 말단까지 침투하여 적성(赤誠)을 고양하고 국민의 신체를 만들 수 있다는 점에서, 전쟁 말기 일제가 가장 강조했던 선전예술[12]이었다. 그렇기 때문에 고비용의 '동반 취재'와 '아트지 화보' 제공 및 보고기사가 가능했다고 본다.[13] 또 1943년 4월에 '이동극단 제1대'가 신태양사로부터 '제4회 조선예술상'을 받은 것은 이동연극이 성과에 대해 일제가 얼마나 만족하고 기대했는지를 보여준다.

---

[10] 山部珉太郎,「現地報告: 傀儡に戰ふ演劇」,『文化朝鮮』1943年 8月號(第五卷第四號), 52~57面.

[11] 호화판 도감류 책에 사용하는 아트지로 화보를 만들었다. 표면질감이 좋고 광택이 뛰어나서 사진 재현이 좋은 종이라서, 권두 화보용으로 많이 쓰인다. 일제 말기 조선총독부가 발행한 『경주남산의 불적 (慶州南山の佛蹟)』(1941)과 같은 책이 전면 아트지 도감으로 발행되었다.

[12] 金子道,「文化消息-演劇」,『文化朝鮮』1943年 8月號(第五卷第四號), 9面.; 神山榮三, 「列車內 紙之居」,『文化朝鮮』1944年 11月號(第六卷第四號), 48面.

[13] 일제 말기 경성에서 발간된 일본어 잡지『文化朝鮮』의 발간주체와 발간 의도 및 매체의 특징 전반에 대한 연구는 다음 논문을 참조할 것. 문경연,「『文化朝鮮』 (1939~1944)의 미디어 전략과 제국의 디스플레이 - 조선의 연극·영화 기사를 중심으로」,『한국문학연구』46, 동국대한국문학연구소, 2014.6; 문경연, "Korea/Culture as the Chosen Photographic Object: Focusing on *Culture Joseon*", *Korea Journal* Vol.55 No.2, Korean National Commission for UNESCO, 2015.

"이기는 것은 전쟁하는 나라에서 지상명령이다. 예술도 이기기 위해 동원되어야만 한다. 전시 하에서 예술을 사업시(事業視)하고 유휴(遊休) 시설에 그치게 해서는 안 된다. 역으로 가능한 최대까지 예술의 전력(戰力)을 발휘해야만 한다. (중략) 그렇다면 우리 조선에서 예술은 어떤 식으로 그 전력을 발휘할까. 육성으로 직접 대중에게 호소하는 결정적 특징이 다른 분야의 추수를 허락하지 않는 영향력을 발휘하고 있는 예술, 즉 연극을 살펴보자."[14]

위의 글에서 야마베는 "이기는 것은 전쟁하는 나라에서는 지상명령이다. 예술도 이기기 위해 동원되어야만 한다."는 총력전하 예술론을 펼치고, 다른 분야보다 월등하게 '육성(肉聲)'의 영향력을 발휘하는 연극을 상찬했다. 무려 6면에 걸쳐 작성된 이 기사는 미디어가 포착하기 어려운 일제 말기 산간오지의 이동연극 공연을 상세하게 기록하고 현장을 포착했다는 점에서 중요한 자료임이 분명하다. 그간 문자 자료에서 파악할 수 없었던 이동 연극대 활동에 대한 정보는 고설봉의 회고와 이은관의 구술을 통해 보완할 수 있었지만, 그것만으로는 이동극단의 활동과 공연의 총체적 재구가 불가능했던 것이 사실이다. 그렇기 때문에 「현지보고 - 벽촌에서 싸우는 연극(僻陬に戰ふ演劇)」 기사에 근거하여 1943년에 실시된 일제 말기 이동연극대의 공연상황을 재구해보도록 한다.

---

14) 山部珉太郎, 「現地報告: 僻陬に戰ふ演劇」, 『文化朝鮮』 1943年 8月號 (第五卷第四號), 52面.

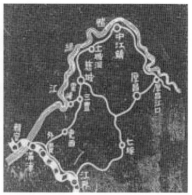

〈그림 1〉 이동극단 제1대의 이동   〈그림 2〉 평북 오지 토성동

〈그림 3〉 이동부대의 마을진입

　1943년에 대장 유천장안(柳川長安)과 23명의 대원으로 구성된 조선이
동연극 제일대(第一隊)는 북경(北境) 압록강 근처 평안북도 자성군 토성동
(慈城郡 土城洞)을 향해 출발했다. 이들은 트럭을 타고 이동하고 트럭이
들어갈 수 없는 길은 '룩색'을 메고 이동했다. 이동연극부대는 오지 공
연을 가는 경우가 대부분이었기 때문에 트럭이나 버스를 타고 편안하

게 이동하는 경우는 드물었다. 이들은 평안도를 순연하는 중인데, 만보선연선(滿浦線沿線)으로 강계(江界)에서 '자성(慈城)'을 거쳐 중강진(中江鎭)으로 옮겨갈 계획이었다. 그림1)~그림 3)이 보여주듯이, 만보선은 야간열차가 없어서 이동연극부대는 평양에서 아침 일찍 만보선을 타고 저녁 6시에 강계에 도착했고, 강계에서 1박을 한 후 다음날 아침 자성행 버스를 타고 이동했다. 이런 일정에는 경방단원(警防團員)[15]의 도움이 절대적이었다고 한다. 대개 청원(請元)은 경찰(警察)이 하고, 경방단은 숙소, 트럭(교통수단), 도구와 짐 배송 등을 용이하게 할 수 있도록 도와준다는 사실도 이 기사를 통해 확인할 수 있다. 도내(道內) 순연(巡演)의 경우에는 도경찰부(道警察部)가 협력하기 때문에, 이동연극의 이동 일체에 경찰과 경방단이 밀접한 도움을 준 것이다.

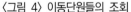

〈그림 4〉 이동단원들의 조회　　　〈그림 5〉 마을에 붙은 이동연극포스터

---

15) 경방단(警防團): 1937년에 효과적인 전시 동원 체제 구축과 대중 통제를 위해 조직한 소방 조직 단체를 이르던 말. 도지사와 경찰서장의 지도감독 아래에서 평시와 전시를 가리지 않고 방공, 소화, 수방, 기타 경방에 대비하는 임무를 담당하였고 경찰의 보조 기관 역할까지 수행하였다. 문제안 외, 『8·15의 기억』, 한길사, 2005, 419쪽.

마을에 도착하면 대원들은 바로 무대를 설치하고, 마을을 돌아다니며 당일의 이동연극을 선전했다. 〈그림 5〉처럼 마을에 이동연극 포스터가 붙고, 연극 개막은 보통 일몰(日沒) 후 사람들이 모이는 8시쯤에 시작했다. 3리 혹은 5리~10리를 걸어 이동연극을 보러오는 경우도 있었다고 한다.

이동연극은 대원과 관중 전체가 기립해서 '국민의례(國民儀禮)'를 하는 것으로 개시했다. 주최자와 대장, 대원들의 단가[16]합창(團歌合唱)이 끝나면 음악담당 대원이 '국민개창'의 가창지도를 했다. 여기서 총력연맹이 주도한 "개창운동"이 이동극단에 의해 추진된 정황을 확인할 수 있다.[17] 대장이 국민개창운동(國民皆唱運動)[18]에 대해 설명하고 여배우 전원이 합창대가 되어 가창한 후, 음악담당이 아코디언을 연주하며 국민개창을 지도하는 순서였다. 보통 국민가요(시국가요)인 〈아시아의 힘〉을 비롯하여 〈애국의 꽃〉, 〈구단(九段)의 어머니〉, 〈군국의 어머니〉, 〈태평양행진곡〉 등을 불렀고, 분위기를 띄우기 위해 조선민요도 몇 곡을 불

---

16) 이동연극단가(移動演劇團歌)는 다음과 같다. (山部珉太郎, 위의 글, 54쪽)
　　"東亞の空に夜が明けて / 旭の下に立ちあがる
　　見よ我らの姿を / 文化の旗なぴかせて
　　農山漁村を巡りゆく / 我等は移動演劇隊"

17) 山部珉太郎, 앞의 글, 54쪽.

18) 일본의 국민개창운동은 1943년 대정익찬회가 기획주도하고 정보국, 일본음악문화협회, 일본방송협회, 일본축음기문화협회와 신문사 등이 협력하여 시행한 전구 규모의 음악을 통한 교화운동이었다. 국민개창운동은 국민에게 총력전에 임하는 건강하고 애국적인 가곡을 부르게 하여 전장 정신을 앙양시키고 동시에 퇴폐적인 적성음악을 일소하는 것을 목적으로 했다. 조선에서는 1943년 국민총력조선연맹과 조선음악협회의 공동주체로 일본의 국민개창운동에 응하여 시행되었다.「國民開昌運動 全開-國民士氣 昂揚, 健全貞操를 育成」,『每日申報』, 1943.4.15.
　　총력전 체제 하에서 국민개창운동의 발생과 양상은 이지선,「제국일본과 식민지 조선의 음악정책 2 - 국민개창운동을 중심으로」,『일본연구』45호, 중앙대학교 일본연구소, 2010을 참조할 것.

렀다고 한다. 국민가요와 함께 조선민요를 불러서 신민이자 관객인 조선인 군중의 마음을 얻은 것은 로컬적/민족적 특수성을 고려한 수행전략이라고 할 수 있겠다.

〈그림 6〉 무대 뒤 분장실

〈그림 7〉 단원들의 무대설치

〈그림 8〉 가설무대 완성

〈그림 9〉 무대 앞에 운집한 군중

학교 운동장에 모인 관객을 대상으로 대장 유천장안이 조선어(鮮語)로 당일의 공연작인 유치진의 〈대추나무〉를 설명한 후 공연했다. 주지하다시피 〈대추나무〉는 1942년 가을 연극경연대회에서 희곡상을 받은 조선어 작품으로, 만주개척을 목표로 반도농촌의 분촌운동을 다룬 4막물인데, 이동극단이 상당한 대작을 가지고 순연을 강행했음을 확인할 수 있다. 취재를 담당한 기자 야마베는 이동연극대원들이 "이동연극에서 국어극은 아직 시기상조"라고 말하는 것에 아쉬움을 느꼈다며, 3편의 단막물을 공연할 경우 국어보급을 위해 1편 정도는 국어극(일어극)을 하는 것이 어떤지 진지하게 고려해달라는 문제제기를 하기도 했다. 그림 10)에서 보듯이 무대 장치는 오랜 순연(巡演)으로 조악하고 낡았으며, 조명은 무대 하부에 두 개, 정면 위쪽에 두 개의 아세틸렌 램프가 전부였다.

막간에 '세영'역을 맡은 배우 김광영이 무대에 올라가서 한마디 하는데, 당시 공연상황을 추측하게 하는 내용이다. "열연이었고, 저희도 감동받았습니다. 다만 가설무대에서 공연할 때는 어조를 한 옥타브 올려서 하는데도, 아무래도 차분하게 연극에 몰입하는 분위기가 만들어지지 않는 것은 유감입니다. 그러나 예(藝)는 모두 진심이고, 예를 통해 우리는 하나가 됩니다. 단 한명도 열심히 하지 않는 배우는 없습니다."[19] 이 말은 가설무대의 열악한 상황과 처음 연극관람을 하는 관객들이 흥분해서 무대에 제대로 몰입하지 못하고 있는 상황을 방증한다고 하겠다. 배우들은 평소보다 발성의 톤을 높여 연기에 임했지만 야외공연이고 관객들은 소란하여 그 전달력이 떨어질 수밖에 없었던 것이다. 한편 기자는 이 작품(〈대추나무〉)이 솔직히 말하면 국경지방에서 공연하기에는 적당하지 않다는 말을 조심스럽게 덧붙였다.

---

19) 山部珉太郎, 위의 글, 57쪽.

〈그림 10〉 유치진 작 〈대추나무〉의 공연 장면들

　"만주는 사람이 살만한 곳이 아니다"라는 대사가 나오는 연극. 남선 사람들은 잘 모르기 때문에 만주에 대해 이런저런 상상을 하고 특히 불안해하겠지만 (중략) 아침저녁으로 별다를 것 없는 만주의 산을 바라보며 살고 있는이 곳 사람들은 의아하게 느낄 것이다. 그렇기 때문에 때로 무대 위의 근심과 탄식을 날려 버리는 떠들썩한 웃음(哄笑)이 관중석에서 터져 나온다. (중략) 지방에 연극을 가지고 갈 때는 진중한 주의를 요한다."[20]

이는 이동극단의 공연 레퍼토리 선정에 있어 "관객 집단의 문화적 경험과 지역적, 계층적 성향의 다양성에 대한 무지"[21]로 인해 효과적으로 전개되지 못한 부분을 고스란히 드러내는 진술이다. 관에서 용의주도하게 준비한 이동극단의 무대였지만 프로파간더 예술의 우연적 파열을 예상하지는 못했던 것이다. 공연이 끝나고 대원 전체가 도구와 천막을 정리한 후, 정렬점호(整列點呼)를 마치고 숙소에 귀가하는 시간은 대개 자정 12시~1시 사이였다. 그리고 이동부대 단원들은 다음날 아침 6시에 가상하여 아침 조회(常會)를 했는데, '궁성요배(宮城遙拜)', '묵념', '국기에 대한 경례(國旗に對し敬禮)'까지 마치면 음악담당 황문평(檜原文平)[22]의 지휘 하에 단원들이 혼성 2부 단가(團歌)합창을 했다고 한다. 이후 단원들은 아침 7시경에 다음 공연 장소를 향해 출발하는 여정에 다시 돌입했다.

---

20) 山部珉太郎, 위의 글, 57쪽.

21) 이화진(2013), 186쪽.

22) 황문평의 창씨명이다. 다음은 일제 말기 황문평의 이동극단 이력에 대한 구술 채록본의 일부이다.
"황문평: 1920년 생이니까, 꼭 80이 되었지요.
이백천: 평소 제가 궁금해 하던 것부터 몇 가지 여쭤면서 "원로 예술인에게 듣는다"를 풀어나갈까 합니다. 선생님이 본격적으로 음악 활동을 시작한 것은 언제부턴가요?
황: 23세 때, 그러니까 1943년이지요. 일본 오사카 음악학교를 졸업하고 돌아와서부터입니다. 자랄 때는 클래식 음악을 하시는 안기영 선생 집안과 가까워서 음악을 자연스럽게 접하게 되었고, 바흐의 평균율 같은 음악을 알게됐고, 역시 자주 찾아가던 동네 선교사 집에서 새로운 곡들을 듣게 되었는데 나중에 생각하니까 슈베르트의 가곡이었어요.
일본에서 돌아왔을 때가 바로 일제말기였는데 지금 같으면 '싱어롱'이라 할 수 있는 국민개창 운동을 위한 이동연예대 같은 게 있었는데, 거기서 노래 지도원으로 뽑혀 많은 사람들 앞에 서게 되었었지요. 압록강변, 두만강변까지 찾아다니면서 판을 벌였어요. 한번은 현장까지 일본 프로잡지 기자 한 분이 따라와서 보고는 칭찬이 대단했어요. 그의 표현을 빌리자면, 내가 말하는 일본어가 나마리(사투리)없는 본격적인 달변이 풍이라는 거예요." (이백천, 「원로예술인에게 듣는다 - 한국 가요사의 산 증인 황문평」, 『ARKO 문화예술』, 한국문화예술위원회, 2000.)

2. 공연(performance)과 보고(report), 순연과 귀환의 회로

이상 평북 자성군 토성에서 이루어진 1943년 이동극단 제1대의 이동연극 활동을 살폈다. 한 차례의 공연 사례를 들어 이동연극대의 실상을 살펴본 것이지만, 이상의 이동극단 행동 규칙과 공연방식은 거의 모든 이동극단 공연에 동일하게 적용되고 실천되었을 것이다. 이 기사 자체가 이동연극의 활동을 일종의 '이동연극요강'에 따라 문자적으로 재현하는 보고문(報告文)이기 때문이다. 이동 연극대는 보통 오전에 출발하여 목적지에 오후에 도착하면 밤에 공연을 하고 다음날 아침 다시 다음 목적지를 향해 출발하는 방식으로, 24시간 내에 한 장소에 출발과 도착의 1회 활동을 마무리 지었다. "이토 키사쿠(伊藤喜朔)의 『이동연극 10강(移動演劇十講)』23)를 언급하지 않더라도 이동연극배우들에게 단체훈련은 절대적으로 필요한데, 즉 이동연극대원의 매일의 행동은 모두 이 단체적 근로와 연성(鍊成)인 것"24)이라는 기자의 평가처럼, 이동연극대의 주요 임무와 국책수행의 의미는 오직 당일의 연극 무대로만 수렴되는 것은 아니었다. 공연 전후와 막간, 숙소 일정과 이동의 모든 활동이 총체적으로 '근로보국'이자 '연극보국(演劇報國)'에 포함되었던 것이다. 특히 국민개창운동이 이동연극대의 활동과 연동하여 실행됨으로써 선전적 문화 활동의 상승효과를 노렸던 점은 주목할 만하다.

그래서 농어촌, 산간벽촌에서 이루어진 이동극단의 연극공연은 무대 개막과 종막을 기점으로 한 공연 자체에만 집중해서는 안 될 것이다. 이동연극은 극단이 마을에 진입하는 순간부터 다시 다음 목적지를 향

---

23) 伊藤喜朔, 『移動演劇十講』, 健文社, 1943.
24) 山部珉太郎, 위의 글, 55쪽.

해 마을을 떠나는 시점까지의 활동을 포괄해야 하는 하나의 이벤트였다. 이동극단의 활동 전체 즉 극단의 움직임 전체가 볼거리가 되는 방식으로, 총체적인 제국의 퍼포먼스였다. 이동연극은 큰 구가 작은 구를 감싸고 작동하는 입체적 시스템이라 할 수 있는데, 내부의 작은 구는 이동연극부대의 도착과 출발을 기점으로 한 이동극단의 활동 전체로서의 퍼포먼스라고 할 수 있다. 그리고 외부의 큰 구는 '시연(試演) → 공연(公演) → 보고(報告)'의 과정을 거치며 일회의 활동이 종료되는 이동 검증 시스템으로 연상할 수 있다.25) 중앙(경성)에서 시연(試演)을 통해 국민연극의 사상적 완결성 평가와 검열을 거친 후, 각 지방으로 파견되어 이동연극 공연을 수행하고, 다시 중앙으로 돌아와 그동안의 활동을 보고하고 평가받는 것이다. 이동연극은 연극공연 자체도 중요하지만 계획 단계와 실제 공연을 거친 후 보고(보고공연을 하는 경우도 있었다)하는 행사를 통해 종결되었는데, 이 거대한 회로 전체가 하나의 문화 이벤트였던 것이다. 게다가 이들 이동극단의 활동은 말 그대로 '보고(報告)'와 '르포르타주'로 규정되어 매체 변환을 했는데, 이 기사들은 사실성과 기록성을 보장받은 또 하나의 미디어 프로파간다로 활용되었다.

"(이동극단의) 그 고투 그 생활 속에 흘으는 것은 다만 그들 연극정신대의 그것만이 아니라 한거름 나아가서는 가진 곤고결핍을 참어가면서도 생산력 확충에 활동하는 산업전사의 오락시설에 대한 갈망, 새로운 빗속에 태동하는 지방문화활동, 이러한 것들을 뚜렷이 반영하는 '르포르타쥬'인 것이다.(중략) 인쇄직공의 생활과 땀속에서 피여나는 로만쓰를 그린 송영(宋英)

---

25) 이화진(2013)은 앞의 논문에서 이동극단의 활동이 '직역봉공'의 이념과 공연 주체의 자기전시 및 국가 권력의 문화선전이라는 이중성을 내포하고 있었음을 지적했다. 이것을 '이동연극 캠페인'으로 명명한 부분은 탁월한 시각이다.

작『록물결』(3막) 또 이 이동극단이 눈물과 정열과 의기로 밟어온 '연극정신의 일기'를 그대로 무대 우에 옴긴『산신문』(15경)등인데 (중략) 얼마 전에 이동극단의 '보고좌담회'가 열리엿슬 때 그 자리에 참석하여엿든 경무국의 팔목(八木)경무과장과 성출(星出)사무관도 대원들이 낭독하는 일기를 듯고 울엇다고한다. 그만치 이들 二十명의 대원들이 돌진하여온 '정신(挺身)의 길'은 감격의 눈물 아니고는 드를 수업는 고난의 길이엿다."26)

이동극단의 보고 좌담회에서 경무국 과장과 사무관이 이동연극대원의 일기낭독을 듣고 울었다는 기사는 다음 날의 이동연극대원이 순회 도중 병사(病死)했다는 기사27)와 결합하면서 이동연극대원들의 육체적, 정신적 고난과 숭고한 희생을 기념화하는 또 다른 선전효과를 발생시켰을 것이다. 이렇게 총력전 하 이동연극 무대는 연극 매체와 문자 미디어가 결탁하면서 프로파간다 효과를 내는 방식으로 활용되었다.

Ⅲ. 이동하는 무대, 조선의 종이연극(紙芝居)

1. 국책미디어 종이연극의 출현

이동극단이 실물의 무대를 옮겨가며 가설극장을 쌓고 허무는 이동성을 보여주었다면, 종이연극은 종이 화면이 무대의 환영(illusion)효과를 생성하는 방식, 즉 일종의 미니어처 무대가 관객을 찾아가는 이동성을 구현했다. '종이연극'은 식민지 조선의 최말단까지 틈입하여, 거리와

---

26) 「農,山,漁 窮僻村차저 天幕과 "셋트"메고 演劇挺身 移動劇團報告公演前記①」, 『每日新報』, 1942.4.11.

27) 「演劇報國의 산標本 尊貴한 犧牲者李軒氏- 빗나는 移動劇團敢鬪記②」, 『每日新報』, 1942.4.12.

장터, 신사, 공원, 학교, 유치원, 강연회, 애국부인회, 도나리구미(隣組,10 가구 구성의 常會), 모자회(母子會) 등에서 구연되었다. 1936년부터 조선의 민간에서는 일본의 종이연극업자들이 돌아다니며 흥행을 했고[28] 부산 이나 대구 등에서도 종이연극업자들이 출현한 적이 있었지만 그 세력 은 아주 미미한 것이었다. 조선에서 종이연극이 본격적으로 정착하며 시국선전물로의 입지를 세운 것은 1937년 이후이다.[29] 기록에 따르면 쇼와 11년(1936년) 9월에 종이연극의 대중성에 주목하여 체신국(遞信局)에 서 보험사업(保險事業)을 선전하는데 활용한 종이연극이 조선에서의 효 시로 알려져 있다. 비슷한 시기에 경상북도에서 농촌진흥운동 방면에 종이연극을 활용했지만 일부 지방에서 시험적으로 활용한 경우였다. 그러다가 중일전쟁 이후 반도 농산어촌 대중에 대한 시국인식선전의 한 수단으로 총독부가 종이연극을 채용하고[30], 1937년 11월경부터 총

---

28) 일본에서 종이연극의 기원은 상당히 오래전으로 거슬러 올라간다. 종이연극의 전 사(前史)라 할 수 있것으로 에도시대의 '요지경(覗きからくり, 렌즈 아래에 그림을 세워서 들여다보는 장치)'과 '寫し繪(환등과 유사, 유리에 그림을 그려 이것에 광선 을 쬐어 보거나 거울에 반사시켜 보는 것)'를 들 수 있고 메이지 중기에 도쿄에 등 장한 '그림자놀이(影繪)', 종이에 그린 인형에 막대를 붙여 공연한 인형극(立繪) 등 도 종이연극에 직접적 영향을 준 거리공연물이다. 일본의 경우 역사적으로 민간의 종이연극업자들이 흥행을 목적으로 명맥을 유지해오면서 그것의 퇴폐성과 오락성 이 문제시되는 경우도 있었지만, 전시 체제기에 '일본화극협회(日本畵劇協會)'가 종이연극을 교육적으로 활용하면서 거리의 교육자로 탈바꿈하였다. 1938년 4월에 는 '일본문화협회' 주체로 내무성, 경시청, 소학교의 명사들을 심사위원으로 한 '제1회 카미시바이콩쿨'이 개최되기에 이르렀다. (朝鮮總督府文書課屬 古田才, 「紙芝居に 依る大衆敎育に就いて(二)」, 『文敎の朝鮮』 154, 朝鮮敎育會, 1938年 6月, 49面.)
29) 三重野洋司, 「半島の紙芝居」, 『文化朝鮮』 1943년 8월호, 64쪽.
30) 「時局認識强化資料로 "紙芝居가미시바이」, 『매일신보』, 1937.10.7.
  "본부에서는 이번 사변이 발생한 이래 … 시국인식의 철저강화에 노력하여왔는데 일전에 동경에 주문하엿든 『가미시바이』가 완성되야 일량일중에 도착하게 되엇 다. 이것은 二十八매를 한 조(組)한 것으로 무대도 잇는데 완전히 설명하려면 한 시간이나 걸린다. 도착하면 곳 二百 群島에 배급할 터이라 한다."

독부 문서과(文書課)가 대대적인 제작에 착수하면서 본격적인 보급이 시작되었다.

"이번 지나사변 발생 이후 본부는, 반도 민중에게 우리의 국책에 따라 확고부동의 방침을 이해하게 하고, 국가론의 통일을 도모하는 것과 함께 시국적 중대성을 자각하도록 촉구하면서 제국의 국시(國是) 진전을 위해, 반도 민중으로 하여금 거국일치(擧國一致)해서 시한극복에 매진하도록 모든 보도, 선전기관을 총동원해서 수단방법을 강구하고, 한반도 민중의 시국인식과 국민정신 앙양(昂揚)을 위해 총후(銃後) 결속하느라 분주한 상태입니다.

선전방법은 다기다양하게 걸쳐있습니다만, 그 선전의 한 수단으로 현재 동경을 시작으로 내지 지방의 거리까지 압도적 인기를 모으고 있는 종이연극의 대중성과 간편함을 겨냥하여, 시국 선전과 농촌오락을 겸할 수 있는 종이연극을 채용하기에 이르렀습니다."[31]

총독부 문서과 뿐만 아니라 세무과(外本府 稅務課)에서는 납세관념을 함양시키는 종이연극을, 조선금융조합연합회에서는 금융조합사업의 선전을 목적으로 종이연극제작에 착수했다. 조선군사령부 역시 1938년 4월 군사사상 보급을 목적으로 종이연극을 제작했다. 종이연극의 제작과 배급에 주축이 되었던 곳은 '조선총독부 문서과'로, 문서과 직원 후루다(古田才)[32]가 집필한 장문(長文)의 '종이연극'관련 기사는 제목만 약

---

31) 朝鮮總督府文書課屬 古田才, 「紙芝居に依る大衆教育に就いて(一)」, 『文教の朝鮮』 154, 朝鮮教育會, 1938年 6月, 90面.

32) 오오타케 키요미는 『근대 한일 아동문화와 문학 관계사 1895~1945』(청운, 2005)에서 필자의 이름을 吉田才로 소개하였는데 이는 오류임을 밝혀둔다. 필자가 『조선총독부 및 소속관서 직원록』(1938년)을 확인한 결과 조선총독부 문서과 소속 직원은 '古田才(후루다 사이)'임을 확인하였다. 또 위 책에서는 일관되게 '그림연극'이라는 명명을 사용하고 있지만, 본고에는 일제 말기 조선어 용례에 따라 종이연극, 혹은 카미시바이로 사용하고자 한다.

간씩 바뀌어 1938년 5월과 6월, 두 달에 걸쳐 무려 네 개의 총독부 기관지(〈文敎の朝鮮〉, 〈朝鮮〉, 〈警務彙報〉, 〈朝鮮行政〉)에 연재되었다.[33] 이는 총독부가 시국선전책으로 종이연극을 아주 적극적으로 활용하고자 했음을 보여주는 징표라고 하겠다. 실제로 총독부가 제작한 최초의 종이연극 〈지나사변과 총후의 반도〉를 "전선 각도부군에 배포하여 시국인식상 상당한 성적을 내이엇슴으로 다시 이번에는 반도 武臣의 전형인 김석원(金錫源)[34]소좌의 어렷슬째부터의 경력과 그 위인 분전의 상황 등을 집목한 『김소좌』와 생업보국의 취지를 집목한 『생업보국』의 二편 一조를 一百三十조[35]를 제작하고, 종이연극 보급에 가속을 내기 시작했다. 종이연극을 보고 감동한 조선인이 국방헌금을 자진 봉납한 미담[36]은 제국통치자

---

33) 朝鮮總督府文書課屬 古田才,「紙芝居に依る大衆敎育に就いて(一)」,『文敎の朝鮮』 154(1938年 6月), 朝鮮敎育會, 90~95面.
　　朝鮮總督府 文書課屬 古田才,「紙芝居に依る大衆敎育に就いて(二)」,『文敎の朝鮮』 155(1938年 7月), 朝鮮敎育會, 47~61面.
　　古田才,「紙芝居の本質と其の宣傳性」,『朝鮮行政』, 1938.5~6.
　　朝鮮總督府 文書課 古田才,「朝鮮に於ける時局と紙芝居」,『警務彙報』 385~386, 1938.5~6.
　　朝鮮總督府 文書課 古田才,「朝鮮に於ける紙芝居の實際」,『朝鮮』 276, 朝鮮總督府, 1938.5, 71~99面.

34) 김석원(1893~1978)은 1915년 일본 육군사관학교 제27기로 졸업하고 1917년에 보병 소위로 임관했다. 1931년 만주사변 당시 혁혁한 전과를 올렸고, 1937년 중일전쟁에 출전하며 훈장을 수여받았다. 일제 말기에는 학병으로 참전할 것을 권유하는 강연회에 이응준 등과 함께 참가했다. 해방 당시에 대좌 계급으로 평양에서 근무하고 있었다고 한다. 해방 이후 성남고등학교 교장과 국회의원을 역임했다. 친일반민족행위진상규명위원회가 발표한 친일반민족행위 704인 명단에 모두 포함되었다. 송건호 외,『해방 전후사의 인식』, 한길사, 2002, 240쪽 참조.

35)「『조희演劇』으로『데뷰』할 半島武人 金錫源氏 生涯」,『매일신보』, 1937.11.26.

36) "경북 선산군 고아면 신촌동 김경렬(金景烈)녀사는 청춘과부로 잡화상을 하야 근근히 생활을 하야 오는 중 十二月 七日 시국에 대한 가미시바이(紙芝居)를 보고 황군위력에 감격하야 국방금으로 일금 삼원을 고야면장에게 의탁하얏다는데 이 소문을 들은 일반 인사들은 이 여사 성의에 대단히 감격하고 잇다"「가미시바이보고 感激 國防獻金한 女性 - 行商女의 奇特한 純情」,『매일신보』, 1937.12.29.

에게 종이연극의 '성적이 양호'하다는 믿음을 심어주었을 것이다.

〈그림 11〉 종이연극의 실연(實演) 장소와 다양한 크기의 무대들

전쟁이 가속화되자 제국은 식민지에서의 선전과 황민화 교육에 더욱 박차를 가했고, 조선 농산어촌민의 일상 속으로 침투하기 위해 '이동성'이 탁월한 교화 미디어를 적극 활용했다. 〈그림 11〉은 당시 종이연극의 다양한 실연 장소를 제시한다. 특히 총독부는 조선 전체 1400여 개에 달하는 장터를 공연 장소로 적극 활용했는데, 아래는 당시 총독부의 전략을 가늠케 하는 기사이다.

"총독부에서는 더욱 장긔화하여가는 현하 전시체제하에 잇어 일반 국민에게 시국에 대한 인식을 깁게 하고져 전조선 一천四백여의 장(市日)을 리용하야 시국인식 철저에 관한 여러 가지 활동을 하려고 방금 구체안을 강구하고 잇다한다. 장은 어데서든지 한달에 대개 여섯 번식은 서는데 장날은 지방농촌에 잇서서는 경제적으로 보아 물건을 팔고사고하는 중요한 긔관일 쑨 아니라 일종의 사교기관이라고 할 수도 잇서 농촌으로부터 만은 사람이 모이는것 임으로 이긔회를 리용하야 시국관계의 연극, 활동사진강연회, 가미시바이(종히연극) 등을 하야 일반 농촌대중에게 널리 시국인식을 철저케 하야 총후국민으로서의 임무를 다하게 할 터이라한다."[37]

중일전쟁 이후인 1937년부터 정책에 따라 적극적으로 호출되었던 종이연극은 주로 도쿄의 업자에게 주문, 제작하는 방식을 따랐는데 1942년쯤이 되면 조선 내에서도 종이연극을 제작하는 업자들이 생겨나서 총독부 정보과에서 이를 지도통제하기에 이른다.[38] 총독부는 "구체적 방법으로 정보과에서 지시한 선전방침에 합치한 것을 맨들게 해가지고 제작된 각본은 본부 내 관계관이 대사한 다음 우수한 작품은 총독부 지도작품으로 인정하야 일반에게 널리 보급"[39]시켰다. 그러나 종이연극의 각본을 전적으로 총독부와 제국의 각종 하부 기관들이 주체가 되어 제작한 것은 아니며, 현상모집을 통해 피식민자의 협력을 추동해 냈다. 총독부 정보과나 경성일보에서 '징병제'나 '국어상용'과 같은 국책을 주제로 걸고, 창작이나 실화(實話)소재 등을 바탕으로 한 '종이연극 현상모집'을 실시했다.[40] 종이연극 각본의 현상공모는 제국주의적 성

37) 「全鮮의『장날』을 利用 時局의 認識强調 총후국민의 임무를 다하도록 總督府에서 具體案考究中」, 『每日新報』, 1938.5.19.
38) 「조희광대 指導統制」, 『每日新報』, 1942.1.29.
39) 위의 글.

과를 서사적으로 상상해내는 방식을 주조하는 틀로 작용했다.

〈그림 12〉 이동연극 연사의 이동과 무대설치

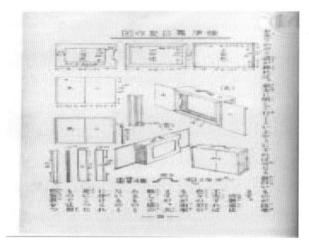

〈그림 13〉 표준무대 제작도

종이연극은 경성부를 비롯한 각 부(府)과 군청 등의 행정단위에서 구

---

40) 「國語常用가미시바이 入選作品發表」, 『每日新報』, 1942.9.30; 「紙芝居の脚本」, 『京城日報』, 1944.8.30.

입하여 정(町)과 면(面), 도(島)등에 보급하였고, 구연자(口演者)로 교사나 군청 직원[41]등을 활용했다. 보통 16매, 28매, 길게는 32매가 한 세트(一組)였다. 종이연극의 관객으로는 남녀노소를 불문하고 전지역 전계층의 조선인이 상정되었고, 납세사상을 보급하는 아동 대상의 종이연극을 구연할 때에도 "아동을 통하야 일반 민중에게 선전보급"[42]하겠다며 아동이 가정으로 돌아가 부모에게 종이연극의 계몽적 내용을 전달하게끔 하는 선전효과의 확산을 의도했다. 종이연극 실연(實演) 장소는 골목과 같은 최소 단위부터 공원이나 장터, 강연회까지 말 그대로 민중이 집합하는 모든 장소가 해당되었지만, 경찰서나 청년특별연성소[43] 등 특수한 목적을 가진 기관에서 종이연극을 실연할 때는 수용자의 시국임무에 합당한 '방공방첩'이나 '징병미담'등과 관련한 주제의 종이연극을 선택했다.

조선에서 종이연극이 선전물로 다시 재도약하는 계기가 찾아오는데, 그것은 1943년 '조선화극유한회사(朝鮮畵劇有限會社)'가 설치되고 '조선종

[41] "저축사상을 보급식이기 위하야 조히광대(紙芝居)『조풍의합창』(朝風合唱)을 一조식을 도내 각군에 배부하야 비치하게 하고 금후 각종 회의와 군청 직원이 각면 학교 부락 갓튼 곳에 출장할째에 이것을 가지고 가서 실연회를 개최하야 일반의 저축사상을 고조식이기로"-「조희광대配付 忠北의 貯蓄普及策」,『每日新報』, 1939.1. 28.
"춘천 경찰서에서는 각 학교를 통해서 조희광대를 실연하고 잇는 중이다....또 高等 主任 이하 係員들이 각학교로 순연하며 『각오는 조흔가』,『방첩의 華』라는 제하의 조희광대를 실연"-「조희광대實演」,『每日新報』, 1942.2.27.
[42] 「『조희광대』로 納稅報國宣傳」,『每日新報』, 1938.6.7.
[43] 「防諜조희광대 仁川署서 巡演」,『每日新報』, 1939.3.29;「畵劇『半島航空隊』로 靑年特別鍊成所巡廻」,『每日新報』, 1943.8.18. "경성부에서는 이번에 징병제취지를 보급하기 위하야 일본교육조희광대협회(日本敎育紙芝居協會) 작품『반도의 항공대』라는 조희광대로 부내 공사립 三十一개의 청년특별연성소 생도들에게 보이어 항공열을 붓도두어 주기로 되엿다. 이 조희광대의 내용은 남방전선 스마트라서 명예의 전사를 한 경북 선산군(善山君) 출신 다께야마 항공대위의 분전상황을 주제로 한 작품이다.

이연극협회(朝鮮紙芝居協會)'가 조직되는 1943년이었을 것으로 추측된다.

"필승의 신념을 붓도두고 총후봉공의 결의를 한층 굿게하기 위한 선전계
발의 중대책무를 완수하고 잇는 가미시바이도 결전단계를 마지하야 한층
강력하게 통제하고저 현재의 일본교육가미시바이협회 조선지부, 조선총력
가미시바이협회와 밋 조선계발가미시바이협회가 지난 四月 一일 합동하야
조선화극유한회사=(자본금 六만五천원)를 설치하고 가미시바이 제작판매
를 통일하엿다. 이와 함께 다시 그것의 기술보급과 기획을 지도하는 기관으
로서 조선가미시바이협회를 近來 창립하야 회장에는 국민총력 조선연맹의
쓰다(津田)선전부장이 취임하고 각역원에는 본부와 조선연맹의 관계과장과
밋 민간의 문화관계유력자가 취임하야 가미시바이를 통하야 총후문화계 발
전의 한층 적극적인 활동을 전개키로 되엿다."[44]

"문화공작의 첨병으로서 활동무대에 오른 가미시바이는 총력연맹의 협
력과 지도로서 조선가미시바이협회의 탄생을 보아......가미시바이는 농산
촌에 건전오락을 제공하고 총력운동 전개와 계발선전의 제一선에 등장하게
된 것인데, 주로 **연구조사와 보급, 제작 알선, 출장실연, 순회강연, 각본 모
집, 기타 강연 등을 개최**하고 기술적으로 발전을 꾀하며 전람회 등을 열어
이종의 연극보급에 힘쓰기로 되엿다."[45]

이는 전쟁 말기에 종이연극의 문화협력적 임무가 가중되는 것을 보
여줌과 동시에 종이연극에 대한 총독부의 통제가 더욱 치밀해졌음을
보여준다. 종이연극의 제작과 판매를 조선화극유한회사가 독점하고,
종이연극과 관련된 기술 보급과 기획, 제작 알선과 출장 실연, 보급을

---

44) 「가미시바이統合」, 『每日新報』, 1943.7.8.
45) 「『가미시바이』再出發 總力運動에발맞추어」, 『每日新報』, 1943.8.15.

조선가미시바이협회(朝鮮紙芝居協會)가 지휘함으로써 종이연극은 다시 한 번 프로파간다로서의 위상을 갱신했다.

2. 종이연극의 제작법과 미디어의 유효성

그렇다면 전시 체제기에 종이연극이 어떻게 만들어졌고 어떤 식으로 구연되었는지 그 구체적 실연방식을 살펴볼 필요가 있다.[46]

종이연극은 총독부를 비롯한 지방 행정기구와 관청이 주문제작한 것으로 보통은 12매에서 28매 사이가 한 세트로 구성되었다. 16매의 종이연극을 구연하는데 20~30분 정도가 걸리고,[47] 28매의 한 작품을 충분히 구연하는 데 1시간 정도가 걸렸다.[48] 각 장의 그림은 넓은 장소에서 멀리서도 잘 보일 수 있도록 "미술적으로 우아한 것보다 조야(粗野) 한 짙은 원색에 가까운 색을 사용하고 강한 선"으로 그렸다. 특히 "종이연극을 회화예술작품으로 감상하는 것이 아니라 연극으로, 즉 화면의 안의 인물을 연극의 배우로 보게 해야"하기 때문에 "섬세한 미술관에 있는 것보다 인상적으로 명확한 것이 중요"했다.[49] 같은 작품을 다량으로 제작하는 경우, 그림을 인쇄하는 것이 한 장 한 장 그리는 것보다 경비와 시간을 경제적으로 쓴다는 의견도 있지만, 색도인쇄는 육필(肉筆)로 한 듯한 실감이 나지 않아 사람들이 별로 좋아하지 않았다고 한

---

46) 이하 종이연극의 제작과 관련한 서술은 다음 자료에서 수집한 것임을 밝혀둔다.
  朝鮮總督府文書課屬 古田才, 위의 글.
  佐木秋夫, 『紙芝居』, 藝術學院出版部, 1943.
  大澤貞吉, 『紙芝居の手引-皇民奉公叢書』 第十輯, 皇民奉公會中央本部, 1942.
47) 朝鮮總督府 文書課屬 古田才, 「紙芝居に依る大衆敎育に就いて(二)」, 『文敎の朝鮮』 155, 朝鮮敎育會, 1938年 7月, 59쪽.
48) 「時局認識强化資料로 "紙芝居가미시바이"」, 『每日新報』, 1937.10.7.
49) 朝鮮總督府文書課屬 古田才, 위의 글(一), 94쪽.

다. 삽화는 보통 글이 중심이 되고 그 내용의 일부를 부각해서 그리지만, 종이연극은 그림이 주체가 되는 장르적 정체성을 확고히 세웠다. 그래서 연속되는 그림이 자연스럽게 연결되면서 관객이 다음 장면에 기대할 수 있도록 그리는 것이 원칙이었다. 마치 영화 스크린처럼 종이연극의 화면 구도를 장면마다 다르게 설정하고 변화를 지향했다고 하니, 아주 세밀하게 기획된 선전미디어였다.

화면 구도는 종이연극 뿐만 아니라 영화와 같은 흥행물에서도 가장 중요한 문제인데, "같은 크기의 인물이나 경치가 몇 번이나 연속해서 나타나면 권태(倦怠)를 느끼고 해 흥미가 깨"진다. 그렇기 때문에 종이연극의 화면 구도는 "산천초목(山川草木) 등을 적당히 포함하고, 인물도 반신(半身), 전신(全身), 때로는 스토리의 절정 장면에서 얼굴만 클로즈업"하여 그림으로써 "관중들이 한 장 한 장 시선을 집중할 수 있게" 화면의 변화를 주는 것이 원칙이었다고 한다. 채색 역시 동일한 색이 연속되면 재미가 없으므로, 강한 선을 표현하거나 색의 농담(濃淡) 배합을 다르게 조절하여 색감과 느낌의 변화를 주면서 장면을 진행하도록 지시했다. 그렇지만 화면이나 색채의 변화에만 중점을 두어 주인공의 얼굴이나 의복 등이 화면마다 자주 달라지면 관객이 파악하기 어렵고 당황하므로 주의해야함을 부기해 두는 등, 제작 매뉴얼이 확고했다. 조선총독부는 먼저 스토리를 상세하게 풀어내서 각색한 대본을 만들고, 각 장면 마다 그림의 구도를 지정해서 화공에게 그리게 한 후, 그림을 판지에 붙이거나 니스를 칠해서 완성하는 방식으로 종이연극을 제작했다.[50]

종이연극이 '연극'인 이유는 그것이 '무대'를 활용하고 있기 때문이

---

50) 朝鮮總督府文書課屬 古田才, 위의 글(一), 95쪽.

다. 총독부와 국민총력조선연맹 등 문화통치자들은 당시에 철저하게 종이연극에 '실연(實演)'이라는 표현을 썼고, 그림에 대한 해설이 아니라 실감을 주는 연극(芝居)임을 강조했다. 종이연극은 단순히 그림을 넘기며 구연되는 것이 아니라 목재로 만든 액자(額緣) 무대에 끼워진 채로 실연되었다. 단순한 무대도 있지만 고가의 옥대형(屋臺形)[51]을 쓰기도 했다. 통상 사용하는 앞문이 열리는 액자무대는 대체로 그 크기가 일정했다.[52] 이 액자무대와 연결된 작은 상자를 자전거의 짐받이(荷臺) 위에 장착했고, 이동할 때는 무대를 작은 상자 위에 눕혀두는 방식으로 사용했다. 조선총독부에서 채용했던 무대는 아주 간단한 구조의 것으로 4·6전지(全紙) 8분의 1 정도의 그림을 수용하는 무대를 사용했는데 일본의 종이연극 무대보다 형태는 조금 컸다고 한다. 액자무대는 실연자의 편의를 고려해 무대의 오른쪽에 그림을 빼고 꽂을 수 있는 장치가 되어 있었다. 액자무대 자체는 단순했지만 종이연극에 있어 흥행가치에 큰 영향을 주는 것이며 관객의 시선을 집중시키는 데도 효과적이기 때문에 반드시 있어야 하는 장치였다.

"총후에 철저한 황국신민의 정신을 앙양시키는 전주곡으로 전남에서는 260만의 도민 지도를 위해 순회 영화대를 조직하고 전력을 쏟고 있는데, 순박한 농산어촌의 사람들에게는 요령이 좋은 종이연극 쪽이 근대적인 영화보다도 훨씬 효과적으로 받아들여지고 좋다는 것에 착목해서 총력과(總力課)에서는 도내의 각부군도(各府郡島)에 카미시바이부대(紙芝居部隊)를 편성시키고(중략) 산간어촌의 부락민들에게 아름다운 화면의 색치와 매력이 풍부한 이야기를 가지고 계발지도(啓發指導)할 계획을 세웠다. 광산군에서

---

51) 야타이, 지붕을 달고 집 모양으로 만든 무대장치.
52) 大澤貞吉, 『紙芝居の手引-皇民奉公叢書』 第十輯, 皇民奉公會中央本部, 1942.

〈그림 14〉 조선총독부 제작 최초의
종이연극 〈지나사변과 총후반도〉(1937)

〈그림 15〉 종이연극 〈형의 개선〉
(1940년대 추정)

〈그림 16〉 종이연극 〈생업보국〉(1937)

는 이 계획에 부응해서 일본종이연극협회(日本紙芝居協會)과 경성의 조선
계몽회(朝鮮啓蒙會)에서 60조의 대본을 구입하고 12대의 무대를 一邑十一
面에 준비시켜서 학교는 물론 애국반상회, 시장, 길거리 등 다양한 기회를
이용해서 카미시바이 순연(行脚)을 시도하고 국어의 상용철저와 동시에 生
擴完隊, 저축보국의 분기에 대의를 두고 있다.[53]

이상의 종이연극은 전기가 들어오지 않는 지역이나, 근대적 공연흥행물에 노출된 적이 없는 벽지의 순박한 농어민에게 더 쉽고 부담 없이 침투할 수 있는 선전미디어라는 점에서 선호되었다. 특히 인간 미디어(실연자)가 총후의 일상까지 침투하는 종이연극의 문화정치는 일본제국의 충량한 신민이자 스스로를 전쟁하는 신민으로 재정위하는 미시적인 생활정치를 실천한다는 점에서 전쟁 말기 최악의 경제 상황에서 최소비용으로 효과를 낼 수 있는 선전물이었음이 분명하다.

Ⅳ. 나오며

대중 미디어로서의 이동연극과 종이연극은 도시와 극장을 탈피하여 산간벽지와 광산공장에 이르기까지 지역민을 선전 지도하는데 효과적이었다. 그러나 공연 수행자들은 대중 미디어의 수혜를 제대로 받지 못한 다수의 지역민들에게 근접하는데 성공했지만 적지 않은 난관과 곤경에 직면하기도 했다. 일본 제국은 자신을 대리하여 문화실천과 운동의 선전 주체로 이동하는 미디어를 각 지방으로 파견했으나, 이들은 실제 현장에서 예상하지 못했던 문제들과 마주쳤다. 때와 장소에 따라 공연 내용과 방식을 재조정하는 것이 빈번했고 애초에 구상한 성과를 거두지 못하는 경우도 많았다. 실제로 공연 현장에서 부딪힌 각종 난관과 고충은 순회를 막 끝낸 공연 주체들의 입을 통해서, 혹은 신문지상의 각종 수기와 좌담회, 보고 기사 등을 통해 확인할 수 있었다. 하지만 공연 주체들은 이 난관과 고충마저도 자신의 국민/신민됨을 증명하

---

53) 「'映畵'より越して優れて紙芝居」, 『京城日報』, 1942.11.3.

는 기회로 삼는 기민함과 순발력을 보여주었다. 이들은 자신의 예능(가요·무용·만담·야담·연기 등)으로 일본 제국이 요구하는 직역봉공(職域奉公)을 수행하는 한편 이 '미디어 보국'을 자신의 생존과 안위를 도모하는 방편으로 삼았다.

본고는 일본 제국의 확장되는 통치권역이 사람과 물자의 이동을 장려했던 것만큼이나 제국의 이념과 국책선전을 대행할 미디어의 '이동'을 가속화했다는 점에 주목했다. 이동연극과 종이연극은 대중의 일상생활에 깊숙이 침투하면서 제국의 국책을 선전할 유효한 통치수단으로 적극 활용되었기 때문이다. 조선의 농산어촌에서 실시된 이동연극 부대의 활동과 중앙으로 귀환한 후 이루어지는 보고(공연)의 과정을 추적하면서, 이동하는 미디어가 대동아공영권을 상상하게 하는 서사장치이자 퍼포먼스였음을 확인할 수 있었다. 이동연극과 종이연극이 기획되고 공연되는 과정에서 만들어진 의미작용의 체계는 일제의 문화통치 전략 속에서 재구성되었고, 그 권력에 의해 권위화된 메타포는 보고 느끼는 방식을 강요했다. 하지만 일본국민이라는 허구적 정체성을 투사하고 공통감각을 훈화시키는 프로파간다 예술 안에서, 제국으로 환원불가능한 지점이 있었을 것임을 예상할 수 있다. 제국의 그 어떤 부대도 보급선을 연장시킬 수 없는 원격지가 바로 우발적 효과를 발생시키는 피식민자의 내면이었기 때문이다. 일제 말기 프로파간더 연구의 최종 지점은 바로 환원불가능의 지점을 밝히고 프로파간다의 우연적 파열의 지점을 드러내는 것에 이르러야 할 것이다. 그 우선 작업으로 본고는 전시체제기 이동미디어의 탄생과 전개과정을 고찰하고, 현지보고 관련 자료를 통해 현장성을 재구하고자 했다. 일제 말기 이동연극의 수행성과 프로파간더 예술로서의 종이연극이 통치자와 지배자 사이에서 발생시킨 문화정치의 반/효과는 구체적인 작품의 서사분석과 당대 공연 관련 자료를 통해 드러낼 수 있을 것으로 기대하고 있다. 이는 상고에 부치기로 한다.[54]

---

54) 그리고 한 가지 유념해야 할 사실은 본고가 이동연극과 종이연극의 제작과정과 공연상황이라는 최종의 지점을 재구하는데 있어 그 자료로 활용하고 있는 기사와 담론들, 즉 일종의 메타 텍스트들 역시 제국의 재현물이라는 점이다. 그것들은 '이동'하는 연극의 수행적 실천과 그것의 보고(報告), 미디어 지면을 통한 과시(display) 등 일제 말기 이동하는 연극들이 놓인 맥락 전체를 프로파간다화하는 제국의 전략 안에 놓여 있었다. 본고가 적극적으로 검토하고 활용한 '이동' 연극 관련 자료들은 현재의 시점에서 희박하고 귀한 일제 말기 극예술 관련 자료이기는 하지만, 연구자로서 이러한 일련의 자료를 통해 일제 말기 프로파간다를 재구하는 시각의 편협함과 위험성을 경계할 필요가 있다고 느낀다.

식민지시기 유성기와 라디오의 메타모포시스

- 대중가요 〈아리랑〉을 중심으로

김선우

식민지시기 유성기와 라디오의 메타모포시스
- 대중가요 〈아리랑〉을 중심으로

Ⅰ. 서론

이 글은 식민지시기 유성기(음반)와 라디오(방송)라는 소리미디어의 메타모포시스(metamorphosis), 즉 수용·차용·변용 양상을 유성기음반으로 발매된 〈아리랑〉[1]과 라디오에서 방송된 〈아리랑〉이라는 구체적 텍스트를 통해 살펴보고자 한다.

식민지 조선에서 유성기와 라디오는 대표적인 소리미디어였다. 시기상으로 유성기(음반)가 먼저 등장했고 이후 라디오(방송)가 등장했다.

---

[1] 특정한 곡명·작품명 등을 지칭하거나 구체적 텍스트를 포괄하는 상위 개념으로 아리랑을 지칭할 경우에는 '음반 〈아리랑〉', '〈밀양아리랑〉' 등과 같이 '〈 〉'를 사용하며, 일반적인 의미나 전체 아리랑을 지칭할 경우에는 특별한 부호를 사용하지 않기로 한다.

하지만 유성기와 라디오는 순차적인 영향 관계를 맺는 것에 그치지 않았다. 초창기 라디오는 유성기를 수용하거나 차용하는 수준이었지만, 점차 유성기와 관련된 콘텐츠, 인적 네트워크 등을 라디오라는 미디어에 맞게 수용·변용했다. 나아가 라디오는 유성기라는 미디어가 식민지 조선에서 점유하고 있던 그 점유율과 위상을 변화시켰다. 이는 라디오라는 미디어가 등장함으로써 식민지시기 소리미디어의 지형이 변화된 것이라 할 수 있다.

매클루언은 "새로운 기술이 일단 한 사회 환경에 들어오면, 모든 사회 기구들이 새로운 기술에 의한 포화 상태에 빠지기 전에는 그것의 침투를 멈출 수 없다"[2]고 말한 바 있다. 그는 새로운 기술, 즉 미디어가 특정한 사회에 등장한다는 것이 갖는 의미를 압축적으로 지적한 것이다. 새로운 미디어는 그 미디어가 직접적으로 연관을 맺고 있는 영역에만 어떤 결과를 초래하지 않는다. 비교적 오래된 미디어인 문자미디어(인쇄매체)를 예로 들자면, "인쇄는 지난 500년 동안 예술과 학문의 모든 국면에 스며들었"[3]는데, 미디어의 끊임없는 '침투' 양상을 단적이면서도 지속적으로 보여주는 사례이다. 새로운 미디어는 등장과 동시에 기존의 미디어에도 '침투'를 강행한다.

새로운 미디어는 이전의 오래된 미디어에 새로 하나 덧붙여지는 것이 결코 아니며, 이전의 오래된 미디어가 평화롭게 가만히 있도록 내버려 두지도 않는다. 새로운 미디어는 낡은 미디어가 새로워진 미디어 환경에 맞는 새로운 형태와 자리를 발견하는 순간까지 쉬지 않고 압박을 가한다.[4]

[2] 마셜 매클루언/ W. 테런스 고든 편, 김상호 옮김, 『미디어의 이해』, 커뮤니케이션북스, 2011, 317쪽.
[3] 위의 책, 같은 쪽.

매클루언은 미디어에 대한 단선적 인식을 거부할 것을 요청한다. 아울러 그는 특정한 미디어와 또 다른 미디어가 서로 영향을 주고받는 관계에 놓인다는 특성을 지목하고 있다. 이러한 통찰은 책, 유성기, 라디오 등을 개별 미디어로 인식하고 그 범주 내에서 미디어 특성을 찾으려는 시각의 한계를 깨닫게 해준다. 식민지 조선에 처음 등장한 라디오는 한국 내에서 현재까지 대중적인 미디어 중 하나로 자리매김하고 있다. 하지만 1927년 등장한 새로운 미디어였던 라디오는 약 20년 앞서 존재했던 유성기의 영향력과 점유율에 영향을 끼쳤다. 이 글이 식민지 조선이라는 시기의 유성기와 라디오에 주목하는 이유는 여기에 있다. 책, 신문 등으로 존재했던 문자미디어는 이미 다양한 국면(예술, 학문, 문화 등)을 장악하고 영향을 끼치고 있었다. 문자미디어는 1927년 이라는 시점에서 이미 자명한 것으로 받아들여지고 있었다. 하지만 소리미디어인 유성기와 라디오의 관계는 당시에 엄밀하게 규정되지 않았고, 라디오가 "새로운 형태와 자리를 발견"하려는 지점이 비교적 뚜렷하게 목격되고 있었다. "새로운 미디어"인 라디오는 "이전의 오래된 미디어"인 유성기라는 미디어를 차용·수용하면서 점차 탈바꿈했으며 유성기 역시 라디오의 등장에도 쉽사리 사라지지 않을 수 있는 특성이 부각·강화되고 있었다.

이어서 이 글에서 사용하는 '미디어'라는 개념의 특성을 살펴보고자 한다. 유성기, 라디오는 각각 소리와 관련된 미디어다. 유성기는 음반, 레이블, 가사지 등으로 구성되어 있고 라디오는 방송국, 전파 송·수신기, 대본 등과 밀접한 관련이 있다. 유성기와 라디오라는 물리적 기계

---

4) 위의 책, 312쪽.

그 자체는 일차적으로는 플랫폼으로, 유성기 음반에 담긴 소리와 라디오를 통해 송출된 소리는 콘텐츠로 인식되고 파악될 수 있다. 일반적으로 플랫폼은 미디어로 '내용'은 콘텐츠로 분리되어 인식된다. 그렇지만 유성기음반 그 자체, 음반에 담긴 소리(곡, 해설 등), 라디오로 송출된 프로그램 역시 미디어로 이해될 수도 있다. 그런 점에서 매클루언이 미디어가 다른 미디어의 '내용'이 되고 미디어 그 자체는 '메시지'가 된다고 보았던 점을 참조하고자 한다.

> 전깃불이 없으면 뇌 수술이나 야간 경기를 할 수 없다는 점에서, 뇌 수술이나 야간 경기가 전깃불의 "내용"이라는 주장을 할 수도 있을 것이다. 그러나 이 같은 사실은 "미디어가 메시지다"라는 점을 강조해 줄 뿐이다. 왜냐하면 '인간관계와 행위'의 '규모와 형태'를 형성하고 제어하는 것이 바로 미디어이기 때문이다. 그런데 이런 미디어의 내용이나 용도가 너무 다양해서 인간관계의 형태를 만들어 가는 데에 전혀 힘을 발휘하지 못하는 경우도 있다. <u>실제로 우리는 다름 아닌 미디어의 "내용" 때문에 그 미디어의 성격을 파악하는 데 방해를 받는다.</u>(밑줄-인용자)[5]

매클루언은 기술의 발전에 따른 "인간의 확장으로서 미디어의 일반적인 측면"[6]을 살펴보고자 했다. 그가 바라보는 미디어의 개념은 확장적인 개념으로, 특정한 미디어를 기준으로 그 미디어와 관계된 모든 기술적 관계에 있는 것들을 '미디어'로 파악했다. 이를 수용하면 '유성기'-'유성기음반'-'음반 속에 담긴 소리'는 각각을 채우는 내용이자 '미디어' 자체가 된다. '유성기'와 '유성기음반'만이 미디어가 아니라 '음반 속에

---

[5] 위의 책, 32~33쪽.
[6] 위의 책, 11쪽.

담긴 소리' 역시 '자연의 소리'가 아니라는 점에서 미디어가 되는 것이다. 그러므로 '유성기', '음반'과 '음반 속에 담긴 소리'를 '미디어'와 '콘텐츠(내용)'로 구별하기보다 분석 지점에 따라서 '콘텐츠'와 '미디어'로 파악하고자 한다. 이는 '라디오'와 '라디오방송(프로그램)'의 관계도 마찬가지이다.

'미디어'와 '콘텐츠'에 대한 일반적 인식을 부정하는 것은 아니며 '미디어'와 '콘텐츠'의 구분을 보다 확장해서 사용하고자 하는 것이다. 연구자의 시각에 따라 '내용'을 기존의 방식대로 '콘텐츠'로 규정할 수도 있으며 이 글처럼 '미디어'로 규정 · 분석할 수도 있을 것이다. 인간사회에 어떠한 영향을 미친다는 점에서 '미디어'는 발신자와 수신자를 연결해주는 수단의 의미를 넘어선다. '콘텐츠' 혹은 '미디어'인 '음반 속의 소리'에 대한 분석은 그것이 (재)생산되기 전 · 후의 '콘텐츠' 혹은 '미디어'에 대한 특성과 그 관계를 규명해야 할 필요가 있다. 하지만 '콘텐츠'만을 분석하는 것은 미디어의 특성이 고려되지 않고 특정한 '콘텐츠(내용)'만을 떼어서 바라보는 관점이다. 예를 들면, 유성기음반에 취입된 춘향전 중에 특정한 음반이 전체 춘향전 중에 어떤 대목인지, 어떤 가수가 불렀는지 등만을 고려하는 것은 음반에 담긴 것을 '콘텐츠'의 관점으로 바라본 것이다. 반면 판소리 춘향전이 음반에 취입되면서 길이, 창법 등이 변경될 수밖에 없었던 점을 함께 고려한다면, 이는 '미디어'의 관점에서 바라본 것이다.

앞서 언급했던 것처럼 새로운 미디어의 등장은 미디어 간의 경쟁을 필연적으로 유발한다. 라디오라는 미디어의 등장은 유성기라는 미디어의 점유율을 위협했다. 그리고 그 라디오는 유성기의 기술이 집약 · 발전된 상황에서 등장할 수 있었다.[7] 하지만 초창기 라디오는 유성기의 '기록(저장)'이라는 기술적 특성을 넘어서지 못했다. 초창기 라디오(방송)라는 미디어는 '기록'에는 관심이 없었다. 전파를 통해 광범위한 지역에 '소리'를 전달하는 것과 그 '소리'를 '라이브'로 전달하는 데에 보다 집중하고 있었던 것이다. 그 특성이 가장 두드러지는 영역은 음악이었다. 음악은 유성기가 등장하면서부터 유성기의 중요한 텍스트로 기능했으며 라디오방송이 송출되기 시작한 초기에도 비중 있는 프로그램의 일종이었다.

그중 1945년 이전 유성기음반과 라디오방송 소재 〈아리랑〉은 일종의 범주화가 가능할 정도로 빈번하게 (재)생산된 텍스트이다. 식민지 조선에서 대중가요가 대중문화의 중요한 축으로 자리매김해 가는 와중에 대중가요의 중요한 장르로 통속 민요가 존재했다. 통속민요 중 "아리랑은 1930년대 대중가요 전개의 가장 중요한 동력"[8]이었다.

〈그림 1〉 조선에 들어오기는 二十四五년 전[9]

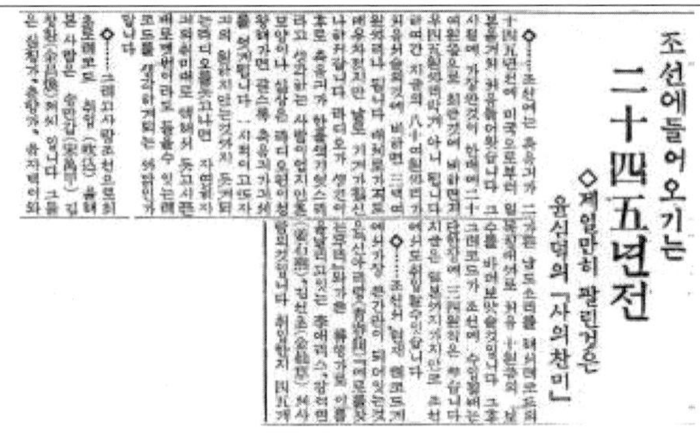
조선에들어오기는
二十四五년전
◇제얼만히 팔린것은
윤심덕의 「사의찬미」

7) 매클루언은 "축음기의 세계에 마침내 전면적인 전기의 힘을 불어넣은 것은 라디오였다. 1924년의 라디오는 음질 면에서 이미 우수하였고, 곧 축음기와 레코드 업계를 누르기 시작"했다고 지적한 바 있다. 위의 책, 425쪽.

8) 강등학, 『아리랑의 존재양상과 국면의 이해』, 민속원, 2011, 85쪽.

인용한 글은 축음기가 조선에 소개된 시기, 가격 변화, 유명한 가수 등과 함께 1932년까지 인기 있는 곡과 레퍼토리를 소개하고 있다. 그리고 가장 많이 팔린 음반은 윤심덕이 부른 「사의 찬미」라고 소개하면서 "조선서 현재 레코드계에서 가장 큰 간판이 되어 있는 것은 '신아리랑(청춘곡)', '에로를 찾는 무리'와 같은 유행가"라고 설명했다. 음반에 취입된 여러 유행가가 있고 그중 인기를 끈 곡 역시 상당수 존재한다. 하지만 아리랑은 일종의 레퍼토리 혹은 장르처럼 지속적으로 음반에 취입되었고 많은 가수들에 의해 불렸다. 더불어 음반 취입에 참여한 가수는 음악회, 라디오 공연 등에서 대부분 아리랑을 공연의 레퍼토리 중 하나로 선정하곤 했다. 아리랑은 1926년 영화 〈아리랑〉으로 다양한 분야에서 인기를 끌고 있었고 음반과 라디오방송에서도 빈번하게 재생산되고 있었다.

그런 점에서 유성기(음반)와 라디오(방송)라는 미디어의 관계에 주목하는 이 글은 유성기음반으로 발매된 〈아리랑〉과 라디오로 방송된 〈아리랑〉을 연구대상으로 삼고자 한다. 왜냐하면 아리랑은 유성기와 라디오의 주요한 콘텐츠이면서 동시에 '미디어'였고 두 미디어가 서로 수용·차용·변용하면서 탈바꿈하는 지점을 잘 드러내 보여준다고 파악되기 때문이다.

아리랑은 식민지시기 근대미디어를 통해 수와 종류가 폭발적으로 증가했으며 현재까지 반복과 변주가 끊이지 않고 있다. 그에 따라 축적된 아리랑 연구 성과는 상당한 양과 수준에 이르고 있다.[10] 하지만

---

9) 「조선에 들어오기는 二十四五년 전」, 『동아일보』, 1932.7.2.
10) 여기에서 아리랑 연구사의 전반을 언급하는 것은 불가능하지만, 다음의 연구서들은 아리랑 연구사에서 선구적 연구성과의 상당수를 수록하고 있다. 아리랑 전반에 대한 이 글의 시각은 다음 연구들의 기반 위에 서 있다. 김시업 외, 『근대의 노래와

음반 〈아리랑〉에 주목한 연구는 미흡한 편이다. 유성기음반 〈아리랑〉에 대한 현재까지의 선행연구는 크게 두 가지로 대별할 수 있다. 첫째, 조선과 일본 제국 각지에서 발매되었던 음반 〈아리랑〉의 목록화이다. 둘째, 목록화된 결과물을 통해 일본 제국 내에서 전파되는 과정을 검토하거나 텍스트 비교·분석을 통해 대중가요의 사(史)적 흐름 안에서 아리랑의 의미를 검토한 것이다.11) 선행연구는 전무했던 음반 〈아리랑〉의 구체적 현황을 제시했다는 점에서 의의가 있다. 그렇지만 음반 〈아리랑〉과 라디오에서 방송된 〈아리랑〉의 관계에 대해서는 본격적으로 서술된 바 없다.

유성기음반 〈아리랑〉과 라디오에서 방송된 〈아리랑〉은 가사와 인적 네트워크를 공유하는 방식으로 교호했다. 라디오는 개국 초기 유성기음반으로부터 〈아리랑〉을 제공받았다. 아리랑은 유성기와 라디오라는 미디어의 콘텐츠로서의 역할에 충실했다. 그렇지만 〈아리랑〉은 점차 유성기음반과 라디오방송의 중요한 (재)생산된 구체적 텍스트로 존재·기능하게 되었다.

이 글은 구체적 텍스트(가사) 분석 그 자체에 집중하지 않는다. 레이

아리랑』, 소명출판, 2009; 강등학, 앞의 책; 진용선, 『정선아리랑의 전승과 계보』, 정선아리랑문화재단, 2011.

11) 식민지시기 유성기음반·라디오에서 방송된 〈아리랑〉과 관련된 연구는 다음을 참조할 수 있다. 강등학, 앞의 책, 52~57쪽; 기미양, 「영화 주제가 〈아리랑〉 연구」, 성균관대 석사논문, 2009; 김선우, 「아리랑의 미디어 문화사 연구」, 성균관대 석사논문, 2016; 이소영, 「〈아리랑〉의 문화적 변용에 따른 음악적 특징 - 유성기음반의 아리랑을 중심으로」, 『음악학』 24, 한국음악학학회, 2013; 이준희, 「'대중가요' 아리랑의 1945년 이전 동아시아 전파 양상」, 『한국문학과 예술』 6, 숭실대학교 한국문예연구소, 2010; 장유정, 「유성기음반(SP) 수록 대중가요 아리랑 텍스트의 반복과 변주 - 광복 이전의 자료를 중심으로」, 『한국문학과예술』 제6집, 숭실대학교 한국문예연구소, 2010; 『오빠는 풍각쟁이야 - 대중가요로 본 근대의 풍경』, 민음in, 2006; 진용선, 『일본 한인 아리랑 연구』, 정선아리랑문화재단, 2010.

블, 가사(지), 인적네트워크 등과 관계 맺고 있었던 유성기(음반)라는 미
디어와 그 미디어에서 재생산된 〈아리랑〉에 대한 분석을 주목적으로
한다. 이러한 접근은 라디오에서 방송된 〈아리랑〉의 분석을 염두에 두
고 있는 것이며 그 반대도 같은 것이다.[12]

Ⅱ. 식민지시기 소리미디어에서 〈아리랑〉의 위치

아리랑은 나운규의 영화 〈아리랑〉을 통해 그 내연과 외연을 확장하

---

[12] 이러한 서술은 볼터·그루신의 '재매개' 개념을 염두에 둔 것이다. 볼터·그루신은
재매개를 "한 미디어를 다른 미디어에서 표상하는 것"(볼터 그루신, 이재현 옮김,
『재매개: 뉴미디어의 계보학』, 서울: 커뮤니케이션북스, 2006, 53쪽)이라고 정의했
다. 그리고 재매개의 이중논리를 '투명성의 비매개(transparent immediacy)'와 '하이
퍼매개(hyper mediacy)'로 구분했다. '투명성의 비매개'와 '하이퍼매개'는 재매개를
이루는 원리이다(같은 책, 20~52면 참조). 임형택은 "볼터·그루신에 의해서 '재매
개(Remediation)'는 '개념'이자 '논리'로 재정립되었다. 그것은 ①개념으로만 쓰일 때
는 비교적 뚜렷한 의미로 여겨지며 단순하게 사용될 수도 있겠으나, ②논리─'재매
개의 이중논리'로 쓰일 때는 꽤 복잡한 해설을 요한다"(『문학미디어론』, 소명출판,
2016, 38쪽)고 '재매개' 활용을 확장 해석한 바 있다. 이 글은 임형택이 강조한 부분
중에서 개념으로서의 '재매개'를 사용하고자 한다. 그렇지만 이 논문은 '재매개' 양
상을 본격적으로 다루고 있지 않으므로 본문에서는 '(재)생산'이라는 용어를 사용
한다. '(재)생산'이라는 용어는 상황에 따라 '재매개', '다시 생산된' 상황을 가리키는
용어로 사용될 것이다. 라디오(방송)라는 미디어는 유성기(음반)의 '매개의 매개'이
며 라디오(방송)는 유성기(음반)라는 미디어의 실재를 매개한 것이기 때문이다. 더
불어 매클루언이 지적한 '인과성(始動因, efficient causality)' 역시 유성기(음반)와 라
디오(방송)라는 미디어의 관계를 〈아리랑〉이라는 텍스트로 분석하고자 하는 이 글
에서 중요한 참조점이 된다. 매클루언은 "미디어의 효과가 강렬해지는 것은 또 다
른 미디어가 '내용'으로 주어진다는 점 바로 그것 때문이다. 예를 들어 영화의 내용
은 소설이나 연극 혹은 오페라이다. 영화라는 형식의 효과는 그 프로그램의 내용
과는 무관하다. 글쓰기나 인쇄의 '내용'은 말이다. 그러나 독자는 인쇄인지 말인지
를 거의 대부분이 의식하지 못한다"(앞의 책, 51쪽)고 '효과'와 '원인'의 관계를 통해
인과성을 재규정한 바 있다. 이 글이 중요한 포착시기로 삼는 것은 일본 제국 내에
등장한 라디오의 초창기이다. 이 시기는 '효과'가 '원인'을 앞서는 시기였다.

기 이전에 이미 근대미디어(잡가집, 신문, 소설 등)에 의해 재생산[13])되면서 레퍼토리가 고정화된 바 있으며, 그에 앞서 경복궁중건 등의 사건을 계기로 잡가의 한 갈래로서 소리꾼들에 의해 반복·변이·확장된 바 있다. 이는 19세기 후반부터 이미 아리랑이 대중음악적인 요소를 획득하고 있었다는 것이다.[14])

　유성기는 유성기 그 자체, 음반, 가사지, 레이블 등 상이한 속성을 지닌 미디어들이 하나의 구성품으로 종합되어 있었다. 그리고 신문·책·잡지 등에 실린 광고와 기사에 소개되는 방식으로 다른 미디어에 노출되었다. 제국 내에서 유성기라는 미디어가 가졌던 지위는 대중문화를 선도하는 플랫폼이자 유성기가 등장할 때까지 당시의 기술이 집약된 것이었다. 대중문화를 선도하는 유성기의 지위는 그에 적합한 콘텐츠와 결합되면서 가능할 수 있었다. 이러한 유성기음반에 아리랑이 수록될 수 있었던 이유는 아리랑 역시 기왕의 다양한 미디어에 존재하는 여러 종류의 아리랑을 음반 〈아리랑〉이 통괄하는 과정을 거쳤기 때문이다.[15]) 잡가 〈아리랑〉, 통속민요 〈아리랑〉, 문자미디어에 수록된

---

13) 아리랑이 근대미디어를 통해 (재)생산된 양상에 대해서는 김선우, 앞의 논문 참조.
14) 이 글이 대중가요로서 〈아리랑〉을 바라보는 시각은 강등학의 논의를 적극적으로 참조했다. 강등학은 대중가요를 "그 핵심요소는 소비의 다수성과 이해의 용이성에 있다. 여기에 하나 더 추가할 것은 대중전달의 유통매체 확보"(강등학, 앞의 책, 60쪽)라고 규정했다. 이어서 그는 통속민요, 신민요, 트로트 등이 대중가요의 중요한 장르임을 지적하고 대중가요 〈아리랑〉의 특성을 형성기 대중가요의 전개양상에서 논의했다. 대중가요 〈아리랑〉의 정의에 대해서는 같은 책, 52~57쪽, 참조.
15) 유성기에 적합한 특정한 콘텐츠에 대해서는 임형택의 논의가 참조될 수 있다. 임형택은 "유성기+음반에는 미디어-테크놀로지에 적당한 목소리-'레코-드 보이스'가 요청되었다(이는 라디오의 경우에도 마찬가지였다고 할 수 있다)"(앞의 책, 134쪽)고 지적하고 있다. 임형택의 논의는 춘향전이 유성기음반에 재매개되는 양상을 추적하면서 특정한 가수의 '레코-드 보이스'가 유성기음반에 취입될 수 있었던 요인을 분석한 것이다. 임형택의 논의를 참고해보면 '아리랑' 역시 '소리'로서 유성기음반에 취입하기 적합한 콘텐츠였다고 할 수 있다.

〈아리랑〉, 나운규의 영화 〈아리랑〉 등 다양한 멜로디와 가사로 존재했던 것 중에서 특정한 곡이나 멜로디가 선택되어 유성기음반 〈아리랑〉에 수록되었던 것이다. 유성기음반에 수록되는 과정에 중요한 기준으로 작용한 것은 대중의 인기와 일종의 표준화된 결과물이었다. 특정한 곡명, 그러니까 〈밀양아리랑〉, 〈아리랑〉이라는 '가사+곡(혹은 반주)'의 형태(콘텐츠)라는 존재방식에서 유성기, 라디오, 간판, 책 등 구체적 플랫폼의 기술적 환경, 즉 미디어 차이에 따라 동일한 것을 재생산하거나 차이를 달리하는 것으로 존재방식이 변했던 것이다. 이런 면이 유성기음반 〈아리랑〉에게 독특한 지위를 부여한다. 다양한 '민요' 중에서 아리랑은 유성기음반에 취입된 여러 장르 중 하나라고 불릴 수 있을 정도로 취입·발매되었으며, 상당수의 음반이 현재까지 남아 있다. 더욱이 식민지시기 제국의 몇 안 되는 조선 민요들과 함께 유행가로서의 지위를 누리기도 했다.[16]

유성기라는 미디어는 다면적 환경 속에서 존재하고 있었다. 유성기는 최첨단의 미디어-테크놀로지로서의 지위를 누리면서 새로이 등장하는 미디어-테크놀로지와도 밀접한 관계를 가지며 끊임없이 식민지시기 제국의 대중문화 내에서 영향력을 확장했던 미디어라고 할 수 있다. 유성기가 새로운 미디어-테크놀로지와 발 빠르게 결합하는 지점은 라디오(방송)와의 결합이다.

라디오방송은 유성기와 소리미디어라는 속성을 공유했지만 그 파급의 범위는 유성기를 넘었다. 라디오방송의 테크놀로지는 처음부터 유성기의 물리적 조건을 초과한 형태로 일본 제국 내에서 등장했다. 유

---

16) 1945년 이전 아리랑은 유성기음반을 통해 제국 곳곳으로 전파되었으며 유행가로서의 지위를 누렸다. 1945년 이전 유성기음반의 전파 과정은 이준희, 앞의 논문 참조.

성기음반이 3~4분 내외의 '소리'를 담을 수 있었지만, 라디오는 상대적으로 그런 시간 제약에서 유연했다. 그러나 라디오방송은 편성이라는 또 다른 시간 제약을 받을 수밖에 없었다. 전파가 송출될 때만 청취할 수 있고, 특정 프로그램 편성 시간 내에서만 들을 수 있다는 '소리' 단위의 제약이 있었다. 반면 "실제로 시간의 지배에서 더 자유로웠던 것은 유성기음반"[17]이었고 이러한 유성기와 라디오의 물리적 제약은 특정한 텍스트가 유성기음반과 라디오방송에서 재생산되었을 때 다른 지향점을 두도록 만들었다. 소리와 몸짓 등 다양한 감각으로 구성된 공연예술인 춘향전의 경우 "유성기음반 기준으로 3~4분으로 분절된 텍스트는 서정성이 강한 대중음악의 일종으로, 30~60분으로 일정한 시간의 지속을 보장받으며 분절될 경우에는 서사성을 갖춘 드라마의 일종으로 수용"[18]되었다. 반면 '아리랑'의 경우 유성기음반과 라디오방송에서 '서정성'이 일원적인 양상을 띠었다. 대중가요에서 두드러지는 서정성이 유성기음반과 라디오방송이라는 미디어의 차이에도 유지될 수 있었던 것이다. 왜냐하면 이미 완결된 형태로 존재했던 음반 〈아리랑〉이 라디오방송에서 송출되거나 아니면 가수에 의해 불렸기 때문이다.

음악은 일본 제국의 근대 초기 라디오방송 프로그램 중에서 중요한 것 중 하나로 기능했다. 음악이 라디오방송에서 중요한 프로그램으로 기능한 요인은 다양하다. 그중 가장 두드러지는 특성은 유성기음반으로 형성된 제국의 대중문화 내 대중음악(가요)의 지위였다고 보인다. 라디오방송에서 유성기음반에 취입된 노래를 틀어주는 일은 라디오 개국 초기부터 일반적인 현상이었다. 점차 '라이브' 공연이 라디오방송

---

17) 임형택, 앞의 책, 146쪽.
18) 위의 책, 같은 쪽.

에서 음악을 송출 형식이 되었다.

지금까지 논의는 유성기음반과 라디오방송에 가로 놓여 있는 음악이라는 텍스트의 유연성과 특성을 지목하고 동시에 그것을 가장 두드러지게 규명할 수 있는 텍스트가 유성기음반·라디오방송 소재 〈아리랑〉임을 지목하고자한 것이다.

Ⅲ. 유성기음반 〈아리랑〉과 라디오에서 방송된 〈아리랑〉의 보완적 관계

1. 초기 라디오방송에서 유성기음반과 음악의 지위

유성기음반은 소리를 물질화해 저장하고 보존할 수 있다는 점에서 획기적인 미디어다. 하지만 유성기음반은 3분 내외의 소리밖에 저장할 수 없었으며 재생 횟수도 30회 내외로서 영구적으로 사용할 수 없었다. 또한 가격 역시 "1매의 가격은 음반회사에 따라, 보급반과 정규반의 차이에 따라서 다양했으나, 1910년부터 1930년대까지 정규반 1매에 1원 50전, 보급반 1매에 1원 정도"[19]로 고가의 물건이었다. 이러한 물리적 조건은 유성기음반이 지닌 태생적 한계로 한정된 범위에서 유통될 수밖에 없었다. 유성기음반에 담겼던 내용(content)들 역시 유성기음반의 물리적 한계와 맥락을 같이 할 수밖에 없었다.

유성기음반이 가졌던 물리적 한계에 구속되었던 이러한 텍스트들은

---

19) 구인모, 『유성기의 시대, 유행시인의 탄생』, 현실문화, 2013, 300쪽. 1920년대 후반~1930년대까지 직업 별 월급이 의사 75원(병원 의사), 300원(개업 의사), 교원 85원, 학생용돈 30원, 경비원 35원, 농민 25~37원, 카페 여급 40원 정도였다. 같은 책, 456쪽.

라디오방송과 만나면서 식민지시기 제국 내에서 일부 극복된 것으로 보인다. 한정된 재생 횟수에 따른 한정된 대중과 접촉할 수밖에 없었던 물리적 한계를 지녔던 유성기음반이 전파라는 무형·무한의 '미디어'이자 매질(媒質)을 기반으로 하는 라디오방송과의 결합을 통해 그 한계를 극복할 수 있었던 것이다.

제국 일본에서 최초의 라디오방송은 'JOAK'라는 호출부호(コールサイ ン, call sign)를 가졌던 동경방송국으로부터 시작되었다. 동경방송은 1924년 시험방송을 거쳐 1925년 7월 12일부터 본방송을 시작했다.[20] 이후 일본 내 중계망 건설 등을 통해 'JOBK' 오사카방송국, 'JOCK' 나고야방송국에 이어 조선에도 'JODK'[21]라는 호출부호를 부여받은 경성방송국이 설립되었다. 그 후 동경을 시작으로 제국 내지와 외지 곳곳에 새로운 방송국이 들어섰고 제국 내 전파 지형도도 확대되었다.

식민지시기 제국 일본은 "하나의 전파(電波)로 제국의 단일한 인식을 갖고자 했"[22]던 기획 하에 전파 도달 범위를 확장했다. 엄밀히 말하자면, 라디오방송은 전파가 확장되는 과정에서 마련된 제반 시설의 가시적 형태였다. 일본은 라디오방송, 그것에만 관심을 두었던 것은 아니다. 라디오방송의 확장은 제국 전파를 기반으로 하는 복잡한 정책의 선봉대와 같은 것이었다.[23] 물론 그렇다고 해서 라디오방송이 다른 정

---

20) 日本放送協会, 『放送五十年史 資料編』, 日本放送出版協会, 1977, 3~35쪽.
21) 조선의 콜 사인에 대해서 엄현섭은 "경성방송국의 콜 사인은 도쿄의 JOAK, 오사카 JOBK, 나고야의 JOCK에 이어 네 번째의 콜 사인 "JODK"이었다. 본래 조선의 콜 사인은 JB**으로 정해졌으며 국내용(일본-인용자) JO**에서는 없는 것이었지만, "내선일체" 정책에 어긋난다는 조선 체신국의 강한 주장으로 제국일본 4번째의 콜을 사용하게 됐"(「근대 동아시아 라디오방송의 형성과 전파(電波)의 자기조직화(self-organization)」, 『일본학』 42, 동국대학교 일본학연구소, 2016, 200~201쪽)다고 지적하고 있다.
22) 위의 논문, 210쪽.

책을 드러내지 않고 은밀하게 수행하기 위해 동원된 미디어라는 것은 아니다. 전파의 확장이라는 사건에 포함되었던 복잡한 정책 중에 라디오방송이 가장 두드러지는 현상이었다는 점을 지적하는 것이다. 하지만 동경으로부터 시작된 전파의 확장은 필연적으로 그 제반적 시설들, 기지국·중계소·방송국 등 물리적 요소를 필요로 했으며 방송(국)은 전파 확장의 다층적 층위를 단순화하는 '근대미디어'였다. 전파 확장은 방송의 도달 범위가 확장됨을 의미하는 동시에 무선통신기술의 확장을 의미하는데, 이는 제국의 문화정치가 라디오방송이라는 새로운 채널을 개척했던 것이라 할 수 있겠다. 라디오에서 제국의 문화정치는 '황민화', 프로파간다 등 그 의도가 다분했지만 실제 제국 내에서 라디오로 파생된 문화와 산물들은 제국 권력의 의도대로 이루어지지는 않았다. 그 단편적인 사례가 조선인 청취자들이 '연예'라는 종목을 좋아

23) 식민지시기 제국 내에서 라디오를 둘러싼 정치 논리와 문화 논리는 복잡했다고 할수 있다. 라디오라는 미디어는 등장 초기부터 관영주도가 짙은 미디어였는데 식민지 제국 권력(일본과 조선총독부의 체신성)의 '총후(銃後)' 교육으로 지목될 수 있는 정치 논리(주로 '보도' 방송프로그램)에서 확인된다. 한편 정치 논리와는 달리 청취자들의 취향(주로 '연예' 방송프로그램)으로 상정될 수 있는 문화 논리 역시 라디오라는 미디어를 둘러싸고 있었다. 이러한 정치 논리와 문화 논리는 '식민성'의 관점에서만 이해될 수 있는 성질의 것은 아니다. 전쟁기 정치 논리는 문화 논리를 배제하려 하기도 했지만 일본어 '보도' 프로그램의 번역을 통해 문맹률이 높았던 조선인들에게 전달력이 상대적으로 용이한 '속어(조선어)'의 사용을 지지했던 것과 청취자들의 요구로부터 시작된 경성방송국의 조선어 방송 프로그램 개발, 조선어 순화 운동 등은 서로 다른 의도가 모순적으로 작용하기도 했다. 즉 라디오라는 미디어는 권력의 의도와 상반되는 식민지 문화적 근대성을 확립하기도 했던 것이다. 이상의 논의는 서재길, 「일제 식민지기 라디오 방송과 "식민지 근대성"」, 『사이間 SAI』 창간호, 국제한국문학문화학회, 2006 참조. 이 글은 서재길의 논의를 적극 수용하면서 라디오를 통한 식민 권력의 의도가 '황민화', 전쟁기 '총후(銃後)'의 동원 뿐만 아니라 라디오라는 미디어를 통해 생산된 다양한 문화적 산물에도 투영되어 있다고 본다. 라디오를 둘러싼 여러 주체들의 정치·문화 논리가 착종되었다고 본다. 그것은 '식민성'이 두드러지는 부분도, '문화적인 근대성'이 두드러지기도 할 것이며 그 둘이 혼합된 형태로 존재할 수도 있다고 본다.

했고 이는 편성에도 반영되었던 것을 들 수 있다.[24]

일본 제국은 세부적인 정책을 통해 라디오방송을 운영하고자 했다. 제국의 욕망은 일본방송출판협회에서 다이쇼(大正) 15년(1926), 쇼와(昭和) 6년(1931), 7년(1932), 9년(1934)에 각각 출판한 『ラヂオ年鑑(라디오 연감)』이라는 출판물을 통해 가시화되어 있다. 『라디오 연감』의 전반적인 구성 방식은 크게 '총람편', '해설편', '참고편'으로 구분한 각 편에 세부적인 글들이 실려 있다. 분량은 평균 700~800페이지에 육박한다. 또한 편성 지침, 청취자 통계 등 라디오방송 운영과 관련된 보고와 계획은 물론 무선통신기술, 라디오를 포함한 무선통신장비와 관련된 제반 기술에 대한 상세한 내용도 담겨져 있다. 그중에는 라디오와 음악의 관계에 대해서도 꾸준히 언급하고 있는데 다음은 쇼와 7년에 발간된 『라디오연감』에 실린 「방송음악의 특이성(放送音樂の特異性)」의 일부이다.

> 방송이든 축음기 음반이든 원래의 음을 있는 그대로 전달하거나 혹은 복제한다는 점에 원칙이 있는 것이므로, 방송음악은 특이성이 있을 수 없다고는 하지만, 무엇이든 이치가 있을 터이다. 그럼에도 실제와 이론이라는 것은, 어느 사회에서든 정확히 일치하지 않으며, 방송에서의 음과 실제 음 사이에, 얼마간의 서로 다름이 있다는 점은, 사실로서 인정되지 않으면 안 된다. 그렇다면 어떻게 이 사실을 효과적으로 안내해 갈 것인가라는 것이 방송당사자의 당면 문제로 다가온다.
>
> 그러나 근저에 있어 방송이라는 것은 **전기의 힘**에 의해 연주를 전하는 것이며, 실제 연주는 공기의 파동에 의해 전달되는 것이다.[25]

---

24) 방송 프로그램과 조선인 청취자에 관한 내용은 위의 논문, 191~193쪽 참조.

25) "放送にせよ, 蓄音機のレコーデイングにせよ, 原音をありのまゝに傳送し或は複製するといふ所に建前があるのであるから, 放送音樂は, 特異性があつてはならないとふのが, 先づ以つて理窟であるべきだ. けれども實際と理論とは, いつの世にも

위 글은 라디오에서 방송음악과 "유성기음반(蓄音機のレコーデイング)"을 '원음'과 비교했을 때 차이가 있을 수밖에 없다는 것을 지목하고 있다. 여기에서 '원음'은 연주자가 악기를 실제 연주할 때 나는 소리나 가수의 목소리를 의미하며, "진실의 음(眞實の音)"은 녹음, 재생, 송출 등 전기적 과정을 거치지 않고 공기를 매질(媒質)로 해 실연되는 음악(노래)이 청자의 귀로 바로 전달되는 것을 의미한다. 반면 "전기의 힘(電氣の力)"은 라이브 형태로 송출하거나 음반에 취입된 '소리'를 송출하는 것을 의미한다.

인용한 글은 레코드(음반)와 비교하면서 방송에서 '원음'을 효과적으로 전달하기 위한 방법, 라디오에 송출되었을 때보다 효과적인 음악 종류 등에 대해서도 서술하고 있다. 그중 "레코드와 비교해서 라디오의 방송이 효과가 좋지 않다는 것(レコードに比べれ、ラヂオの放送が効果が悪いといふ事)"[26]이라는 표현을 사용한 라디오방송과 유성기음반의 비교는, 라디오방송과 비교했을 때 상대적으로 기술이 안정화되었던 유성기음반이 '원음'을 전달하는 면에서는 앞선 상황이었음을 추측해 볼 수 있다. 또한 '원음'을 효과적으로 전달할 수 없는 문제점으로 녹음과 송출에 문제가 없어도 라디오 수신기의 문제가 있을 수 있음을 지목하며 그것은 방송 관계자의 책임임을 강조하고 있다.

쇼와 7년에 발행된 『라디오 연감』에는 「방송음악의 특이성」 외에

ぴつたりと一致するものではなくて，放送の音に，眞實の音との，多少の相異があるといふ事は，事實として認めなければならない，さうすれば，どうして此の事實を効果的に導いてゆかうかといふ事が，放送當事者の，當面の問題となつて来る．しかし，根抵に於て，放送とうふものは，電氣の力によつて演奏を傳へるものであり，實演は空氣の波動によつて傳へるものである．(밑줄, 강조-인용자)"「放送音樂の特異性」，日本舖裝協會 編著者，『昭和七年 ラヂオ年鑑』，日本放送出版協會，1932, 214쪽.
26) 위의 책, 219쪽.

「音樂放送の將來(음악방송의 장래)」,「音樂種目の位置(음악 프로그램의 위치)」,「放送音樂の聽き方(방송음악 듣는 법)」 등의 글도 실려 있다. 일본방송출판협회에서 발간한 책에 지속적으로 라디오방송과 음악에 대한 글이 실렸다는 것은 라디오방송에서 음악이 차지하는 비중이 높았다는 것을 의미한다. 실제 '時刻表(편성표)'와 '종목(種目, プログラム, 방송프로그램)'별 방송 횟수를 살펴보면, 음악은 중요한 프로그램 중 하나로 자리매김하고 있었다. 다음은 1928년 12월 동경중앙방송의 편성표이다.

〈표 1〉을 살펴보면, '음악'이 '연예', '강연' 등과 함께 편성되어 있다. 음악이 단독으로 편성되어 있지는 않지만 135분 안에 함께 편성되어 평일과 일요일·축제일에도 지속적으로 편성·방송되었다. 1920년대 후반의 음악은 '위안(慰安)'이라는 상위 '종목'에 포함되어 방송되었던 것이다.[27]

또한 『放送五十年史 資料編』의 「放送種目別放送回數及時間総計表(大正14年3月22日~大正15年 8月 20日)」를 살펴보면 음악은 크게 '和楽(일본음악)', '洋楽(서양음악)'으로 구분되어 방송되었다. 또한 음악은 점차 방송 횟수와 시간이 증가해 다이쇼 14년 3월에 28회, 9.23시간 방송되었는데 같은 해 12월에는 94회, 51.07시간으로 대폭 증가했다. 특이점은 '和楽'은 지속적으로 증가했던 것에 비해 '洋樂'이 7월까지 상승하다가 점차 감소했다는 것이다.[28] '和楽'을 라디오방송을 통해 노출시키려는 전략과 '和楽'이 '洋楽'보다 기술적으로 방송하기에 편리했던 것이라 추정된다. 이는 신체제기 국체명징운동(國體明徵運動)의 이데올로기적 실현이라고 할 수 있을 것이다.

27) 위의 책, 274쪽.
28) 위의 책, 274쪽.

〈표 1〉東京中央放送局放送時刻表〉(밑줄·진하게-인용자)

	放送開始時刻	放送時間	放 送 事 項
	東京中央放送局放送時刻表 (昭和3年12月現在) 呼出符号 JOAK 波長 345m 空中線電力 10kW (周波数 870kc)		
平日	시 분 오전 7.00	시간 30	ラヂオ体操
	9.00	5	気象通報
	9.05	5	経済市況
	9.10	20	料理献立, 日用品値段
	9.30	10	経済市況
	10.20	20	経済市況
	10.40	30	家庭講座
	11.40	15	経済市況
	12.00		時 報
	오후 0.05	35	演芸, **音楽**
	0.40	20	ニュース
	1.30	10	経済市況
	1.40	30	婦人講座
	2.30	15	経済市況
	4.40	10	経済市況
	3.40	10	氣象通報
	4.40	10	経済市況
	6.00	30	子供の時間
	6.30	30	講 演
	7.00	25	ニュース
	7.25	**135**	講演, **音楽**, 演芸
	9.40	20	時報, 氣象通報, プログラム予告, 告知事項
日曜·祝祭日	午前 9.00	5	氣象通知
	9.30	30	子供の時間
	10.00	60	講 演
	11.00	15	料理献立
	11.15	**45**	演芸, **音楽**
	午後 0.30	**180**	演芸, **音楽**
	3.30	10	経済市況
	3.40	10	氣象通知
	6.00	30	子供の時間
	6.30	30	講演·演芸
	7.00	25	ニュース
	7.25	**135**	演芸, **音楽**, 講演
	9.40	20	時報, 氣象通知, プログラム予告, 告知事項

2. 라디오(방송)에서 (재)생산된 대중가요로서의 〈아리랑〉

제국 내지에서 라디오방송이 시작되고 1927년 경성방송국이 설립된 이후 유성기음반의 발매량도 지속적으로 증가한다. 유성기의 보급과 일본 제국 내에서 유성기가 사람들에게 익숙해진 결과일 수도 있겠지만, 라디오방송 송출에 따른 영향과 효과도 무시할 수 없을 것이다. 유성기 음반 〈아리랑〉의 경우 1927년 이후 발매량이 전시총동원체제기 전까지 지속적으로 증가한다. 다음은 유성기음반 〈아리랑〉과 관련된 선행연구에서 제시한 수치와 이 글이 조사한 것을 추가해 재구성한 것이다.

〈표 2〉를 살펴보면 조선에서 유성기음반 〈아리랑〉의 숫자는 1927년에 8곡[30]으로 증가했다가 그 수가 감소하며 1930년대에 이르면 다시 증가한다. 유성기음반 〈아리랑〉의 발매량이 증가하는 것은 유성기음반 시장의 일반적인 변화, 즉 음반 제작기술의 발전, 유통의 안정, 광고효과에 따른 결과일 것이다. 그리고 1920년대에 일본에서 〈아리랑〉 음반이 발매되지 않았다는 것은 아리랑이 아직은 조선이라는 지역을 초과하지 않았던 것으로 보인다.

1927년 조선에서 〈아리랑〉 음반 발매량이 증가하고 1931년에는 일본

---

29) 일본 제국 내에서 일본과 조선을 제외한 대만, 만주국 등에서 발매된 유성기음반 〈아리랑〉의 수치가 제외되어 있고, 일본에서 발매된 음반의 숫자가 정확하지 않다는 점에서 미흡한 부분이 있는 목록이지만 유성기음반으로 존재했던 〈아리랑〉의 모습을 살펴보는 데에는 큰 무리가 없다고 판단된다. 1945년 이전 음반의 경우 대부분 SP음반으로 제작된 것이 많아 그 물리적 특성상 현재까지 보존되어 전해지는 숫자가 많지 않다. 이 목록은 앞으로 새로운 자료가 발견됨에 따라 수정될 여지가 있는 목록이다. 이 표를 작성하는 데에는 서론에서 언급한 선행연구와 한국음반아카이브연구단의 『한국 유성기음반』 1~5권(한걸음더, 2011)을 참조했다.

30) 유성기음반은 한 매에 3분 내외의 소리를 앞면과 뒷면(레이블의 경우 보통 A/B 또는 1/2로 표기)에 저장할 수 있는 미디어였다. 한 매에 아리랑과 다른 곡이 실려 있는 경우도 있어서 유성기음반의 개수가 아닌, 면을 기준으로 셈해 곡수로 제시했다.

〈표 2〉 1945년 이전 발매된 연도별 유성기음반 〈아리랑〉 곡 수(단위: 곡)[29]

발매년	발매된 아리랑 음반 곡 수	
	조선	일본
1907년	1	–
1913년	1	–
1926년	1	–
1927년	8	–
1928년	1	–
1929년	4	–
1930년	3	–
1931년	15	1
1932년	15	7
1933년	17	4
1934년	23	3
1935년	28	3
1936년	19	5
1937년	13	4
1938년	11	1
1939년	6	1
1940년	4	5
1941년	6	1
1942년	2	–
1943년	5	2
연도 불명	7	2
합계	183	37

에서 음반 발매가 시작되었는데, 이는 1926년 나운규의 영화 〈아리랑〉
을 직접적인 원인으로 보는 것이 타당할 것이다. 나운규의 영화 〈아리
랑〉의 파급력에 동의하지만, 1930년대 유성기음반 〈아리랑〉이 지속적
으로 발매되었던 것과 1950년대를 거쳐 현재까지 그 영향력을 확장하고
있는 아리랑의 속성을 설명하기 위해서는 다층적 요인을 고려해야 할
것이다. 이 글은 영화 〈아리랑〉을 통해 유명해진 '아리랑'이 유성기음반
을 통해 재생산되었고, 그 이후 아리랑이 영역을 확장하는 것에 영향을
미친 중요한 요소는 라디오방송과 아리랑의 결합이라고 생각한다.[31]

　1945년 이전 라디오방송의 '종목'은『朝日新聞(아사히신문)』과『조선일
보』에 실린 편성표를 통해 확인할 수 있다.『아사히신문』은 동경방송,
오사카방송 등의 편성표를 주로 'けふの放送(오늘의 방송)'이라는 제목하
에 싣고 있으며,『조선일보』,『동아일보』등은 경성방송 편성표를 싣고
있다.[32] 기본적으로 동경방송이 제국 내의 '종목'을 총괄하는 형태였지
만 때때로 경성방송국 등 지방 방송국의 방송을 동경방송이 중계하는
경우도 있었다. 그것은 특정한 날을 기념하기 위한 것이 주를 이뤘던
것으로 보인다. 다음은『아사히신문』에 실린 경성방송국의 방송을 중
계한다는 내용의 기사와 편성표이다.

---

31) 즉 아리랑사(史)에서 중요한 분기점을 '문자미디어(잡가집, 악보 등) 〈아리랑〉→영
　화 〈아리랑〉→유성기음반 〈아리랑〉→라디오방송 〈아리랑〉'로 설정해야 된다고 보
　는 것이다.
32) 방송 실제와 편성표와의 차이가 있을 수도 있겠지만, 철저한 검열과 규격화된 '종
　목'으로 통제되었기 때문에 신문에 실린 편성표로 방송의 '종목'을 논하는 것에 큰
　무리가 없다고 여겨진다.
33)『朝日新聞』, 1934.4.26.

〈그림 2〉 海をへだて〵聞く朝鮮民謠と正樂[33]

〈그림 3〉 けふの放送番組[34]

인용된 신문기사를 살펴보면 'DK 경성방송국 십 킬로 이중 방송 개시 일주년을 기념해서(DK京城放送局十キロ二重放送開始一週年を記念して)'라는 이유하에 조선 민요와 정악을 경성방송국으로부터 중계받아 내지에서 방송한다는 내용과 방송될 음악의 가사, 가수, 연주자 등에 대한 정보가 적혀 있다. 제국 내 방송시스템이 일정한 체계와 위계 속에 편성되어 있었고 동경방송국이 제국의 모든 라디오방송(국)을 총괄했다는 것을 알 수 있다. 1934년은 라디오와 유성기가 1920년대 후반보다 좀 더 기술적 보완을 거쳐 일정 수준 안정화에 이르렀을 시기이다. 이 방송

34) 위의 신문.

은 그 안정화를 기념하기 위해 조선의 정악과 민요가 특집방송 형태로 제국 전체에 송출되었던 것으로 각각 외지의 음악들이 내지의 문화정치 속에 어떠한 형태로 수렴·재생산되었는가를 확인할 수 있다.[35]

인용된 기사를 통해 라디오방송에서 조선민요의 대표곡의 하나로 〈아리랑〉이 방송되었던 것을 확인할 수 있다. 아리랑이 1930년대 당시 조선을 대표하는 민요 중의 하나로 인식되었던 것이다. 그렇지만 흥미로운 지점은 방송된 〈아리랑〉이 앞서 발매된 바 있는 음반 〈密陽아리랑〉[36]이었다는 것이다. 음반과 방송의 내용을 비교해 보면 음반에서는 강홍식과 전옥 외에 박월정·강석연이 노래를 불렀고 가야금·바이올린·탬버린과 함께 장고를 반주 악기로 사용했지만, 방송에서는 'DK調和樂團'의 반주에 강홍식과 전옥이 노래를 불렀다.

실제 방송의 음악을 들을 수 없어 곡조에 대한 비교는 불가능하지만 음반 〈密陽아리랑〉과 방송 〈密陽아리랑〉이 추구했던 지향점이 같았던 것은 확인할 수 있다. 음반 〈密陽아리랑〉은 '俗謠'라는 곡명을 달고 발매되었지만, '속요' 〈아리랑〉 음반의 반주는 서양악기와 장구가 함께 사용된 일종의 '퓨전' 형식의 곡이었다. 그리고 노래를 불렀던 강홍식은 여러 종류의 아리랑을 불러 음반으로 발매했던 인물이다. 그는 주로 콜롬비아사에서 「처녀총각」, 「춘몽」 등 대중가요 〈아리랑〉을 부른 가수였다. 당시 〈아리랑〉 음반 취입에 참가했던 가수들은 향토민요 〈아리랑〉, 통속민요 〈아리랑〉은 물론 대중가요 〈아리랑〉을 두루 알고

---

35) 정악(아악)과 민요는 "조선 궁중음악인 아악(雅樂)이 '제국'의 무선 네트워크를 통해 '전국'('내지' 및 조선, 타이완, '만주국' 및 중국 일부까지 포함) 중계되는 미묘한 상황이 빚어지"(서재길, 앞의 논문, 201쪽)기도 했다.

36) 가야금·바이올린·탬보린·장고(반주), 강홍식·박월정·강석연·전옥(노래), Victor 49250-B, 1935.2.

있었을 것이다. 그렇지만 조선의 정악과 함께 '민요'로서 소개되는 방송에서 선택된 〈아리랑〉은 음반 〈密陽아리랑〉이 선택되었다. '전통가요'로 인식된 '민요' 아리랑을 서양악기에 맞게 변주한 것으로 기사에서 소개하는 것처럼 조선의 '민요' 그 자체는 아니었다.

이는 라디오방송이 점차 제국의 국민들에게 익숙해져가기 이전에 이미 음반으로 발매됨으로써 아리랑이 음반을 넘어서 라디오방송이라는 미디어에 진출할 수 있는 요소를 포함하고 있었던 것이다. 앞서 언급했듯이 당시 라디오방송의 주요한 '종목'으로서 기능했던 음악의 종류는 서양악기를 기반으로 하는 것들이었다. 제국 권력으로부터 기획된 '취향'일 수도 있지만 당시에 라디오를 통해 동시다발적으로 제국 내의 사람들에게 서양음악이 들리고 있었던 것이다. 음반이 제국 내에서 보편화되는 것은 라디오방송의 내용과 시설 등이 점차 안정화되는 과정과 궤를 같이했다. 그러므로 라디오방송에서 제공되었던 서양악기를 기반으로 하는 음악과 유성기음반의 반주로 기능했던 서양음악은 같은 맥락에서 이해될 수 있다.

그런 점에서 조선민요로 소개되었던 〈密陽아리랑〉이 선택된 이유는 동경방송 혹은 제국 라디오방송의 편성을 담당했던 주체에게 있어 조선민요로서의 〈아리랑〉보다 당시 대중문화의 주체들에게 익숙한 것이 보다 중요했음을 시사한다. 그 선택의 기준에는 청취율, 검열, 가수의 신분, 재정 등이 반영되었다고 할 수 있다. 그리고 "통속민요 아리랑의 공급과 소비는 1933년부터 1937년까지 가장 활발하게 전개되었"[37]던 맥락에서도 이해될 수 있다.

---

37) 강등학, 앞의 책, 81쪽.

식민지 조선에서 대중가요가 대중문화의 중요한 축으로 자리매김해
가는 와중에 대중가요의 중요한 장르로 통속민요가 존재했다. 그리고
그 통속민요 중 "아리랑은 1930년대 대중가요 전개의 가장 중요한 동력
이었"[38]던 것이다. 이러한 현상은 유성기음반과 라디오방송에서 (재)
생산된 〈아리랑〉의 대중가요로서의 특성이 두드러지는 것이라고 할
수 있다. 향토민요에서 출발한 〈아리랑〉은 통속민요 〈아리랑〉을 거쳐
대중가요 〈아리랑〉으로 자리매김했다.

Ⅳ. 음반 〈아리랑〉과 방송 〈아리랑〉의 교호 양상

　　이 장에서는 라디오에서 방송된 〈아리랑〉 중에 유성기음반 〈아리
랑〉과 동일한 출연진이 확인되는 텍스트를 목록화하고 그 특징에 대해
살펴보고자 한다. 제목만으로는 동일한 음반이 방송된 것인지 확신할
수 없어 출연진과 음반, 송출된 〈아리랑〉의 제목을 함께 고려했다. 라
디오에서 방송된 〈아리랑〉 목록은 실제 방송 음원을 확인할 수 없어
신문에 게재되었던 편성표를 기반으로 작성했으며 다음과 같다.

〈표 3〉 1945년 이전 유성기음반에서 확인 가능한 라디오에서 방송된 〈아리랑〉 목록[39]

NO.	방송 일시	프로그램명[40]	송출된 〈아리랑〉	출연진	출처
1	1929.3.2. 오후9:40	西道雜歌李錦玉(一), 山打令(二), 難捧歌(三), 아리랑 外	아리랑	가야금 산조, 並唱數 種散調(丁南希), 창(吳太石)[41]	『동아일보』

38) 위의 책, 85쪽.
39) 이 라디오에서 방송된 〈아리랑〉의 목록은 한국정신문화연구원 편의 『경성방송국

2	1931.11.13. 오후9:45	新作流行唄(一), 新아리랑 (二), 嗚(三), 君을 憶하며 泣한다(四), 레뷰 行進曲 (五), 릴리리아(六), 廢墟 李愛利秀全壽麟	新아리랑	이애리수, 전수린[42]	『동아일보』
3	1932.2.19. 오후7:45	京城坐唱勸酒歌, 小春香 歌, 將棋打令아리랑舊調, 巫女歌趙牧丹, 金蓮玉	아리랑舊調	김연옥, 조목단[43]	『동아일보』
4	1932.3.2. 오후9:30 繼續[44]	管絃合奏(一), 靈山繪像中 (二), 舊아리랑(三), 二八 靑春歌(四), 旅人의 歌 (五), 릴리리야 短簫 崔壽 成, 平調 洋琴 尹泰炳, 同 吳寅泳, 바이올린 金鎭宇	舊아리랑	단소(최수성), 평조약금(윤태병), 동오인영, 바이올린 (김진우)[45]	『동아일보』
5	1932.3.3. 오후9:30	西道雜歌, 愁心歌, 沙鉢 歌, 릴리리야, 新高山歌, 密陽아리랑, 二八歌, 李映 山紅, 申海中目	密陽아리랑	이영산홍, 신해중목[46]	『동아일보』
6	1935.2.3. 오후8	山念佛과 아리랑	긴아리랑, 景 福宮아리랑, 新아리랑, 咸 鏡道아리랑, 密陽아리랑, 江原道아리랑	고재덕(세적), 최수성(단소)[47]	『동아일보』
7	1935.3.28. 오후8	朝鮮新民謠(京城より中繼) 鮮于一善外	懷かしきアリ ラン	선우일선, ポリドー ル・オーケストラ (반주)[48]	『朝日新聞』
8	1936.1.14. 零時五分	俗曲 아리랑 네가지	아리랑, 景福 宮아리랑, 咸 鏡道아리랑, 密陽아리랑	高載德(細笛), 崔壽成(短簫)[49]	『每日申報』
9	1937.8.2. 오후10	南道民謠	珍島아리랑	鄭柳色, 吳翡翠, 曹弄仙, 大笒 (朴鐘基)[50]	『동아일보』
10	1938.1.14. 오후7:40	新民謠	아리랑	김인숙, DK管絃團 (伴奏)[51]	『동아일보』
11	1938.1.15. 오후7:40	新民謠(一), 사발가(二), 아리랑(三), 도라지打令 (四), 에헤라 靑春아(五), 가슴에 피는꽃	아리랑	金仁淑, 伴奏(DK管絃團)[52]	『동아일보』

위의 목록을 통해 알 수 있는 라디오에서 방송된 〈아리랑〉의 특성은 크게 세 가지이다. 첫째 특정 곡으로서 〈아리랑〉에 대한 상위 분류가 체계화되어 있지 않다는 것이다. 둘째 〈아리랑〉의 연주와 가창이 동등한 위치로 배치되어 있었다. 셋째 대중가요 〈아리랑〉의 경우 유성기음반과 라디오방송의 인적네트워크가 상당 부분 일치한다는 것이다.

먼저 첫 번째 특성을 살펴보면, 〈아리랑〉이 송출될 때 프로그램명은 특정한 시간에 송출되는 다른 음악들과 함께 나열되거나 '俗曲', '俗謠', '新民謠', '女聲合唱' 등의 상위 범주가 제시된 뒤에 실제 곡명이 제시되고 있다.[53] 〈아리랑〉과 더불어 라디오에서 청취자로부터 인기를 끌고

국악방송곡목록』(민속원, 2000)을 기반으로 『동아일보』, 『매일신보』, 『아사히신문』에서 원문 확인 후 작성했다.

[40] 특별한 프로그램명이 제시되지 않고 해당 시간 제시 후 송출되는 노래 제목을 나열한 경우는 기사의 표기(','나 띄어쓰기 등)를 그대로 옮겨 적고 아리랑은 밑줄로 표시했다.

[41] 이하 목록에서 유성기음반 〈아리랑〉이 존재할 경우에는 출연자 이름에 각주로 다음과 같이 제시한다. 김소희(주창), 오태석(조창), 오비취(조창), OkehK1728(K1414)-B, 「진도아리랑」, 1934.11.

[42] Victor49122-A, 〈流行歌新아리랑〉, 1932.3.

[43] 닛보노홍K192-A(Nipponophone 6170 재발매), 〈아르렁타령- 만경창파에떠가는배〉, 1927.4; Victor49106-A, 〈긴아리랑〉, 1935.2.

[44] 앞의 프로그램(時報, 氣象概況, 各地天氣實況)에 이어서 진행되었던 것 같다.

[45] 최수성(단소) · 고재덕(양금), KirinC187-B, 〈긴아리랑〉, 1937.3.

[46] Taihei8060-A, 〈密陽아리랑〉, 1933.9.

[47] 고재덕(세적) · 방용현(해금), Polydor19155-A(7308BF), 〈긴아리랑〉, 1934.8; 고재덕(세적) · 최수성(단소), Polydor19182-B(7889BF)/19182-B(7889BF), 〈아리랑대회〉, 1935.2.

[48] 선우일선 · 이준례(작사/작곡), Polydor19186-B, 〈그리운아리랑〉, 1935.3.

[49] 최수성(단소) · 고재덕(양금), KirinC187-B, 〈긴아리랑〉, 1935.9.

[50] 오케선양악단 · 김소희(주창) · 오태석(조창) · 오비취(조창), OkehK1728(K1414)-B, 〈진도아리랑〉, 1934.11; 신숙, 오비취 · 신쾌동(현금) · 박종기(대금, 해금, 장고), Victor KJ1138(KRE259)-B, 〈珍島아리랑〉, 1938.1.

[51] 김인숙 · 鮮洋樂, Columbia40753-B, 〈民謠 아리랑〉, 1938.1.

[52] Columbia40753-B, 〈民謠 아리랑〉, 1938.1.

있었던 음악의 세밀한 범주화가 이루어지지 않았던 것이다.[54] 이는 유성기, 라디오라는 소리미디어에서 요구했고 그 소리미디어를 통해 사용자(청취자)가 듣고 싶어했던 '레코-드 보이스'에 따라 프로그램이 편성된 결과였다. 즉 인기 있는 특정 (가수의 목소리와 연주 기법을 포함하는 개념으로서) '레코-드 보이스'의 레퍼토리가 프로그램 편성에 중요한 역할을 했던 것이다.

이어서 두 번째 특성을 보면, 라디오방송 편성표에서 연주자에 대한 정보가 강조되어 있다. 1930년대라는 시점에서 식민지 대중에게 특정한 곡에 대한 취향과 향유의 감각은 가수의 음성+연주자의 실력이 함께 고려되었다고 여겨진다. 다음은 선우일선이 출연한 경성방송(JODK)의 프로그램이 동경방송(JOAK)에 중계되는 것을 소개한 「조선의 인기 있는 가수가 부른 여섯 곡의 조선 신민요(朝鮮の花形歌手が唄ふ六曲の朝鮮新民謠)」라는 제목의 기사이다.

---

53) 이 글에서는 라디오에서 방송된 〈아리랑〉의 전체 목록을 제시하지는 않는다. 그렇지만 본문에서 제시한 라디오와 유성기음반에서 동시에 확인 가능한 11곡의 〈아리랑〉은 전체 라디오방송 〈아리랑〉의 일반적 특성을 보여주고 있다. 전체 라디오에서 방송된 아리랑 목록은 한국정신문화연구원 편, 앞의 책, 참조. 연도별 방송 수치에 대해서는 강등학, 앞의 책, 80쪽 참조.

54) 이는 당시 유성기음반에서도 동일한 현상이었다고 파악된다. 그러니까 특정한 〈아리랑〉 곡에 부여된 '곡명'은 일관되지 않았던 경우가 많다. 레이블을 통해 확인 가능한 유성기음반 〈아리랑〉 곡명 목록은 김선우, 앞의 논문, 〈부록 1〉을 참조.

〈그림 4〉「朝鮮の花形歌手が唄ふ六曲の朝鮮新民謠」의 부분55)

　　인용된 신문에서 선우일선의 사진 옆에 '鮮于一善'이라는 이름과 '自奏 ポリドール・オーケストラ(폴리돌 오케스트라)'라고 나란히 적혀 있다. 선우일선이라는 조선의 유명 가수를 강조하면서 '폴리돌 오케스트라'가 직접 연주(自奏)한다는 것이 거의 동등한 수준에서 제시되고 있다. 이는 선우일선이 "日本ポリドール專屬歌手"임을 강조하는 맥락과 비슷한 것으로 '폴리돌'이라는 유성기음반 회사의 유명세와 전문성을 동시에 청취자들에게 어필하는 것이다. 위의 목록에 '고재덕', '최수성', '강학수' 등의 연주자 정보가 신문 편성표에 함께 제공되는 것도 같은 맥락에서 이해될 수 있다. 특정한 시간대에 송출되는 프로그램명의 엄격하지 않은 분류와 비교했을 때 가수와 연주자를 신문이라는 한정된 지면에 제시한 것은 연주자와 가수가 라디오 청취자와 유성기음반 사용

55)「朝鮮の花形歌手が唄ふ六曲の朝鮮新民謠」,『朝日新聞』, 1935.3.28.

자들에게 동등한, 적어도 한쪽이 다른 한쪽을 압도하는 존재로 받아들여지지는 않았던 것이라 할 수 있겠다.

그리고 아리랑을 둘러싸고 있던 여러 '미디어' 중 라디오 청취자들에게 인기를 끌 수 있는 특정한 '미디어'가 존재했음을 시사한다. 음반과 라디오방송을 둘러싸고 있는 미디어에는 가사지, 신문, 음반, 레이블과 더불어 특정한 가수의 목소리, 특정한 연주자의 연주방식도 '미디어'로 포함될 수 있다. 그렇다면 가사+곡(악보에 기록된 것에 한해서)으로 존재하는 특정한 〈아리랑〉이 목소리, 연주방식이라는 '미디어' 차이에 따라 그 결과가 달라졌으며 아리랑을 둘러싼 여러 '미디어'의 결합(선우일선의 목소리+폴리돌 오케스트라의 연주법+1935년 라디오-테크놀로지의 전파 전달수준)의 결과가 '미디어(라디오방송)' 사용자에게 다른 효과를 야기했다고 할 수 있다. 그 효과는 취향이라는 결과로 나타났으며 아리랑이 음반에서 라디오방송으로 재생산될 때 반영되었던 것이다.

세 번째 특징은 유성기음반 제작에 참여한 인적네트워크와 라디오방송에 출연 인적네트워크가 상당 부분 겹쳤다는 점이다. 3장에서 살펴본 〈密陽아리랑〉과 앞서 인용된 선우일선의 기사 내용이 이를 반증하며 제시된 목록에서도 확인 가능하다. 먼저 기사에서 선우일선을 소개하는 부분을 번역 제시하면 다음과 같다.

鮮于一善孃は朝鮮の京都の稱ある平壤の人, 新民謠歌手として全鮮に壓倒的人氣を有する芳紀十七歳の麗人, 日本ポリドール專屬歌手[56]

선우일선양은 조선의 교토라 칭하는 평양의 사람, 신민요가수로서 전 조

선에서 압도적 인기가 있는 방년 17세의 여인(麗人), 일본 폴리돌 전속가수

선우일선을 소개하는 글에서 강조되는 지점은 두 가지이다. 하나는 조선의 평양사람으로 조선 전국에서 인기가 있는 '스타' 가수라는 점과 '일본 폴리돌'의 '전속가수'라는 것이다. 조선인이자 일본 내지 회사의 전속가수라는 타이틀의 부여는 식민지조선과 '내지' 일본에서 모두 검증된, 즉 일본 제국에서 향유되는 문화의 일부분을 담당하는 존재임을 부각하는 것이다. 그리고 제국의 '외지'인 경성방송(JODK)으로부터 동경방송(JOAK)으로의 '중계'가 대중으로부터 검증된 텍스트일 때 가능하다는 것이다. 그렇지만 'JODK'에서 'JOAK'로 콘텐츠이자 텍스트의 이동(중계)이 가능한 결정적 이유는 이미 유성기음반이라는 미디어를 통해 대중에게 알려졌기 때문이다. 실제로 선우일선이 방송했던 노래는 〈그리운아리랑〉[57]이라는 제목으로 조선에서 1935년에 발매된 바 있다. 그리고 선우일선이 부른 〈그리운아리랑〉[58]은 이후 1939년에 재발매되기도 한다. 인기를 끌었던 유성기음반 제작에 참여했던 인적네트워크가 '라이브'의 형태로 라디오방송을 통해 재생산되었던 것이다.

이는 음반으로 발매되면서 대중에게 인기 있는 미디어 '효과'가 검증된 〈그리운아리랑〉을 구성하는 여러 '미디어'가 라디오방송에서도 거의 동일하게 재생산된 것이다. 그것은 '선우일선의 목소리+폴리돌 악단의 연주법+〈그리운아리랑〉의 가사·곡조'라는 미디어'들'이 유성기음반이라는 미디어 속에 존재하는 방식이었다. 그렇지만 앞서 '원음'의 전달측면에서 "레코드와 비교해서 라디오의 방송이 효과가 좋지 않다

57) 선우일선·이준례(작사/작곡), Polydor19186-B, 〈그리운아리랑〉, 1935.3.
58) 선우일선·이준례(작사/작곡), PolydorX562-B, 〈그리운아리랑〉, 1939.6.

는 것(レコードに比べれ、ラヂオの放送が効果が悪いといふ事)[59]을 고려하면, 음반에서 방송으로 재생산되면서 '원음'의 기술적 전달보다 '라이브'를 선택한 결과라 할 수 있다. 이러한 선택의 이유는 두 가지 측면에서 생각될 수 있다. 〈그리운아리랑〉은 이미 음반을 통해 알려져 인기가 있었으므로 '원음'의 전달보다 '라이브'가 주는 생생함에 집중한 결과일 것이다. 또한 정제되고 고정된 형태로 기록된 음반보다 '즉흥'과 '현장성'을 송출할 수 있는 라디오라는 미디어의 특성을 고려한 결과라 할 수 있다. 다른 측면은 라디오방송의 기술적 측면이 보다 발전해 청취자에게 음반을 재생과 방송 청취의 차이가 크지 않을 것이라는 판단일 것이다. 요컨대 음반 〈그리운아리랑〉이 라디오에서 방송되면서 음반을 통해 검증된 미디어 '효과'를 적극 수용하면서 방송만이 가질 수 있는 미디어 특성인 전파를 통한 '라이브'를 통해 보다 많은 청취자를 모으기 위한 전략이었다고 할 수 있다.

경성방송국의 경우 일본어와 조선어의 이중 방송 상황이었다. 현재 확인 가능한 자료에 비추어 보면 〈그리운아리랑〉이 조선어와 일본어 중에 어떤 언어로 송출되었는지 명확히 확인하기는 어렵다. 다만 같은 날 『동아일보』의 편성표에서는 '그리운아리랑'이라고 적혀 있고 『아사히신문』에서는 '懷かしきアリラン(그리운아리랑)'이라고 제목과 가사를 번역·제시하는 것과 '중계'였다는 점을 감안하면 조선어로 불렸을 것이라 파악된다. 조선의 '신민요'라는 소개와 폴리돌사(社)의 음반을 '재현'한 것이라는 점에서도 조선어 방송이었다고 보는 것이 타당할 것이다.

선우일선의 사례 외에 앞서 제시된 목록을 살펴보아도 이미 발매되

59) 「放送音樂の特異性」, 앞의 책, 219쪽.

었던 음반의 제작에 참가했던 인적네트워크가 라디오방송에서 그 음반을 '라이브'한 것은 흔한 일이었다고 파악된다. 목록에서 제시한 '강석연', '김인숙', '오비취', '신숙', '고재덕', '최수성' 등의 방송은 실제 발매된 유성기음반의 '라이브'였다고 볼 수 있을 것이다.

V. 결론

글을 마무리하기 전에 유성기와 라디오가 식민지시기 대중문화에 끼친 영향을 살펴보고자 한다. 1927년 식민지 조선에 등장한 라디오는 이전부터 존재했던 유성기의 '기록'이라는 특성을 적극적으로 수용했다. 음악은 물론 강연 등을 음반에 담아 라디오로 송출했다. 라디오가 점차 사람들에게 익숙해지자 라디오는 유성기가 대중문화의 상품으로 소비되었던 음악의 영역을 적극적으로 차용했다. 나아가 유성기 생산에 직접적으로 관련되었던 요소들(인적 네트워크, 콘텐츠, 광고 방식 등)을 앞서 살펴본 것처럼 라디오라는 미디어 환경에 맞도록 변용했다. 이 변용은 대중문화 사용자의 관점에서 소비·향유 방식을 탈바꿈시켰다. 이는 유성기만 존재했던 식민지시기 소리미디어의 환경을 라디오가 등장하면서 가능했던 것인데 유성기와 라디오의 메타모포시스적인 특성이 두드러지는 부분이라고 할 수 있다. 특정한 텍스트의 매체 이동, 그리고 그 이동에서 발생한 결과들은 식민지시기 '소리'의 영역에 새로운 문화 공간을 창출했다고 할 수 있다. 그 탈바꿈이 두드러지게 포착되는 지점은 음악 향유방식의 변화이다.

〈그림 5〉 변천도 형형색색 십 년간 유행 대조[60]

　유성기와 라디오는 음악을 대중화하는 데 가장 큰 영향력을 발휘했다. 유성기와 라디오 등장 이전에는 주로 극장 등의 공간에서 공연(음악회)되는 것을 듣는 것이었지만 두 미디어의 등장은 음악 감상에 있어서 시간과 공간의 제약을 해방시켰다. 특히 유성기는 라디오라는 미디어 등장 이전부터 음악 장르의 다양화와 음악 감상의 보편화를 견인했다. 여기에 라디오는 물리적 거리의 제약마저 약화시켰다. 이제는 지구 반대편의 음악까지 감상할 수 있게 된 것이다.[61]

　위 글은 유성기, 라디오 등장 이전의 음악 감상에 대한 변화를 요약적으로 포착해 제시하고 있다. 인용한 글은 조선소리를 듣기 위해서는 광무대로 서양소리를 듣기 위해서는 음악회장으로 실제 이동하던 청중이 "만 근 십 년을 전후하야 음악에 대한 일반의 감상(感賞)과 선택하는 취미는 현저히 달라"져 이제는 유성기나 라디오를 통해 음악을 감상하게 되었다고 지적한다. 그 이유로 "음악을 들어 감상하는 그 계급이

---

60) 「변천도 형형색색 십 년간 유행 대조」, 『동아일보』, 1930.4.3.
61) 「독일음악을 중계 - 오는 심오일 밤 DK에서」, 『동아일보』, 1934.10.30.

전보다 향상하야 조선악단에 누구누구라고 지명하는 그들의 출연이 있다 해도 별로 신통한 맛이 없다는 것"을 꼽고 있다. 그리고 "차라리 집에 축음기(蓄音機)나 또는 라디오를 틀어 놓고 세계명창의 소리를 듣는 것이 오히려 낫다"고 강조하면서 음악 감상에 대한 대중의 방식이 변했다고 언급했다. 이러한 변화에 대한 직접적인 요인은 "라디오 하나 가설 아니 된 집이 별로 없"는 동시에 "레코드만 뒤적거리면 세계적 명창을 망라한 국제적 음악회는 벌여지"기 때문이다. 유성기, 라디오로 인해 공연이 이루어지는 장소에 직접 가지 않아도 이제 가정 내에서 음악을 감상할 수 있게 되었다. 음악 감상 방식의 변화는 특정한 음악에 대한 취향과 판단이 가능하도록 만들었다는 의의도 있다.

이 변화는 유성기와 라디오가 등장한 초기에는 일부 계층에 한정되었지만 점차 다수의 사람들에게 확장되었다. 유성기와 라디오의 가격 하락 등의 요인으로 보급이 용이해진 점도 있겠지만, 적어도 경성 등 도시에서는 다양한 '소리'가 흘러나와 보다 많은 사람들에게 들릴 수 있었던 것도 유성기와 라디오 향유 계층의 확대를 견인한 요인이다.

1937년 8월 13일 『동아일보』에는 「도회와 소음」이라는 글이 실렸다. 이 글은 자동차 경적, 축음기, 라디오, 확성기 등으로 인한 경성 내의 소음 문제를 지적하며 "서울 거리거리의 주민이 모두 라디오, 축음기의 사용 시간의 무제한과 확성기의 남용에 진저리를 치고 있는 판"[62]이라고 묘사하고 있다. 경성의 소음에 대해 다루는 글이지만 당시 축음기와 라디오가 "거리거리"에서 '소리'를 재생하고 있던 것을 알 수 있게 해준다. 이 소리들 중의 대부분은 음악이었을 것이다. 그렇다면 적어

---

[62] 「도회와 소음」, 『동아일보』, 1937.8.13.

도 경성 등 도시에서는 음악이 일부 계층에게만 감상되고 있지 않았고 어느 정도 '감상'이라는 것이 보편화되었다는 것을 유추해 볼 수 있다. 1937년에 이르면 주요 도시에서는 유성기, 라디오는 어느 정도 일상적인 미디어로 받아들여지고 있었던 것이다. 그래서 모든 음악이 '감상'의 대상이 아니라 청(취)자의 취향에 따라 '소음'과 '음악'으로 분류될 수 있었다. 이것은 라디오라는 새로운 미디어가 등장하면서 식민지시기 대중문화의 한 부분을 변화시킨 것이다.

이 글은 식민지시기 유성기음반과 라디오의 메타모포시스적 특성을 살펴보고자 했다. 그 특성이 가장 두드러지는 텍스트로 1945년 이전 유성기음반과 라디오방송에서 (재)생산된 〈아리랑〉을 지목했다. 그리고 1927년 제국 내 라디오 개국이라는 사건이 초래한 식민지조선의 문화 지형의 일부분을 확인하고자 했다. 그에 따라 선행연구를 참고해 유성기음반 〈아리랑〉의 현황을 최신화하고, 라디오에서 방송된 〈아리랑〉 중 유성기음반 〈아리랑〉이 존재하는 것을 찾아 목록화했다.

라디오라는 미디어는 식민지시기 등장부터 전파를 통해 '소리'를 보다 넓은 지역과 많은 사용자(청취자)에게 전달하고자 했다. 초기 라디오는 '기록'에는 큰 관심이 없었다. 반면 유성기음반은 출현할 당시부터 '기록'의 속성을 지녔다. 초기 방송은 '기록'의 속성을 보완하기 위해 유성기음반을 적극 수용·차용·변용했다. 라디오(방송)라는 미디어가 유성기(음반)라는 미디어를 배제하는 것이 아닌 공존을 모색했고 라디오(방송)와 유성기(음반)의 관계는 '협업'과 '공존'의 관계에 있었다. 그 '협업'과 '공존'이라는 현상이 두드러지는 텍스트는 대중가요 〈아리랑〉이었다.

근대 초기 일본 제국 내에서 라디오는 '음악'을 중요한 방송 '종목'으로 편성했는데 주로 음반(레코드)을 수용하는 방식으로 이루어졌다. 라디오(방송)가 유성기음반을 수용하는 방식은 크게 유성기음반(레코드)을 직접 송출하는 방식[63]과 유성기음반 제작에 참여한 인적네트워크를 '라이브'의 형태로 '재현'하는 방식이었다. 아리랑이 라디오에서 '라이브'로 재생산될 때는 음반 〈아리랑〉을 구성하는 다양한 미디어'들' 중에서 그 미디어의 '효과'가 검증된 것을 적극적으로 차용하면서 라디오라는 미디어가 가진 특수성을 강조하기도 했다.

[63] 1933년 12월 23일 라디오 편성표를 살펴보면, "一時二〇分레코-드音樂"(『동아일보』)으로 유성기음반 그 자체를 송출하는 방식이 존재했다.

일제강점기
『태평양잡지』에 반영된
이민문학의 메타모포시스

전영주

일제강점기 『태평양잡지』에 반영된 이민문학의 메타모포시스

I. 서 론

『태평양잡지』[1]는 1913년 9월부터 1930년 10월까지 약 18년 간 하와이에서 간행된 한인 잡지였다. 정치적, 종교적 성향이 강했지만 사회, 교육, 여행, 문학 등에도 관심을 둔 종합지였으며 한글로 간행되었다. 또한 영문제호 (「The Korean pacific magazine」)를 함께 사용하였고 영

---

1) 『태평양잡지』의 원본은 UCLA도서관에 진희섭 기증자료로 5호가 소장되어 있다. 이 자료는 마이크로필름 형태로 국립중앙도서관에서 입수하였다. 그밖에 내용은 독립기념관과 국사편찬위원회, 한림대학교 아시아문화연구소 등에 마이크로필름과 복사본이 함께 소장되어 있다. 이 자료들은 2013년 국가보훈처에 의해 최기영 해제와 함께 묶여 『태평양잡지』 1, 2로 발간되었다(최기영, 「해제 태평양잡지」, 『태평양잡지』 1, 역사공간, 2013 참조) 본 연구는 국가보훈처 편저(최기영 해제본)을 텍스트로 삼았다.

문 목차를 함께 수록했다.

『태평양잡지』의 성격에 대해서는 1915년 『신한민보』[2]에 실린 「틔평양잡지 발힝」에 분명히 드러나 있는데, "(태평양잡지)는 동포의 학력을 양성하기 위해 정치, 문학, 소설, 내지소식 등을 실었다"고 소개하고 있다. 그러나 실제로 『태평양잡지』에 수록된 내용 가운데 "문학", "소설"의 경우는 "정치", "내지소식"에 비해 제한적이었다. 다만 『신한민보』의 언급에서처럼 "소설"이 "문학"과 병치될 정도로 "소설"이 차지하는 비중이 높았다.

『태평양잡지』에는 조선의 식민지문제, 자치권문제, 독립운동 고취를 위한 글 등이 중심이었는데 이민생활에 직접 관여되는 「이민문제」(1913.4), 「외국인과의 혼인」(1924.7), 「미국시민권」(1924.7), 「영어와 국어」(1930.5), 「국기해설」(1930.7), 「하와이 섬 여행기」(1914.6) 등 이민 생활에 도움이 될 만한 긴요한 논설들이 주로 수록되었다. 특징적인 점은 '독자 기고문'이며, 독자 기고를 통해 이민자들의 참여를 유도하고 이를 적극 활용[3]하려 했음을 알 수 있다. 문예란의 경우도 주로 작자 미상이거나

---

2) 1905년에 11월 22일자로 창간된 미주 본토(샌프란시스코) 공립협회의 기관지 『공립신보』가 1907년부터는 『신한민보』로 이름을 바꾸어 지속적으로 발간되었다. 『신한민보』는 하와이에서 간행된 『태평양잡지』와 발행지를 주고받는 등 교류했다(최기영, 「한말·일제시기 미주의 한인언론」, 『한국근현대사연구』 8, 한국근현대사학회, 11쪽 참조).

3) 1914년 이후 감리교회보인 『포와한인교보』(후일 『한인교회보』)는 매달 발간되었는데 주일 공과만 실어서 600부를 각 교회에 배포했고, 『태평양잡지』는 논설, 하와이교회소식, 감리교청년회소식, 독자들의 기고문들을 함께 실었다. 『태평양잡지』는 월 1,300부를 발행하였고 동포들 사이에서 잘 읽혔으며, 출판비의 대부분은 이승만이 모금한 돈으로 충당했다(홍치범, 「이승만과 김구」, 『월간조선』, 2004년 3월호, 556쪽 참조). 이승만은 한국인의 억울한 사정을 호소하며 한국인의 독립의욕을 고취시키기 위해 영문 월간잡지의 발행을 기획하다가 한인들의 호응을 염려하여 한글로 된 『태평양잡지』를 발간한 것으로 알려져 있다. 『태평양잡지』는 현존하는 가장 오래된 이민 잡지이다(이덕희, 「이승만과 하와이 감리교회, 그리고 갈

가명(假名)을 사용하여 작품이 발표되었다.

『태평양잡지』에 관한 그간의 연구는 역사학, 정치학, 사회학에서 주로 진행되었다. 『태평양잡지』의 실질적인 발행인이 이승만이었다는 점에서도 짐작되지만 『태평양잡지』는 이승만의 정치적 성향과 언론의 역할,⁴⁾ 이승만과 하와이 감리교와의 관계⁵⁾ 등을 중심으로 연구되었다. 그러나 『태평양잡지』는 일제강점기 이민문학의 주요한 양상을 보여주고 있으므로 문학 연구 또한 필요하다고 본다.

주지하듯 1900년대 초 하와이 이민은 불안한 국제정세에 서양기독교 선교사들(알렌, 존스 등)의 적극적 관여로 이루어진 최초의 국가 차원의 이민정책이었다. 지식인 유학생들이 품은 새로운 문명국에 대한 선망(羨望)과 귀국 후 변화된 근대사회를 건설하려는 원대한 꿈과는 아주 다르게 당시의 하와이 이민은 사탕수수 노동자의 신분으로 이주하는 절박한 해외 노동이민이었기에 태평양을 건너 사탕수수 노동자로 하와이에 온 이들 초기이민자에게 이민문학은 특별한 의미가 있다. 예컨대 멀고 먼 이국땅에 체류한 지 10년이 채 지나지 않아 일제의 식민지가 되어버린 고국을 바라보며 하와이 이민자들이 느낀 외롭고 불안한 감정은 충분히 상상되는 것이다.

『태평양잡지』에 수록된 문학작품은 편수는 적으나 번역소설, 연재소

등 1913-1918」, 『한국기독교와 역사』 21, 한국기독교역사학회, 2004, 116쪽 참조).
4) 최기영, 「한말-일제시기 미주의 한인언론」, 『한국근현대사연구』 8, 한국근현대사학회, 1998; 조민경, 「하와이 체류시기 이승만의 교육구국 활동」, 건국대 석사학위논문, 2006; 오영섭, 「1910-1920년대 태평양잡지에 나타난 이승만의 정치사상」, 『한국민족운동사연구』 7, 한국민족운동사학회, 2012.
5) 이덕희, 「이승만과 하와이 감리교회, 그리고 갈등: 1913-1918」, 『한국기독교와 역사』 21, 한국기독교역사학회, 2004; 박혜수, 「이승만과 하와이 감리교회와의 관계」, 『신학논단』 68, 연세대학교 신과대학, 2012.

설, 단편소설, 시, 창가, 노래가사, 희곡 등 다양한 문학 장르가 수록되어 있어 초기 이민문학의 성격과 의의를 충분히 규명해볼 수 있을 것으로 판단된다. 발간이 중단된 시기를 고려하더라도『태평양잡지』는 시기적으로 1910년대에서 1930년대까지를 아우르고 있다.『태평양잡지』에는 시, 소설, 희곡 등 다양한 장르적인 관심이 표명된 긍정적인 측면이 발견된다. 그러나 여전히『태평양잡지』에 반영된 초기 이민문학은 예술의 고유한 차원으로 향유 혹은 승화되지 못하고 이민자의 공동체적 목적을 위해 문학의 다양한 장르들이 동원되었던 것으로 여겨진다. 아마도 초기 이민자에게 이민문학은 흩어진 이주민을 결집하는 데에 효과적인 수단으로 사용되었을 가능성이 크다. 이들에게 문학은 정서적인 차원의 위안이나 감동을 주는 독립된 예술로 미처 인식되지 못하고 집단적 이념의 표출 방식으로 사용된 것으로 보인다.

그러나 약 18년 간 하와이에서 발간된『태평양잡지』는 중단된 시기를 고려하더라도 1910년대에서 1930년대까지의 초기 이민문학을 아우르고 있는데, 특히 1920-30년대에는 시, 소설, 희곡 등 다양한 장르적인 관심이 표명된 긍정적인 측면이 인정된다. 초기 이민자의 이민사회에 내재되어 있었던 특별한 공동체 정신이『태평양잡지』의 문학과 긴밀한 관련이 있음은 주지해야 할 것이다.

본고는 일제강점기 최초의 이민사회로 기록되는 하와이에서 발간된『태평양잡지』문예란의 문학작품을 모두 고찰하여 초기 이민문학의 성격을 조명해보고자 한다. 특히 '이민(移民)'이라는 주거장소의 이동이 문학에 끼치는 영향관계를 고려하면서 일제강점기 이민문학이 보여준 '메타모포시스(탈바꿈)'의 양상을 살펴볼 것이다.

Ⅱ. 일제강점기 이민사회의 형성과 『태평양잡지』 문예란의 성격

잘 알려진 대로 1900년대 초의 이민자는 하와이 이주 이후 몇 차례 변화를 겪는다.[6] 1902년 12월에 출발하여 1903년 1월에 하와이에 도착한 102명의 첫 이민자들은 도착 이후 1904년부터 원활한 이민사회를 형성하기 위해 신문, 잡지를 발간하였다. 물론 이 시기의 신문, 잡지는 생명력은 짧았으나 꾸준히 간행되고 있었다. 지면을 얻은 초기의 이민문학은 개인이 겪은 이민자의 경험을 바탕으로 하여 창작되었다. 1905년 4월 6일자 『국민보』에 실린 이홍기의 시 「이민선 틋던 전날」이 최초의 이민 시로 알려진 작품이다. 또한 1907년 4월 14일 『신한민보』에 도국생의 「귀국가」가 실렸고, 1907년 8월 9일자에는 정지홍의 「사상 팔번가」가 발표되었으며, 최용운의 「망향」이 그 뒤를 잇고 있다.[7] 소설의 경우는 1910년 1월 5일 『신한민보』에 발표된 「만리경」이 이민문학 최초의 단편소설로 알려져 있으며, 같은 해인 1910년 7월 6일 리대위가 쓴 「애국

---

[6] 하와이 한인사회의 변화는 3시기로 나눈다. 제1기는 한인사회가 형성된 1903년부터 1905년까지의 형성기인데 이 시기는 이민자들이 하와이에 적응하기 위해 자조회, 동호회와 같은 자치회를 만들어 친목과 상호부조를 했던 시기이다. 제2기는 1905년부터 1909년 사이로 혼란기이다. 하와이에 적응한 이들과 적응하지 못한 이들로 나뉘어 하와이를 떠나 미 본토로 이주하거나 본국으로 귀환하는 이들이 생겨난 시기이다. 하와이에 남은 이들은 1905년 을사늑약 이후 반일단체를 형성했다. 제3기는 1909년부터 1945년까지로 정착기이면서 한인들이 본격적으로 독립운동을 한 시기이다. 그들은 1909년 국민회를 통합하여 통합단체를 이루었는데 한인들의 힘을 한 곳으로 응집하고 정착지로서의 하와이를 인식하게 되었음을 보여주었다. 이 시기 한인들은 1910년 국권이 피탈되자 대한인국민회를 구성하여 활발한 독립운동을 전개하게 된다(홍윤정, 「하와이 한인사회의 형성과 애국의식 연구 - 일제강점기를 중심으로」, 성신여자대학교 박사학위논문, 2005, 14~18쪽 참조).

[7] 배정웅, 「미주한인문학의 발자취, 그 개관」, 『제16회 해외한국문학 심포지엄』, 한국문인협회, 2005.6.13. 29쪽 참조.

자 성공」 등이 초기의 이민소설류라 할 수 있다. 이외에도 1911년 김영생의 「참장부전」, 남궁 시에라의 「는처는처」, 고운처사의 「맹마리아」 등의 단편소설이 발표되었고, 1912년 동해수부의 「미인심: 미인의 마음」, 환수 요요의 「몽중몽」, 1913년 운암의 「힘쓰면 될 것이라」 등이 모두 이 시기에 발표된 개인 창작의 이민문학 소설류[8]이다.

사실 처음 미주를 방문한 자들은 하와이 이민자들이 아니라 1883년 9월 민영익을 대표로 하는 구한말 외교사절단(보빙사절단 8명)이었고, 이후 하와이와 미국 본토는 1884년 갑신정변을 주도했던 이들의 정치 망명지로 사용된 바 있으며, 1887년에는 미국에 한국공관이 설립되는 등 앞서 태평양을 건넌 몇몇의 소수와 정치적인 사건이 있었다. 하와이는 미국 본토로 가는 경유지였으며 한인들이 미국으로 가면서 먼저 거쳐 가던 곳이었다. 이후로 하와이는 유학생, 망명자(서재필, 안창호, 박용만, 이승만 등), 노동이민자, 상인들의 주요 이주지가 되었다. 이곳 하와이에 1902년 12월 첫 공식이민이 시작되었으며 1903년 1월에 본격 개시되어 1905년 8월 8일 미국 이민이 금지되기까지 7,300여 명의 이민자가 생겨났다. 물론 하와이 집단이민을 가능하게 한 것은 영어를 구사하는 선교사들이었는데, 존스(George H. Jones)를 중심으로 한 감리교에서 선교의 확장을 도모하는 방편으로 하와이 이민에 적극 협조했다.[9] 알려진 바로는 당시의 이민은 가족이민보다는 독신이민이 많았으며, 1905년 이민금지정책 이후에도 고국으로 돌아오지 않고 미국 본토로 이주하는 한인들이 오히려 더 많았던 것을 알 수 있다. 그 후 일제강점

---

8) 유선모, 「미주 한인문학과 한인문인협회의 문제점」, 『인문과학논문집』 42, 대전대학교 인문과학연구소, 2007, 27~28쪽 참조.

9) 김대완, 「하와이 초기 이민에 대한 연구」, 감리교신학대학교 석사논문, 2007 참조.

기를 겪으며 하와이는 독립운동의 요람이 되었다. 하와이에 체류 중인 한인들과 한인사회는 자체적으로 독립운동 단체를 조직하고 독립을 위한 외교선전활동을 전개하였다.10) 『태평양잡지』에 수록된 단편소설 『토이기샹민』(1914.6)의 경우는 통상, 여행, 파견 등 주로 외국을 드나드는 상인 이야기가 전제되어 있는데 이러한 시대적 배경 및 이주민의 관심사(상업)가 반영되었으며 이와 연관된 작품이라 할 수 있다.

〈사진 1〉『태평양 잡지』의 표지 및 목차와 영문제호가 함께 있는 영문목차

이민사회의 정착 후 필연적으로 도래한 것이 이민문학이다. 이민문학은 모국어와 영어, 번역어 등 자국 언어에 대한 구체적인 인식으로부터 형성되었다. 부언하면, 이민문학이란 정치, 경제, 사회적 원인으로

---

10) 1919년 상해에서 수립된 대한민국임시정부의 재정적 기반의 3분의 2는 하와이와 미주 한인사회가 부담했으며 이중 상당부분은 하와이 한인들이 충당했던 것으로 잘 알려져 있다.

고국을 떠나 다른 나라로 이동한 이민자들이 쓰거나 향유하는 문학을 일컫는다.[11] 이민사 100년이 훌쩍 넘은 지금으로서는 이민문학을 다양한 관점으로 재조명해볼 수 있겠지만 1900년대의 이민초기[12]에는 조선어로 쓰인 한인문학이 이민자에게 주는 역할은 분명한 것이었을 터이다. 그렇다면 이 시기 한글로 쓰인 이민문학은 이민사회 형성과정에 있어서 구체적으로 어떤 역할을 하였을까?

이민문학이 형성된 과정에는 이민자의 체험에서 바라보는 이민문학이 존재한다. 근대초기의 이민문학은 태평양 하와이의 이민사회에 적응하는 과정에서 일제치하 식민지가 된 변화된 고국과 낯선 이국 사이를 방황하는 정서적 문제를 안으며, 본국으로 되돌아갈 수 없을지도 모른다는 불안한 감정에서 배태된 '망명의식'과도 관련 있을 것이다. 이민문학을 망명문학과 같은 의미로 보는 입장[13]은 내용, 소재, 표현 등의 상이함에서 오는 지역학적 차이를 염두에 둔 것이다. 이민문학연구 초기에 조동일,[14] 김영철[15] 등은 만주지역 한인들의 문학을 망명(지)

---

11) 우리말로 이민(移民)이라고 번역되는 영문용어에는 상반되는 두 가지가 있다. immigration(혹은 immigrant)과 emigration(혹은 emigrant)이 그것이다. 전자는 도착지를 중심으로 하는 개념이고 후자는 출발지를 중심으로 하는 개념이다. 해외 한인문학을 emigrants literature로 볼 경우 그것은 유이민(流移民)문학 개념에 가깝다(조규익, 「해방전 미주지역 한인 이민문학의 국문학적 의미」, 『국어국문학』 122, 국어국문학회, 1998.12, 280쪽 참조).

12) 최초의 근대적 이민은 1902년 12월부터 1905년 8월까지의 하와이 이민이며 정부기구를 통한 공식이민이었으므로 하와이 이민자를 근간으로 하여 한인사회가 비로소 형성되었다고 볼 수 있다. 이 시기의 하와이 이민은 알렌과 기독교선교사 존스의 적극적인 조력으로 이루어졌으나 분명 '노동이민'이며 하와이 사탕수수 농장 개간을 목적으로 추진되었다.

13) 오양호는 만주에서 활동한 문인들을 다루면서 이민문학을 망명문학과 같은 의미로 규정하고 있다(오양호, 「이식문학론 1」, 『영남어문학』 3, 영남어문학회, 1976, 89쪽 참조).

14) 조동일, 『한국문학통사 4』, 지식산업사, 1986 참조.

문학으로 명명한 바 있다. 그러나 개인적 도피나 유민의 관점이 아니라 하와이 이주처럼 정책차원의 공식적인 이민을 근거로 삼는다면 이민문학은 망명문학과는 상당히 다른 의미를 지닌다.

또한 이민문학과 근접한 개념으로는 '유이민(流移民)문학'을 들 수 있다. 윤영천[16]은 만주를 비롯하여 해외 거주 동포들을 '유이민'으로 파악하고 정치, 경제, 사회적 원인들을 근거로 하여 그들의 시문학을 분석한 바 있다. '유이민자'들은 자신들이 일시적으로 해외에 머무는 것으로 인식하여 상황이 호전되면 고국으로 귀환하리라 여겼다. 그러나 하와이 이민자들은 귀환의 순간에도 하와이에 머무르거나 미국 본토로 이동하는 '선택'을 했다. 조규익[17]은 하와이 '이민(移民)'은 '망명'이나 '유민' 혹은 '유이민'을 포괄하는 것으로 이해했다. 조규익은 "원래 살던 나라와 옮겨가는 나라라는 두 장소가 있어야 이민이 성립되니 이민의 입장에서 보면 그 두 장소는 각각 구세계와 신세계로 대비되는 것이며, 이 공간은 체험의 전이와 대조를 통해 자신의 정체성을 확립해가는 가치지향적인 공간"으로 설명한다. 이를 전제한다면, 이민문학은 이러한 장소의 이동으로 발생하는 두 세계 간의 이질적인 체험이 충돌하면서 문학적 형상화를 자극하는 원동력이 되거나 문학적 원형으로서의 동화와 갈등을 형상화한 작품으로 표출하게 된다.

그러나 하와이 이민문학의 형성은 개화기의 망명문학이나 앞서의 유이민 문학과는 상당히 다른 지점이 발견되며, 근대연구에 좀 더 밀착된 해석을 지닌 세계 간의 이질적인 체험의 충돌과도 다른 양상을 띤

---

15) 김영철, 「개화기 항일 망명시가 연구」, 『영광문화』 9, 대구대학교, 1986 참조.
16) 윤영천, 「일제강점기 한국 유이민 시의 연구」, 서울대학교 박사논문, 1986 참조.
17) 조규익, 앞의 논문, 1998, 283쪽 참조.

다. 특히 1903년에서 1905년 사이의 구한말 정부의 공식적인 정책으로 하와이 이민을 선택한 이들의 자의적인 이탈과, 그 후의 일제강점기를 바라보는 이민자의 정신적 충격과 태도는 1910-30년대『태평양잡지』의 문예란의 성격에서도 잘 드러난다. 유학이나 도피행각과 달리 경제적인 이유 혹은 종교적인 계기로 선택된 해외노동이민이었다는 점을 상기해야 할 것이다.

이처럼 지식인 유학생이 아니라 '노동자'[18]와 기독교 감리교 '선교사'[19] 가 중심이 된 하와이 이민사회의 형성은 일제강점기 이민문학의 성격에도 영향을 끼쳤을 것은 자명하다. 경제적으로 궁핍한 현실을 타개하기 위한 선택지였으나 하와이 정착 후 이민자들은 식민지가 되어버린 고국을 바라보며 예기치 못한 '실향의식'을 느꼈을 것이며 이 점은 이민문학의 중요한 지표가 된다.

---

18) 당시 하와이 이민을 자청한 사람들의 신분은 용동교회 교인들, 시골 선비, 학생들, 군인, 농촌 머슴들, 제물포근처 막벌이 역부, 건달 등이었고 65%가 한글을 모르는 문맹이었다(김영란,「미주초기 이민의 출판 활동에 관한 연구」, 서강대 석사학위 논문, 2011, 4쪽 참조).

19) 하와이 이민을 적극적으로 조력한 인물은 알렌, 존스 등 미국계 감리교 선교사였으며, 이민자들의 통역을 위해 동행한 통역관들도 감리교 소속의 한인 선교사였다. 대표적 인물로 '현순'은 통역관으로 4년간 하와이에 체류한 경험을 토대로「포와유람기」(1909)를 썼다.「포와유람기」는 하와이 이민을 다룬 최초의 신소설로 평가된다.

Ⅲ. 『태평양잡지』 문예란의 장르인식과 일제강점기 이민문학의 특징

1. 시와 노래에 반영된 이민문학의 시적 양상

『태평양잡지』 문예란에 게재된 최초의 문학작품은 1914년 1월에 새해를 맞이하는 축시로 실린 「전진가」였다. 이후 『태평양잡지』의 결호가 지속되면서 한동안은 시작품은 발표되지 못하다가 1923년 3월에 3·1절을 기념하기 위해 「3·1절 공동묘지에서」라는 기념시가 다시 게재되었다. 다음은 『태평양잡지』에 실린 시문학을 모두 정리한 것이다.

〈표 1〉『태평양잡지』에 수록된 시문학

	구분	저자	게재일	특징
1	「전진가」	미상 (블라디보스톡 동포가 지은 것으로 설명하고 있음)	1914년 1월호	새해에 축사로 사용됨
2	「3·1절 공동묘지에서」	저자 미상	1923년 3월호	3·1절 기념시로 사용됨
3	「종소리」	하태용	1925년 8월호	종교적인 색채가 짙음 저자가 표기되어 있음
4	「우리청년혈성딕」	리정암 (곡조-콜럼비아)	1930년 5월호	총3연으로 구성됨 후렴 있음, 악보 없음
5	「망향가」	리정암 (곡조-Swanee River)	1930년 7월호	총3연 후렴 없음, 악보 없음

『태평양잡지』에는 시의 경우 개인적인 서정성을 지닌 시보다는 목적성이 두드러진 시를 위주로 지면을 할애했다. 재정적 문제로 잡지가 중단된 기간을 고려하더라도 최저 3회 이상 꾸준히 연재되던 소설에 비해 시는 상대적으로 관심을 받지 못했던 것으로 보인다. 1925년 8월에는 하태용의 시「종소리」가 수록되었는데 「종소리」는 드물게도 저자를 밝힌 유일한 시였지만, 죽은 자를 조상(弔喪)하고 종교적 힘으로 부활을 염원하는 (역시) 목적성이 강한 종교시였다. 그 후 1930년 5월에 리정암의 시「우리청년혈성딕」와, 1930년 7월에 「망향가」가 추가로 게재된 것이 시 장르의 전편(全篇)인 것이다.

이처럼 『태평양잡지』가 지향하는 시의 성격은 특정한 사건을 기억하는 기념시거나 집단이 향유할 수 있는 노래형태의 시(노래가사)였으므로, 독립적인 서정 장르로서가 아니라 집단적 목적성이 강조된 시를 선호하고 있었던 것으로 파악된다.

1
어젯밤 꿈자리 내신혼 두루단녀서
아세아 동반도 내고향 심방ᄒ고 왓고나
산고수려ᄒ 금수산하 말근물가에
어이ᄒ 송셕이 반기ᄂ모양 참 정숙ᄒ곳이라
넷날 화려ᄒ던강산 이쌔당ᄒ야
찬바람적셜에 세세와셔 적막ᄒ빗이라

2
사랑의정줄노 맛믜운 나의 혈족들
이제나 저제나 도라오기만기다리고잇고나

품안에안기워 날즈리시던 나의 어머님
문허지고 쓰러진 집안에 떨고안젹
가느세월 한히두히 언제묘흔재
춘풍화긔즁에 활무대 반가히 맛나볼고나

3
스천년 혁혁흔력스를가진 우리들
오날날 조국의운명을 맹셩홀지다
션죠의긔업을 직혀감은 우리사명이니
강강흔졍력을 다뭉쳐 일히나가봅시다
천만악마져히히도 빅셩불굴코
대쥬직하느님 우리의능력이시로다

　　　　　　　　　-「망향가」, 리졍암, 곡조Swanee River (1930년 7월호)

위 인용시 「망향가」는 1930년 7월호에 곡조를 밝혀 노래로 불렀음을
알리거나 노래를 연상하며 읽기를 바란 시로 여겨진다. 「망향가」는 태
평양 건너에 두고 온 고국의 독립에 대한 염원과 의지가 드러나 있다.
1연에서 "어젯밤 쑴자리 내신혼 두루단녀서/아세아 동반도 내고향 심
방ㅎ고 왓고나"는 꿈에서도 그리운 "고향"을 호명하고 있다. 꿈에서나
나의 혼이 고향을 다녀가길 소망하는 염원을 밝혀 적고 있다.

그런데 "심방"이란 단어에서 기독교적인 심상이 그대로 표현되고 있
음을 알 수 있다. 이 부분은 3연의 마지막 두 행 "천만악마져히히도 빅
셩불굴코/대쥬직하느님 우리의능력이시로다"와도 연관되면서 종교적
인 절대자를 통해 독립의 가능성을 부각하고자 한다. 초창기 하와이
이민이 감리교 선교사와 관련 있었고 이승만의 기독교적인 종교 성향

과도 연관되어 『태평양잡지』가 발간된 점을 떠올린다면, 「망향가」에 내포된 종교성은 충분히 이해된다. 곡조는 "Swanee River"(민요)로 밝히고 있지만, 창가와 찬송가의 관련성을 상기해볼 때[20] 위 시 「망향가」는 당시 하와이 이민사회가 기독교 중심이었던 점을 감안한다면, 기본적으로는 찬송가 선율에 얹혀 전파되었을 가능성이 있다. 또한 위 시는 멀리 바다건너에서 바라본 고국이 식민지로 전락하고 만 사실에 대해 안타까움을 표명하고 있으며, 독립의 열망을 종교적인 힘으로 극복하고자 하는 등 독립의 의지를 '망향(望鄕)'이라는 그리움의 정조로 시화(詩化)하고 있음을 알 수 있다.

1
청구 동반도 금슈강산은
한국의 졍신인 결승디
우리션조의 불근피로써
대대ㅈ손의 유업되도다
오-우리청년 혈셩딕
한거름 두거름 속히나가고

2
남히바다의 프른 파도는
충무공 리순신의 큰긔샹
한산도 우헤 남은 그절긔
사시장청하는 송죽이로다
오-우리청년 형셩딕

<hr>

20) 졸고, 「찬송가의 유입과 메타모포시스 시학의 가능성 - 창가, 신체시, 자유시의 등 장을 중심으로」, 『문학과 종교』 24, 한국문학과 종교학회, 2019.3. 229~245쪽 참조.

비샹한 힘으로 수업준비코

3
널은 태평양 순환 히류수
일월의 죠화인 형셩틴
한국젼도에 뵈는 셔광은
새졍신 새긔운 결졍체이다
오-우리쳥년 혈셩틴
강강흔 힘으로 모험용진코
　　　　　　-「우리쳥년 혈셩틴」, 리졍암, 곡조 콜럼비아(1930.5)

　일제강점기 융기하는 젊은이의 기상을 적극적으로 표출하고 있는
「우리쳥년 혈셩틴」는 강렬한 독립의지를 "쳥년 혈성대"에 대한 기대감
으로 표출한다. 1연의 "오-우리쳥년 혈셩틴/한거름 두거름 속히나가고"
와 2연의 "오-우리쳥년 혈셩틴/비샹한 힘으로 사업준비코"와 3연의 "오-
우리쳥년 혈셩틴/강강한 힘으로 모험용진코"등은 "우리쳥년혈셩틴"의
반복적인 구절과 잇따른 댓구를 사용하여 쳥년혈셩대의 기개와 용맹
을 높이 떨치고자 한다.

　　오는것 피ㅅ비냐
　　부는것은 비린바람
　　저챵빅흔 발근달이
　　북망산에 빗칠제
　　어이흔 우름소리
　　이곳더곳 들닌다
　　원슈칼에 흐르는피

황텬까지 흘너들어

반도에자든 영웅의혼

한가지로 슬피혼다

울듸로 울어라

갈째 어이잇더뇨

죽어도 한반도에

살어도 한반도에

-「3.1절 공동묘지에서」(1923. 3)

3·1절 기념시로 사용된 것으로 여겨지는 「3·1절 공동묘지에서」는 일제에 의해 피탈된 고국의 독립의지를 찬양하고 독립심을 고취하고자 3·1절을 기리는 축시를 선택하여 수록한 것으로 보인다. 하와이 이민사회에서 멀리 두고 온 고국은 매우 애잔한 존재일 것이다. 1905년 이민금지정책과 함께 고국으로 돌아갈 수 있는 기회가 있었음에도 많은 이민자들은 고국으로의 귀환을 포기하거나 포기해야만 했다. 이 때에 느낀 1910년의 치욕과 1919년의 만세운동은 "핏비", "비린 바람", "우름 소리", "흐르는 피"의 슬픔을 남기고, "반도에 잠든 영웅의 혼"을 기리게 하기에 충분하다.

위 시는 "죽어도 한반도에/ 살어도 한반도"라는 표현을 통해서 생애를 온전히 (독립을 위한) 피로 물들인 3·1 만세 독립 운동을 칭송하고 있는 시임을 잘 알 수 있다. 이와 같이 『태평양잡지』에 게재된 시의 특징을 통해 초기 이민문학의 시적 양상은 다음과 같이 요약해 볼 수 있다.

첫째, 『태평양잡지』에 발표된 시는 창가, 노래시 등에 한정되어 있는데, 개인적 서정성보다는 집단의 이념과 목적을 위해 선별하여 수록된 것으로 보인다. 이 점은 1930년대의 근대시가 점차 '개인'의 감정과 서정의 분출을 중시 여기게 되는 양상을 고려해 볼 때 상이(相異)한 결과라 할 수 있는데, 이민과 이민사회가 시 장르의 기능을 축소하고 있었음을 반증한다.

둘째, 『태평양잡지』에 발표된 노래시는 율격을 고려하여 음악적 요소에 상당부분 의존하고 있는데, 이러한 특징은 선교사 중심으로 기획되고 추진된 초기 이민사회의 독특한 장르인식이라 할 수 있을 것이다. 특히 시 장르는 독립된 문학적 장르가 아닌 예컨대 찬송가의 가사처럼 노래화될 때에야 그 의미가 상승하는 것으로 이해한 듯하다.

셋째, 『태평양잡지』에 발표된 기념시는 함축된 언어(시어)를 사용하여 조선 식민지문제와 독립운동, 권리 찬탈을 염원하는 마음을 담고자 했던 것으로 여겨진다. 노래시와 축시를 통해 적으나마 시의 기능을 분명히 인식한 점을 주목해볼 수 있다.

넷째, 작가가 밝혀진 하태용의 「종소리」 역시도 시인의 개인적 경험을 소재로 하지 않고, 조사(弔詞)를 다루되 기독교적 인식을 바탕으로 하고 있다. 이민 혹은 이민사회는 낯선 땅에서의 위태로운 삶이 죽음 인식과 연관되면서 종교적 부활의 의미에까지 다다르고 있음을 엿볼 수 있다.

2. 번안소설, 단편소설, 연재소설에 반영된 이민문학의 서사적 양상

소설의 경우는 번역소설을 시작으로 하여 단편, 장편 등 창작 소설의 수록에도 관심을 두었던 것으로 보인다. 『태평양잡지』에 게재된 소설 작품을 정리해보면 다음 〈표 2〉와 같다.

<표 2> 『태평양잡지』에 게재된 소설 작품

	구분	작품명	저자	게재일	비고
1	번역소설 (총6차, 연재)	하멜의 일긔	헨리 하멜 (Henry Hamel) 역자 표기 없음	1913년 11월 호~1914년 4월호	1913년 12월호는 누락됨
2	소설 (단편)	빅셜과 홍월계	저자 미상	1914년 3월 호	단편이므로 완결됨 자매의 우애를 다룸
3	소설 (단편)	토이기 샹민	저자 미상	1914년 6월 호	단편이므로 완결됨 황금천량의 진위를 찾고 범인을 색출하는 재판 이야기
4	번역소설 (장편3년 간 연재)	금낭비결	스폴딍 여사 저, 태평양 잡지사 번역	1923년 6월 호~1925년 7월호	3년간 연재됨 총13편이 누락됨 연애와 모험과 외교와 애국 소설이라는 부제가 있음
5	소설 (총3회 연재)	흰누이	저자 미상	1925년 8월 호~1925년 10월호	'창자를 끈으며 가상이 터지고 사상을 높이는 긔담' 이라는 부제가 있음

『태평양잡지』에는 『하멜의 일긔』(번안소설)가 가장 먼저 실렸는데 낯선 곳에 우연히 체류한 자의 길고 긴 고난과 극복의 과정을 다룬 『하멜의 일긔』를 게재하여 이민자들에게 동변상련의 공감을 얻고자 했던 것으로 여겨진다. 이후로 『태평양잡지』는 본격적인 창작 작품을 수록하였으며 그 예로 자매간의 우애와 효심을 다룬 『빅셜과 홍월계』, 상업과 여행과 재판과 변복(變服)의 시찰 등을 다룬 『토이기샹민』 등 이민자들이 낯선 이민생활에서 중요하게 여겼을 우애와 효도와 우정을 강조하거나 이민노동자 사이에서 발생할 수 있는 분쟁을 경계하며 재판의 해결과정을 다룬 내용의 소설을 우선 채택하여 수록하고 있음을 알

수 있다.

　토이기 소쇽 빅딋드셩은 각국의 통샹디방으로 유명훈 곳이라 일이 코지
아가 샹업으로 여러히 흥왕ᄒ더니 흔날은 쑴에 어떤 로구가와셔 최망ᄒ여
왈 네가 엇지ᄒ야 멕카셩에 여힝ᄒ지 안ᄂ냐 만일 그곳에 가지안이ᄒ면 큰
화를 당ᄒ리라 ᄒ니 멕카셩은 곳 회회교쥬 모 하멜이 탄생훈 곳이라 처음에
는 무심이 드럿다가 밤마다 이와ᄀ치 몽조가 보ᄒᆫ즉 ᄌ연심ᄉ 불평훈지라
　원ᄅᆞ 코지아가 멕카를 한번 구경ᄒ기를 평ᄉᆞ소원이로되 몸이 샹업에 ᄆᆞ
인고로 ᄎᆞ초 긔회를 기다려 발힝ᄒ기를 경영ᄒ엿더니 이번에 몽ᄉ가 자못
괴샹훈지라 즉시한번 다녀오기를 결심ᄒ고 여간 집물을 발ᄆᆞ하야 힝장을
차릴ᄉᆞ 황금ᄀᆞ량은 가지고 가기가 무겁고 맛길만훈곳이 업ᄂ고로 한 ᄭᆡ를
싱각ᄒ고 큰 항아리밋헤 황금을 너흔후 감ᄌᆞᄒᆞ부딕를 우에 담어셔 그친구
노렛진의게 ᄆᆞ기며 부탁ᄒᆞ여 왈 내가지금 멕카에 유람ᄎᆞ로 원ᄒᆞᄒᆞ난 길이
니 이 감ᄌᆞ를 잘ᄆᆞ겟노라ᄒᆞᆫ즉 노렛진이가 잘 간수ᄒ엿다가 여젼히 내여주
마고 응락ᄒᆞᄂ지라

-『토이기샹민』도입부 부분

　위 인용문은 1914년 6월호에 발표된 단편소설 『토이기샹민』의 도입
부이다. 『토이기샹민』은 '토이기(터키)의 빅딋드셩'이라는 지방을 중심으
로 '코지아'라는 상인의 이야기를 풀어가고 있다. 주된 내용을 살펴보면,
주인공 '코지아'는 어느 날 꿈에 '멕카'를 다녀오라는 선몽을 꾼다. 평소
멕카를 한번 구경하기를 소원하던 '코지아'는 '몽사(夢事)'를 괴이히 여기
지만 '몽사(夢事)'를 무시하지 못하고 긴 여행을 다녀오기로 결심하는 것
이다. 이 과정에서 상인인 '코지아'는 지니고 있던 전(全) 재산 황금천량
을 맡길 곳을 고민하다가 큰 항아리에 황금을 넣고 위에는 감자로 덮은
후 '감자항아리'로 둔갑한 황금천량을 친구 '노렛진'에게 맡기게 된다.

사건의 발단이 응축되어 묘사된 위 인용문은 도입부지만 실상은 사건의 발단 외에도 많은 이야기가 내포되어 있다. 첫째, 꿈 이야기이다. 앞으로 일어날 일을 미리 짐작하게 하는 '꿈(선몽)'이 등장하는데 '몽사(夢事)'는 사건의 한 축으로 사용되고 있다. 그런데 정작 위 소설은 '몽사(夢事)'로 '해결점'을 찾아가는 이야기가 아니라 '몽사로 인해 사건의 발생과 위기를 불러들인다는 점에서 매우 이색적이다.

둘째, 주인공 및 도시명이 낯선 언어로 표기되었을 뿐만 아니라 상징적으로도 사용되고 있다. '코지아', '멕카' 등 낯선 곳을 선뜻 찾아나서는 주인공의 모험심이 하와이 이민자의 낯선 환경과 뜻밖의 경험으로 치환되어 있으며 이는 지명과 인명에도 반영된 것으로 보인다.

셋째, 황금천량을 감자 항아리에 묻어서 친구에게 맡긴다는 설정이 주목된다. 소설의 후반부에는 친구 '노렛진'이 항아리 속 황금을 우연히 발견한 후 욕심이 생겨 황금을 취한 후에 멕카에서 돌아온 친구 코지아에게 모른 척 황금은 보지 못하였노라 시치미를 뗀다. '노렛진'은 애초에 맡길 때 '감자항아리'였음을 강조하며 '코지아'의 탓으로 돌린다. 범인 색출 과정에서 재판이 벌어지지만 오히려 황금이 과연 존재했는가의 진위여부가 큰 문제를 일으키게 된 것이다. 맡기는 물건이 '황금천량'이라는 사실을 말하지 않고, '감자항아리'라 속여 맡긴 '코지아'는 결국에는 자신이 친구에게 맡긴 것이 감자가 아니라 황금이었다는 사실부터 규명하고 있다.

토이기 디방관은 이 의혹사건을 붓고 공평히 판결ᄒ기를 생각ᄒ나 속을 알길이 업셔서 변복으로 빅딋드셩을 유람ᄒ니 사실을 졍담코져ᄒ야 방방곡곡이 도라ᄃ니다가 한곳에 니르니 학교아ᄒ들이 모혀서 재판노리를 ᄒ며

멫가지 사건을 재판ᄒ다가 맛춤내 코지아의 사건을 의론ᄒ난지라
-『토이기샹민』절정 부분

위 인용문에는 토이기 지방관이 사건을 해결하지 못하고 헤매다가 변복으로 정체를 위장하여 낯선 도시를 유랑하는 내용이 드러나 있다. 토이기 지방관은 우연히 학교아희들이 재판놀이를 하는 것을 목격하게 된다.

위의 절정 부분 역시 초기 이민소설의 몇 가지 중요한 성격이 포착된다. 첫째, 지방관이 과거 조선의 암행처럼 변복(變服)을 하고 도시를 정탐한다는 점이다. 암행이 사건의 실마리를 푸는 요소로 등장하고 있다. 둘째, 어린 아이들이 모여 감자항아리 사건을 소문내고 현실정치를 비판하는 모의재판을 한다는 점이다. 소설에 등장하는 어린 아이들의 모의재판은 현명한 지방관의 소임이 자신의 능력에만 있지 않고 대중 특히 소홀히 대하기 쉬운 어린 아이들에게도 존재하고 있음을 드러낸다. 셋째, 그런데 지방관이 아이들의 모의재판을 눈여겨보고 이를 통해 '현실 재판'에 활용한다는 점이다. 가상의 상황을 현실에 적극 활용하는 등 소설『토이기샹민』은 민심을 잘 받아들이며 이를 적극 수용하는 지혜로운 정치관을 보여주고 있다. 이처럼『토이기샹민』은 민중의 참여로 풀어가는 지방관의 현명함이 잘 드러난 소설이라 할 수 있다.

반면에, 1925년 8월부터 6회간 연재된 소설『흰누이』는 문학 장르에 종교적인 성격이 강하게 개입된 예이다. 『흰누이』는 '연애', '종교', '모험'이라는 부제목이 암시하고 있는 것처럼 연애를 중심으로 스토리를 끌어가되 종교와 모험이 적극 반영된다. 다음은 소설의 도입부이다.

공쟉의 부인은 일즉이 세샹을 쩌나고 두만 두녀셕이잇셔 슬하에 젹막흠
을 위로ᄒ야 젼쳐소생인 사라는 년긔가 쟝셩ᄒ듸 셩질이 부허ᄒ야 녀쟈들
의 허영을 죠하흠으로 공이 은근히 그 쟝래를 근심ᄒ며 후쳐소생 엔질나는
년긔가 아즉미셩ᄒ나 그 부친을 만히들마셔 만사를 하나도 겻홀히 생각ᄒ
난 것이 업고 매양 맘을 만히 생각ᄒ며 종교심이 돈독ᄒ야 신령한 도리를만
히 듯고져ᄒ매 공이 특별히애중ᄒ더라

-『흰누이』도입부 부분

소설『흰누이』에는 두 명의 딸이 등장하는데 전처소생 '사라'와 후처
소생 '엔질나'가 있다. '공작'은 두 부인을 잃고 두 딸을 홀로 키우는데
후처소생 엔질나를 더욱 귀히 여긴다. 그 이유는 엔질나가 "종교심이
돈독"하기 때문이란 것이다.

소설의 중반부에는 흰 옷을 입은 여인의 그림이 클로즈업되는데, 훗
날 수녀가 되어 흰옷을 입은 엔질나의 모습을 암시하는 문학적 장치(복
선)로 '흰옷 입은 여인의 그림'이 사용된다. 흰옷을 입은 여인의 그림은
후일 수녀가 된 엔질나의 모습과 겹쳐진다. 그림 속 여인을 보며 '흰
누이'같다고 여긴 엔질나는 스스로 '흰 누이'와 같은 정결한 수녀가 된
것이다.

위 소설은 '흰누이'의 복선을 사용하여 소설의 내용을 암시하고, 상상
력을 자극하며, 긴장과 흥분을 북돋우는 절정과 뜻밖의 결말을 장치하
는 등 소설의 플롯이 나름대로 탄탄하게 설정되어 있음을 알 수 있다.

이날 붓허는 안젤라가 완전한 슈녀가되여 교회안에 병원에서 간호부 사
무를 부지런히보니 주야로 몸에 흰옷과 흰곡갈같이 떠나지안은지라 어렷슬
적에 우연히 흰누이라 일홈흔 그림이 이에와서 실시되엿다

-『흰누이』결말 부분

연재소설『흰누이』는 두 딸의 탄생에 얽힌 구체적인 일화로 이야기를 시작하여 사랑과 이별, 재회 등이 펼쳐지지만 종국에 가서는 종교에 귀의하는 내용으로 구성되는데, 장대한 스토리가 빠른 템포로 이어지면서 예기치 못한 절정과 파국으로 치닫는다.『흰누이』는 언니 사라의 질투와 약혼자의 비보(사망소식)로 인해 충격을 받은 엔질라가 현 세계를 이탈하여 종교인으로 거듭나려 각오를 다진 순간에 살아 돌아온 약혼자와 극적으로 재회한다. 애인이 살아 돌아왔지만 엔질나의 선택은 수녀로서의 삶을 오롯이 가겠노라 재차 다짐한다. 자매간의 복잡한 연애와 전장에서의 위태로운 모험은 결국 종교로의 귀의로 귀결된다. 결말을 통해 하와이 이민사회의 종교(기독교)에 대한 인식을 알 수 있다. 그런데『빅셜과 홍월계』는 자매간의 우애를 다룬 소설로『흰누이』와는 다른 양상을 띤다.

> 한번은 길가에 한 간난한 과부가 사는데 압뒤로 동산이잇고 좌우에 월계
> 나무 두폭이가 잇셔서 하나는 흰쏫이퓌고 또하나는 불근쏫이 퓌더라
> 　그 가부의 두 쌀이잇스니 하나는 불근 월계화와 갓고 하나는 흰 월계화
> 와 갓흔고로 그 어머니가 각각 일홈ᄒ기를 홍월계와 백셜이라ᄒ니라 -중략
> 　우리형뎨는 펄생을 함께지내자 ᄒ난지라 모친이 이말을 듯고 깃버ᄒ야
> ᄒ난말이 너희는 무엇을 가지던지 쏘갓치 난화가져라ᄒ매 두 아히가웃고
> 대답ᄒᆫ 후에 항상 이쯔대로 힝ᄒ더라
> -『빅셜과 홍월계』도입 부분

『태평양잡지』1914년 3월호에 실린 단편소설『빅셜과 홍월계』는 자매 '빅셜'과 '홍월계'의 이름이 작명된 사연이 소개되면서 글이 시작된다.『빅셜과 홍월계』에도 주요한 사건으로 두 번의 몽사(夢事)가 등장하

는데, 그 가운데 첫 번째 꿈에 본 흰 꽃과 붉은 꽃이 두 딸의 이름으로 점지되는 과정을 그린 내용으로 구성되어 있다. 흰 꽃과 붉은 꽃을 선몽하여 낳은 빅셜과 홍월계는 우애가 깊으며 효심이 지극한 인물로 그려진다.

두 번째 꿈은 빅셜과 홍월계가 꿈에서 만난 '곰'의 이야기이다. '곰'은 두 딸에게 산에서 곧 검은 곰과 난쟁이를 만나게 되리라 예언한다. 이야기 안에서 실제로 백셜과 홍월계는 산에서 검은 곰을 만나게 되며 모험을 겪게 되는데 '검은 곰'은 괴략에 빠져 곰으로 변신한 왕자임이 밝혀지며 '난쟁이'는 흉계를 일삼는 마귀로 드러난다.

> 곰의 가죽이 별안간 버셔지며 일개 선명흔 남자가 고흔 옷을입고 서셔흐 난말이 나는 한 왕자라고 난쟁이가 나의 모든 재산을 도적흐고 무슴 괴약흔 술법으로 나를 곰에탈을 씌워셔 더모양을만들미 부득이흐야 주야산으로 다니며 보물을 직희며 이쟈를 죽인지라 그 쟈는 죽는 것이 뭇당흐고 나는 그 쟈이 죽는대로 곳본색을 회복흐게 됨이라 흐더라
>
> 이후몃해만에 빅셜은 그 친왕과혼인흐고 홍월계는 친왕의 아오와 혼인흐매 친왕이 허다한 재산을 는호아주어 족흐 평생하계 흐난지라 그 모친을 모셔다가 효성으로 봉양하고 즐거이 살더라
>
> 집압헤 잇던 월계 두폭이를 캐여다가 그형뎨의 사는궁압헤 심으니 해마다 홍백 두가지빗치 여젼이 피는지라 가위 계화의구조춘풍이라 흘너라
>
> ―『빅셜과 홍월계』결말 부분

고난을 통해 행복을 찾아가는 『빅셜과 홍월계』의 결말은 이민 사회의 역경과 맞물려서 역경을 지극히 참아내면 해피엔딩에 이른다는 교훈을 던져준다. 이처럼 20세기 초반부터 이민사회를 적응하기 위해 초

기 이민자들이 스스로 인식하게 된 '표류의식'은 이민문학에도 그대로 반영되어 나타나고 있음을 알 수 있다. 『태평양잡지』는 서양소설을 번역 혹은 번안하면서 이민자의 처지를 고려하여 구한말의 식민지 조선과 낯선 이국으로 이주한 이민자의 현실과 갈망을 적합하게 반영하는 등 주로 모험과 종교를 주제로 한 소설을 채택하고 있다.

3. 희곡 『피의잔』에 반영된 이민문학의 극적 양상

희곡 『피의잔』(1930.4)은 『태평양잡지』에 실린 유일한 희곡작품이지만 주제 및 대사로 전달되는 메시지와 주인공의 역할로 표출되는 인물의 표현력이 일제강점기 이민문학의 한 양상을 분명하게 드러내고 있다. 또한 이 작품은 저자가 밝혀져 있는데, '흰옷'이라는 가명(假名)이 사용된 점이 주목된다. 아마도 흰 저고리와 흰 치마로 표상되는 조선의 한복을 연상시키며 고결하고 염결한 자주정신을 '흰옷'이라는 명명으로 드러내고자 한 것일 터이다. 당시의 이민사회에서는 '누구'의 작품인가 보다는 '어떤' 작품인가가 중요하게 인식되었으며, 작품을 통해 전달되는 상징적 의미와 파급력이 더욱 중요한 문제였음을 짐작할 수 있다.

희곡 『피의잔』에는 전(前) 경상감사였으나 현재는 왜병의 정라(앞잡이)가 된 '구츄세'와 미모의 부인인 '박금란'이 주요인물로 등장한다. '박금란'은 지금의 경상감사인 '김츙션'의 아내가 되었지만 예전에는 '구츄세'의 연인이었던 인물이다. 과거에 '구츄세'는 '금란'에게 사랑의 징표로 '금잔'을 선물하였는데 이 '금잔'이 2막에서는 파국을 알리는 '피의 잔'으로 부각되고 있다.

벽두

연약흔 월계화도 가시가 잇고 온슌흔 쇼약국도 츙렬이 잇다 약혼자의 고개를 갓흐자이 벌이라도 약혼자의 영혼이야 아모딘들 죽을쇼냐 육신으로 지난자는 정신으로 승리흐고 물질로닉이는자 도덕으로 패흐노라

아-발가벗고 환도찬 세셩의 야만들이 사쳔년 반도 영광 압죠에 능욕흐니 의리에 짓고짓든 문명의 근원이야 아모려도 살아잇다 죽기언들 엄숙으리 인도가 잇는곳에 텬리가 웨업으랴 죽엄에서 일어나서 패무흐자 승리흐리

연극의인물

구츄세 전 경상 감사로 지금은 왜놈의 정라

김츙션 힝인, 경상감사

박금란 김츙션의 부인, 그후에는 녀승

류정련 녀승

시비

하인

상로 아히

흑뎐 왜대장

가등

송평 귀족

뎨일막

배경(일) 경상감영이 멀리 보히는곳

표장을울리자 그뒤에서 몸이는것은 녀승들의 념불하는쇼래다

산비탈에 돌틈으로 업헤서 아해 하나이 머루를 짠다

일병한째가 사로잡은 사람 하나를 결박흐여 달이고지난다

구츄세가 들어셔며 휘휘 둘러본다 그래자 저먼곳 념불소래가 들린다

(구츄세)쇼나무, 향나무, 참나무, 버들, 돌죽, 머루, 다래, 능금, 배 첩첩이 들어스고 쳑쳑 늘어젓가 슈목이 울울흔속에 긔화요쵸 만발흐고 곳속에 두

어느눈ᄭᅩᆺ 꿈에덜이질소냐이것이야 박금란이 사ᄂᆫ곳이로구나 내가 3년전에
국법을 범ᄒᆞ고 일본으로 망명ᄒᆞ던째 그 미인을 이곳에서 보앗스니 절믄 종
들을 전후좌우에 옹위식히고 음악에 미치어 이졀로 들어가던아롯다운그처
녀래도 어엽부기도 어엽부더니 –중략– 그미인 잇ᄂᆫ곳으로 오게되엿스리 금
난이가 그후에 혼인ᄒᆞ여 경상감사 김츙션의 부인이 되엿다지 그러치만은
그놈은 일본을반대ᄒᆞᄂᆫ이닛가 일본은 그놈을 쇽박ᄒᆞ던지 처참ᄒᆞᆯ터이오 일
본을 위ᄒᆞ여 이만큼 만흔 공로를 일옴 나야 경상감사를 다사ᄒᆞ고 저미인을
내가 차디ᄒᆞ게 되겠지

-『피의잔』도입부 부분

희곡『피의잔』의 도입부에는 등장인물과 무대장치를 설명하는 시공
간이 모두 제시되어 있다.『피의잔』은 두 개의 무대를 연출하고 있는
데, 그중 하나가 경상감영에 도착하기 직전 여승의 "념불소리"를 들으
며 과거의 박금란을 추억하는 구츄세(왜병의 정라)의 모습이 드러난 제1
막의 무대이다.

위 인용문 도입부에서 살펴볼 수 있듯이 구츄세가 회상하는 박금란
은 "미인"으로 그려져 있다. 그러나 금란은 지금의 경상감사인 김츙션
의 아내가 되었으며, 금란의 남편 김츙션은 "일본에 반대하는" 조선인
이기에 구츄세는 자신이 왜병의 정라로서 그간의 공로를 세운 점을 내
세워 지금이라도 금란을 데려올 생각으로 꿈에 젖는다. 전개 부분에는
구츄세의 그간의 삶이 밝혀지는데 구츄세는 제주사람으로 일본에서
성장한 이력을 지닌 인물로 묘사된다. 또한 왜장 '흑뎐'의 앞잡이로 살
아온 내력과 연관되는 부분이 그려진다.

(박금란) (빗겨 안즈면서) 술이 진ᄒᆞ면 진ᄒᆞᆫ 것이 술인지 사랑이 진ᄒᆞ면
진ᄒᆞᆫ 것이 사랑인지 아즉이야 말할 수 잇습니가. 술에도 독이 잇고 사랑에

도 가시가 잇습니다

(흑면)이게 무슨 소리냐 아! 내가 속앗구나 (벗적 니러서려다가 픽 곡굴어진다)

박금란) 이잔은 구츄세가 나에게 선사한 잔인데 이 잔은 참 나의 남편과 나의 나라를 위ㅎ여 큰 공이 잇구나 이 잔으로 먹은 술은 우리 세 사람의 마즈막이다

(흑면) (박금란 다려) 아! 내가 당신한테 속기는 ㅎ엿으나 나는 당신을 용서ㅎ고 당신을 사모합니다 (구츄세 다려) 일본에서 너갓흔 개를 쓰기는 ㅎ지만은 너갓흔 개는 열 번 죽어싸니라

(구츄세) 오냐 죽는 놈이 무슨 소리를 못ㅎ겟느냐 너 멋대로 다 짓거려다 내가 김츙선에게 좃겨난 후에 그놈에게 긔어히 설치를 ㅎ려고ㅎ다가 그것은 성취를 ㅎ엇으나 내가 일평생 생각기를 여자가 남자의 놀림감으로 알앗더니 지금 저 계집 (박금란을 바라보면서)에게 속앗다만은 내가 본래 일본의 세력을 빌어 나의 목적을 성취흔 후에 일본을 반항하려 ㅎ엿스니 그전에는 내가 알지못ㅎ고 일본을 친ㅎ엿더니 지난 3년동안 일본놈들 속에 가셔 살아본즉 일본놈은 귀쳔을줄든하고 사괴일 수 업는 놈인줄도 알앗다

(박금란)철이나자 죽는고나 회개가 발셔 느즌 모양이다

(흑면)아이구!

(구츄세)아이구! 머리 몹시 압흐다 여보시오 김부인 살녀쥬시오 물 한그릇쥬시오

(박금란)우리 대감 죽일 때에......, 아이구 나무아미타불

(구츄세, 흑면)나무아미타불

-긋

-『피의잔』 결말 부분

『피의잔』은 총6회 가운데 3회(1930.6)가 손실되어 남아있지 않다. 그러나 결말이 보존되어 전체적인 구성을 충분히 파악할 수 있다.

『피의잔』의 두 번째 무대는 경상감영 내의 별당이다. 위 인용문(결말)은 별당 내에서 독이 든 잔을 나누어 마신 세 사람이 등장한다. 왜장 흑면과 왜의 앞잡이가 된 과거의 연인 구츄세는 금란이 건넨 금잔이 독(毒) 잔인 줄도 모르고 마시며, 그릇된 세상을 회의(懷疑)하면서 마침내 여승이 된 금란은 독이 든 '피의 잔'을 두 사람에게 건네어 세 사람 모두 죽음에 이르는 파국이 결말을 통해 드러난다.

희곡 『피의잔』은 비록 멀고 먼 하와이로 노동이민을 온 이민자의 신분이지만 일제 침략을 묵인할 수는 없으며 맞서 싸울 의지의 분출을 문학작품으로 표현하고 있음을 보여준다. 또한 기독교 선교사의 근대의식으로 차츰 기독교화 되어간 이민자들의 종교인식은 이민사회 전체의 공감을 형성하기 위해 조선의 종교를 부인하지 않고 인정하고 있음을 보여준다. 주인공 금란이 여승이 되어 왜병에게 맞서는 장면은 민족적 카타르시스를 안겨준다. 하와이 이민 이면에 내재된 고국을 향한 애정과 이들의 정신적 지원은 희곡 작품을 통해 결집되어 드러나고 있다.

Ⅳ. 결론

앞서 분석한 『태평양잡지』의 문학작품이 지닌 특징들이 말하고 있듯이 자기경험으로 표출되는 문학의 개별성이 공동체경험과 맞물려서 있다는 사실은 이민문학의 매우 특별하고도 절실한 소통의 방식으로 다가온다. 이 점은 자국에서의 문학 활동과는 구분되는 특별한 이민문학의 양상이라 할 수 있다. 지금까지의 분석을 통해 일제강점기 이민문학의 의의 및 메타모포시스적 양상을 다음과 같이 요약해볼 수 있다.

첫째, 가치전환의 장소이동이 '이민'이라면 '이민문학'은 구세계를 버리고 신세계로 탈바꿈하고자 이들이 꿈꾼 환경적, 사회적, 정신적인 모색이 내면화를 거쳐 타자의 문학(번역문학)을 우선 받아들이는 모습으로 표출된 의의가 있다.

둘째, 『태평양잡지』에 게재된 문학 장르는 번역소설, 연재소설, 단편소설, 시, 창가, 노래가사(노래시), 희곡 등 매우 다양하며 공동체 지향적이었다. 요컨대 이 시기의 이민문학은 다양한 문학 장르를 모두 수용하여 활용한 측면이 있으며, 이민문학을 통해 공동체의 결집을 도모할 뿐만 아니라 일제강점기 위기에 처한 고국을 향한 동포애를 작품을 통해 보여준 의미가 있다.

셋째, 소설의 경우는 구체적으로 연애와 모험, 종교를 부각하여 현실극복의 주요한 내용으로 삼고자 했다. 예컨대 1905년 이후는 신소설 「혈의 루」를 필두로 문명화를 위해 해외로 유학을 떠나고, 유학처에서 사건들을 겪고, 문명국으로부터 되돌아왔다가 다시 떠나기도 하는 등 주인공의 행보가 소설의 중요한 국면이 되고 있음을 알 수 있다. 실제로 현순은 5년간 하와이에서 통역관으로 체류한 경험을 「포와유람기」(1909)로, 육정수는 「송뢰금」(1911)으로 이민 과정을 반영하여 변화하는 사회상을 소설을 통해 육화시켰다. 특히 육정수의 경우 하와이 이민에 대한 사회적 인식을 소설을 통해 드러내어 1세대 이민자의 근대적 세계관을 그려낸 의의가 있다. 이러한 작품이 표출하는 이민자 개인의 문학 활동에 비견해 보면, 『태평양잡지』에 게재된 소설은 작자 미상의 작품으로, 보편적 연애를 토대로 하여 이국적인 모험과 종교를 중심으로 적용된 이야기를 번안하는 방향으로 치우쳐 있다. 번안소설을 통해 한인사회의 공동체의식으로 부각하고 이민사회가 탈바꿈(메타모포시스)하길 바란 의도가 분명 엿보인다. 이처럼 『태평양잡지』 문예란의 소설들은 이민사회에서의 분열을 타파하고 공동의 정서를 환기하여 보편적 대상으로서의 이야기(우선적으로 창작보다는 번안을 통해)를 모색한 점이 특징적이다.

넷째, 시의 경우는 정서적 결집의 방편으로 혹은 사회적 선동과 추진을 기획하려는 대상으로 시가 선택되었던 것으로 보인다. 창가는 사회적 궐기와 참여를 이끌려 한 것이고 노래시는 곡조에 맞추어 부름으로써 집단의 목표를 주지하고자 선택되었던 것이라 할 수 있다.

다섯째, 희곡의 경우는 단 한편이지만 여느 장르보다 구체적인 정치성, 현장성을 드러내고 있다. 희곡 「피의잔」은 일제강점기 저항의 태도가 연애의 삼각관계로 표출되되 그 이면에는 조국애와 자주독립의 염원을 품고 있었던 것이다.

여섯째, 망명자, 체류자, 이민자 등 하와이 이주민의 '실향의식'은 『태평양잡지』의 문예란을 통해 귀향의 욕망은 잠재우고, 이민사회에서의 구체적인 협력은 모색하며, 동족을 결집하여 조국과 외따로인 사회를 개선해 나아가려는 노력의 일환으로써 문학을 취하되 다양한 문학 장르를 수용하고 활용하였음을 알 수 있다.

참고문헌

제1부 옛이야기의 전승과 근대적 변용

┃일본어 조선설화집 『전설의 조선(傳說の朝鮮)』 수록 설화의 변용 ┃

강상대, 「미와 다마끼(三輪環)의 녹족부인서사연구」, 『어문학』 118, 한국어문학회, 2012.

高橋亨, 이시준 · 장경남 · 김광식 편, 『朝鮮の物語集附俚諺』, 제이앤씨, 2012.

김광식 · 이시준, 『식민지 시기 일본어 조선설화집 기초적 연구』, 제이앤씨, 2014.

김시덕, 「근대 한국어 소설 壬辰兵亂 淸正實記에 대하여 - 근세 일본 임진왜란 문헌과의 비교 연구 시론」, 『동방문학비교연구』 1, 동방문학비교연구회, 2013.

김환희, 「〈나무꾼과 선녀〉와 일본 〈날개옷〉설화의 비교 연구가 안고 있는 문제점과 가능성」, 『열상고전연구』 26, 열상고전연구회, 2007.

민관동 · 배우정, 「國內 關羽廟의 現況과 受容에 대한 研究」, 『중국소설논총』 45, 한국중국소설학회, 2015.

박미경, 「일본인의 조선민담 연구 고찰」, 『일본학연구』 28, 단국대 일본학연구소, 2009.

박창기, 「임진왜란 관련 加藤淸正 軍記 연구」, 『일어일문학연구』 35, 한국일어일문학회, 1999.

三輪環, 이시준 · 장경남 · 김광식 편, 『伝説の朝鮮』, 제이앤씨, 2013.

염희경, 「〈해와 달이 된 오누이〉에 나타난 호랑이상」, 『동화와 번역』 5, 동화와번역연구소, 2003.

李肯翊, 민족문화추진회 옮김,『練藜室記述』, 1986.

李市埈·金廣植,「日帝強占期における日本語朝鮮説話集の刊行とその書誌」,『日本言語文化』21, 韓国日本言語文化学会, 2012.

이시준·김광식,「미와 다마키(三輪環)와 조선설화집 전설의 조선 考」,『일본언어문화』22, 한국일본언어문화학회, 2012.

任晳宰,『任晳宰全集 3: 韓國口傳說話』, 평민사, 1988.

장경남,「壬辰錄群의 結末 樣相과 意味」,『숭실어문』15, 숭실어문학회, 1999.

조은애·이시준,「미와 다마키 전설의 조선의 일본 관련 설화에 대한 고찰」,『외국문학연구』57, 한국외대 외국문학연구소, 2015.

조희웅,「일본어로 쓰여진 한국설화/한국설화론 (1)」,『어문학논총』24, 국민대 어문학연구소, 2005.

崔常壽,『韓國民間傳說集』, 통문관, 1958.

▌일제강점기 〈연오세오 신화〉의 전개 양상에 대한 고찰 - 나카무라 료헤이 『조선동화집』수록화를 중심으로 ▌

강현모,「延烏郎·細烏女 說話一考」,『한양어문연구』4, 한양대학교 한양어문연구회, 1986.

권태효,「개화기에서 일제강점기까지의 문헌신화 자료 수집 및 정리 현황과 문제점」,『한국민속학』44, 한국민속학회, 2006.

김광식,「근대 일본의 신라 담론과 일본어 조선설화집에 실린 경주 신화·전설 고찰 - 석탈해 및「연오랑·세오녀」설화를 중심으로」,『淵民學志』16, 연민학회, 2011.

金広植,「近代における朝鮮説話集の刊行とその研究 - 田中梅吉の研究を手がかりにして」,『植民地朝鮮と帝国日本』, 勉誠出版, 2010.

金広植,「植民地期朝鮮における伝説の発見 - 大阪金太郎(大阪六村)の新羅·慶州の伝説を中心に」,『学芸社会』26, 2010.

김광식·이시준,「나카무라 료헤이(中村亮平)와『조선동화집』고찰 - 선행 설화집의 영향을 중심으로」,『일본어문학』57, 한국일본어문학회, 2013.

김영주·이시준,「나카무라 료헤이(中村亮平)『조선동화집』의 신화전승에 대한 고찰」,『일본연구』60, 한국외국어대학교 일본연구소, 2014.

나카무라 료헤이, 김영주·이시준 옮김, 『완역 나카무라 료헤이의 조선동화집』, 박문사, 2016.

노성환, 「일선동조론에 이용된 한일신화」, 『일본신화와 고대한국』, 민속원, 2010.

박미경, 「일본인의 조선민담 연구고찰 - 일제 강점기 일본어로 쓰여진 설화집에 나타난 兄弟像을 중심으로」, 『일본학연구』 28, 단국대학교 일본학연구소, 2009.

西宮一民校注, 岩波文庫, 『古語拾遺』, 岩波書店, 2013.

小島憲之ほか校注·訳, 新編日本古典文學全集, 『日本書紀』 (一), 1994.

소재영, 「延烏細烏說話致」, 『국어국문학』 36, 국어국문학회, 1967.

염희경, 「〈해와 달이 된 오누이〉에 나타난 호랑이상」, 『동화와 번역』 5, 건국대학교 동화번역연구소, 2003.

이관일, 「延烏郎·細烏女 說話의 한 研究」, 『국어국문학』 55-57, 국어국문학회, 1972.

朝鮮總督府編, 『普通學校國語讀本』, 朝鮮書籍印刷株式會社, 1923-24.

中村亮平, 「朝鮮神話傳說槪觀」, 『支那朝鮮台湾神話と伝説』, 大京堂, 1935.

中村亮平, 『朝鮮童話集』, 富山房, 1926.

秋本吉郎校注, 日本古典文學大系, 『風土記』, 岩波書店, 1958.

椎川亀五郎, 「迎日湾ノ史的関係, 及ヒ延烏細烏ノ神話ノ本源」, 『日韓上古史ノ裏面』, 中卷, 東京偕行社, 1910.

하타타 다카시, 이기동 옮김, 「日本에 있어서의 韓國史 硏究의 傳統」, 『한국사 시민강좌』 1, 일조각, 1987.

한국정신문화연구원편, 『역주 삼국유사』 1, 이회문화사, 2002.

┃「홍길동전」 번역의 계보와 고소설 변용의 정치성
** – 이와야 사자나미(嚴谷小波)의 「구렁이의 꿈(大蛇の夢)」을 중심으로 ┃**

경판 24장본 「홍길동전」

경판 30장본 「홍길동전」

Allen, H. N, *Korean Tales: Being a Collection of Stories Translated from the Korean*

Folk Lore together with Introductory Chapters Descriptive of Korea, New York & Korea: G.P. Putnam's Son, 1889. (이진숙 외 옮김, 『외국어 번역 고소설 선집: 영웅소설』, 박문사, 2017에 재수록).

Arnous, H. G, *Koreanische Märchen und Legenden*, Leipzig: Verlag von Wilhelm Friedrich, 1893. (송재용·추태화 옮김, 『조선의 설화와 전설: 개화기 독일인 아르노스가 기록한 조선의 이야기』, 제이앤씨, 2007에 재수록).

巖谷小波, 『少年世界』 16:13, 1910.

巖谷小波, 「大蛇の夢」, 『世界お伽文庫』 27, 博文舘, 1912.

巖谷小波, 「星の緣」, 『世界お伽文庫』 28, 博文舘, 1912.

巖谷小波, 『桃太郎主義の教育』, 東亞堂書房, 1915.

桑原三郎 編, 『日本兒童文學大系 1 巖谷小波』, ほるぷ出版, 1977.

김성연, 「이와야 사자나미의 하이가(俳畵) - 구연동화 활동 양상과 하이가의 역할에 대해서」, 『일본근대학연구』 54, 한국일본근대학회, 2016.

김은정, 「홍길동전의 구조적 특성 연구」, 이화여대 석사학위논문, 1989.

김일렬, 「홍길동전의 구조와 의미」, 『국어국문학』 99, 1988.

大竹聖美, 「근대 한일 아동문학 관계사 연구(1895-1945)」, 연세대 박사학위논문, 2002.

大竹聖美, 「이와야 사자나미(巖谷小波)와 근대 한국」, 『한국아동문학연구』 15, 한국아동문학학회, 2008.

박일용, 「〈홍길동전〉의 의미 재론」, 『영웅소설의 소설사적 변주』, 월인, 2003.

이상현, 「'학대 아동(Abused Boy)'과 '폭도' - 홍길동의 두 가지 형상과 〈홍길동전〉 번역의 계보」, 『철학·사상·문화』 30, 동국대 동서사상연구소, 2019.

이재우, 「이와야 사자나미(巖谷小波) 연구 - 방정환과의 관계를 중심으로」, 충남대 박사학위논문, 2009.

이재우, 「메이지 초기 옛날이야기(昔話)의 위상 - 『니혼 무카시바나시(日本昔噺)』 총서 제1편 모모타로(桃太郎)』의 변용」, 『일본문화』 13, 부산대 일본문제연구소, 2012.

이재철, 「한일 아동문학의 비교연구(1)」, 『국어학논집』 14, 단국대 국어국문학과, 1994.

이지영, 「〈홍길동전〉에서 길동이 보여준 사족(士族)의 가족 윤리의 실천 문제 - 새로운 주체의 시각에서」, 『우리문학연구』 45, 우리문학회, 2015.

이진숙·이상현, 「『게일 유고』 소재 한국고전번역물(3) - 게일의 미간행 육필 〈홍길동전〉

　　　영역본에 대하여」, 『열상고전연구』 51, 열상고전연구회, 2016.

조경숙, 「메이지기 아동잡지 『소년세계』와 조선」, 『일본학보』 89, 한국일본학회, 2011.

진은경, 「최남선과 이와야 사자나미의 '소년상' 비교연구」, 『우리어문연구』 62, 우리어문학
　　　회, 2018.

한유림, 「「홍길동전」과 「견우와 직녀」 비교 연구 - 알렌(H. N. Allen), 아르노우스(H. G.
　　　Arnous), 이와야 사자나미(巖谷小波)를 중심으로」, 고려대 석사학위논문, 2015.

滑川道夫, 『桃太郞像の變容』, 東京書籍, 1981.

▌이순신 서사에 나타난 明(人) 인식 - 산채호의 『이순신전』과 이광수의 『이순신』을 중심으로 ▌

加藤陽子, 김영숙 옮김, 『만주사변에서 중일전쟁으로』, 어문학사, 2012.

공임순, 「역사소설의 양식과 이순신의 형성 문법」, 『한국근대문학연구』 4:1, 한국근대문학
　　　회, 2003.

구태훈, 『사무라이와 무사도』, 히스토리메이커, 2017.

김성연, 「거북선이라는 외피와 『난중일기』라는 내면 - 1931년 여름, 『동아일보』와 이광수를
　　　중심으로」, 『일본학연구』 40, 단국대학교 일본연구소, 2013.

김성진, 「이순신 역사 소설에 투영된 작가와 시대의 욕망」, 『문학치료연구』 45, 한국문학치
　　　료학회, 2017.

김주현, 「이광수와 신채호의 만남, 그리고 영향」, 『한국현대문학연구』 48, 한국현대문학회,
　　　2016.

노영구, 「역사 속의 이순신 인식」, 『역사비평』 69, 역사문제연구소, 2004.

小森陽一, 송태욱 옮김, 『포스트콜로니얼』, 삼인, 2002.

소재영 · 장경남 역주, 『임진록』, 고려대 민족문화연구원, 1993.

신일철, 『신채호의 역사사상 연구』, 고려대출판부, 1981.

신채호, 김주현 주해, 『이순신』, 경북대 출판부, 2018.

유성룡, 김흥식 옮김, 『징비록』, 서해문집, 2014.

이 분, 김해경 옮김, 『이충무공행록-작은아버지 이순신』, 가갸날, 2019.

이 분, 이광수 옮김, 『이충무공행록』, 『동광』, 1931.7.8.

이광수, 「충무공 유적 순례」, 『동아일보』, 1930.5.21.-6.8.

이광수, 『이순신』, 『동아일보』, 1931.6.26.-1932.4.3.

이민웅, 「역사 소설에 그려진 이순신」, 『한국사 시민강좌』 41, 2007.

이순신, 노승석 옮김, 『난중일기』, 민음사, 2010.

이종각, 『일본인과 이순신』, 이상, 2018.

日本歷史學硏究會, 아르고 인문사회연구소 편역, 『태평양전쟁사-만주사변과 중일전쟁』, 채
　　　륜, 2017.

장경남, 「국가의 위기를 극복한 영웅들의 파노라마」, 『임진록』, 휴머니스트, 2014.

장경남, 「서문」, 『역주 임진록』, 보고사, 2019.

장경남, 「이순신의 소설적 형상화에 대한 통시적 연구」, 『민족문학사연구』 35, 민족문학사
　　　학회, 2007.

田代陳基, 이강희 옮김, 『하가쿠레(葉隱)』, 사과나무, 2013.

정두희, 정두희·이경순 엮음, 「이순신에 대한 기억의 역사와 역사화」, 『임진왜란, 동아시아
　　　삼국전쟁』, 휴머니스트, 2007.

佐藤 鐵太郞·惜香生·小笠原長生, 김해경 옮김, 『이순신 홀로 조선을 구하다』, 가갸날,
　　　2019.

최영호, 「역사적 사실과 문학적 상상력 - 한국 문학 속에 나타난 이순신」, 『이순신연구논총』
　　　창간호, 순천향대학교 이순신연구소, 2003.

최지혜, 「충무공 이순신에 대한 인식의 시대별 변화」, 『이순신연구논총』 21, 순천향대학교
　　　이순신연구소, 2014.

한명기, 『임진왜란과 한중관계』, 역사비평사, 1999.

허태구, 『병자호란과 예, 그리고 중화』, 소명출판, 2019.

Burbank, Jane and Cooper Frederick, 이재만 옮김, 『세계제국사』, 책과함께, 2016.

Lowenthal, David, 김종원·한명숙 옮김, 『과거는 낯선 나라다』, 개마고원, 2006.

Schmid, Andre, 정여울 옮김, 『제국 그 사이의 한국 1895-1919』, 휴머니스트, 2007.

Swope, Kenneth M., 정두희·이경순 엮음, 「순망치한 - 명나라가 참전할 수밖에 없었던
　　　이유」, 『임진왜란 동아시아 삼국전쟁』, 휴머니스트, 2007.

제2부 동아시아 근대의 번역과 번역된 근대 문화

❙ 서양 문명과 풍경의 메타모포시스 – 『서유견문』의 수사적 상황과 저자 변수 ❙

강순애, 「유길준의 『서유견문』에 나타난 문명·개화와 도서관 인식 및 영향」, 『서지학연구』 74, 한국서지학회, 2018.6.

김봉렬, 『유길준 개화사상의 연구』, 경남대학교출판부, 1998.

김현주, 「『서유견문』과 계몽기 지(知)의 장(場)」, 유길준 지음, 허경진 옮김, 『서유견문』, 서해문집, 2004.

박정선·이준환·남경완, 「『서유견문』의 텍스트 구조와 수사학적 특성」, 『국어교육연구』 56, 국어교육학회, 2014. 10.

박지향, 「유길준이 본 서양」, 『진단학보』 89집, 진단학회, 2000.

서명일, 「『서유견문』 19~20편의 전거와 유길준의 번역」, 『한국사학보』 68, 고려사학회, 2017. 8.

안용환, 『유길준, 개화사상과 민족주의』, 청미디어, 2010.

우찬제, 『텍스트의 수사학』, 서강대학교출판부, 2005.

유길준, 허경진 옮김, 『서유견문』, 서해문집, 2004.

유길준, 『유길준전서 Ⅰ』, 일조각, 1996.

유동준, 『유길준전』, 일조각, 1987.

유영익, 『한국근현대사론』, 일조각, 1992.

이광린, 『유길준』, 동아일보사, 1992.

이광린, 『한국개화사상연구』, 일조각, 1979.

이태준, 『문장강화』, 창작과비평사, 1988.

이형대, 「『서유견문』의 서구 여행 체험과 문명 표상」, 『비평문학』 34, 한국비평문학회, 2009.12.

최덕수, 「해방 후 유길준 연구의 성과와 과제」, 『근대 한국의 개혁 구상과 유길준』, 고려대학교출판문화원, 2015.

Hart, Roderick P., *Modern Rhetorical Criticism*, Boston: Allyn and Bacon, 1997.

대한제국기 '문예' 개념의 형성과 착종 - 『태극학보』〈문예〉란을 중심으로

『대한매일신보』, 『동명』, 『서우』, 『조양보』, 『태극학보』, 『친목회회보』 등 신문·잡지
日本近代文學館編, 『太陽総目次』(CD-ROM版 近代文學館6, 『太陽』 別冊), 八木書店, 1999.

김명옥, 「韓末 太極學會에 關한 一考察」, 여화여자대학교 석사학위논문, 1982.
김수경, 「『대한자강회월보』 연구 - 근대 법, 역사 개념과 문예 개념의 관련을 중심으로」, 성균관대학교 석사학위논문, 2014.
김윤재, 「백악춘사 장응진 연구」, 『민족문학사연구』 12, 민족문학사학회, 1998.
노춘기, 「근대계몽기 유학생집단의 시가 장르와 표기체계에 관한 인식 연구 - 『태극학보』를 중심으로」, 『한민족문화연구』 40, 한민족문화학회, 2012.
문한별, 「근대전환기 서사의 양식적 혼재와 변용 양상 - 「자유재판(自由裁判)의 누문(漏聞) - 몽향필기(夢鄕筆記)」와 「이조가명(以鳥假鳴)」을 중심으로」, 『국제어문』 52, 국제어문학회, 2011.
서은영, 「근대 계몽기 '국민'담론과 외교론의 전개 - 『태극학보』를 중심으로」, 『동북아문화연구』 28, 동북아시아문화학회, 2011.
손성준, 「근대 동아시아의 크롬웰 변주 - 영웅 담론·영국政體·프로테스탄티즘」, 『대동문화연구』 78, 성균관대학교 대동문화연구원, 2012.
손성준, 「도구로서의 제국 영웅 - 20세기 초 한국의 비스마르크 전기 번역」, 『현대문학의 연구』 47, 한국문학연구학회, 2012.
안남일, 「『태극학보(太極學報)』 소재 의료 관련 텍스트 연구」, 『한국학연구』 68, 고려대학교 세종캠퍼스 한국학연구소, 2019.
양문규, 「1900년대 신문·잡지 미디어와 근대소설의 탄생」, 연세대 근대한국학연구소 기초학문연구팀, 『한국 근대 서사양식의 발생 및 전개와 매체의 역할』, 연세대 근대한국학연구소, 2005.
유정숙, 「근대계몽기 '여성' 담론의 형성과 계기들 - 학술지 〈태극학보〉를 중심으로」, 『한국언어문화』 40, 한국언어문화학회, 2009.
이은선, 「1906년~1910년 재일본 유학생 잡지 연구 - 『대한흥학보』를 중심으로」, 『우리문학

연구』62, 우리문학회, 2019,

임상석, 「통감부 치하 문명담론의 한 사례 - 한치유(韓致愈)의 「태극학회총설(太極學會總 說)」과 「고학회설(告學會說)」」, 『어문연구』46:3, 한국어문교육연구회, 2018.

전은경, 「『태극학보』의 표제 기획과 소설 개념의 정립 과정」, 『국어국문학』171, 국어국문 학회, 2015.

전은경, 「근대계몽기 독자와의 상호소통적 글쓰기와 '서사' 양식의 실험 - 『태극학보』를 중 심으로」, 『대동문화연구』91, 성균관대학교 대동문화연구원, 2015.

정선태, 「근대계몽기 '국민'담론과 '문명국가'의 상상 - 〈태극학보〉를 중심으로」, 『어학논총』 28, 국민대학교 어문학연구소, 2009.

조희정, 「근대 계몽기 "어문"교과서 형성에 관한 시론 - 『태극학보』를 중심으로」, 한말연구 학회 학회발표집, 2003.

최문길, 「한말잡지에 나타난 개화기소설 연구 - 『태극학보』등 동경유학생회 학보를 중심으 로」, 고려대학교 석사학위논문, 1979.

최호석, 「장응진 소설의 성경 모티프 연구」, 『동북아문화연구』22, 동북아시아문화학회, 2010.

하태석, 「백악춘사 장응진의 소설에 나타난 계몽사상의 성격」, 『우리문학연구』14, 우리문 학회, 2001.

한시준, 「국권회복운동기 일본유학생의 민족운동」, 『한국독립운동사연구』2, 한국독립운동 사연구소, 1988.

▍팜 파탈의 탄생, 동아시아적 기억과 혼혈의 상상력 ▍

고승길, 『동양 연극 연구』, 중앙대 출판부, 1993.

금보현, 「1920년대 『살로메』번역 연구」, 성균관대 석사논문, 2019.

김병철, 『한국 현대 번역문학사 연구』상, 을유문화사, 1998.

김재석, 『식민지 조선 근대극의 형성』, 연극과인간, 2017.

김진기, 「조명희의 희곡 연구」, 『사회과학연구』3, 서원대 사회과학연구소, 1990.

김흥식, 「조명희의 문학과 아나키즘 체험」, 『어문논집』26, 중앙어문학회, 1998.

류샹(劉向), 이숙인 옮김, 『열녀전』, 글항아리, 2013.

박진영, 『번역가의 탄생과 동아시아 세계문학』, 소명출판, 2019.

박진영, 「번역된 여성, 노라와 시스(西施)의 해방」, 『민족문학사연구』 66, 민족문학사학회, 2018.

박진영, 「서태후의 기억, 혐오와 조롱의 오리엔탈리즘」, 『근대서지』 20, 근대서지학회, 2019.

박창석, 『비어즐리 또는 세기말의 풍경』, 한길아트, 2004.

송재일, 「조명희의 「파사」 고」, 『한국언어문학』 27, 한국언어문학회, 1989.

오스카 와일드, 서의윤 옮김, 『오스카 와일드 미학 강의: 사회주의에서의 인간의 영혼』, 좁쌀한알, 2018.

윤민주, 「현철의 중역 텍스트 『희곡 살로메』에 나타난 중층성의 징후들」, 『어문논총』 62, 한국문학언어학회, 2014.

임우경, 『근대 중국의 민족 서사와 젠더 - 혁명의 천사가 된 노라』, 창비, 2014.

장룽(張戎), 이종인 옮김, 『서태후』(전 2권), 책과함께, 2015.

장징(張競), 임수빈 옮김, 『근대 중국과 연애의 발견』, 소나무, 2007.

장쿤(張坤), 「중국 여성 인물을 주인공으로 한 한국 고전소설 연구」, 한국학중앙연구원 박사논문, 2017.

전혜자, 『김동인과 오스커리즘』, 국학자료원, 2004.

정갑준, 「「파사」, 「난파」, 「산돼지」 속에 나타난 표현주의 기법 연구」, 『시학과 언어학』 17, 시학과언어학회, 2009.

정덕준, 「포석 조명희의 현실 인식 -『김영일의 사』, 「파사」를 중심으로」, 『어문논집』 22, 고대 국어국문학연구회, 1981.

정재서 외, 『동아시아 여성의 기원:『열녀전』에 대한 여성학적 탐구』, 이화여대 출판부, 2009.

정호순, 「조명희 희곡 연구」, 『한국연극학』 10, 한국연극학회, 1998.

中村都史子, 『日本のイプセン現象: 1906~1916年』, 福岡: 九州大學九州大學出版會, 1997.

천성림, 『근대 중국, 그 사랑과 욕망의 사회사』, 소명출판, 2016.

최호석, 『활자본 고전소설의 기초 연구』, 보고사, 2017.

최호석, 『활자본 고전소설의 서지 데이터베이스』, 보고사, 2017.

페터 풍케, 한미희 옮김, 『오카카 와일드』, 한길사, 1999.

피터 콘, 이한음 옮김, 『펄 벅 평전』, 은행나무, 2004.

홍선영, 「제국의 문화 영유와 외지 순행 - 덴카쓰이치자(天勝一座)의 〈살로메〉 경복궁 공연
　　　을 중심으로」, 『일본근대학연구』 33, 한국일본근대학회, 2011.

▌ 한시의 번역, 고전으로의 피란(避亂) ▌

한국고전번역원, "한국문집총간"(http://www.itkc.or.kr)

McGill Library Digital Initiatives, "Ming Qing women's Writing"
　　　(http://digital.library.mcgill.ca/mingqing/chinese/index.php)

강재현, 「橘山 李裕元 小樂府와 19世紀 士大夫 時調 享有의 特性 考察」, 『인문학연구』 85,
　　　충남대학교 인문과학연구소, 2000

구인모, 『유성기의 시대, 유행시인의 탄생』, 현실문화, 2013.

구인모, 『한국근대시의 이상과 허상』, 소명출판, 2008.

國分靑厓 監修, 『漢詩大講座(第11卷)』, 東京: アトリヱ社, 1936.

吉川發輝, 『佐藤春夫の『車塵集』: 中國歷代名媛詩の比較硏究』, 東京: 新典社, 1990.

金岸曙, 『꽃다발』, 博文書館, 1944.

金岸曙, 『同心草』, 朝鮮出版社, 1943.

金岸曙, 『忘憂草』, 漢城圖書株式會社, 1934.

남정희, 「김억의 여성 한시 번역과 번안시조 창작의 의의」, 『민족문학사연구』 55, 민족문학
　　　사연구소, 2014.

노춘기, 「안서와 소월의 한시 번역과 창작시의 율격」, 『한국시학연구』 13, 한국시학회,
　　　2005.

大內秋子, 「佐藤春夫と支那文學」, 『日本文學』 37, 東京: 東京女子大學, 1971.

鈴木日出男, 『百人一首(日本の古典)』, 東京: 筑摩書房, 1990.

박종덕, 「김억의 한시에 나타난 미의식 연구」, 『어문연구』 65, 어문연구학회, 2010.

박혜숙,「고려말 소악부의 양식적 특성과 형성 경위」,『한국한문학연구』14, 한국한문학회,
     1991.

生田春月 編,『現代詩の作り方研究』, 東京: 近代文藝社, 1928.

손팔주,「申紫霞의 小樂府 硏究」,『동악어문논집』창간호, 동악어문학회, 1965;『동악어문
     논집』10, 동악어문학회, 1978.

松浦友久,『リズムの美學: 日中詩歌論』, 東京: 明治書院, 1991.

심경호,「근대 이전의 한시 학습 방식에 관하여 - 聯句・古風 제작과 抄集・選集의 이용」,
     『어문연구』30, 한국어문교육연구회, 2002.

아더・시몬즈, 金億 옮김,『잃어진 眞珠』, 平文館, 1924.

오세영,『한국낭만주의시연구』, 일지사, 1980.

윤덕진,「小樂府 제작 동기에 보이는 국문시가관」,『열상고전연구』34, 열상고전학회,
     2011.

李圭瑢 編輯 韓晩容 校閱,『海東詩選』, 匯東書館, 1917.

이규호,「안서의 한시번역과정」,『국어국문학』86, 국어국문학회, 1981.

이종찬,「'小樂府' 試攷」,『동악어문논집』창간호, 동악어문학회, 1965.

張競,「大正文學と中國とのかかわりについて: 佐藤春夫『車塵集』の「秋の瀧」を中心に」,『
     明治大學人文科學硏究所紀要』50, 東京: 明治大學人文科學硏究所, 2002.

張文宏,『佐藤春夫と中國古典: 美意識の受容と展開』, 東京: 和泉書院, 2014.

張志淵 編,『大東詩選(韓國漢詩選集 5)』, 아세아문화사, 2007.

정기인,「김억 초기 문학과 한문맥의 재구성」,『한국현대문학연구』44, 한국현대문학회,
     2014.

佐藤春夫,『定本 佐藤春夫全集 第1卷(詩歌1)』, 東京: 臨川書店, 1999.

佐藤春夫,『定本 佐藤春夫全集 第21卷(評論隨筆3)』, 東京: 臨川書店, 1999.

佐藤春夫,『定本 佐藤春夫全集 第22卷(評論隨筆4)』, 東京: 臨川書店, 1999.

佐伯梅友 校注,『古今和歌集』, 東京: 岩波書店, 1981.

朱衛紅,「佐藤春夫『車塵集』における古典和歌との交涉」,『文學硏究論集』19, 筑波: 筑波
     大學, 2001.

鄕原 宏,「佐藤春夫: 文學的亡命者の憂鬱」,『詩學』30:10, 東京: 詩學社, 1947.

▌한국근대문학사와 '정치소설'의 번역(불)가능성 - 카사노바의 세계문학론과 임화의 『개설신문학사』 겹쳐 읽기 ▌

『대한매일신보』, 『황성신문』, 『만세보』 등

김명인, 「임화 민족문학론의 현재성」, 『민족문학사연구』 38, 민족문학사학회, 2008.

김영민, 「신소설 개념의 변화와 문학사적 의미」, 『문학제도 및 민족어의 형성과 한국 근대문학(1890-1945): 제도, 언어, 양식의 지형도 연구』, 소명출판, 2012.

김용규, 「번역으로서의 세계문학 - 세계문학과 번역의 위치」, 『로컬리티 인문학』 21, 부산대학교 한국민족문화연구소, 2019. 4.

김윤식 · 정호웅, 『한국소설사』(개정증보판), 문학동네, 2000.

김춘식, 「임화의 근대성과 전통 - 임화의 신문학사 인식을 중심으로」, 『한국언어문화』 27, 한국언어문화학회, 2005.

김태준, 『조선소설사』, 이주명 교정, 필맥, 2017.

김현양, 「임화의 신문학사 인식과 전통 - 구소설과 신소설의 연속성」, 『민족문학사연구』 38, 2008.

남민수, 「청말의 정치사상과 미래소설」, 『중국어문론역총간』 6, 중국어문논역학회, 2000.

노연숙, 「20세기 초 한중일 정치서사와 근대의 정치적 상상(1) - 한중일에 통용된 시바시로의 텍스트를 중심으로」, 『한국현대문학연구』 33, 한국현대문학회, 2011. 4.

梁啓超, 「譯印政治小說序」, 『飮冰室文集 之三』, 『飮冰室合集』 1冊, 中華書局, 2003.

梁啓超, 「中國唯一之文學報〈新小說〉」, 『二十世紀中國小說理論資料』 1卷, 陳平原, 夏曉虹 編, 北京: 北京大學出版部, 1997.

梁啓超, 이종민 옮김, 『신중국미래기』, 산지니, 2016.

루 쉰, 조관희 역주, 『중국소설사』, 소명출판, 2004.

柳田泉, 『政治小說研究』 上 · 中 · 下, 東京: 春秋社, 1935.

문무일, 「한중 정치소설의 발전양상에 대한 일고찰」, 『중국학연구』 68, 중국학연구회, 2014. 6.

문혜원, 「임화의 '이식문화론'에 나타난 탈식민성」, 『국어문학』 53, 국어국문학회, 2012. 8.

민족문학사연구소 편, 『문학사를 다시 생각한다』, 소명출판, 2018.

박상준, 「임화 신문학사론의 문학사 연구 방법론적 성격에 대한 연구」, 『외국문학연구』 28,

한국외국어대 외국문학연구소, 2007. 11.

박성원·이석형, 「루쉰의 소설 이론에 대한 비판적 검토」, 『중국문학』 98, 한국중국어문학
　　회, 2019. 2.

방민호, 「임화와 학예사」, 『상허학보』 26, 상허학회, 2009. 6.

方正耀, 홍상훈 옮김, 『중국소설비평사략』, 을유문화사, 1994.

芳賀矢一, 立花銑三郎, 『國文學讀本』, 東京: 富山房, 1890.

백지운, 「연대와 적대 - 『가인지기우』의 아시아 인식의 이율배반」, 『일본학보』 106, 한국일
　　본학회, 2016. 2.

백　철, 『신문학사조사』, 신구문화사, 1980.

사이토 마레시, 노혜경 옮김, 『한문맥의 근대: 청말 메이지의 문화권』, 소명출판, 2018.

三上參次, 高津鍬三郎, 『日本文學史 上卷』, 東京: 金港堂, 1890.

서여명, 「한중 『서사건국지』에 대한 비교 고찰」, 『민족문학사연구』 35, 민족문학사학회,
　　2007.

손성준, 「수신과 애국 - 『조양보』와 『서우』의 「애국정신담」 번역」, 『비교문학』 69, 한국비
　　교문학회, 2016. 6.

신승엽, 「이식과 창조의 변증법 - 임화의 '이식문학론'」, 『창작과 비평』 19(3), 창작과비평사,
　　1991. 9.

안　확, 『조선문학사』, 한일서점, 1922.

오순방, 「비소설가의 소설개혁운동 - 양계초와 임서를 중심으로」, 『중국어문논역총간』 12,
　　중국어문논역학회, 2004.

윤영실, 「근대계몽기 역사적 서사(역사/소설)의 사실, 허구, 진리」, 『한국현대문학연구』 34,
　　2011. 8.

윤영실, 「동아시아 정치소설의 한 양상 - 『서사건국지』 번역을 중심으로」, 『상허학보』 31,
　　상허학회, 2011. 2.

윤화영, 「파스칼 카사노바의 세계문학 이론과 베케트」, 『외국문학연구』 35, 한국외국어대
　　외국문학연구소, 2009. 8.

이등연, 「중국 서사문학론 연구의 기본 과제 검토」, 『중국소설논총』 4, 한국중국소설학회,
　　1995.

이보경, 『문(文)과 노벨(novel)의 결혼: 근대 중국의 소설 이론 재편』, 문학과 지성사, 2002.

이은정, 「세계문학과 문학적 세계 - 국내 세계문학 담론의 수용 양상과 세계체제론」, 『세계문학비교연구』 55, 세계문학비교학회, 2016. 여름.

이재선, 『한국개화기소설연구』, 일조각, 1972.

이현복, 「청말 양계초 소설에서의 문학적 상상과 의미 -『신중국미래기』를 중심으로」, 『중국학논총』 43, 고려대 중국학연구소, 2013.

임형택, 「임화의 문학사 인식논리」, 『창작과 비평』 41, 창작과비평사, 2013. 3.

임화, 『임화 문학예술전집』 2-5, 임규찬 외 편, 소명출판, 2009.

장문석, 「출판기획자 임화와 학예사라는 문제틀」, 『민족문학사연구』 41, 민족문학사학회, 2009. 12.

조연현, 『한국현대문학사』, 성문각, 1957.

陳平原, 이종민 옮김, 『중국소설서사학』, 살림, 1994.

차동호, 「근대적 시각주의를 넘어서 - 파스칼 카사노바의 세계문학론에 관하여」, 『오늘의 문예비평』, 오늘의문예비평, 2009.8.

최범순, 「일본 신문소설의 역사적 전개와 일본 근대문학사의 간극 - 메이지시대 신문소설과 문학사를 중심으로」, 『일본어문학』 68, 일본어문학회, 2015.

표세만, 「도카이 산시 『가인지기우』의 조선 인식 - 사소설적 가능성과 관련하여」, 『일본어문학』 75, 일본어문학회, 2017. 12.

홍석표, 「김태준의 학문연구 - 일인학자 및 루쉰과의 학문적 교섭」, 『중국현대문학』 63, 한국중국현대문학회, 2012. 12.

Carnell, Rachel, *Partisan Politics, Narrative Realism, and the Rise of the British Novel*, N.Y.: Palgrave, 2006.

Casanova, Pascale, 「세계로서의 문학」 ("Literature as a World", *New Left Review* 31, 2005. Jan.-Feb.) 차동호 옮김, 『오늘의 문예비평』, 2009.8.

Casanova, Pascale, *The World Republic of Letters,* trans. M.B.DeBevoise, Cambridge, MA: Harvard UP, 2004.

Epter,Emily, *Against World Literature, On the Politics of Untranslatability*, London & N.Y.:Verso, 2013.

Harris, Sharon M. et als, *Redefining the Political Novel: American Women Writers 1791-1901*, Knoxville: University of Tennessee Press, 1995.

Howe, Irving, 김재성 옮김, 『소설의 정치학』, 화다, 1988.

Presndergast, Christopher, "The World Republic of Letters", *Debating World Literature*, London: Verso, 2004.

Speare, Morris Edmund, *The Political Novel*, London: Oxford Uni. Press, 1924.

Young, Robert J.C. Young, "World Literature and Postcolonialism", Theo D'haen, David Damrosch, and Sjeral Kadir eds., *The Routledge Companion to World Literature*, N.Y.: Routledge, 2012.

제3부 매체 이동을 통한 근대 문화 공간의 창출

▌레코드사 소속 악극단의 활동 양상 ▐

김준오, 「장르의 생성·발전·소멸 - 문학사와 장르 변화」, 김석하 편, 『한국문학사 서술의 제문제』, 단국대출판부, 1993.

김호연, 『한국 근대 악극 연구』, 민속원, 2006.

김호연, 「한국 근대공연예술의 재생산제도를 위한 시고 - 소녀가극, 여성악극을 중심으로」, 단국대학교 동양학연구원 편, 『개화기에서 일제강점기까지 근대 제도와 일상생활』, 채륜, 2012.

레슬리 오레이, 류연희 옮김, 『오페라의 역사』, 동문선, 1990.

박노홍, 「한국악극사」, 『한국연극』 8월호, 1973.8.

박찬호, 안동림 옮김, 『한국가요사』, 현암사, 1992.

배연형, 「콜럼비아 레코드의 한국음반 연구(1)」, 『한국음반학』 5, 한국고음반연구회, 1995.

아리스토텔레스, 천병희 옮김, 『시학』, 문예출판사, 2001.

오스카 G 브로케트, 김윤철 옮김, 『연극개론』, 한신문화사, 1989.

최동현·김만수, 『일제강점기 유성기 음반 속의 대중희극』, 태학사, 1997.

한국고전음반연구회 편, 『유성기음반가사집』 1, 민속원, 1999.

▌일제 말기 종이연극(紙芝居)의 실연(實演)과 제국의 이벤트 ▌ ▌

〈경성일보〉, 〈매일신보〉, 〈文化朝鮮〉, 〈文教の朝鮮〉, 〈三千里〉, 〈朝鮮〉

공임순, 「재미있고 유익하게, "건전한" 취미독물 야담의 프로파간다화」, 『민족문학사연구』
　　　34, 민족문학사연구소, 2007.

공임순, 「전시체제기 징병취지 '야담만담부대'의 활동상과 프로파간다화의 역학」, 『한국근대
　　　문학연구』 26, 한국근대문학회, 2012.

권희주, 「교육 가미시바이(紙芝居)와 아동의 사상교육 - 일본소국민문화협회를 중심으로」,
　　　『외국학연구』 33, 중앙대 외국학연구소, 2015.

권희주, 「식민지조선의 '가미시바이' - 시각미디어를 이용한 정보선전을 중심으로」, 『일본학
　　　보』 105, 한국일본학회, 2015.

김재석, 「국민연극 시기 〈조선연극문화협회〉 연구」, 『어문논총』 40, 한국문학언어학회,
　　　2004.

김호연, 「일제 강점 후기 연극 제도의 변화 양상과 그 의미」, 『인문과학연구』 30, 강원대학
　　　교 인문과학연구소, 2011.

大澤貞吉, 『紙芝居の手引-皇民奉公叢書』 第十輯, 皇民奉公會中央本部, 1942.

문경연, "Korea/Culture as the Chosen Photographic Object: Focusing on *Culture
　　　Joseon*", *Korea Journal* 55:2, Korean National Commission for UNESCO, 2015.

문경연, 「『文化朝鮮』(1939~1944)의 미디어 전략과 제국의 디스플레이 - 조선의 연극·영화
　　　기사를 중심으로」, 『한국문학연구』 46, 동국대한국문학연구소, 2014. 6.

문제안 외, 『8·15의 기억』, 한길사, 2005.

오오타케 키요미, 『근대 한일 아동문화와 문학 관계사 1895~1945』, 청운, 2005.

이대화, 「전시체제기 식민지 조선의 선전매체, 종이연극(紙芝居)」, 『사회와 역사』 108, 한국
　　　사회사학회, 2015.

이덕기, 「일제하 전시체제기 이동연극 연구 - 이동연극 제1대와 극단 현대극장을 중심으로」,
　　　『한국극예술연구』 30, 한국극예술학회, 2009.

伊藤喜朔, 『移動演劇十講』, 健文社, 1943.

이백천, 「원로예술인에게 듣는다 - 한국 가요사의 산증인 황문평」, 『ARKO 문화예술』, 한국

문화예술위원회, 2000.

이자선, 「제국일본과 식민지 조선의 음악정책 2 - 국민개창운동을 중심으로」, 『일본연구』 45, 중앙대학교 일본연구소, 2010.

이화진, 「일제 말기 이동극단 활동의 전개 양상과 그 한계」, 『한국학연구』 30, 인하대학교 한국학연구소, 2013.

이화진, 「전시기 오락담론과 이동연극」, 『상허학보』 23, 상허학회, 2008.

佐木秋夫, 『紙芝居』, 藝術學院出版部, 1943.

홍선영, 「전시기 이동연극과 '국민문화' 운동 - 일본이동연극연맹(1941.6~1945.8)을 중심으로」, 『일본어문학』 45, 한국일본어문학회, 2010.

▌식민지시기 유성기와 라디오의 메타모포시스
- 대중가요 〈아리랑〉을 중심으로 ▌

『동아일보』, 『매일신보』, 『朝日新聞』

日本舖裝協會 編著者, 『昭和七年　ラヂオ年鑑』, 日本放送出版協會, 1932.

한국음반아카이브연구단, 『한국 유성기음반』 1~5권, 한걸음더, 2011.

한국정신문화연구원 편, 『경성방송국국악방송곡목록』, 민속원, 2000.

강등학, 『아리랑의 존재양상과 국면의 이해』, 민속원, 2011.

구인모, 『유성기의 시대, 유행시인의 탄생』, 현실문화, 2013.

기미양, 「영화 주제가 〈아리랑〉 연구」, 성균관대 석사논문, 2009.

김선우, 「아리랑의 미디어 문화사 연구」, 성균관대 석사논문, 2016.

김시업 외, 『근대의 노래와 아리랑』, 소명출판, 2009.

서재길, 「일제 식민지시기 라디오 방송과 '식민지 근대성'」, 『사이間SAI』 창간호, 국제한국문학문화학회, 2006.

엄현섭, 「근대 동아시아 라디오방송의 형성과 전파(電波)의 자기조직화(self-organization)」, 『일본학』 42, 동국대학교 일본학연구소, 2016.

이소영, 「〈아리랑〉의 문화적 변용에 따른 음악적 특징 - 유성기음반의 아리랑을 중심으로」, 『음악학』 24, 한국음악학학회, 2013.

이준희, 「'대중가요' 아리랑의 1945년 이전 동아시아 전파 양상」, 『한국문학과 예술』 6, 숭실대학교 한국문예연구소, 2010.

장유정, 「유성기음반(SP) 수록 대중가요 아리랑 텍스트의 반복과 변주 - 광복 이전의 자료를 중심으로」, 『한국문학과예술』 6, 숭실대학교 한국문예연구소, 2010.

마셜 매클루언/W. 테런스 고든 편, 김상호 옮김, 『미디어의 이해』, 커뮤니케이션북스, 2011.

日本放送協會, 『放送五十年史 資料編』, 日本放送出版協會, 1977.

임형택, 『문학미디어론』, 소명출판, 2016.

장유정, 『오빠는 풍각쟁이야 - 대중가요로 본 근대의 풍경』, 민음in, 2006.

진용선, 『일본 한인 아리랑 연구』, 정선아리랑문화재단, 2010.

진용선, 『정선아리랑의 전승과 계보』, 정선아리랑문화재단, 2011.

▌일제강점기 『태평양잡지』에 반영된 이민문학의 메타모포시스 ▌

최기영, 국가보훈처 편, 『태평양잡지』 1, 역사공간, 2013.

최기영, 국가보훈처 편, 『태평양잡지』 2, 역사공간, 2013.

강건영, 『하와이, 멕시코, 남미로의 한인 이민』, 도서출판 선인, 2017.

김게르만, 『한인 이주의 역사』, 박영사, 2005.

김대완, 「하와이 초기 이민에 대한 연구」, 감리교신학대학교 대학원 석사논문, 2007.

박혜수, 「이승만과 하와이 감리교회와의 관계」, 『신학논단』 68, 연세대학교 신과대학, 2012.

배정웅, 「미주한인문학의 발자취, 그 개관」, 『제16회 해외한국문학 심포지엄』, 한국문인협회, 2005.6.13.

배재훈, 「해방전후 하와이 이민 사회의 민족인식 - 『국민보』를 중심으로」, 『한국전통문화연구』 13, 한국전통문화학회, 2014.

오선민, 「한국근대 해외 유학 서사 연구」, 이화여자대학교 박사학위논문, 2009.

오영섭, 「1910-1920년대 태평양잡지에 나타난 이승만의 정치사상」, 『한국민족운동사연구』

70, 한국민족운동사학회, 2012.

유선모, 「미주 한인문학과 한인문인협회의 문제점」, 『인문과학논문집』 42, 대전대학교 인문
　　과학연구소, 2007.

전영주, 「일제강점기 『태평양잡지』에 반영된 이민문학」, 『인문사회 21』 10(5), 아시아문화
　　학술원, 2019.

전영주, 「가치전환으로서의 장소 이동과 이민문학의 메타모포시스 - 하와이 『태평양잡지』를
　　중심으로」, 『국제한인문학연구』 25, 국제한인문학회, 2019.

조규익, 「해방전 미주지역 한인 이민문학의 국문학적 의미」, 『국어국문학』 122, 국어국문학
　　회, 1998.

최기영, 「한말-일제시기 미주의 한인언론」, 『한국근현대사연구』 8, 한국근현대사학회, 1998.

홍윤정, 「하와이 한인사회의 형성과 애국의식 연구 - 일제강점기를 중심으로」, 성신여자대학
　　교 박사논문, 2005.

논문출처

제1부 옛이야기의 전승과 근대적 변용

■ 일본어 조선설화집 『전설의 조선(傳說の朝鮮)』 수록 설화의 변용

장경남, 「일제 강점기 日本語 朝鮮說話集 『傳說の朝鮮』 수록 임진 왜란 설화 연구」, 『고전과 해석』 19, 고전문학한문학연구학회, 2015.

■ 일제강점기 〈연오세오 신화〉의 전개 양상에 대한 고찰 – 나카무라 료헤이 『조선동화집』 수록화를 중심으로

이시준·김영주, 「일제강점기 〈연오세오신화〉의 전개양상에 대한 고찰 - 나카무라 료헤이 『조선동화집』 수록화를 중심으로」, 『日本學研究』 43, 일본학연구, 2014

- 「홍길동전」 번역의 계보와 고소설 변용의 정치성
  - 이와야 사자나미(巖谷小波)의 「구렁이의 꿈(大蛇の夢)」을 중심으로
  김강은, 「「홍길동전」의 번역과 고소설 변용의 정치적 의미 - 이와야 사자나미(巖谷小波)의 「구렁이의 꿈(大蛇の夢)」을 중심으로」, 『민족문학사연구』 72, 민족문학사연구소, 2020.4.

- 이순신 서사에 나타난 明(人) 인식 - 신채호의 『이순신전』과 이광수의 『이순신』을 중심으로
  이경재, 「이순신 서사에 나타난 明(人) 인식 - 신채호의 〈이순신전〉과 이광수의 〈이순신〉을 중심으로」, 『인문논총』 77, 서울대학교 인문학연구원, 2020.2.

제2부 동아시아 근대의 번역과 번역된 근대 문화

- 서양 문명과 풍경의 메타모포시스 - 『서유견문』의 수사적 상황과 저자 변수
  우찬제, 「유길준의 『서유견문』의 수사적 상황과 간접화된 풍경」, 『비교한국학』 27, 국제비교한국학회, 2019.12.

- 대한제국기 '문예' 개념의 형성과 착종 - 『태극학보』 〈문예〉란을 중심으로
  손성준, 「『태극학보』 '문예'란의 출현 배경과 그 성격」, 『사이間SAI』 27, 국제한국문학문화학회, 2019.11

- 팜 파탈의 탄생, 동아시아적 기억과 혼혈의 상상력

  박진영, "East Asian Femmes Fatales, Translated Memories and Imaginations of Mixed Descent", 『사이間SAI』 27, 국제한국문학문화학회, 2019.11.

- 한시의 번역, 고전으로의 피란(避亂)

  구인모, 「한시의 번역 혹은 고전으로의 피란(避亂) - 김억의 『동심초』(1943)와 『꽃다발』(1944)을 중심으로」, 『개념과 소통』 60, 한림대 한림과학원, 2015.12.

- 한국근대문학사와 '정치소설'의 번역(불)가능성
  - 카사노바의 세계문학론과 임화의 『개설신문학사』 겹쳐 읽기

  윤영실, 「세계문학, 한국문학, 정치소설의 번역(불)가능성」, 『한국현대문학연구』 60, 한국현대문학회, 2020.4.

제3부 매체 이동을 통한 근대 문화 공간의 창출

- 레코드사 소속 악극단의 활동 양상

  김호연, 「한국 근대 악극 연구」, 단국대 대학원 박사 논문, 2003.

- 일제 말기 종이연극(紙芝居)의 실연(實演)과 제국의 이벤트 ㅣ

  문경연(Moon, Kyoung-Yeon), "Stage Performance of Travelling Theatre and Paper Theatre during the Late Japanese Colonial Period and the

Imperial Event: Focusing on the Transmission of Travelling Media between the Empire and the Colony", 『동서비교문학저널』 47, 한국동서비교문학학회, 2019.3.

■ 식민지시기 유성기와 라디오의 메타모포시스-대중가요 〈아리랑〉을 중심으로
　김선우, 「식민지시기 소리미디어와 아리랑의 존재양상 - 유성기와 라디오를 중심으로」, 『반교어문연구』 49, 반교어문학회, 2018.

■ 일제강점기 『태평양잡지』에 반영된 이민문학의 메타모포시스
　전영주, 「가치전환으로서의 장소이동과 이민문학의 메타모포시스 - 하와이 『태평양잡지』를 중심으로」, 『국제한인문학연구』 25, 국제한인문학회, 2019.12.

찾아보기

▍장경남

숭실대학교 국어국문학과 박사

숭실대학교 국어국문학과 교수

『무오연행록』(공저, 2002), 『전란의 기억과 소설적 재현』(2018) 외 다수

▍이시준

도쿄대학 대학원 총합문화연구과 박사(일본설화문학)

숭실대학교 일어일문학과 교수

『今昔物語集 本朝部の研究』(일본), 『금석이야기집 일본부의 구성과 논리』
공편저:『古代中世の資料と文學』(義江彰夫 編, 일본), 『漢文文化圏の說話世界』
(小峯和明 編, 일본), 『東アジアの今昔物語集』(小峯和明 編), 『說話から世界を
どう解き明かすのか』(說話文學會 編, 일본), 『식민지 시기 일본어 조선설화집
기초적 연구 1, 2』 외 다수

▍김영주

릿교대학 대학원 문학연구과 박사(일본문학)

논문「일본 중세신화 연구 - 신공황후신화를 중심으로」, 「무가정권의 신화『무
가번창(武)家繁昌』- 작품에 나타난 통치이념을 중심으로」, 「視覚化による神
話の生成と変容 - 八幡縁起絵卷を中心に」 외 다수

▍김강은

성균관대학교 국어국문학과 졸업. 동 대학원 박사과정 수료

논문「규창본〈강로전〉한역(漢譯)의 의미」, 「가사체 우화의 성격과 의의 -〈京
鄉雜誌〉'古談' 소재 작품을 중심으로」, 「〈계축일기〉의 서사 공간 연구 - 공간
주체의 변화를 중심으로」 외 다수

▌이경재

서울대학교 국어국문학과 박사

숭실대학교 국어국문학과 교수

저서『한설야와 이데올로기의 서사학』,『한국현대소설의 환상과 욕망』,『한국 프로문학 연구』,『다문화 시대의 한국소설 읽기』,『한국현대문학의 개인과 공동체』외 다수.

▌우찬제

서강대학교 경제학과 졸업. 동 대학원 국어국문학과 박사

서강대학교 국어국문학과 교수

대산문학상, 팔봉비평상, 김환태평론문학상, 소천이헌구비평문학상 등 수상.

저서『불안의 수사학』,『나무의 수사학』,『텍스트의 수사학』,『애도의 심연』,『프로테우스의 탈주』외 다수.

▌손성준

성균관대학교 영문학과 졸업. 동 대학원 동아시아학과 박사

중국해양대학 전임강사, 성균관대학교 박사후연구원, 부산대학교 HK연구교수, 현 성균관대 HK연구교수

저서 『근대문학의 역학들 – 번역 주체·동아시아·식민지 제도』(소명출판, 2019), 공저『투르게네프, 동아시아를 횡단하다』(점필재, 2017) 외 다수.

▌박진영

연세대학교 국어국문학과 박사. 성균관대학교 국어국문학과 교수

편저『한국의 번안소설』(전 10권, 2007~2008),『번안소설어 사전』(2008),『신문관 번역소설 전집』(2010) 외 다수. 저서『번역과 번안의 시대』(2011),『책의 탄생과 이야기의 운명』(2013),『탐정의 탄생』(2018),『번역가의 탄생과 동아시아 세계문학』(2019)